本书由教育部新文科研究与改革实践项目：以"经世致用"为导向的协同育人新机制级教材培育项目共同资助

核法律

陈刚　刘久·著

Nuclear Law

图书在版编目（CIP）数据

核法律 / 陈刚，刘久著 . —北京：知识产权出版社，2023.7
ISBN 978-7-5130-8792-6

Ⅰ. ①核… Ⅱ. ①陈… ②刘… Ⅲ. ①核能—能源法—研究—中国 Ⅳ. ①D912.604

中国国家版本馆 CIP 数据核字（2023）第 103627 号

责任编辑：彭小华　　　　　　　　　　责任校对：谷　洋
封面设计：张国仓　　　　　　　　　　责任印制：孙婷婷

核法律

陈　刚　刘　久　著

出版发行	知识产权出版社有限责任公司	网　　址	http：//www.ipph.cn
社　　址	北京市海淀区气象路 50 号院	邮　　编	100081
责编电话	010-82000860 转 8115	责编邮箱	huapxh@sina.com
发行电话	010-82000860 转 8101/8102	发行传真	010-82000893/82005070/82000270
印　　刷	北京九州迅驰传媒文化有限公司	经　　销	新华书店、各大网上书店及相关专业书店
开　　本	720mm×1000mm　1/16	印　　张	19
版　　次	2023 年 7 月第 1 版	印　　次	2023 年 7 月第 1 次印刷
字　　数	360 千字	定　　价	120.00 元
ISBN 978-7-5130-8792-6			

出版权专有　侵权必究
如有印装质量问题，本社负责调换。

摘　要

本书以世界多国核法律立法经验及国际原子能机构等国际组织对各国核法律的立法建议为基础，研究核法律体系、制度原则以及我国核领域的相关立法。

本书分为总论、各论和核法律责任三篇，共十五章。

第一篇核法律总论分为导论、核法律概论、核基本法律三章。第一章为导论，论述核科学技术和核工业的产生和发展历程，介绍世界核工业和我国核工业的发展态势，并对核利益与核风险等相关内容进行介绍，同时还对"广义核安全"项下的有关概念进行论述，最后围绕核法律与其法学学科方向定位进行讨论。第二章为核法律概论。首先介绍了核法律定义与法律渊源，对核法律价值的内容进行了论述，介绍核法律的立法规划和立法环节，其次论述核法律体系的构建。第三章为核基本法律，其中对核基本法律进行概述，并以俄罗斯、美国、德国等国家为例介绍世界部分有代表性的国家的核立法实践，结合国际原子能机构《核法律手册》建议各国核基本法律与涉核法律法规应坚守的原则和我国的相关立法现状。

第二篇核法律各论共九章，内容包括辐射防护法律制度、放射源和放射性物质管理法律制度、放射性矿产法律制度、核设施安全法律制度、放射性废物管理和乏燃料管理法律制度、放射性物质运输法律制度、应急准备和响应法律制度、核不扩散和实物保护法律制度以及核信息公开与公众参与法律制度。每一章都先对相关法律制度进行概述与总结，其次介绍美国、法国、英国、俄罗斯、日本等具有代表性的国家核法律的相关立法情况以及有关的国际公约，以此归纳出该制度范畴下的法律原则，最后对我国相关法律法规等内容进行梳理与研究。

第三篇核法律责任共三章，包括核损害责任、核行政责任和核刑事责任。第十三章为核损害责任，本章论述了核损害责任法律制度的产生、核损害相关概念界定、核损害责任主体以及跨境核损害责任的特点与问题，之后介绍美国、英国、法国、俄罗斯、日本等国相关立法情况，并梳理与论述了国际核责任法律机制的产生与发展，从而阐述相关法律原则，最后分析我国立法相关情况。第十四章为核行政责任，本章首先对核行政责任进行概述，介绍美国、俄罗斯和日本等国的相关立法情况，从而阐述相关法律原则，最后围绕我国立法相关情况进行讨论。第十五章为核刑事责任，本章首先对涉核刑事责任进行概述，介绍美国、英国、法国、俄罗斯和韩国等国的相关立法情况，同时梳理了相关国际条约中规定的涉核犯罪，包括国际核恐怖主义犯罪和其他涉核国际犯罪，为此论述在核刑事责任领域的国际司法合作，最后围绕《中华人民共和国刑法》及其修正案规定下的涉核犯罪等进行研究。

Abstract

This book is based on the experience of nuclear law legislationin many countries all over the world and the legislative suggestions of International Atomic Energy Agency (IAEA) and other international organization. The nuclear law system, principles and the relevant legislation in the nuclear field of China are mainly learnt in this book which consists of fifteen chapters and can be divided into three parts: pandect, sub-pandect and nuclear legal liability and responsibility.

Part One, Pandect to Nuclear Law, includes three chapters: introduction, basic knowledge of nuclear and fundamental nuclear law. Chapter 1, as the introduction, discusses the development of nuclear science, technology and nuclear industry and introduces the nuclear benefits and risks etc. It also discusses the 3S system of IAEA and the discipline of nuclear law. Chapter 2 is the basic knowledge of nuclear law in which the definition and sources of nuclear law are introduced, the content of nuclear legal value is discussed, the legislative process of nuclear law and the construction of nuclear legal system are illustrated. Chapter 3 is fundamental nuclear law, which gives an overview of the basic nuclear laws and introduces the legislative practices of some countries by taking Russia, the United States and Germany as examples. *Handbook on Nuclear Law of IAEA* gives the principles of basic nuclear law, which is also illustrated in this chapter. Last but not least important, the legislation and legal practice of basic nuclear law in China is discussed.

Part Two, Sub-pandects to Nuclear Law, consists of nine chapters, Chapters 4 to 12, which includes the legal system for radiation protection, the legal system for management of radioactive sources and substances, the legislation for radioactive minerals, the laws for the safety of nuclear facilities, the laws and treaty for radioactive waste management and spent fuel, the legislation for transport of radioactive materials, the legislation and treaty for emergency preparedness and response, the laws for nuclear non-proliferation and physical protection, and the legislation and regulations of nuclear information disclosure and public participation. Each chapter firstly summarizes the relevant legal system, then introduces the relevant legislation of the United States, France, the United Kingdom, Russia, Japan and other states with developed nuclear laws and relevant international treaties as for to clarify the legal principles, and finally studies the content and practice of relevant legislation and regulations in China.

Part Three, Nuclear Legal Liability and Responsibility, consists of three chapters including the nuclear damage liability, the nuclear administrative responsibility, the nuclear criminal responsibility. Chapter 13 is nuclear damage liability, which discusses the development of the legal system of nuclear damage liability, the definition of nuclear damages, the subject of nuclear damage liability and the characteristics of cross-border nuclear damage liability. After that, it introduces the relevant legislation of the United States, the United Kingdom, France, the Russia, Japan and other countries and discusses the envolvement of international legal mechanism of nuclear liability. Thus the relevant legal principles are summarized. At last of this chapter, the legislation of nuclear damage liability in China is analyzed. Chapter 14 is nuclear administrative responsibility. This chapter first outlines the nuclear administrative responsibility, introduces the relevant legislation of the United States, Russia and Japan, and then elaborates the relevant legal principles. Finally, it discusses the relevant legislation of China. Chapter 15 is nuclear criminal responsibility. This chapter first gives an overview of nuclear-related criminal responsibility, then introduces the relevant legislation of the United States, the United Kingdom, France, Russia and sorts out nuclear-related crimes stipulated in relevant international treaties, including international nuclear terrorism crimes and other nuclear-related international crimes. And international cooperation in the field of nuclear criminal responsibility is discussed. In the end of this chapter, the nuclear-related crimes under *Criminal Law of the People's Republic of China* and its amendments are demonstrated.

序　一

10年前，我给陈刚博士的专著《国际原子能法》和《国际原子能法汇编》作过序。当年，陈刚博士尝试将自己在核电企业工作多年的实践经验积累与在中国政法大学攻读国际法博士收获的理论知识相结合，将核能利用中的国际法问题作为研究方向，并提出要将国际原子能法作为国际法的一个学科方向进行研究。值得肯定的是，开展国际原子能法研究可以促进法学界更好地认识到自然科学的发展对社会的影响，也能促进自然科学家对人文社会科学的关注并尊重其内在发展规律。在此之前，我也曾受邀到核电企业调研和讲座，意识到了民用核工业的责任重大，因此，支持陈刚博士的研究方向和大胆设想，并鼓励他进行广义的核法律研究，将他的研究延伸到更广更专的领域，形成一个完整的法学学科方向，持之以恒地为我国核工业的发展与法学研究的完善做贡献。

5年前，陈刚博士和赵威教授主编《核损害责任法律法规汇编》，我也给写了序。这部90万字的汇编集合并翻译了几乎所有核损害责任国际条约和各国涉及核损害责任的专门立法。核损害责任制度作为世界各国发展民用核工业的必要立法，经过60多年的演进已积累了丰富的立法经验，同时也面临着新的挑战，是核法律的聚焦点和敏感点。这部汇编的问世有利于我国核损害责任立法研究，也有助于建立适合我国国情的核损害赔偿制度。

现在，陈刚博士和刘久博士的新作——《核法律》又将付梓。这部专著主要研究世界各国核能领域国内法律体系与基础理论，与10年前的《国际原子能法》理论相辅相成，丰富完善了核法律的研究。从这几部专著与编著看，作者和平利用核能立场鲜明，安全发展观点明确，国际接轨方向坚定，法治化治理理念充实。核能利用的法律规范非常多，影响非常大，关系到集体安全、国际关系、科技进步和经济发展，值得我们高度关注。《核法律》是一部建立法学学科新方向的创意之作，引证丰富，逻辑清晰，构想大胆，视野颇广。

我很钦佩赵威教授、陈刚博士和刘久博士团队秉持咬定青山不放松的专研精神。这10年来，他们积极参加国家核立法咨询，深入理论研究，进行核法律教学和研究生培养，丰富核法律学术研讨活动，著述颇丰，成果斐然。值此新作出版之际，我祝愿他们在核法律理论研究和推广的道路上越走越远，团队越来越壮大，社会影响力和学术高度越来越提升，为中国特色社会主义法治建设添砖加瓦，发挥更大的作用。

中国政法大学终身教授、博士生导师

2022 年 12 月 30 日

序　二

习近平主席就我国核工业创建六十周年作出重要指示时强调："核工业是高科技战略产业，是国家安全重要基石。要坚持安全发展、创新发展，坚持和平利用核能，全面提升核工业的核心竞争力，续写我国核工业新的辉煌篇章。"[①]

核能和平利用在实现高质量发展的同时也蕴含着较高风险，除需要在技术上控制核能利用外，还需要从法律上规范政府、组织、企业和公众的行为，以保障核能利用能够在法治的轨道上有序、健康发展。涉核基本法、特别法和技术规范的出台逐渐形成了核法律体系，与国际条约体系一起，对核能的和平利用起到了重要的规范和引导作用，构成了核能和平利用与可持续发展的法治保障。我国的核电起步于20世纪80年代，经过30多年的努力，取得了举世瞩目的成就，我国已成为全球少数几个拥有自主三代核电技术和全产业链的国家，跻身世界核电大国行列。我国核法律起源于20世纪80年代，尽管原子能法至今尚未正式出台与实施，但《核安全法》已于2018年初正式实施，相关的《放射性污染防治法》已施行多年，不仅如此，我国涉及核能方面的法规规章与操作细则很多，且实施的时间较长，在实践中积累了不少经验，已经初具体系，为我国核工业的安全运行和蓬勃发展提供了根本保证。我国学界对核法律的研究起步较晚，直至2011年日本福岛核事故发生后，关于核法律的学术成果才如雨后春笋般涌现，但由于核法律跨越作为自然科学的核科学与技术专业和作为社会科学的法学专业，研究与写作难度非同寻常，多年来鲜有学者全面系统地问津此道，而陈刚博士作为国内核法律系统研究的拓荒者，带领刘久博士坚定地走了下去！也正因如此，当我拿到两位博士合著的《核法律》书稿时，心情十分激动，这是我的两位学生经过在核法律领域的多年刻苦深耕，才得以收

[①] "习近平就我国核工业创建60周年作出重要指示强调　坚持安全发展、创新发展、和平利用　续写我国核工业新的辉煌篇章　李克强作出批示" http://www.gov.cn/xinwen/2015-01/15/content_2804674.htm，访问日期：2022年12月20日。

获的学术成果!

陈刚博士本科毕业于西安交通大学核反应堆工程专业,长期在核电企业从事技术、人力资源和法律工作,曾被派往法国核电站进行为期一年的培训,回国后历经大亚湾核电站建设与投产的10年,从核燃料主管工作做起,有着核电站一线工作经验。出于对法律的执着与热爱,陈刚博士在工作中通过自学考取了中山大学法学本科学历学位与律师资格。自从事法律工作以来,他在核电企业和核技术应用企业法律风险防范做了许多工作,并在工作之余攻读中国政法大学国际法学博士研究生并取得了博士学位,完成了从高级工程师到核法律专家的转型,是跨学科专业人才。陈博士作为为数不多的既有核能相关专业的学历与实际工作经验,又拥有法学博士学位与很高法学理论素养的复合型人才,核法律理论笔耕著述出版颇丰。同时他也是一名核法律立法专家,既参加了我国《核安全法》、原子能法与核损害赔偿法等法律、法规、规章的立法和论证工作,也参加了国际原子能机构、经济合作与发展组织核能机构和亚洲核合作论坛等国际组织的国际立法、学术讲学和专家咨询活动。陈刚博士的上述经历与经验都为本书的写作奠定了坚实的基础。

刘久博士也是我的学生,在2010年9月至2016年7月,跟我完成了硕士与博士研究生的学习,获得博士学位。如果从2010年我们开办"原子能法论坛"算起,在我的建议与鼓励下,刘博士研究核法律已超过10年之久,渐渐从稚嫩走向成熟。尤其是进入哈尔滨工程大学人文学院工作后,她在我的建议下,与她的大师兄陈刚合作,在陈博士的带领下更是在黑龙江省开创了核法律研究的先河,进行核法律的科研与教学工作。自2017年至今,刘久博士以核法律为研究重心,主持了多项国家级、省部级课题,在高水平期刊上发表文章十余篇,可谓在该领域取得了优秀的成绩。当然,她年纪尚轻,祝福年轻的她在核法律这条路上越走越远。

核法律的研究资料多为国际条约和国际组织的安全标准与文件,以及国内外相关立法,因为所涉及内容多且繁杂,一直以来缺乏包涵国内外制度、成逻辑体系的梳理,尤其在我国,此类法学研究及实践更是少之又少,这与我国核能发展趋势和世界负责任的大国地位不相适应。陈刚博士与刘久博士合著的这本书全面深入地分析了核法律的体系架构,界定核法律概念的内涵和外延,分门别类诠释了核法律涉及的基本法律问题,如核法律的立法程序、相关法律主体、核法律体系内的分支等。可以肯定的是,本书将成为核法律这一新兴法学学科方向重要的研究基础,展现核法律系统化研究新的篇章。

感谢两位博士秉承着学术研究求真、求新、求深的态度和朴素坚毅的学术情怀，严谨务实，刻苦钻研，发挥久久为功的精神，对核法律领域开展了长期且持续的研究，付出了十分艰辛的学术劳动，并形成了诸多权威性学术成果。衷心感谢两位博士将其多年的经验、学术积累和学术智慧毫无保留地贡献给了我国核领域的法律事业。

是为序。

赵威

中国政法大学教授、博士生导师

2023 年 1 月 12 日

前　言

　　核能利用在世界主要国家安全范畴以及经济领域占据重要的战略地位，其中核工业作为现代工业门类，不仅涉及核材料的开采、运输、加工、贮存、利用等核燃料循环工业技术环节，也有关核材料、核设施、放射性废物的使用、管理和处置活动，还涉及核不扩散、核安保、核安全、辐射防护、核进出口管制、核应急准备和响应、核损害赔偿与核保险等广泛而特殊的内容。鉴于其特殊性和敏感性，严格的国家行政监管必不可少，而完善的法律制度是国家监管和保障核工业活动顺利进行的基础。

　　习近平总书记对国家国防科工局作出重要批示："完善涉核领域法规体系十分重要，务必高度重视，加强顶层设计，搞好军民融合，确保核事业安全有序发展。"[1]

　　法律对核工业发展的指引和规范作用早已显现，具有非常重要的引领作用。世界发展核工业的主要国家大多是在核能利用之初就着手构建核法律制度，并不断调整、丰富和完善，形成了不同于国家对一般工业管理的独特核法律体系，也形成了独特的国家核与辐射安全、放射性矿产资源管理、核材料管理、核设施管理、放射性废物和乏燃料管理、放射性物质运输、核应急准备与响应、核进出口、核安保管理、核损害责任、核技术应用等核法律制度，综合而成为核法律体系。而高放废物处理、乏燃料后处理、核设施退役管理、核设施选址与建造的公众参与、核相关环境保护、核损害赔偿等领域也日益成为各国核立法关注的热点。

　　核法律体系的构建与完善同样也是我国核工业健康发展的基本要素。我国核法律渊源主要是由所加入的国际公约、核相关法律、行政法规、政府主管部门规章和地方性法规组成。随着我国核工业蓬勃发展，与国际接轨的核法律体系基本框架日臻完善，对核能和平利用起到积极作用。以 2003 年 10 月 1 日实

---

[1] 中华人民共和国司法部："关于《中华人民共和国原子能法（征求意见稿）》的说明"，http://www.moj.gov.cn/pub/sfbgw/zlk/201809/t20180920_173877.html，访问日期：2023 年 1 月 7 日。

施的《中华人民共和国放射性污染防治法》（以下简称《放射性污染防治法》）为开端，以2015年《中华人民共和国国家安全法》（以下简称《国家安全法》）所确定的核安全定义为基础，到2018年1月1日《中华人民共和国核安全法》（以下简称《核安全法》）的实施，几部法律成为我国核法律制度的上位法。原子能法、核损害赔偿法等重要核法律也已深入开展立法研究，相关各类核法规编制或修订工作也在国家主管部门的协调下不断推进。然而，作为全球核工业快速发展的国家，我国核法律整体上与核工业快速发展状态不相适应，需要以尊重科学、保障安全、发展经济、维护公共利益为原则，自上而下、循序渐进、遵守程序、持之以恒推进核法律体系的建设与完善。

核法律的制定过程更注重研究具体的、客观的现实问题，以及对核自然与人文科学规律的把握，因此建立和完善核法律体系离不开对核相关领域社会科学、上层建筑、国家战略等多方面开展深入的理论研究和跨学科探讨，这样才能让核法律更有生命力。核工业的专业性强、产业链条长、国际背景复杂等多重因素给核法律深层次的认知和研究带来相当的难度，需要通过发展、专业和跨学科的眼光审视这个领域，并投入更多资源进行相应研究。由于各国核工业发展规模不一致，各国对核法律的研究也很不平衡。即便在核法律研究相对领先的国家，核法律的发展跟其他法学学科方向的发展相比仍然差距明显。我国核法律的理论研究尚未达到世界先进水平，核工业法制化起步相对较晚，对核法律的基础理论研究相对薄弱，存在核立法理论、立法实践和产业发展不匹配的状况。近年来，国内核法律理论研究悄然兴起，中国政法大学国际法学院赵威教授、北京大学核政策与法律研究中心汪劲教授、西南政法大学国际法学院岳树梅教授和赵爽副教授、宁波大学法学院蔡先凤教授、复旦大学法学院马忠法教授、辽宁大学法学院高宁教授、华中科技大学法学院胡帮达副教授都有核法律相关著作问世，成果斐然。然而，囿于核领域技术性强，公众对核法律普遍不太了解，学术界对核法律体系的定义尚待商榷、边界相对模糊，核法律领域研究著述仍显不足，学术文章相对零散和缺乏跟踪性研究，理论高度还有待提升。

本书主要比照国际原子能机构出版物《核法律手册》和《核法律手册——实施立法》的结构框架，在此基础上根据国际、国内核法律制度的前瞻性和特殊性进行必要的补充，并充分借鉴国际原子能机构、经济合作与发展组织核能机构等国际组织推荐的良好实践和总结的基本规律。得益于在核电企业长期的工作经历以及结合参与国际组织、国家部委和高等院校学术研究的体会、通过深入参与《核损害责任条例》《核电管理条例》《乏燃料处置基金管理暂行办法》《放射性废物安全管理条例》《核安全法》《核安保条例》以及原子能法的立法咨询与研究，作者对于我国核立法和核法律体系的理论研究和应用实践有较深的体会。此前《核电相关法律法规汇编》（上、下卷），《世界原子能法律解析与编译》，国际原子能机构《核法律手册》《核法律手册——实施立法》，《国际原子能法》和《国际原子能法汇编》以及《核损害责任法律法规汇编》这些著作的编著、翻译与出版，也为本书的完成提供了基础资料与依据。具体而言，《核电相关法律法规汇编》收集了国内外核电相关法律法规进行科学归类，对国内外核立法实践进行详细解读；《世界原子能法律解析与编译》对主要核工业国家的核法律体系以及核基本法律制度进行分析。除此之外，本书作者通过参与国家部委核法律法规研究课题，参加国际原子能机构核责任专家组会议、参加经济合作与发展组织核能机构核法律委员会研讨与教学讲座、参与亚洲核合作论坛核立法交流等，加之与国内外官员和学者的广泛沟通，也都取得大量权威信息资料。

本书基于收集、整理世界主要核工业国家以及中国核法律制度体系的框架结构，分析核法律体系的属性、定义、立法目的等，遵循核科学领域的工业流程和技术特征，参考国际同行、国际组织的核工业标准等研究成果，借鉴国际先进的核立法经验，探寻核立法的科学规律，以期较完整地论述核法律理论的基本轮廓和逻辑关联。本书作为核法律的入门教材，可以帮助师生较快地了解核法律的框架体系与基本内容，也可为广大科技工作者和法学领域专家的研究提供参考。

由于核法律制度主要是针对核科学技术及其应用领域的规范，各项法律制度中涉及大量核技术术语和科学原理，本书不对核技术理论进行解读说明，对相关法律法规和标准中涉及科技发展部分也不作评述。大量的核法律制度还涉及行政当局对核工业监管、行政许可的复杂程序性规定，各国执行机构差异很大，因此本书也不对法律法规中程序性的规定多加阐述。由于各国立法方式存在差异，本书引用的各国核法律文书无论在内容上和时效上都会发生变更，因此本书对相关法律制度的引述仅作为参考，不推荐作为具体实务中的依据。

本书是作者在法学领域与核工业领域深耕多年的专业知识、从事国际法教学科研工作与核工业管理工作的经验与心得体会的积累，历时10余年的研究形成的初步成果。自本书撰稿工作启动以来，得到了来自各方的支持与帮助，借此书付梓之际，对帮助本书成稿的每一位官员、专家、学者表示衷心感谢。在此特别感谢中国政法大学终身教授江平先生和恩师赵威教授在作者编撰过程中的教导与帮助，正因有了老师们的指引，才成就此书的完成。同时，也感谢江平老校长一直以来对核法律事业的关心和对作者的嘱托与勉励。特别感谢对本书内容提供意见与建议的来自核立法、核监管、核电企业等诸多领域的翟勇、杨大助、黄平、李朝晖、丁敏、李静云、龙茂雄、王黎明、彭海成、郑玉辉、冉丹、陈臻、丁云峰、吕华权、梁晨晨等领导和专家从实践角度，以及汪劲、岳树梅、盛红生、蔡先凤、张小平、董京波、陈兴华、高宁、胡帮达、刘冰玉等法学专家、教授从学术角度对本书内容提出中肯的批评、建议和启发。

还要感谢知识产权出版社编辑在本书文字编校与出版发行过程中所提供的帮助。衷心感谢中国广核集团领导和同人对国家核立法前瞻性研究的长期支持与关心。感谢哈尔滨工程大学的领导和学者对本书编著与出版的支持，尤其感谢哈尔滨工程大学人文社会科学学院崔彬书记、郑莉院长、曹景杰副书记、杨国庆、张翼飞与张笑夷、综合办周春英主任、韩雪老师，科研办李雪老师、教务办陈玉清和贺惠老师、法学系袁雪主任、刘沫茹主任等所有老师的鼎力相助；更要感谢核科学与技术学院夏虹院长、谭思超院长、王翔老师等各位同人的大力支持；以及参与本书资料整理与编辑的研究生鞠宇豪、姚楚、沈乐、郭鑫、潘蒙等同学的帮助。

正如国际原子能机构总干事拉斐尔·马里亚诺·格罗西在2022年国际原子能机构首届核法律大会闭幕式上的讲话："尽管首届会议结束了，但对核法律的讨论与研究会一直持续下去的。"本书以核法律框架介绍为主旨，重点分析各国核法律体系结构的共性特点，对法律法规的具体内容和诸多特性等方面的研究还有待更多学者和业界专家深入进行下去。欢迎核法律学者与业界专家对本书不准确或不全面之处进行批评指正，相互探讨交流，共同促进核法律研究的发展。

陈刚　刘久

2022 年 12 月 1 日

目 录

· 第一篇 核法律总论 ·

第一章 导论 …… 003
第一节 核科学技术与核工业 …… 003
第二节 核利益与核风险 …… 010
第三节 广义的核安全 …… 012
第四节 核法律与其法学学科方向定位 …… 024

第二章 核法律概论 …… 030
第一节 核法律定义与法律渊源 …… 030
第二节 核法律主体 …… 039
第三节 核法律的价值与制定 …… 048
第四节 核法律体系 …… 054

第三章 核基本法律 …… 065
第一节 概述 …… 065
第二节 立法实践 …… 067
第三节 法律原则 …… 072
第四节 我国立法 …… 075

· 第二篇 核法律各论 ·

第四章 辐射防护法律制度 …… 081
第一节 概述 …… 081
第二节 立法实践 …… 083

第三节　法律原则 ………………………………………………… 085
　　第四节　我国立法 ………………………………………………… 088

第五章　放射源和放射性物质管理法律制度 ……………………… 093
　　第一节　概述 ……………………………………………………… 093
　　第二节　立法实践 ………………………………………………… 094
　　第三节　法律原则 ………………………………………………… 097
　　第四节　我国立法 ………………………………………………… 100

第六章　放射性矿产法律制度 ……………………………………… 103
　　第一节　概述 ……………………………………………………… 103
　　第二节　立法实践 ………………………………………………… 104
　　第三节　法律原则 ………………………………………………… 105
　　第四节　我国立法 ………………………………………………… 107

第七章　核设施安全法律制度 ……………………………………… 109
　　第一节　概述 ……………………………………………………… 109
　　第二节　立法实践 ………………………………………………… 110
　　第三节　法律原则 ………………………………………………… 119
　　第四节　我国立法 ………………………………………………… 128

第八章　放射性废物管理和乏燃料管理法律制度 ………………… 137
　　第一节　概述 ……………………………………………………… 137
　　第二节　立法实践 ………………………………………………… 141
　　第三节　法律原则 ………………………………………………… 147
　　第四节　我国立法 ………………………………………………… 152

第九章　放射性物质运输法律制度 ………………………………… 158
　　第一节　概述 ……………………………………………………… 158
　　第二节　立法实践 ………………………………………………… 159
　　第三节　法律原则 ………………………………………………… 163
　　第四节　我国立法 ………………………………………………… 165

第十章　应急准备和响应法律制度 ... 169
第一节　概述 ... 169
第二节　立法实践 ... 170
第三节　法律原则 ... 173
第四节　我国立法 ... 176

第十一章　核不扩散和实物保护法律制度 ... 183
第一节　概述 ... 183
第二节　立法实践 ... 187
第三节　法律原则 ... 195
第四节　我国立法 ... 198

第十二章　核信息公开与公众参与法律制度 ... 208
第一节　概述 ... 208
第二节　立法实践 ... 210
第三节　法律原则 ... 215
第四节　我国立法 ... 216

·第三篇　核法律责任·

第十三章　核损害责任 ... 224
第一节　概述 ... 224
第二节　立法实践 ... 229
第三节　法律原则 ... 239
第四节　我国立法 ... 245

第十四章　核行政责任 ... 250
第一节　概述 ... 250
第二节　立法实践 ... 251
第三节　法律原则 ... 253
第四节　我国立法 ... 253

第十五章　核刑事责任 …………………………………………………… 260
　　第一节　概述 ………………………………………………………… 260
　　第二节　立法实践 …………………………………………………… 261
　　第三节　国际条约中规定的涉核犯罪 ……………………………… 263
　　第四节　国际合作 …………………………………………………… 268
　　第五节　我国立法 …………………………………………………… 273

参考文献 ………………………………………………………………… 278

第一篇

核法律总论

第一章 导论

第一节 核科学技术与核工业

一、核科学技术

原子及原子核物理学是关于物质微观结构的科学，其研究涉及的空间尺度在 $10^{-15} \sim 10^{-10}$ 米。[①] 19 世纪末物理学的三大发现（X 射线发现于 1895 年、放射性发现于 1896 年[②]、电子发现于 1897 年），拉开了近代物理学研究的序幕，随后迅速发展形成了研究原子、原子核结构与性质及有关问题的原子物理和原子核物理两大理论。原子核物理中的放射性现象是原子核科学研究的重心。科学家卢瑟福和索迪研究指出，放射性现象的本质就是在放射性核素的原子核自发地转变为另一种原子核的过程中，伴随着放出的各种射线的总称。[③] 原子核的衰变是指原子核自发地放射出 α 或 β 等粒子而发生的转变。原子核与其他粒子，如中子、质子、电子和 γ 光子等或者原子核与原子核之间相互作用引起的各种变化即为核反应。

自然科学与技术交叉形成的核科学与技术始于 20 世纪前半叶，现已成为国家科技水平和综合国力的重要标志之一。核科学技术旺盛的生命力是深入探索物质深层次结构的结果。[④] 1905 年，阿尔伯特·爱因斯坦在《物体的惯性同它所含的能量有关吗？》一文中首次提出著名的质能公式，其揭示宇宙客观存在的质能关系，即质量和能量的相当性，物质和运动的统一性。质能相当性是原

---

① 张关铭、韩国光、袁祖伟、康增寿编《核科学技术辞典》，中国原子能出版社，2004，第 566 页。

② 放射性（radioactivity）是原子核自发地放出 α、β、γ 等各种射线的现象，放射性现象是由原子核的内部变化引起的，对放射性的研究是了解原子核的重要手段之一。转引自张关铭、韩国光、袁祖伟、康增寿编《核科学技术辞典》，中国原子能出版社，2004，第 130 页。

③ 卢希庭、江栋兴、叶沿林主编《原子核物理》，中国原子能出版社，2000，第 22 页。

④ 路甬祥：《纪念相对论创建 110 周年暨阿尔伯特·爱因斯坦逝世 60 周年》，《科技导报》2015 年第 8 期。

子核物理学和粒子物理学的重要理论基础，也为实现核能的释放和利用开辟了道路。

科学家认识到核物质世界蕴藏着巨大的能量，可以通过如核武器、核电、加速器、同位素等各种核技术应用的研究与推广加以利用。核科学技术研究是核工业产生与发展的先导和基础，目前已形成几十个分支学科，涵盖核能的生产、有效的利用及其安全性和有关的核技术问题，涉及基础科学、技术科学和工程科学等广泛的学科领域，是一门由基础科学、技术科学和工程科学组成的学科，同时也深刻影响着人类社会生活，并引起包括社会科学领域在内的其他科学的关注与研究。

人为地促使原子核内部结构发生变化，释放出其中蕴含的巨大能量并加以利用，这就是核工业的开端。[①] 核科学的发展在技术上引出了核工业领域关键的核能利用与核燃料循环体系，涉及核裂变与核聚变燃料循环各个过程中的科学与技术问题，包括核裂变与核聚变燃料生产、放射性废物的处理处置、乏燃料后处理、放射性和稳定同位素的分离、核工程材料等。同时，也带来辐射防护及环境保护涉及放射性和有毒有害物质的防护与污染控制等种种需要关注的伴生问题。核工业，也称原子能工业或核能工业，其发展始于20世纪40年代，是从事核能研究、开发和利用的一门综合性工业门类。简而言之，即为从事核燃料研究、生产、加工，核能开发、利用，核武器研制、生产的军民融合、技术密集、资金密集的战略性高科技产业。一个国家核工业的发展水平，是其整体工业基础、科学技术水平和综合国力的重要标志。它既可以提供迄今为止世界上破坏力最大的武器，又可以提供清洁、安全、高效的能源，同时在非动力核技术领域应用更为广泛。

核能的利用涉及多个环节，其中最重要的是核燃料工业环节。[②] 建立完整的核燃料循环体系，是一个国家发展核能和核力量的基础。完整的核燃料循环体系包括为反应堆供应燃料和其后的所有处理和处置过程，包括铀的采矿、加工提纯、化学转化、铀浓缩、燃料元件制造、元件在反应堆中使用、乏燃料后处理、废物处理和处置等，涉及铀矿冶、核化工、同位素分离、粉末冶金、机械加工、核反应、放射化学等诸多学科和领域，其主要设施和关联产品包括核原料、核燃料、核动力装置、核武器、核电厂和放射性同位素生产等。

非动力核技术应用或称同位素与辐射技术应用同样是核能利用的重要环节，涉及能源、工业、农业、医疗、环保等各个领域，为经济发展水平、人类生活

---

① 连培生主编《原子能工业》，中国原子能出版社，2002，第1页。
② 周明胜、姜东君、戴兴建、徐旸主编《核燃料循环导论》，清华大学出版社，2002，第1页。

水平的提高做出了重要贡献，在国家安全和经济社会发展中占有特殊重要地位，向国民经济各部门提供多种放射性同位素产品、射线仪器仪表以及辐射技术，在医疗诊断、跟踪探测、分析测量、辐射加工、食品保鲜、辐射育种、灭菌消毒等科研和生产方面发挥着重要的作用。

随着核工业的快速发展，辐射与放射性物质的管理措施以及核安全的概念也日益完善。自然界存在天然辐射源与放射性物质，辐射源和放射性物质具有许多有益的用途，从发电到医学、工业和农业应用不一而足。但需要注意的是，必须就这些应用可能对工作人员、公众和环境造成的辐射危害进行评价，并在必要时加以控制。[①] 因此，辐射的医学应用、核设施的运行、放射性物质的生产、运输和使用以及放射性废物的管理等活动都必须遵从安全标准的约束。

根据国际原子能机构《安全术语》的解释，核安全是指包括核装置（核设施）安全、辐射安全、放射性物质安全、放射性废物管理安全和放射性物质运输安全，而"辐射安全"是指"放射源或其他辐射源安全"，即与电离辐射有关的安全物项都是核安全的对象范围。国际原子能机构在其安全标准文件《基本安全原则》中进一步解释道，核安全系指保护人类和环境免于辐射危险以及引起辐射危险的设施和活动的安全。"设施"包括核设施、辐照装置、铀矿勘探开采等某些采矿设施和原料加工设施、放射性废物管理设施以及其规模需要考虑防护和安全的生产、加工、使用、处理、贮存或处置放射性物质（或安装有辐射发生器）的任何其他场所；"活动"包括工业、研究和医用辐射源的生产、使用、进口和出口，放射性物质的运输，设施的退役，流出物排放等放射性废物的管理活动以及受过去活动残留物影响的场址恢复的某些方面。[②]

长期以来，国家、企业以及研究机构在核领域投入巨大，成效显著，研究成果多应用在自然科学领域，但核工业的社会科学探讨并没有完全沿着自然科学的逻辑发展。核科技的快速发展甚至与环境保护和公共安全的观点相对立，一度导致公众对核工业发展的困惑与反对，经常形成不可调和的社会矛盾，制约核工业和谐与可持续发展。这些对立与矛盾催生和促进国家对核工业发展管理的顶层架构设计、立法实践以及在社会科学方面的研究。

二、世界核工业

面对全球变暖加剧和温室气体的大量排放，发展核能是推动能源低碳化转

---

① 范洲平、袁凤：《强化核电设施安全标准 确保最高核安全水平——IAEA 安全标准和安全评估措施介绍》，《中国个体防护装备》2011 年第 4 期。

② 汪劲、张钰羚：《论我国〈核安全法〉的调整范围》，《中国地质大学学报（社会科学版）》2017 年第 2 期。

型的重要选项。① 当今世界主要核大国,包括联合国安理会五个常任理事国,都高度重视核能发展。国际能源署研究报告指出,多年来,核能发电占发达经济体发电总量的18%左右,在过去的半个多世纪中贡献了约一半的低碳电力,是发达经济体最大的低碳能源来源,② 是全球能源低碳转型的重要贡献者。③

(一)军用与民用核工业共同发展的国家

《不扩散核武器条约》第9条第3款明确了"有核武器的国家"即"有核国家"的法律定义,"有核武器的国家系指在1967年1月1日前制造并爆炸核武器或其他核爆炸装置的国家",为美国、俄罗斯、英国、法国和中国五国。而不为国际条约和国际社会所承认,但实际已进行过核试验,因此自称属于有核武器(核爆炸装置)的国家有印度、巴基斯坦和朝鲜,此外,国际社会认为具有核武器发展潜力的有以色列等30多个国家。南非、哈萨克斯坦、乌克兰、白俄罗斯曾因各种原因拥有过核武器,后自行销毁或转送出境,重新成为无核武器的国家。

有核武器国家无论在核军事应用方面,还是核能和平利用水平等方面都走在国际前列,核工业发展特别是核燃料循环体系全过程的技术能力和工业设施都比较全面和先进。军事核工业是慑止战争的重要手段,在相当长的时期内,核威慑作为有核武器国家军事战略核心的地位不会轻易改变。同时美国、俄罗斯、英国、法国和中国作为联合国安理会常任理事国,至20世纪60年代开始都建立起完整的核燃料循环工业体系。上述国家的核工业发展具有以下特点。

1. 战略地位突出

核工业是高技术战略性产业,是保持国家地位、维护国家安全、推动科技进步的重要手段,也是国家军事、经济、科技综合实力的重要体现。

2. 政治敏感度高

由于核科学与技术有用于军事目的的可能性,使得核工业及相关产业的发展,有关核技术、核设施、核材料在国际交往中具有高度的政治和安全敏感性。"有核国家"普遍实行"军民结合、寓军于民"的方针。由于核军事应用问题是国际社会最具政治敏感度、最受关注的问题之一,围绕核军控、核裁军、核安保、防核扩散及打击核恐怖主义行为的较量,成为国际社会政治、外交、军

---

① 李静云:《走向文明气候:后京都时代气象保护国际法律新秩序的构建》,中国环境出版社,2010,第50页。

② Solomykov Aleksandr、赵金玲:《俄罗斯核能供热技术发展与现状分析》,《区域供热》2019年第5期。

③ 国际能源署报告:《清洁能源系统型中的核电》,https://www.iea.org/reports/nuclear-power-in-a-clean-energy-system,访问日期:2022年6月5日。

事博弈的焦点。

3. 产业链条长

核工业，目前主要是民用核电工业，有较长的产业链，产业组织集中与分散并存，从铀矿地质勘查、铀采冶、铀转化、铀浓缩、核燃料元件制造、反应堆运行维护，到乏燃料后处理、放射性废物处理处置、核设施退役等，环环相扣。[1] 这就要求各环节生产能力、产品数量和质量、生产周期等相互匹配、相互协调，并具有足够的安全性和经济性。同时，这也需要各制造行业的紧密配合。核工业的兴衰对制造业和服务业影响也非常显著，发展核工业需要国家具有强大的综合实力和产业链维护能力。

4. 依赖国家支持

核工业以核科学技术为核心，核科学技术的自主发展并通过创新获得产业上的收益对于国家维持一个庞大的核工业系统具有重要意义。这就需要国家通过大规模公共资源的投入才能得以有效维持核科学基础研究和工程研发能力的发展，因此需要通过国家制定产业政策以吸引更多的参与者加入其中。同时，核工业实行严格政府许可制度，国家肩负监管责任，也需要投入大量资源。同时，核工业发展需要有别于其他行业的专门政策，包括核安保、核不扩散等涉及国家和国际安全等敏感问题的政策。

核工业早期发展阶段，各国离不开核军事应用的目的，随着国际核不扩散机制的建立以及国际集体安全体系的共同维护，在不扩散核武器的国际法律框架下，"有核国家"在经历东西方核威慑的冷战时期后早已达成以核不扩散机制为核心的战略平衡与妥协，成为国际集体安全机制的基石，共同推动核能和平利用的国际法律规则的制定，并建立起较完善的核法律法规体系，支持着世界核工业的有序发展。

（二）充分利用民用核电的国家

无核武器国家的核工业发展方式以核能和平利用为主，主要以加拿大、德国、日本、韩国等国家为代表，这些国家有较强的核技术研发水平，拥有许多在运核电机组，在核电技术研究领域居于世界前列，且积极推动核电技术的对外输出。

除了上述国家，一些国家本身并不具备核电研发能力，这些国家通过引进核电站，使核电成为国内重要的能源。此类国家包括阿根廷、亚美尼亚、伊朗、比利时、巴西、保加利亚、捷克、芬兰、匈牙利、墨西哥、荷兰、罗马尼亚、

---

[1] 陈殿华：《让核不再神秘——中国同位素与辐射行业协会秘书长陈殿华谈核技术应用的产业化发展》，《中国军转民》2008 年第 4 期。

斯洛伐克、斯洛文尼亚、西班牙、瑞典、瑞士、乌克兰、南非、阿联酋、白俄罗斯、土耳其、埃及等。

(三) 开发利用铀矿藏资源和发展非动力核技术应用的国家

由于技术能力和基础设施等方面的影响，以核电为代表的民用核动力技术并未在全球大多数国家得到充分利用，但以同辐技术为代表的非动力核技术却广泛应用于很多国家的各行各业，早已深入人类生活的方方面面，包括医疗、农业、工业、环保、社会安全等诸多领域。还有一些国家本身没有核能开发的需求，但自身拥有得天独厚的铀矿产资源，本身并不发展核燃料循环体系，但致力于铀矿产资源开采、贸易和深加工等核工业前端产业。世界上天然铀储量排前12位的国家是澳大利亚、哈萨克萨坦、加拿大、南非、美国、俄罗斯、纳米比亚、尼日尔、巴西、乌兹别克斯坦、乌克兰、蒙古，排名前7位国家的天然铀储量占到世界铀总储量的80%。

三、我国核工业

中华人民共和国成立以后，尽管百废待兴，但核工业发展仍然受到党和国家的高度重视。1950年成立中国科学院近代物理研究所，重点开展原子核等方面的研究工作。1955年1月15日，毛泽东主席主持召开中央书记处扩大会议，作出了发展我国原子能工业的战略决策。为捍卫国家主权完整和安全，面对外部封锁和打压，我国开始了以研制原子弹、氢弹、核潜艇为标志的核工业发展的漫漫征程，率先建立起完整的军用核科技工业体系。1955年1月20日，我国和苏联签署了《关于在中华人民共和国进行放射性元素的寻找、鉴定和地质勘察工作的议定书》，根据该协定，中苏两国在我国境内合作经营，进行铀矿的普查勘探，以发现有工业价值的铀矿床。[①] 1955年4月27日，中苏签订《关于苏维埃社会主义共和国联盟援助中华人民共和国发展原子能核物理研究事业以及为国民经济需要利用原子能的协定》，确定由苏联帮助我国进行核物理研究以及为和平利用原子能而进行相关核试验。1955年12月，国务院制定《关于一九五六年至一九六七年发展原子能事业计划大纲（草案）》，提出："在苏联的大力援助下，积极建设我们自己的原子能工业，使我国以最近代的科学技术，发展国民经济，巩固国防。"1956年11月16日，国家设立第三机械工业部，主管我国核工业的建设和发展，1958年第三机械工业部改名为第二机械工业部（后又改为核工业部）。1958年，我国第一座重水型实验用反应堆和回旋加速器

---

① 沈志华：《援助与限制：苏联与中国的核武器研制（1949—1960）》，《历史研究》2004年第3期。

建成并投入运行。1960 年,尽管苏联政府终止协定,但我国政府继续坚定发展核科学技术和核工业,1962 年 11 月成立由周恩来总理为主任的中央专门委员会,直接领导研制核武器的工作,从此逐步建成比较完整的核工业体系。

1964 年 10 月 16 日,我国成功爆炸第一颗原子弹。1967 年 6 月 17 日又成功爆炸第一颗氢弹。1971 年 9 月我国第一艘核潜艇下水。至 20 世纪 80 年代,我国已突破中子弹和核武器小型化技术。我国在核军工领域取得新的进展巩固和发展了核工业能力,至此我国掌握了军用核材料、军用核动力、核武器技术等一系列国防战略性核技术,形成了专业门类齐全、先进设备与技术保障能力相配套的科研生产基地,同时保证了国家安全的需要。

自 20 世纪 70 年代末,基于"军民结合、以核为主、多种经营、搞活经济"的方针,我国核工业在核能、核技术的和平利用以及核民用产品的开发方面也通过引进消化吸收和自主开发,进行技术改造和提升,在一些关键环节实现工艺技术更新换代,建立了相对完整的民用核工业体系,以及与国际接轨的核安全监督管理体系。

1985 年 3 月我国自行设计的秦山核电站开工建设,1991 年 12 月 15 日成功并网发电。1987 年 8 月,引进国外技术与设备的大亚湾核电站开工建设,并于 1994 年 5 月建成投入商业运行。随后岭澳、田湾、阳江、宁德、红沿河、台山、防城港、海阳、荣成、三门、福清、方家山、昌江、漳州、惠州、苍南、徐大堡、陆丰、招远等场址陆续进行建造安装或投入商业运行,沿海和内陆新的核电场址也在陆续开发,使得我国在核电技术研发、工程设计、设备制造、工程建造、运行管理等方面具备了相当的基础和实力。我国还积极开展先进核能利用的研究,已建成低温核供热实验堆、高温气冷实验堆、实验快堆、先进研究堆等重大科学工程,高温气冷堆商业化示范电站已并网发电,我国示范快堆、多用途模块式小型堆科技示范工程正在建设中,核聚变、钍基熔盐堆、铅基快堆研发进展良好。依据国际核事件分级,我国至今未发生过 2 级以上运行事件,主要运行技术指标保持国际前列。[①] 各核设施保持良好安全运行纪录。

在铀矿地质勘查领域,我国在本土已探明可以保障一定规模的核工业发展所需的铀资源,并通过收购、共同开发等多种形式,积极开发利用海外天然铀资源。在核燃料循环方面,铀矿采冶、铀转化、铀浓缩、高性能燃料组件制造等关键环节实现了生产能力的增强和技术水平的提升,已形成比较完整和先进的核燃料循环体系。乏燃料后处理、放射性废物治理和核设施退役工作正在稳

---

① 张廷克、李闽榕、潘启龙主编《中国核能发展报告(2020)》,社会科学文献出版社,2021,第 5 页。

步推进。在以放射性同位素与辐射技术为代表的非动力核技术应用方面，我国研发的新产品、新工艺、新技术门类齐全并形成了一个新兴产业链条，取得了显著的社会经济效益。

近 10 年来，我国核电发电量持续增长，为保障电力供应安全和节能减排做出重要贡献。截至 2020 年年底，我国运行核电机组达到 48 台，在建机组数量和装机容量多年位居全球首位（不包含我国台湾省核电数据），预计 2025 年核电运行装机总容量将达 7 000 万千瓦。① 总之，我国核工业的快速发展，充分适应了国家发展的需要，走出了一条独特的发展之路，逐步建立起体系完整、门类齐全的高质量核工业体系。

第二节　核利益与核风险

国际原子能机构出版的《核法律手册》明确提出：核能立法的一个基本特性就是既强调风险，也重视收益。从根本上来讲，一个国家选择是否发展核工业取决于核工业能给这个国家带来哪些利益，并存在哪些风险，从可获利益和防范风险角度分析是否发展核工业具有重要意义。2014 年 3 月 24 日，习近平主席在海牙举行的第三届核安全峰会上首次提出中国核安全观，并提出"四个并重"，其中第一个并重就是发展与安全并重，以确保安全为前提发展核能事业。

一、核利益

首先，核威慑力量具有高战略价值。从国家安全战略角度考虑，掌握核武器在政治上能够提升国家的国际地位，在军事上能够极大增强国家的防卫能力并对外国的军事干预产生威慑力，核能的军事应用改变了国家安全策略，可对不对称军事实力产生制衡，也改变了国家间传统的博弈模式。

其次，核能保障能源安全、优化能源供应结构。尽管各国核电站建设发展过程有起有伏，但核能发电已经为人类能源和电力供应做出了重要贡献。在当今全球越发注重环境保护、大力推进碳减排的趋势下，核能作为一种清洁且有充分保障的能源，其在世界能源结构中占据非常重要的地位。传统化石能源引起的环境污染越来越严重，不仅市场价格越来越高，还面临着逐渐枯竭的可能，

---

① 王毅韧、张廷克、李闻榕、尹卫平主编《中国核能发展报告（2021）》，社会科学文献出版社，2022，第 2 页。

而清洁能源如风力发电、太阳能发电等技术应用从经济性和发电量来看尚不能满足人类的用电需求。核能以其充足的燃料储备资源，良好的技术发展前景而被各国看好，因此已成为替代传统能源的重要选择。

最后，广泛的核技术应用也让人类的生活更美好、更健康和更安全。核技术应用研发的新产品、新工艺、新技术已广泛应用于工业、农业、医疗卫生、环境保护、矿产勘探、公共安全、科研等诸多领域，形成了造福全球的产业群，取得了显著社会和经济效益。

二、核风险

首先，确保核安全是核工业研究、开发和应用的底线，也是长期被人们关注的话题。广义的核安全涉及核材料、核设施、同位素辐射及射线装置相关的核安全及全过程的防止核扩散、核安保等议题，需要采取各种防护措施，保护工作人员、公众和环境免受不当的辐射危害。否则，一旦发生核损害事故，会产生生态环境风险，甚至公共安全风险与国家安全风险。

其次，放射性废物的风险与危害不可低估。放射性影响的危害性和长效性受到公众质疑，也是困扰核工业可持续发展的障碍。放射性废物是在放射性物质加工、处理或应用过程中产生的不再需要的含有放射性的物质。其主要来源于核燃料循环和核设施退役活动，核试验、同位素应用及科学研究等也会产生一些放射性废物。它与别的有害物质或一般废物不同，由于辐射危害不能通过普通化学、物理或生物方法消除，只能通过自身衰变或核反应嬗变来降低其放射性水平，最后达到无害化处理，因此，如得不到妥善处理，将会对公众和环境造成持续的负面影响。

最后，核事故危机处置的复杂性。核损害就是核设施及材料辐射事故对生命、财产和环境所造成的一切损失。正如国际原子能机构《核法律手册》所言，（核设施营运）即使在最高的安全标准项下，也不能百分之百排除发生核损害事故的可能性。[①] 核事故发生概率虽低，但一旦发生往往就是影响社会安定乃至国际关系的重大事件。除了对直接或间接的受害人生命、财产损失的赔偿会带来沉重的经济负担，处理事故对周围环境和核电站本身的污染也需要投入更多的成本，与此同时还会带来严重的社会危机和复杂的法律纠纷。

美国三哩岛核电站、苏联切尔诺贝利核电站以及日本福岛核电站发生的三起重大事故都引起公众对核能的担忧甚至恐慌，正因为如此，公众普遍认为核

---

① Carlton Stoiber, Alec Baer, Norbert Pelzer, Wolfram Tonhauser, *Handbook on Nuclear Law* (Vienna: International Atomic Energy Agency, 2003), p. 101.

能利用面临较大的潜在风险。让不少人谈核色变。早在20世纪70年代就出现了由公众发起的反核运动，核能利用受到了质疑。公众对核能的接受性已经关系到核工业的生存与发展。正如1996年《关于核安全与保障的莫斯科宣言》所言，"核能是否符合和有助于可持续发展，是否能够代替矿物燃料，作为一种有利于环境安全的替代选择，既不取决于核能设施对当代和后代人风险有多低，也不取决于风险控制得有多好，而是完全取决于公众对风险的可接受程度"。

除此之外，国际关系复杂多变，世界上还有不少国家同样基于国家安全和战略利益考虑，当面对霸权威胁或者邻国军事压力时，希望采取非对称核手段来作为自身保障。当前，世界上依然存在着庞大的核武器库威胁着人类的生存与发展，因此限制和削减核武器依然是人类共同的呼唤。此外，恐怖主义对核武器或者放射性物质的觊觎也日益成为国际社会所面临的风险。

第三节　广义的核安全

在古代汉语中，并没有"安全"一词，但"安"字却在许多场合下表达着现代汉语中"安全"的意义，表达了人们通常理解的"安全"这一概念。例如，《易·系辞下》有云，"是故君子安而不忘危，存而不忘亡，治而不忘乱，是以身安而国家可保也。"这里的"安"是与"危"相对的，并且如同"危"表达了现代汉语的"危险"一样，"安"所表达的就是"安全"的概念。"无危则安，无缺则全"。安全意味着没有危险且尽善尽美，这是与人们传统的安全观念相吻合的。"安全"作为现代汉语的一个基本词语，在各现代汉语辞书中解释都基本相同。安全是指不受威胁，没有危险、危害与损失。人类与生存环境和谐相处，互不伤害，不存在危险、危害的隐患。安全是人类永恒的话题，只要有人类存在就永远会有安全问题。安全还是一个相对的概念，没有绝对的安全，因此出现了安全水平的概念。安全还是一个变化的概念，时代和环境的变化会让人们对安全的认识发生变化。当汉语的"安全"一词用来译作英文时，与其对应的有 safety 和 security 等术语，这些表达安全的英文术语都可在不同语境中与中文"安全"相对应。

2007年国际原子能机构《安全标准丛书》第 SF-1 号《基本安全原则》中提到：无论怎样的努力，都不能实现绝对的安全。广义的核安全涉及核材料、核设施、同位素辐射及射线装置相关的安全和安保问题，包括放射性物质管理、前端核资源开采利用设施安全、核电厂安全运行、乏燃料后处理设施安全及全过程的防止核扩散、核安保等议题。

《中华人民共和国国家安全法》提出了"十一项安全",其中第 31 条所规定的核安全即指广义的核安全,其规定:"国家坚持和平利用核能和核技术,加强国际合作,防止核扩散,完善防扩散机制,加强对核设施、核材料、核活动和核废料处置的安全管理、监管和保护,加强核事故应急体系和应急能力建设,防止、控制和消除核事故对公民生命健康和生态环境的危害,不断增强有效应对和防范核威胁、核攻击的能力。"其中,"国家坚持和平利用核能和核技术,加强国际合作,防止核扩散,完善防扩散机制"是对核保障的规定;"加强对核设施、核材料、核活动和核废料处置的安全管理、监管和保护,加强核事故应急体系和应急能力建设,防止、控制和消除核事故对公民生命健康和生态环境的危害,不断增强有效应对和防范核威胁、核攻击的能力"是国家对核安全与核安保的要求。

国际上,广义的核安全所涉及的首个问题核保障(nuclear safeguard),其法律渊源是为不扩散核武器目的而设立的核不扩散国际法律机制,其中最重要的国际条约便是 1968 年联合国大会通过的《不扩散核武器条约》。《不扩散核武器条约》第 1 条规定了有核国家不扩散核武器的基础与根本:"每个有核武器的缔约国承诺不直接或间接向任何接受国转让核武器或其他核爆炸装置或对这种武器或爆炸装置的控制权;并不以任何方式协助、鼓励或引导任何无核武器国家制造或以其他方式取得核武器或其他核爆炸装置或对这种武器或爆炸装置的控制权。"[1] 第 2 条规定了无核国家在不扩散核武器领域的根本义务:"每个无核武器的缔约国承诺不直接或间接从任何让与国接受核武器或其他核爆炸装置或对这种武器或爆炸装置的控制权的转让;不制造或以其他方式取得核武器或其他核爆炸装置;也不寻求或接受在制造核武器或其他核爆炸装置方面的任何协助。"《不扩散核武器条约》设定的国际义务,是世界各国对核不扩散机制建立的妥协和承诺,是核保障的基础。

其次,核安保(nuclear security)是广义核安全的重要组成部分。核安保的意义在于防范核恐怖主义以及保护核材料安全。现行的《核材料和核设施实物保护公约》是核安保最重要的法律渊源。关于该公约的目的,其序言阐明"防止由非法取得和使用核材料所可能引起的危险,深信与核材料有关的犯罪行为是引起严重关注的事情,因此极需采取适当有效的措施,务求防止、侦察和惩处这些犯罪行为"。

广义核安全的第三方面源自核设施的安全需要,即狭义的核安全(nuclear safety)。1994 年国际原子能机构讨论通过的《核安全公约》是其法律渊源。

---

[1] 高宁:《国际核安全合作法律机制研究》,《河北法学》2009 年第 1 期。

《核安全公约》第 1 条界定了该公约的目的，其实也阐释了狭义核安全的范畴："（ⅰ）通过加强本国措施与国际合作，包括适当情况下与安全有关的技术合作，以在世界范围内实现和维持高水平的核安全；（ⅱ）在核设施内建立和维持防止潜在辐射危害的有效防御措施，以保护个人、社会和环境免受来自此类设施的电离辐射的有害影响；（ⅲ）防止带有放射性后果的事故发生和一旦发生事故时减轻此种后果。"

核法律的完整程度、立法质量等是一个国家对核安全和辐射安全的重视程度、管理水平的反映，是国家核工业发展需要承担的社会责任与安全承诺。核安全的国际责任，无论在国际公约，还是在国际原子能机构共同倡议下，都必须落实到各国核法律体系和核工业管理中。2016 年国际原子能机构出台的《安全标准丛书》第 GSR Part 1（Rev. 1）号《促进安全的政府、法律和监管框架》就建议缔约国"须建立一个法律和法规体系来管理设施和活动的安全"。

一、核保障

人类社会需要竭尽全力避免发生使世界遭受浩劫的核战争，而核武器扩散会使发生核战争的危险增加。关于核扩散的定义，目前国际社会尚未达成统一共识，但一般认为核扩散泛指核武器、核武器材料和技术的扩散。[①] 核扩散的基本途径主要是利用核燃料循环获得钚－239、铀－235 和铀－233。核扩散的关键环节在于敏感设施和技术，如铀浓缩、后处理和重水生产，除此之外还要重点关注核扩散的高风险部位，包括浓缩铀生产设施、铀转化设施、高浓铀燃料生产厂、后处理厂以及混合氧化物燃料生产设施中的高风险部位。

发展核武器，尤其是制造真正具有威慑力和实战能力的战略核武器，必须经过多次的核爆炸试验，它是研究发展核武器和保持核武库有效性的必要手段。禁止核试验是实现全面禁止和最终销毁核武器目标推进过程中的一个重要步骤，是分步骤和渐进式核裁军的必经之路，目的是冻结现有核武器发展水平，限制无核武器国家谋求发展核武器。[②]

1957 年，国际原子能机构建立，核不扩散制度的建设与发展进入一个全新的阶段。国际原子能机构的两大宗旨之一便是保障原子能用于和平而不用于任何军事目的，这就是"核保障"的基本职能。目前，已经建立起以《国际原子能机构规约》和《不扩散核武器条约》为基础，以国际原子能机构国际保障核查执行机制为核心的国际防核扩散体系。

---

① 杨大助、傅秉一：《核不扩散与国际保障核查》，中国原子能出版社，2012，第 12 页。

② 同上书，第 42 页。

《国际原子能机构规约》是国际原子能机构建立和运作的法律基础,其于1957年7月29日满足生效条件正式生效。《国际原子能机构规约》规定国际原子能机构在保障核不扩散领域承担以下职责。

第一,建立和发展防核扩散保障核查制度、设立国际核查专门部门、人员和工作程序;第二,同当事国签订相关保障协定并根据此种协定进行保障核查活动,如"国际原子能机构的保障文件";第三,评价核查结果、向联合国安理会及大会报告当事国履行不扩散承诺的实际情况。[①] 为了加强核保障,国际原子能机构还推进"93+2计划"、《附加议定书》和一体化保障方案,并促进核武器国家签署自愿保障协定。

《不扩散核武器条约》是核领域最广泛的国际条约,也是国际核不扩散体系的基础。1968年6月12日联合国大会批准条约草案,1968年7月1日在莫斯科、伦敦和华盛顿开放签署,并于1970年3月5日生效。《不扩散核武器条约》旨在防止核武器扩散、推动核裁军谈判和促进核能和平利用及国际合作。《不扩散核武器条约》除了要求无核武器国家不发展核武器,还要求有核武器国家停止核军备竞赛和进行核裁军,以换取无核武器国家和有核武器国家在国家安全保障的权利和义务方面的相对平衡。虽然有核武器国家在核裁军方面已经取得了一些成果,核武器数量较冷战时期已减少,也停止了核试验,但还远没有达到无核武器国家所期待的核裁军目标。彻底消除核武器并不是一蹴而就的,应当通过建立系统、渐进和具体的国际核不扩散体制来实现。国际核不扩散体制是以《国际原子能机构规约》和《不扩散核武器条约》为基础,辅以《禁止核武器条约》《核材料和核设施实物保护公约》等推广建立无核武器区、推动《全面禁止核试验条约》生效以限制核武器研制和试验的一系列国际条约,为全面和彻底销毁核武器奠定基础。

因此,根据联合国大会的要求,各国须缔结一项防止扩散核武器的条约,承诺就此进行合作,并为国际原子能机构的相关工作提供便利。国际核不扩散机制在此背景下建立起来,其法律架构主要由三个体系组成:一是《国际原子能机构规约》《不扩散核武器条约》和各国与国际原子能机构的保障协定构成的核保障机制;二是《核材料和核设施实物保护公约》与核进出口控制准则下的防扩散监督机制;三是区域无核武器条约建立的地区协调机制。

其中,尚未生效的《全面禁止核试验条约》是有核武器国家与无核武器国家博弈的产物,同时也是为了使《不扩散核武器条约》的期限延长。此外,区域性禁止核试验条约包括《南极条约》,这是人类第一次以法律形式禁止核武

---

① 杨大助、傅秉一:《核不扩散与国际保障核查》,中国原子能出版社,2012,第47页。

器的区域试验,也是第一次以法律形式禁止区域处理放射性废物。1963 年 10 月 17 日,联合国第 18 届大会一致通过的第 1884 号决议要求各国不在绕地球轨道放置任何携带核武器或任何其他大规模毁灭性武器的实体,不在天体上配置这种武器。同年 12 月 13 日联合国大会又一致通过第 1962 号决议《各国探索和利用外层空间活动的法律原则宣言》,并促成《外层空间条约》的缔结。《海底武器控制条约》防止在海床洋底进行核武器竞赛,以条约方式将海床洋底及其底土排除在军备竞赛之外。为防止太空军事化以及和平利用太空与太空资源,1979 年 12 月 5 日第 34 届联合国大会通过了《关于各国在月球和其他天体上活动的协定》。

除此之外,《不扩散核武器条约》第 7 条规定:本条约的任何规定均不影响任何国家集团为了保证其各自领土上完全没有核武器而缔结区域性条约的权利。目前区域性禁止核武器条约主要包括《拉丁美洲和加勒比地区禁止核武器条约》(《特拉特洛尔科条约》)、《南太平洋无核区条约》(《拉罗汤加条约》)、《东南亚无核武器区条约》(《曼谷条约》)、《非洲无核武器区条约》(《佩林达巴条约》)和《中亚无核武器区条约》,加之于 2021 年 1 月 22 日正式生效的《禁止核武器条约》。现在世界上一半以上的国家位于无核武器区内。

以此国际核不扩散机制为前提,所有国家都有权参与尽可能充分的科学情报交换,以促进为和平目的而应用核能,并且单独地或与其他国家合作对促进这种发展做出贡献。[①] 上述机制是终止核军备竞赛的有效保障,也是实现核裁军的有效措施,还可以缓和国际紧张局势以及加强各国间的信任。期待未来,在有效国际监督下,按照上述条约规定,实现停止制造核武器、清除现有全部存储并从有核国家武器库中取消核武器及其运载工具的人类理想目标,促进国际和平与安全。

综上,涉及核保障法律制度的建设更多是建立在国际法基础上,本书不作更详细的介绍,详细可参阅《国际原子能法》[②]、《国际原子能法汇编》[③] 等著作。

二、核安保

核安保作为涉及国家和国际安全的一项重要议题,近年来得到国际社会的

[①] 梁长平:《从"强制遵约"到"自主遵约":关于联邦德国对〈不扩散核武器条约〉的政策研究》,博士学位论文,复旦大学,2009。

[②] 陈刚:《国际原子能法》,中国原子能出版社,2013。

[③] 陈刚:《国际原子能法汇编》,中国原子能出版社,2013。

广泛关注。2010年4月12日至13日，第一届核安全峰会在美国华盛顿召开，包括中国在内的47个国家的领导人以及联合国、国际原子能机构和欧盟等国际和地区组织的负责人参加，峰会围绕核恐怖主义威胁与各国和国际社会的应对措施以及国际原子能机构在核安全领域所发挥的作用进行讨论，并且发表了峰会公报和峰会工作计划，承诺通过国际合作共同应对核恐怖主义威胁，加强全球核安全。时任中国国家主席胡锦涛在会上发表题为《携手应对核安全挑战 共同促进和平与发展》的讲话，并就加强核安全提出五点主张：第一，切实履行核安全的国家承诺和责任；第二，切实巩固现有核安全国际法框架；第三，切实加强核安全国际合作；第四，切实帮助发展中国家提高核安全能力；第五，切实处理好核安全与和平利用核能的关系。

2012年3月27日，第二届核安全峰会在韩国首尔召开，53个国家的领导人和代表以及部分国际组织的负责人围绕应对核恐怖、保护核材料和核设施、阻止核材料不法行为等主要议题进行讨论，并通过了《首尔公报》，公报涉及构建全球核安全体系、国际原子能机构应发挥的作用、核材料、放射源、核安全与核能安全、运输安全、防止不法交易、核检查、核安全文化、情报安全、国际合作等11个领域，共提出了13项非约束力承诺或鼓励措施。时任中国国家主席胡锦涛发表题为《深化合作 提高核安全水平》的讲话，介绍了中国在国家核安全建设、履行核安全国际义务、开展核安全国际合作、确保大型公众活动核安全和对外提供核安全援助等五个方面所做的工作和取得的成果，并为在新形势下增进核安全提出四点主张：第一，坚持科学理性的核安全理念，增强核能发展信心；第二，强化核安全能力建设，承担核安全国家责任；第三，深化国际交流合作，提升全球核安全水平；第四，标本兼顾、综合治理，消除核扩散及核恐怖主义根源。

2014年3月24日至25日，第三届核安全峰会在荷兰海牙召开，峰会以"加强核安全、防范核恐怖主义"为主题，共有53个国家的领导人或代表以及国际组织负责人与会。峰会通过《海牙公报》，并在减少高浓铀核材料数量、增强放射性材料安全保障措施、增进国际信息交流和合作等三方面达成共识。中国国家主席习近平在会上首次阐述了中国的核安全观：发展和安全并重，以确保安全为前提发展核能事业；权利和义务并重，以尊重各国权益为基础推进国际核安全进程；自主和协作并重，以互利共赢为途径寻求普遍核安全；治标和治本并重，以消除根源为目标全面推进核安全努力，并表示中国将坚定不移增强自身核安全能力，坚定不移参与构建公平、合作、共赢的国际核安全体系，坚定不移支持国际原子能机构主导的核安全国际合作，坚定不移维护地区和世界和平稳定，为实现持久核安全继续做出自己的努力和贡献。

2016年3月31日至4月1日，第四届核安全峰会在美国华盛顿举行，主题为"加强国际核安全体系"，峰会通过了2016年核安全峰会公报，强调各国将致力于通过减少核恐怖主义威胁并加强核安全以营造和平稳定的国际环境。中国国家主席习近平以《加强国际核安全体系，推进全球核安全治理》为题发表了重要讲话，讲话围绕构建公平、合作、共赢的国际核安全体系，提出要强化政治投入，要强化国家责任，要强化国际合作，要强化核安全文化等四点主张，介绍了中国在核安全领域取得的新进展，包括将核安全纳入国家总体安全体系，写入国家安全法等措施，并表示中国将采取构建核安全能力建设网络，推广减少高浓缩铀合作模式，实施加强放射源安全行动计划，启动应对核恐怖危机技术支持倡议，推广国家核电安全监管体系等五项举措加强中国核安全并积极推进国际合作。

核安保相关制度主要分为三方面内容：实物保护、核进出口控制以及核反恐。

（一）实物保护

实物保护就是防止非法或未经授权获取核材料，以及通过盗窃、转换、威胁和破坏等手段非法干扰核材料和核设施的正常使用。实现实物保护，一方面要采取防护措施，防止潜在的肇事者接触核材料和核设施，另一方面要采取措施遏制企图盗窃、转移和破坏核材料与核设施的行为。实物保护所保护的对象包括核材料和核设施两个方面，重点各有不同。

实物保护机制最早关注的重点是对核材料的保护，自《不扩散核武器条约》生效后，防扩散机制中对核材料的实物保护一直是国际社会关心的大事。早在20世纪70年代，国际社会已逐渐意识到为防止核材料被盗或非法转移，特别是在核材料国际运输过程中，就加强核材料实物保护开展国际合作的重要性。[①] 这里所称的"核材料"是指任何含有下述一种或多种成分的材料，这些材料包括钚（同位素钚-238含量超过80%者除外）、铀-233、同位素铀-235和铀-233浓缩的铀以及含有天然存在但非矿砂和矿渣形式的同位素混合物的铀。尽管一个国家对建立并实施全面的核材料实物保护系统负有完全的责任，但国家是否能够履行好此责任关系到其他国家的安全，特别是涉及核材料跨境运输时，更需要各国密切配合。因此，实物保护早已成为国际社会普遍关心的问题并需要上升到国际合作的高度。

基于对建立核材料实物保护体系的关切，各国在这个重要领域协商并制定通过了一系列的国际条约，以帮助加强各国的实物保护，同时促进各国之间在

---

① 国家国防科技工业局系统工程二司主编《核安保相关法律法规汇编》，法律出版社，2016，第1页。

这个重要领域的合作。最重要的就是国际原子能机构于1979年10月16日牵头制定通过的《核材料实物保护公约》，1980年3月3日在位于维也纳的国际原子能机构总部和纽约联合国总部开放签署，于1987年2月8日生效，《核材料实物保护公约》主要侧重于国际贸易中的核材料运输，但也包含其他相关的国内实物保护措施方面的重要要求，例如，它要求成员国：作出某些实物保护安排，并确保国际核材料运输特定的实物保护水平，合作追回并保护被盗核材料，根据各国国情与立法实践，在国内法中将特定的行为（如盗窃核材料以及威胁或企图使用核材料损害公众）定为应予处罚的犯罪，起诉或引渡犯有这样罪行的罪犯。[①]《〈核材料实物保护公约〉修订案》于2005年7月8日由国际原子能组织大会通过。《〈核材料实物保护公约〉修订案》将适用范围由核材料的国际运输扩展到国内核材料与核设施的实物保护，该修订案要求缔约国建立、执行和保持一种适当的实物保护制度，用于防止核材料被非法窃取，确保能迅速采取措施找回丢失或被盗的核材料，保护核材料和核设施免遭破坏，减轻或最大限度减小破坏造成的放射性后果。在《核材料实物保护公约》之前，各国专家和国际原子能机构秘书处还合作编制了《核材料与核设施的实物保护导则》。该导则虽然不具有约束性，却提供了权威性的立法建议，是国家起草相关实物保护制度的重要参考，从而增进各国国内相关立法的协调一致。

除了公约和导则，国际原子能机构理事会还制定了一套有关实物保护的目标和原则，其对国家防止核材料和核设施被盗、被滥用和被破坏的立法和执法程序予以补充性指导。这些不具有约束力的目标和基本原则是对实物保护相关关键概念的提炼，是对公约和导则的补充。国际原子能机构关于实物保护凝练了四个目标，分别为：防止核材料在使用、贮存和在运输过程中未经授权的转移；确保国家能实施快速和综合性的措施以找到和追回丢失的或被盗的核材料；防止对核设施的破坏和防止对在使用、贮存和运输过程中核材料的破坏；缓解或最大限度地减少此种破坏的放射性后果。

（二）核进出口控制

目前世界上还很少有国家能实现核材料供给和核技术开发的完全独立，因此国际合作成为必然选择。为确保核能的和平利用，必须保证跨国和国内的核转让监控成为全球核不扩散体系中必不可少的环节。核进出口可以通过核材料、核设备、反应堆用非核材料及相关技术的转让，核两用品及相关技术的转让，以技术服务形式进行核商业秘密的技术转让，由政府间安排或由科学专业团体

---

① 国家国防科技工业局系统工程二司主编《核安保相关法律法规汇编》，法律出版社，2016，第2页。

提供核技术培训等方式实现。

执行核进出口控制是《不扩散核武器条约》的要求。根据《不扩散核武器条约》第 3 条第 2 款，各缔约国都承诺不将核材料，或特别为处理、使用或生产特殊裂变物质而设计或配备的设备或材料，在缺乏国际原子能机构各种保障措施约束的前提下提供给任何无核武器国家使用。核进出口控制应当在国家监管外贸活动的一般法律框架内进行，同时还需要建立一套专门用于指导核进出口的监管制度，以确保核进出口活动能够有政府常设专门机构的监督管控，这还包括必要时由专家进行技术和政策审议。

为加强核不扩散的监督，各国都制定并实施相关法律法规，用以控制与核相关敏感物品的出口。然而，随着科技的发展，对核技术、核材料和核设施出口的控制变得越来越复杂与困难。所谓"复杂"，主要表现为科技不断创新所带来的变化，电子科技日新月异使得技术文件的传输能够跨越国境，增加了国家对司法管辖之外的贸易活动进行管控的困难。所谓"困难"，则表现为缺乏国际统一的控制标准，各国现有的法律法规之间也存在着大量冲突。国际核不扩散制度要求国家建立完备的核进出口法律制度，并落实到具体措施。国家即使没有进行核材料进出口活动，也要建立这样的法律法规来监管过境核转让活动，以防止本国成为不正当核转让活动的通道。因此，核技术、材料和设备出口国之间就必须采取相互配合、相互协调的合作措施，以提高监控的有效性。与此同时，有一些技术性文件也能够有效地指引相关国家开展核进出口管制，例如：

1. 桑戈清单

桑戈委员会建立的出口控制机制就是围绕它制定的"触发清单"采取监控措施。该委员会的"触发清单"对成员国没有法律约束力，只对各国制定核出口政策起指导作用。

2. 核供应国集团准则

核供应国集团准则由"核转让准则"与"核两用品及相关技术转让准则"两部分组成，全称为《核转让准则/与核有关的两用设备、材料、软件和相关技术的转让准则》，另含有附录《触发清单》，以进口国接受国际原子能机构全面保障作为核出口条件，并将其控制范围扩大到与核有关的两用设备、材料和相关技术的转让，上述准则不定期进行修订。

除此之外，联合国安理会还在 2004 年 4 月 28 日和 2009 年 9 月 24 日通过了《联合国安理会 1540 号决议》和《联合国安理会 1887 号决议》，要求各国采取有效措施，加强对大规模杀伤性武器及其运载工具以及相关材料和技术的国内管理和出口管制，防范和打击非国家实体获取上述物项和技术，并呼吁各国对核燃料循环相关敏感物项和技术的出口实行更加严格的国家管制。

（三）核反恐

20世纪90年代，由于国际形势的变化，核材料非法交易时有发生，国际恐怖主义分子和宗教极端主义分子的活动日益猖獗，因此，防止核材料扩散和防止核设施被蓄意破坏成为国际社会关注的热点问题。

全球核贸易的不断发展以及运输、通信和信息技术的多样化，使得各国在核安保领域，即保护核材料和核设施免受威胁等方面面临新的挑战。核材料与核设施的实物保护与防止核扩散密切相关，随着核能利用的进一步发展，需要特别关注的是保护核材料和核设施免遭盗窃或其他未经授权的转移和破坏。国际社会明确认识到核材料和其他放射性物质在一国被盗很可能会被另一国用于恐怖目的，而一国核设施遭到破坏很可能对其他国家造成跨境影响。

为防范恐怖组织和宗教极端团体以各种手段获得核材料和其他放射性物质制造粗糙核武器或脏弹，防止其采取各种手段破坏核设施造成核事故或放射性物质泄漏对公众生命、财产和环境造成损害，反对国际核恐怖主义，制止核恐怖主义行为已经成为引发全球关注的重点问题。因此这也成为核安保国际法律机制的重要内容。

2005年7月8日，由国际原子能机构主持召开的《核材料实物保护公约》修订外交大会闭幕，此次国际会议通过了《〈核材料实物保护公约〉修订案》（又称《核材料和核设施实物保护公约》），鉴于核设施若遭破坏或干扰可能导致辐射量增加或放射性物质的释放，公约将"核设施"增加到其保护范围之内。《核材料和核设施实物保护公约》首次明确规定，缔约国要在保护核材料安全、防范核恐怖主义方面进一步加强国际合作。《核材料和核设施实物保护公约》的目的在于防范团体或个人非法获取、使用或扩散核材料，保护核材料在国际运输中的安全，并在追回和保护丢失或被窃的核材料、在惩治或引渡相关犯罪人员领域加强国际合作，对公约范围内规定的犯罪建立普遍管辖权，以防止核扩散危险的发生，同时加强核设施的保护。《核材料和核设施实物保护公约》朝着加强核安保，同恐怖主义作斗争的方向迈出重要一步。

为了出台一批旨在预防、制止和消除一切形式的恐怖主义的国际法律文书，1996年12月17日联合国大会通过了51/210号决议，决定成立一个专门委员会拟订一项制止核恐怖主义行为的国际公约补充现有的相关国际文书，在该委员会的积极努力下，1997年12月15日联合国大会52/164号决议通过了《制止恐怖主义爆炸国际公约》，该公约于2005年5月23日正式生效，公约旨在针对在公共场所非法或故意使用爆炸物或其他致命装置释放、传播或散布有毒物质、生化制品及类似物质或放射性物质从而造成重大人员伤亡或公共建筑严重损坏的行为建立司法制度。① 2001年9月28日，联合国安理会通过《联合国安理会1373号决议》，对国际恐怖主义和跨国有组织犯罪与核材料非法运送之间的密切联系表达了关切，并提出了20项专门措施。2005年4月13日联合国大会第59届会议上第59/290号决议通过的《制止核恐怖主义行为国际公约》是第一项旨在打击核恐怖主义罪行的国际条约。公约于2005年9月14日开放签字，并于2007年生效。公约第一次明确了核恐怖犯罪行为的定义，填补了现有反恐公约体系的空白。公约完善了国际反恐法律框架，为预防和惩治核恐怖犯罪提供了法律依据，确保那些制造、参与、组织和策划核恐怖行为的个人能受到应有的惩罚。依据该公约，对于涉嫌制造核恐怖行为的个人，各国政府必须予以起诉或将其引渡到别国受审。公约还要求各缔约国为打击核恐怖行为加强情报交流，并加强对本国放射性物质的监管。

综上，核安保法律制度的产生始于国际核法律并逐步嵌入各国和平利用核能合作过程中，在国内核法律制度中落实国际法律义务，加强对核设施和核材料的实物保护，对核技术、核材料、放射性物质、核设备的国际贸易和运输过程进行进出口管制，同时加强在防止和打击涉核恐怖主义领域的合作，形成一套有别于核保障和核安全规范管理的法律制度体系。

三、核安全

与前文中广义的核安全相比，这里狭义的核安全是指在核设施的设计、建造、运行和退役期间，为保护人员、社会和环境免受可能的辐射危害所采取的技术上和组织上的措施，具体包括确保核设施的正常运行，预防事故的发生，限制可能的事故后果等。用风险衡量安全水平是自然科学领域的主流方法，首先，当一件事情带来的利益足够大，且风险代价可承受的话，可认为是安全的；其次，安全是利益和代价的平衡；最后，安全是可接受的风险。

根据国际原子能机构2006年制定的第SF1号《基本安全原则》②，基本安全目标是保护人类和环境免于电离辐射的有害影响。因此可以将核安全理解为保护人类和环境免于辐射危害以及引起辐射危害的设施和活动的安全。这里的"安全"包括核设施安全、辐射安全、放射性废物管理安全和放射性物质运输安全，但通常不包括与辐射无关的安全，如常规的工业安全、其他危险源导致的安全问题等。核安全既涉及正常情况下的辐射危害，也涉及作为事件后果的

---

① 国家国防科技工业局系统工程二司主编《核安保相关法律法规汇编》，法律出版社，2016，第3页。

② 国际原子能机构：《安全标准丛书》第SF1号《基本安全原则》，国际原子能机构，2006。

辐射危害，还涉及因核反应堆堆芯、核链式反应、放射源或任何其他辐射源失控而可能产生的其他直接后果。安全措施包括为防止事件发生而采取的行动以及为发生事件时减轻其后果而作出的安排。

　　国际原子能机构《核法律手册》将"安全原则"作为核法律的首要原则。国际原子能机构《基本安全原则》也强调，核安全目标这一保护人类（个人和集体）和环境的基本安全目标必须在对引起辐射危险的设施运行或活动的开展不存在不当限制的情况下实现。为确保设施的运行和活动的开展能够达到合理可行的最高安全标准，必须采取以下措施：首先，控制对人类的辐射照射和放射性物质向环境的释放；其次，限制可能导致核反应堆堆芯、核链式反应、放射源或任何其他辐射源失控的事件发生的可能性；最后，在发生上述安全事件的情况下减轻其后果。基本安全目标适用于所有设施和活动以及设施或辐射源寿期中的所有阶段，包括规划、选址、设计、制造、建造、调试和运行以及退役和关闭。这其中还包括相关放射性物质运输和放射性废物管理。为了实现这一基本安全目标，国际原子能机构制定了 10 项基本安全原则，并以此为基础制定了安全要求与安全措施。安全原则是一套整体适用的原则，尽管在实践中针对具体情况各项原则的重要性可能有所偏重，所有原则均需适当地加以适用。这 10 项基本安全原则如下：①

　　（1）安全责任原则。对引起辐射危险的设施和活动负有责任的人员或组织必须对安全负主要责任。

　　（2）政府尽责原则。必须建立和保持有效的法律和政府安全框架，包括独立的监管机构。

　　（3）对安全的领导和管理安全原则。在与辐射危险有关的组织内以及在引起辐射危险的设施和活动中，必须确立和保持对安全的有效领导和管理。

　　（4）设施和活动的正当性原则。引起辐射危险的设施和活动必须能够产生总体效益。

　　（5）防护的最优化原则。必须实现防护的最优化，以提供合理可行的最高安全水平。

　　（6）限制对个人造成危害原则。控制辐射危害的措施必须确保任何个人都不会承受无法接受的伤害危险。

　　（7）保护当代和后代原则。必须保护当前和今后的人类和环境免于辐射危害。

　　（8）防止事故原则。必须做出一切实际努力防止和减轻核或辐射事故。

　　（9）应急准备和响应原则。必须为核事件或辐射事件的应急准备和响应作

---

① 国际原子能机构：《安全标准丛书》第 SF1 号《基本安全原则》，国际原子能机构，2006。

出各项安排。

（10）采取防护行动原则。减少现有的或未受监管控制的辐射危害，必须证明为减少现有的或未受监管控制的辐射危害而采取的防护行动的正当性并对这些行动实施优化。

国际原子能机构《安全标准丛书》第 GSR Part 1（Rev.1）号《促进安全的政府、法律和监管框架》建议："政府通过不同文书、法令和法律确定国家的安全政策。通常情况下，政府指定的监管机构负责通过政府法规或国家标准中所述监管计划和战略来执行各项政策。政府确定监管机构的具体职能以及职责分工。例如，政府制定法律和通过安全政策，而监管机构则为执行这些法律和政策制定战略和颁布法规。此外，政府还通过制定法律与政策规范，以具体规定不同实体在安全以及应急准备和响应方面的职责和职能，而监管机构则建立开展有效协调的系统。上述建议在执行中有必要根据具体国情保持一定的灵活性。"①

核安全责任从义务的角度来理解，就是核安全主体对核设施、核活动、核材料和放射性物质采取必要和充分的安全措施，防止由于任何技术原因、人为原因或自然灾害造成事故发生，并最大限度减少事故情况下的放射性后果，从而保护工作人员、公众和环境免受不当辐射危害的核安全状态。②

1994 年《核安全公约》在序言中就规定核安全责任要由对核设施有管辖权的国家承担。公约中"履约措施"要求"每一缔约方应在其本国法律的框架内采取为履行本公约规定义务所必需的立法、监管和行政措施及其他步骤。"该条约第 9 条要求"核设施安全的首要责任由有关许可证持有者承担"。

第四节　核法律与其法学学科方向定位

一、核法律的产生与发展

核能利用从理论研究到军事应用发展的速度超乎人类的想象，终结第二次世界大战的原子弹也让世界感受到核武器的威力。"二战"后，各国积极开展

---

① 国际原子能机构：《安全标准丛书》第 GSR Part 1（Rev.1）号《促进安全的政府、法律和监管框架》，2016。
② 张红见、曹芳芳、张亮、刘瑞桓：《加强我国民用核材料安全监管的独立性》，《核安全》2016 年第 3 期。

核能研究与开发，同时也希望能够通过法律手段规制核能这个能量巨大的新兴能源，从而使其在法律制度下有序发展，解决研发过程中出现的各种新生问题。

1928 年，与核技术相关的辐射防护领域成立首个放射性研究国际组织——国际放射防护委员会，该委员会致力于研究建立辐射防护的国际标准，但在当时核技术应用更多是技术问题，尚未成为法律问题。

1945 年 12 月 7 日，地处大洋洲、尚为英国自治殖民区的新西兰颁布了世界上第一部命名为"原子能法"的核法律，该法内容主要是针对天然铀矿开发和裂变研究活动事先需要得到政府的许可。1946 年，美国出台其首部原子能法（麦克马洪法），该法要求美国的核能开发要实现军事化管理，禁止私有化或商业化应用。英国也在 1946 年通过了其首部原子能法。受制于核工业处于早期发展阶段以及高度国家管控的现实情况，这个时期的核法律偏向于规制核矿产开采、管控核技术研发、防止核技术信息泄露等方面。

随着民用核工业的不断发展，核法律，也就是所称的"原子能法"的立法目的发生了根本性转变。1953 年，美国艾森豪威尔总统签署了美国"和平发展核能"计划，1954 年《美国原子能法》的颁布与实施，标志着美国核能利用已经从军事目的发展为民用核电事业，并逐渐形成以核安全监管为主相对稳定的核法律体系。以核工业领先的美国核法律体系为例，它的形成与发展主要经历四个时期：

（1）1946 年至 1956 年，美国核工业发展初期。1946 年《美国原子能法》的制定与实施确定由政府指导与管制核能军用与民用的研究开发。1954 年《美国原子能法》的修订结束了政府对核能技术和应用的垄断，大大促进了民用核工业的发展。

（2）1956 年至 1962 年，促进民用核能开发时期。1957 年，美国通过了有关核损害责任的《美国普莱斯－安德森法》，该法要求美国能源委员会对核电站建造申请进行公开审核，通过召开听证会确保公众参与，增大核能开发的透明度，同时也明确了核能从业主体的核损害有限责任，保护民用核工业的发展。

（3）1962 年至 1979 年，核电快速发展时期。这个阶段经历了美国能源委员会的后期时代以及美国核管会的新时代。在这个时期，由于核电建设规模迅速扩展，政府审核难度增大，监管机构效率下降，形成安全隐患。

（4）1979 年至今为调整期。美国宾夕法尼亚州三哩岛核电站核事故后，美国全面调整核监管法律制度，严格控制核电站建造许可证，全面提高安全要求。

20 世纪六七十年代启动的世界范围内民用核工业大发展拉开了序幕，除了美国，1953 年《澳大利亚原子能法》，1955 年《日本原子能基本法》，1959 年《德国原子能法》也在这一时期诞生了。1954 年至 1986 年，民用核工业快速发展，各国核基本法律陆续出台，规制范围涉及辐射防护、放射性矿产的开采和加工、放射源和放射性物质管理、核设施建造运行许可证、核应急响应、放射性物质运输、放射性废物和乏燃料管理、核损害责任、核进出口控制、核安保和实物保护等诸多领域。各国立法侧重核技术管理，核法律规范内容不一，名称各异，层级分散。多数发展核能的国家在这个时期出台了原子能法、核能法、核安全法、辐射防护法等名称多样的核基本法律，而如法国、巴西等国家虽未制定核基本法律，但都在核工业发展初期建立起不同于一般工业体系的核法律制度。

以切尔诺贝利核事故为分水岭，从1986年至今，各国更注重核工业安全发展，加强政府独立监管，引入公众参与，促进各国核法律制度的协调，修订已有法律法规使之符合新的技术标准和安全要求成为各国核法律制定与修改的主流。发展至今，国际合作进一步加深，核安全标准提升，核安保要求加强，国际原子能机构的安全导则对各国统一立法提供着有效指引。一些国家，如俄罗斯、保加利亚、波兰、立陶宛、芬兰、斯洛伐克等逐步摆脱原来的行政管控模式，建立以核基本法律为核心的核法律体系，核工业法制化建设大大加强。近年来，新兴的规划核能发展国家，如阿联酋、越南、印度尼西亚等，也先后颁布了各自的核基本法律，进一步规范核能的发展。

随着核工业的不断发展，除了核基本法律制度，各项核相关专门法律法规也应运而生，核国际法律制度层出不穷，逐步形成以核工业发展与安全为核心的制度体系，包含放射性矿产资源开发、放射源和放射性物质管理、核设施安全、核应急准备和响应、放射性物质运输、放射性废物和乏燃料等核燃料循环领域的管理制度，还有核不扩散领域，涉及核保障、进出口控制、实物保护制度，并且衍生出作为特殊民事责任的核损害责任法律制度等诸多方面的一整套法律体系。

核能利用从理论研究到产业化发展至今不过短短80多年，其产生的巨大能量既给人类生活带来福祉，也潜藏着具有巨大震慑力的已知或未知的风险，所产生的社会影响力甚至超过了技术影响力。核能开发，在技术上需要控制裂变或聚变产生的能量，而在社会领域也需要以法律为手段去规制政府、组织、企业和公众的关系与行为，以保障核能利用能够在法制的轨道上理性、透明、科学、合作、受约束地有序开展。随着核能利用从军用到民用、从试验到产业化、从促发展到强化监管、从政府垄断到商业化竞争，核法律与时俱进地不断进行调整，逐渐构成现行的核法律体系，成为促进核工业健康发展的法制保障，对核能和平利用起到重要的引导和规范作用。

核法律是科技法律的典型代表，是随着核技术研究及工业化发展不断创造和演变而来的，立法数量庞大且专业复杂。随着各国核法律的不断丰富和完善，核法律体系呈现出多重利益协调与博弈的态势，诸如政府、企业与公众三者利益的兼顾，也包括军事应用的战略意义与和平利用的经济利益调节，核能发展的安全特性与电力结构调整，国家引导核工业发展与政府独立监管力度加强的平衡，国内法规体系与国际法律体系的协调，立法的明确性和社会政治稳定性之间的平衡等，逐渐显现出以利益与风险的权衡、安全与责任的承诺为核心的发展规律。

二、核法律的法学学科方向定位

核法律学科方向是以核法律的理论与实践及其发展规律为研究对象的实践性极强的、尚在建设中的新兴、交叉法学学科方向。作为一门具有特定内容的法学学科，核法律涉及法理学、行政法学、能源法学、环境法学、国际法学、经济法学和刑法学等诸多法学学科，又作为交叉新兴学科其涉及核科学、核社会学、国际关系学等其他自然科学和社会科学学科。核法律作为法学研究的一个新的领域，将系统阐述核能利用相关法律基本理论和基本知识。

不同于其他法学学科方向，核法律学科方向的特质在于：首先，它是具有综合性、探索性的法学交叉学科。研究该学科，既要具备充实的法学基本理论知识，又要具备一定的自然科学知识，通常有一定的核科学与核技术知识更能体会该方向的内涵。同时，核法律反映了国际法与国内法互相渗透、互相转化和互相影响的发展趋势。核能相关国际条约的制定参考了某些国家的国内核法律内容，很多国家国内核法律的制定与实施也参照国际相关条约的有关规定。因此，研究核法律不仅要了解相关国内法，还要有一定的国际法理论基础。

其次，它是实践性很强的学科。发展核法律学科方向是以民用核工业的实践与企业的发展为导向的，可以回应社会现实问题，能够为国家核相关职能部门、核工业企业等培养人才，因此服务相关企业和部门，更有利于核技术的发展与进步，使涉核工程的建造与运行有法可依，能够在专门法的规制下、专业人士的指导下平稳发展。

最后，核法律还很年轻，是有待发展建设的法学学科。目前国内鲜有专门的核法律的教材和专著，国际原子能机构出台的《核法律手册》也只是从立法角度给核法律制度提供了框架建议，并不能够作为教材使用。国际上核法律教材也屈指可数，比较知名，且所涉核领域非常全面的教材，有由英国学者斯蒂芬·特罗曼斯·QC 在 1997 年编纂的《核设施与放射性物质法律》一书基础上，扩展并于 2010 年出版的《核法律》（Nuclear Law）（第 2 版），该书较系统地总结了欧盟和英国核能与放射性技术应用的法律体系，对于欧洲核法律的发展与实施进行了清晰的框架解释，同时还介绍了国际核法律和欧盟核法律对英国本国核法律的影响。① 还有由澳大利亚学者海伦·库克所著，2013 年首版（2018 年再版）的《核能法》，其对核法律相关国际条约，各个核大国的核能相关国内立法进行了详细梳理与研究。② 自 2001 年起，经济合作与发展组织核能机构法律事务部每年组织核法律短期培训班，自 2011 年起国际原子能机构也每年组织"核法律大学"（Nuclear Law Institute）针对核法律进行短期培训。

三、核法律的研究现状

早在 1970 年，国际核法律协会在比利时布鲁塞尔成立，并于 1972 年通过了协会的章程，章程规定国际核法律协会是以促进和平利用核能的相关法律问题的研究为宗旨，以保护人员、财产和环境为重点，进一步开展成员之间的信息交流和科研合作，并与其他具有类似目标的组织沟通，推进核法律相关出版物的出版，促进核法律研究活动，这是世界上最早开展核法律研究的民间组织。国际组织对各国核法律的梳理、总结、研究和推广发挥着重要作用。国际原子能机构、欧洲原子能共同体、经济合作与发展组织核能机构等国际机构也致力于促进核法律推广，宣传国际良好实践，协调各国国内核法律规则，开展核法律立法研讨，推出核法律研究成果出版物和培训课程等。

《国际原子能机构规约》授权国际原子能机构促进核能的安全与和平利用，这就包括针对立法者、政府官员、技术专家、律师、外交官以及核技术使用者，审查现行的法律和规章，提供体制框架建议以及起草新的核法律，同时面向媒体和普通公众，帮助他们了解核法律基础结构和基本内容，以协调一致的方式加强核能的安全与和平利用同国家法律制度目标相吻合。2003 年，国际原子能机构的法律专家卡尔顿·施托伊贝尔等人编撰出版了《核法律手册》（STI/PUB/1160），手册总结了世界各国核立法的良好实践，归纳出核法律制度的基本要素和应当调整的各种法律关系，为各国核法律的立法者和学者提供了一本简明扼要的指南。2010 年，国际原子能机构又在卡尔顿·施托伊贝尔等人的合作下出版了《核法律手册——实施立法》（STI/PUB/1456），手册针对《核法律手册》出版后各国的立法进展及存在问题提供了立法建议和示范条款，为各国核立法提供一个基本轮廓和起点，将核相关法律法规体系进行了比较恰当和科学的划分。这两本手册为各国核法律的制定与修订提供了参考和范本。

---

① Stephen Tromans QC, *Nuclear Law: The law applying to nuclear installations and radioactive substances in its historical context Second Edition*（Oxford: Hart Publishing, 2010）.

② Helen Cook, *The Law of Nuclear Law Second Edition*（London: Sweet&Maxwell, 2018）.

除此之外，成立于1948年的欧洲经济合作组织，最初目的是帮助执行致力于欧洲重建的马歇尔计划，后来其成员国逐渐扩展至包含很多非欧洲国家，因此于1961年欧洲经济合作组织改名为经济合作与发展组织，简称经合组织。经济合作与发展组织核能机构核法律学院（ISNL）于2001年由经济合作与发展组织核能机构与法国蒙彼利埃大学合作成立。核法律学院面向来自经济合作与发展组织成员国与非成员国的核能从业人员、核电企业法务、核法律学者以及对核法律感兴趣的律师、法律工作者进行短期教学培训。其提供的核法律课程涵盖核法律导论；国际机构和组织；国际放射防护标准；核事故通报和协助；核安全；核监管制度；乏燃料和放射性废物管理；核损害的责任、赔偿和保险；不扩散核武器和核材料的国际保障；核安保；实物保护、非法贩运和恐怖主义；核材料和设备的国际贸易；核材料和燃料的运输与环境保护；等等。

2010年以来，随着核工业的发展与各国对2011年日本福岛核事故的关注，法国蒙彼利埃大学、英国伯明翰大学、美国乔治亚大学国家安全管理学院、印度西孟加拉邦国立法律大学等国际知名院校都在法学专业普通授课中开设了核法律相关课程，并在21世纪初建立了以培养法律硕士（LLM——Master of Law）、安全管理硕士（美国乔治亚大学）为目的的核法律专业方向。此类硕士项目的教学与研究内容涉及核法律的方方面面，包括但不限于核能相关法律、核安全制度、核责任与保险制度、核安保制度、放射性物质运输制度与乏燃料处理相关制度等。

伴随着我国民用核工业的蓬勃发展，国家核立法咨询和起草活动日益活跃，在我国系统开展核法律研究的学者逐渐增多。以国家立法机构、国防科工局、核安全局、国家能源局及其协作事业单位、核能行业协会等核立法主管单位或牵头部委组织广泛深入的核立法研究、咨询和立法实践。中核集团、中广核集团、国电投集团等核工业企业法务部门结合实践探索立法规律和产业发展需要推动核立法理论研究和探索。学院系统，特别是中国政法大学于2011年成立了由赵威教授主持的原子能法研究中心，北京大学法学院于2010年成立了由汪劲教授主持的核政策与法律研究中心系统研究核法律。来自西南政法大学国际法学院、复旦大学法学院、宁波大学法学院、辽宁大学法学院、华中科技大学法学院和本书作者所在的哈尔滨工程大学人文社会科学学院等高校的学者们也积极开展核法律研究和人才培养工作。

第二章 核法律概论

第一节 核法律定义与法律渊源

一、核法律定义

核法律可以明晰核工业者的责任边界和技术规范,使核工业在发展道路上有法可依,其安全性、经济性和技术性都能得到理性的平衡,使核工业能够健康、稳定和可持续发展。

在确定核法律名称时,使用术语"核""核能"还是"原子能",往往不统一且时常混淆。从科学的观点看,电离辐射涉及原子中的"原子核"发生的反应,因此,以"核"作为术语较为准确。西班牙、爱尔兰、意大利、荷兰、瑞典、芬兰、立陶宛、加拿大、缅甸、南非、阿根廷等国相关基本法律都采用"核能法"为法律名称,经济合作与发展组织核能机构等国际机构也习惯采用术语"核能"。然而,基于历史沿革或公众认知习惯,包括1956年国际组织于纽约签订的《国际原子能机构规约》等习惯采用"原子能"为术语,美国、俄罗斯、德国、挪威、波兰、日本、韩国、印度、澳大利亚、新西兰等国相关基本法律都采用"原子能法"作为名称,其实,无论采用核法律(Nuclear Law)、核能法(Nuclear Energy Law)还是原子能法(Atomic Energy Law),哪一种说法都代表同一领域的法律制度,三者含义相同,并没有概念上的区别。

现在对于核法律,或者说核能法、原子能法定义最权威的概述取自国际原子能机构出版物《核法律手册》,其认为"核法律可以定义为:为监管从事与易裂变材料、电离辐射和接触天然辐射源有关活动的法人或自然人的行为而建立的特殊法律规范体系"。[1] 该定义涵盖四个主要因素:第一,核法律是国家立法的一部分,其属于特殊技术性法律;第二,核法律是以调整监管核相关活动

---

[1] Carlton Stoiber, Alec Baer, Norbert Pelzer, Wolfram Tonhauser, *Handbook on Nuclear Law* (Vienna: International Atomic Energy Agency, 2003), p. 4.

对社会和经济发展带来的风险和利益为核心的;第三,和所有法律制度一样,核法律规制政府,从事商业、学术、科学活动的法人以及个人的行为;第四,把(由于易裂变材料或电离辐射的利用而产生的)放射性作为可以适用核法律这个特殊法律体系的必要条件。① 这个定义揭示了核法律调整政府监管的行政法属性与核技术的特殊性,以及和平利用核能的主旨。

核法律体系由不同的法律文书组成,法律文书的标题取决于特定国家的立法实践,往往标题简明并准确地反映法律的主题与内容,或者指明其立法目的,诸如确定核能的综合监管框架、监督核废物的管理、控制核进出口等。上文中国际原子能机构《核法律手册》是对广义的核法律下的定义,广义的核法律是所有核能利用法律规范的总称,既包括核能相关国际公约,也包括各国相关法律法规、法令、国家发布的技术规范等。而狭义的核法律仅指各国用于指导核能和平利用的相关法律。本书中所称的"核法律"是广义的核法律。

以《俄罗斯原子能法》第2条为例描述核法律的内涵:国家调整在核能利用时所产生的法律和原则,致力于在核能利用时保护人们的健康与生命、保护环境、保护所有权,促进核能科学技术的发展,推动加强核能安全利用的相关国际制度的基本法律制度。该条揭示了核法律的基本特性:首先,核法律是规定核能利用的法律和原则;其次,核法律的立法目的是在核能利用过程中充分保护公民、环境和财产;最后,核法律的作用在于促进核能科技进步和国际合作。这一条作为核法律的立法宗旨,揭示了核法律的核心意义,即以安全保障为基本出发点,以推进科技进步与国际合作为发展目标。

核能利用分为军用和民用两个领域。核能军事利用的制度一般不会在无核武器国家核法律体系中出现,其一般以加入国际条约的方式履行不扩散核武器的相关义务;有核武器国家涉及军用核设施、核活动会有特殊的核法律或行政法规进行规制,本书不作介绍。核能民用领域围绕核燃料循环或者辐射防护等级分为核电、工业、农业、医疗等领域的核技术应用。民用核燃料循环所涉及的核设施、核材料、核技术和核相关活动是核法律规范调整的重点,也是核法律体系研究的重心。

核法律的目标在于对核能研究、开发和利用活动进行规范,可以分为以下四个方面:一是核工业的管理体制,目的是要确定国家发展核工业的管理部门和核安全监管部门,保证各级管理、监督机关各司其职、分工协作,建立起协

---

① Carlton Stoiber, Alec Baer, Norbert Pelzer, Wolfram Tonhauser, *Handbook on Nuclear Law* (Vienna: International Atomic Energy Agency, 2003), p. 4.

调、高效的管理体制；二是核工业的基本政策，目的是针对核工业的行业特点，将国家已经形成的有关核工业的政策用法律形式固定下来，确保核工业的安全、持续、健康发展；三是核工业领域的主要产品，如铀产品、核燃料、核材料、放射性同位素的生产、经营与应用，以及主要核设施和装置，如核电厂、辐照装置等的建造和运行，目的是建立严格的管理与安全监督制度，保证核安全，促进核工业的健康发展；① 四是核工业的特殊性问题，如核安全监管、辐射防护和环境保护、核应急响应、核不扩散、核损害赔偿等，目的是建立起相关的法律制度，提供法律保障。②

二、核法律位阶与渊源

在单一制国家，为了维持法律体系的内在统一，各种法律部门不仅在横向上要相互衔接，各种法律渊源在纵向上也要保持协调。所谓法律位阶，是每一部规范性法律文书在法律体系中的纵向等级。下位阶的法律必须服从上位阶的法律，所有的法律必须服从位于最高位阶的法律。

尽管世界各国的法律体系不同，但各国的核法律存在一定的共性。核法律是国家法律的一部分，主要内容都是关于国家如何对核设施、使用放射性物质的单位实施有效的审查、监督、检查、处罚、事故情况下的应急措施等。核法律由以下位阶中的法律渊源构成一个庞大的体系。

（一）国际条约

条约是国家之间、国际组织之间以及国家与国际组织之间缔结的受国际法支配的书面国际协议。③ 涉核国际条约通常为开放性条约，国家可以在条约生效前或生效后的任何时候加入。由于核能利用关系到世界安全、环境保护、全球气候变化，对能源格局调整以及全球经济可持续发展都起着重要作用，近年来各国都选择加入核相关国际条约和多边协定，国与国之间也签署了大量的有关和平利用核能的双边合作协议，核能利用国际制度越来越多地为各国核法律所接受和采纳。同时，各国在建立和完善本国核法律体系时，也都重视本国制度与国际制度的接轨。

各国都将其已加入的生效国际条约作为其法律体系的组成部分，对这些条约在本国内的法律效力予以承认。这种将国际条约纳入本国法的方式有两种：一种是概括承认国际条约效力优先，如俄罗斯和美国的原子能法。俄罗斯原子

---

① 郑玉辉、李光亚：《加快我国原子能法的立法工作》，《中国核工业》2000 年第 2 期。
② 陈刚：《核电法律体系研究》，《核安全》2009 年第 4 期。
③ 曾令良、周忠海：《国际公法学》，高等教育出版社，2016，第 353 页。

能法规定，如果俄罗斯联邦参加的国际条约规定的规则与本法规定的规则不同，那么适用国际条约所规定的规则。该法还规定了在核事故通报、核事故支援以及核信息交换三个重要领域的国际合作，将依据俄罗斯参加的国际公约规则履行国际义务。美国原子能法第 11 章"国际活动"对国际条约的效力作出如下规定：本章的任何规定或者核管会的行动，如果与 1954 年 8 月 30 日之后订立的国际条约条款相冲突，应当视为无效或者没有约束力，核管会应当赋予包含在 1954 年 8 月 30 日之后订立的国际条约中的政策最高效力。另一种是承认国际条约效力优先，同时在核法律条文中说明国内立法与国际公约对应条款的适用关系，如德国原子能法。

（二）法律

广义上法律包括三个基本层次，即最高层的宪法文书、国会或立法机关制定的法律、政府所颁布的规章。在一些国家，通常原则上较为抽象的构建法律，把详细具体的事项留在规章中规定；而另一些国家更倾向于在法律中直接规定更多的细节。一些国家的政府法令和部长法令是其法律制度的一部分。核法律通常需要经由一整套的制度来落实，这既包括原子能法、核安全法、辐射防护法，也包括名称、位阶各异的涉核特别法律制度等。核法律主要分布在法律和法规类别之中，通常会把技术性强的内容放在法规中予以规范。

核法律一般具有行政法性质。行政法是行使各种行政立法权所产生的行政法律法规、规章的总称，是调整行政关系、规范和控制行政权的法律规范。由于核法律是调整政府管理核能利用活动，规范和控制政府、组织和个人在核能利用活动中行政管理关系以及相关权利义务的法律制度，核法律在国家法律体系中通常属于行政法体系。

（三）法规和规范性文件

1. 行政法规

将核法律制度通过法规形式发布实施是各国核工业管理的常规做法，有些国家是通过总统令、政令等形式发布。政府通过不同文书、法令和法律的方式确定国家的安全政策。在通常情况下，政府指定的监管机构负责通过政府法规或国家标准中所述的监管计划和战略来执行各项政策。[1] 以我国为例，国务院根据《中华人民共和国宪法》（以下简称《宪法》）和《中华人民共和国立法法》（以下简称《立法法》）的规定直接就有关行政事项制定或修改行政法规。

---

[1] 国际原子能机构：《安全标准丛书》第 GSR Part 1（Rev.1）号《促进安全的政府、法律和监管框架》，2016。

例如，《民用核设施安全监督管理条例》《核两用品及相关技术出口管制条例》《核材料管制条例》等均为国务院出台的涉核行政法规，都是我国核法律体系的重要组成部分，也不排除法规名称不包含"核"，但部分内容涉及核工业管理内容，如《中华人民共和国环境保护法》（以下简称《环境保护法》）第42条规定排放污染物的企业事业单位和其他生产经营者应当采取措施，防治在生产建设或者其他活动中产生的放射性物质对环境的污染和危害。《中华人民共和国海洋环境保护法》（以下简称《海洋环境保护法》）第49条规定海洋工程建设项目，不得使用含超标准放射性物质或者易溶出有毒有害物质的材料，禁止在海上处置放射性废弃物或者其他放射性物质。这类法规也应理解为广义的核法规。

2. 地方性法规及规章

2023年3月修正《立法法》第80条规定，省、自治区、直辖市的人民代表大会及其常务委员会根据本行政区域的具体情况和实际需要，在不同宪法、法律、行政法规相抵触的前提下，可以制定地方性法规。第93条规定，省、自治区、直辖市和设区的市、自治州的人民政府，可以根据法律、行政法规和本省、自治区、直辖市的地方性法规，制定规章。我国核安全地方立法就是指有立法权的省、自治区、直辖市和经济特区立法部门依据国家有关法律法规，针对该地区核设施应急响应、放射性废物管理、核电站场址规划和保护等制定的地方性法规和地方政府规章，用以指导当地核能利用活动安全有序开展，如《江苏省辐射污染防治条例》《广东省民用核设施核事故预防和应急管理条例》《江门市核应急预案》《大亚湾核电厂周围限制区安全保障与环境管理条例》《深圳市核应急交通保障行动预案》等。

《立法法》第91条规定，国务院各部、委员会、中国人民银行、审计署和具有行政管理职能的直属机构以及法律规定的机构，可以根据法律和国务院的行政法规、决定、命令，在本部门的权限范围内，制定规章。部门规章规定的事项应当属于执行法律或者国务院的行政法规、决定、命令的事项。没有法律或者国务院的行政法规、决定、命令的依据，部门规章不得设定减损公民、法人和其他组织权利或者增加其义务的规范，不得增加本部门的权力或者减少本部门的法定职责。该法第92条规定，涉及两个以上国务院部门职权范围的事项，应当提请国务院制定行政法规或者由国务院有关部门联合制定规章。因此我国部门规章作为法的表现形式在我国法律体系中发挥着重要作用。

在核法律领域，如为加强对核进出口及其他对外核合作保障监督事务的管理，切实履行《中华人民共和国和国际原子能机构关于在中国实施保障的协定》及其附加议定书、中国政府与有关国家政府签订的和平利用核能合作协定以及与核保障监督有关的其他条约或协定规定的义务，而由国家国防科技工业局（以下简称"国防科工局"）制定的《核进出口及对外核合作保障监督管理规定》；为规范核事故辐射影响越境时的应急管理工作，保证所需要的应急响应能力与秩序而由国防科工局制定的《核事故辐射影响越境应急管理规定》；为贯彻《核材料管制条例》，确保有关核材料的安全与合法利用，防止被盗、破坏、丢失、非法转让和非法使用，而由国家核安全局制定的《中华人民共和国核材料管制条例实施细则》；以及为加强对放射性物品运输的安全管理，实施《放射性物品运输安全管理条例》规定的运输安全许可制度，而由核安全局制定的《放射性物品运输安全许可管理办法》等都是《立法法》所言之部门规章。

3. 其他规范性文件

广义的规范性文件一般是指属于法律范畴（即宪法、法律、行政法规、地方性法规、自治条例、单行条例、国务院部门规章和地方政府规章等）的立法性文件，以及除此以外的由国家机关和其他团体、组织制定的具有普遍约束力的非立法性文件的总和。规范性文件包括条例、规定、通告、办法、决定五种。

行政机关的批复原则上不属于规范性文件，但有些批复的内容不仅适用于请示机关所在区域，而且适用于批复机关管辖范围的同类事项，具有事实上的普遍适用性，属于规范性文件。批复作为国务院函（一般称为"国函"）是上级机关答复下级机关请示事项时的公文，它是我国国家机关的一种常用公务文书。讨论批复的具体性质，根据《宪法》第89条，国务院依据宪法和法律，规定行政措施，制定行政法规，发布决定和命令。行政法规的制定必须严格遵守法定程序，因此，批复并非行政法规，而属于国务院文件，是依据《国家行政机关公文处理办法》制定的。[1] 学界认为，此类文件的法律位阶低于行政法规，但因为是由国务院制定的，实践中其位阶要高于部委与地方规章。根据1997年发布的《国务院办公厅关于执行国办发〔1993〕55号和国函〔1996〕69号文件有关问题的复函》，"经国务院批准发布的有关'通知'与'批复'，具有行政法规效力，可以作为行政机关实施行政处罚的依据"。

国务院通过批复针对核监管部门或其他部门的一些涉及核工业监管程序、制度安排和具体事项等问题予以明确的回复，批复的内容通常对核工业管理或监管部门、核相关企业和机构、从业人员具有法律约束力。如《对国家核安全局关于核电厂选址设计运行质量保证四个安全规定的批复》（国函〔1986〕86号），

---

[1] 李晓丽：《论国务院文件法律效力》，《重庆科技学院学报（社会科学版）》2014年第3期。

是国务院对国家核安全局请示的答复。① 又如，作为我国核损害责任制度依据的国函〔1986〕44号和国函〔2007〕74号两个文件都是以批复的形式沿用至今。

4. 技术标准

标准是对重复性事物和概念所作的统一规定，以科学技术和实践经验结合成果为基础，经有关方面磋商一致，由主管机构批准，以特定形式发布作为共同遵守的准则和依据。标准的形式包括标准、技术守则、标准案例、补遗和公告等。②

核安全有关的标准、规范，从技术角度规定了具体的指标、方法、程序、功能、性能、技术要求等。世界各国的核工业标准体系都不是一个孤立的体系，与本国的核法律法规组成一个紧密关联的、完整的、高效的标准体系，相互支撑又相互制约。核安全标准分为国家标准和行业标准，这两级标准均可再分为推荐性标准和强制性标准。推荐性标准在相关技术活动中一旦为合同所引用，合同各方必须遵守。强制性标准属技术规章，如同核安全规章，是必须执行的。例如，核工业标准中《总体技术规范》是以核电相关工作为对象，以相关法规和《专业标准》为基础，全面阐述总体技术要求，具有承上启下的作用。③ 在安全和环保领域，核工业标准必须遵循法律法规，反过来，工业标准又对法律、法规起着支撑与促进的作用。

（1）国际原子能机构安全标准。国际原子能机构安全标准源于《国际原子能机构规约》。根据《国际原子能机构规约》第三条A款6项，"（国际原子能机构有权）与联合国主管机关及有关专门机构协商，在适当领域与之合作，以制定或采取旨在保护健康及尽量减少对生命与财产的危险的安全标准（包括劳动条件的标准），并使此项标准适用于机构本身的工作及利用由机构本身、或

---

① 你局1986年2月17日《关于核电厂选址、设计、运行、质量保证四个安全规定的报告》收悉，现批复如下：1. 国务院批准《核电厂厂址选择安全规定》《核电厂设计安全规定》《核电厂运行安全规定》《核电厂质量保证安全规定》，由你局发布施行。2. 中国核电建设刚刚起步，核电厂的安全为各界群众所密切关注。因此，核电厂的选址、设计、运行和质量保证，需要贯彻质量第一、安全第一的方针，严格按照安全规定的要求，采取有力措施，以保障安全运行，预防事故和限制事故后果，切实保证工作人员、人民群众和环境的安全。国家核安全局应加强对核电厂的安全报告审查和现场监督，独立地行使安全监督权。3. 为了促进中国核电事业的顺利发展，应加紧制定和完善有关核领域活动的法规，并做到有法必依，执法必严。对任何单位或个人违反法规的行为，应坚决纠正，并依法追究责任。

② 姬世平：《核电标准对核安全法规支撑问题的研究》，《核标准计量与质量》2007年第1期。

③ 孙建生、周叙元、周晓薇：《国家标准〈核电站用1E级电缆通用要求〉解读和分析》，《中国标准化》2010年第10期。

经其请求、或在其管制和监督下供应的材料、服务、设备、设施和情报所进行的工作；并使此项标准，于当事国请求时，适用于依任何双边或多边协议所进行的工作，或于一国请求时，适用于该国在原子能方面的任何活动"，同时按照《规约》第十二条 A 款 2 项，"（对于机构的任何项目或有关当事国请求机构实施安全保障的其他安排），要求遵守机构规定的所有健康与安全措施"。因此，国际原子能机构所制定的"安全标准（健康与安全措施）"对机构本身有约束力，除此之外，如在涉及某成员国的某事时，该国向机构提出相关"请求"，那么这些标准与措施也适用于该国在此事上的活动。为了确保人类和环境免受电离辐射的有害影响，国际原子能机构安全标准制定了基本安全原则、安全要求和安全措施，以控制对人类的辐射照射和放射性物质向环境的释放，限制可能导致核反应堆堆芯、核链式反应、放射源或任何其他辐射源失控等事件发生的可能性，并在发生这类事件时减轻其后果。这些标准适用于引起辐射危险的设施和活动，包括核装置、辐射源和放射源利用、放射性物质运输和放射性废物管理。

国际原子能机构安全标准反映有关保护人类和环境免受电离辐射有害影响的高水平安全在构成要素方面的国际共识。这些安全标准以国际原子能机构《安全标准丛书》的形式印发，分以下三类。

①安全基本法则。"安全基本法则"阐述防护和安全的基本安全目标和原则，为安全要求提供依据。

②安全要求。一套统筹兼顾和协调一致的"安全要求"确定为现在和将来保护人与环境所必须满足的各项要求。这些要求遵循"安全基本法则"提出的目标和原则。如果不能满足这些要求，则必须采取措施以达到或恢复必要的安全水平。这些要求的格式和类型便于用以协调一致的方式制定国家监管框架。这些安全要求用"必须"来表述。许多要求并不针对某一特定方，暗示的是相关各方负责履行这些要求。

③安全导则。"安全导则"就如何遵守"安全要求"提出建议和指导性意见，并表明需要采取建议的措施，或等效的可替代措施的国际共识。"安全导则"介绍国际良好实践并且不断反映最佳实践，以帮助用户努力实现高水平安全。"安全导则"中的建议用"应当"来表述。虽然这些安全标准对成员国没有法律约束力，但成员国可自行决定将它们用于有关其自身活动的国家制度中。按照《国际原子能机构规约》第十二条 A 款 2 项，"对于国际原子能机构的任何项目或有关当事国请求机构实施安全保障的其他安排，要求遵守机构规定的所有健康与安全措施"。因此，国际原子能机构所制定的"安全导则"对机构本身有约束力，除此之外，如果当事国有请求机构实施安全保障的其他安排，

那么这些标准与措施也适用于当事国在请求方面的活动。

（2）我国核工业标准体系建设。为了加强标准化工作，提升产品和服务质量，促进科学技术进步，保障人身健康和生命财产安全，维护国家安全、生态环境安全，提高经济社会发展水平，《中华人民共和国标准化法》（以下简称《标准化法》）于1988年12月29日第七届全国人民代表大会常务委员会第五次会议通过，并于2017年11月4日第十二届全国人民代表大会常务委员会第三十次会议修订。

《标准化法》第2条所称标准（含标准样品），是指农业、工业、服务业以及社会事业等领域需要统一的技术要求。标准包括国家标准、行业标准、地方标准和团体标准、企业标准。国家标准分为强制性标准、推荐性标准，行业标准、地方标准是推荐性标准。强制性标准必须执行。国家鼓励采用推荐性标准。其第8条规定，国家积极推动参与国际标准化活动，开展标准化对外合作与交流，参与制定国际标准，结合国情采用国际标准，推进我国标准与国外标准之间的转化运用。国家鼓励企业、社会团体和教育、科研机构等参与国际标准化活动。

我国核工业标准由核工业界制定，经相关公认机构批准，为了达到普遍适用或反复使用的目的，主要规定了核工业领域有关工作的规则、导则和特性。在行业或国家层面，针对核工业相关的各个领域在技术方面经过磋商一致所形成的核工业标准，属推荐性标准，具有非强制性特征。

核电专业标准针对核电有关领域阐述详细要求，属局部和细节性的标准，其中与安全相关的核电标准的应用需要进行国家核安全监督。通常所述的核电标准特指核电总体技术规范和专业标准，不包括核电适用的一般工业标准。核电企业标准是企业在行业或国家标准的指导和规范下，根据自身技术和产品的特点，阐述企业内控的技术要求。

我国对核电安全审查的规范导则是20世纪80年代起由国家核安全局牵头，参照国际原子能机构的核安全标准规范制定的。已经制定并实施我国核电场址选择、设计、质量保证和运行核安全等法规与标准（HAF系列），经国务院批准执行，同时参照国际原子能机构的安全导则、美国核管会的管理导则和出版物，发布了一批核安全导则（HAD系列），使核安全审查做到了有章可循。我国各核电厂的营运单位及其设计单位和技术支持单位尽管营运的核电机组有不同的选型，但为了使初步安全分析报告和最终安全分析报告能通过审查，都必须满足核安全法规和核安全导则的要求。对于"标准审查计划"来说，尽管不是强制执行的，但它对各系统、各部件都规定了审查者需要注意的重点问题，被审查者也需要注意如何解答这些问题。从总体看，上述标准得到了不同程度的贯彻实施，在核电厂的设计、建造、运行、管理、核安全保障等方面发挥了重要作用。

第二节　核法律主体

政府相关监督管理部门、参加核工业活动或受核工业活动影响的自然人、法人和其他组织都是核法律的主体。这里的自然人包括相关工作人员、受核工业活动影响的自然人等。

一、政府

各国的法律结构不尽相同，这里"政府"一词应作广义理解，有时可与"国家"一词互换。国家制定核法律，颁布核安全政策，而监管部门则为执行这种法律和政策制定战略规划并发布条例。此外，国家通过制定法律和颁布政策，以具体规定不同政府部门在安全等方面的职责与职能，监管机构则建立和开展有效协调。国家必须确保各有关政府部门在以下领域实现适当的协调和联络：工作人员和公众安全；环境保护；辐射在医学、工业和研究领域的应用；应急准备和响应；放射性废物管理（包括政府决策和政策执行战略）；核损害责任（包括相关公约）；核安保；国家核材料衡算和控制系统；核设施的建造、运行、监管；核能与核技术利用；危险物品包括核材料和放射性物质运输安全；放射性矿石的开采和加工；核材料和放射性物质的进口和出口控制。

同时，国家制定政策和战略必须考虑以下几个方面：国际原子能机构"基本安全原则"中所确定的基本安全目标和基本安全原则；有约束力的国际法律文书，如国际条约和其他国际法律文书；关于促进安全的政府、法律和监管框架范围的详细说明；人力和财务资源方面的需求和规定；研究与发展方面的规定和框架；顾及社会和经济变革的适当机制；促进对安全包括安全文化的领导和管理。

（一）监管职能

国际原子能机构建议，如果涉及若干部门，则政府必须明确规定每个部门在促进安全的政府、法律和监管框架内的职责和职能；政府必须通过其法律体系建立和维持一个监管机构，必须通过法律制度赋予该监管机构以权力，并向其提供履行其对设施和活动实行监管控制的法定义务所需的能力和资源。政府必须确保监管机构能够独立履行职能。政府必须确保监管机构能够根据其对设施和活动实行监管控制的法定职能作出决定，并且能够在没有不适当压力或制约的情况下履行职能。① 监管机构与负责核能与核工业发展的机构相互独立，这对于实现监管机构的有效独立性非常重要。监管机构向政府最高行政官员直接报告，也有助于实现其有效独立性。法律需要结合其他措施以保证监管机构的独立性，如确保主要监管职能不受非监管实体的干涉或不当影响。建立监管相关法律也要有效地确定监管机构与拥有监管职责与权力的其他政府机构之间的关系。例如，多数国家已建立了能够处理各类灾难性事件的国家应急预案和响应机构，核监管机构在准备和应对核与辐射紧急事件中应该与其他机构共同发挥协调性作用。核法律应该确保监管机构所处地位不对其职能范围之外的决策产生不当影响或受到其不当影响。

政府必须制定促进安全的法律体系，以使营运单位在整个设施寿期或活动开展期间一直承担对安全的主要责任，且不得让渡这一主要责任。经监管机构核准宣布的设施或活动的一般职责发生变更后，才可将安全职责转移给不同的营运单位。此外，安全职责还可延伸至与营运单位相关联的其他实体，如设计单位、供应商、制造商和建造单位、雇主、承包商以及发货人和承运人，但条件是他们的活动或产品可能具有安全重要性。但是，在任何情况下，这种责任延伸均不得免除营运单位对安全承担的主要职责。营运单位有责任核实产品和服务是否达到如完整性、有效性或坚固性方面的预期并符合监管要求。国家监管机构和其他政府机构都要依法律和程序办事，如行政程序、职业安全、环境保护和机密信息保护等相关程序和法律。

1. 政府的监管职能主要体现在以下三个方面

（1）制定政策、法规和标准。制定核活动监管的国家政策和法律，颁布执行核法律所需规则、规章和指导性文件，制定有关防止电离辐射对人、社会和环境造成潜在不利影响的标准，颁布、修订、中止或撤销授权、许可和规定电离辐射有关实践和活动的条件，对监管的豁免情形作出规定，检查、监视和评估核活动以核实核活动是否遵守法律法规以及授权或许可条件的要求，参与制定核安保相关政策。

（2）监管体制和机制。世界上不存在一套普适的、统一的核监管模式，各国需要仔细评估许多因素，包括自身法律基础结构的性质，文化态度和传统，现有的政府组织和程序，国家自身的技术、财务和人力资源，以确保其所建立的监管机制和监管机构能够履行义务以及有效、高效和独立地执行其职能。此外，监管机制和监管机构都需要与其所监管的核设施和核活动的范围和性质相

---

① 胡帮达：《核安全独立监管的路径选择》，《科技与法律》2014 年第 2 期。

称，更重要的是，核法律要包含确保监管机构配备充分的人员、资金、办公区域、信息技术、支持服务及其他资源的规定。

（3）实施监管。监管活动包括下达通知、颁发许可证、例行检查和执法，法律需要明确监管的基本要求和程序信息以便于遵守。另外，法律应该体现监管分级原则，使监管对象与潜在危害的性质和级别相对应。最后，应该注意增进公众对监管过程与内容的基本了解以增强对监管的信心和对核活动的接受。

2. 监管机构应有许可证审批、检查和强制执行的基本职能

（1）许可证审批。许可证审批或授权的发放是核法律内容的基本特色之一。除非得到专门豁免，有关核材料和核技术利用的任何活动只有在监管机构已经确定该活动的实施不会给公众健康、安全和环境造成不可接受的风险后，才能够发放许可证。在此方面，许多国家采取了许可模式，在核相关活动被认为可能会造成重大健康或安全风险时，政府要求监管机构按照申请和审批程序发放许可证。发放的许可证一般采取可召回的文件形式，如许可证、准许证或证书。在发放许可证前，应当要求申请者提交详细的安全论证或符合其他要求的论证，并由独立的监管机构按照程序进行审查。许可证要求应当反映监管机构对活动有关危害的潜在规模和性质的评价。许可证申请的必要内容通常包括：将持有许可证的申请者主体身份、技术资质、财务能力和合法经营记录。申请许可证的内容，如将使用的核材料数量和类型说明、将使用核材料或开展核相关活动的场址或设施的说明、实施活动的进度表、财务保证、在设施设计阶段制订的退役计划等，营运单位为保护公众健康、安全和环境将实施许可证活动的方式等所有可能相关的特殊情况说明。

（2）组织和引入公众参与。对于公众参与的相关规定，各国有不同的经验和程序，反映该国的政治结构、文化和社会价值。公众参与能够增强公众对核材料和核技术利用的信心，因此政府履行监管职能应该考虑在国家核法律中包含有关公众参与的规定，公众的参与水平可以根据有关许可证的性质进行调整，比如许可证审批过程中的听证会应有公众的参与。

（3）许可证发放。许可证发放取决于申请许可证的活动类型，比如办理少量医用放射性同位素持有许可证的标准与办理核电厂建造许可证的标准具有本质上的差异。国家出台法律都应明确不同申请者应当满足的基本要求，尽管在立法中不宜包括特别详细的技术要求，但是为了指导监管机构作出许可证审批决定，有必要将一般标准编入核法律。另外，标准对于监管机构审查有争议的许可证审批决定也是必不可少的。核法律应当规定如果违背许可证要求，或监管机构认定继续开展活动会给公众健康、安全或环境造成不可接受的风险，那么已发放的许可证可以依据准则中止、修改或吊销。

(4) 检查和评价。监管机构有权进入正在使用核技术和核材料的场址和设施进行检查，以确保公众健康和安全能够得到充分保护。监管机构有权要求营运单位提供所有必要的信息，包括营运单位的供应商提供的信息。此外，监管机构有权在必要时从个人以及私人和公共组织获得有关公众健康、安全和环境问题的文件和意见。同时，法律应当规定监管机构有权要求营运单位在设施寿期内进行安全评价，包括安全再评价或定期安全评审。核法律应规定由监管机构建立系统化检查计划，检查性质和强度根据材料或活动有关潜在危害的大小和性质而定。监管机构可以访问所有设施、设施内区域、营运单位或承包商人员和设备、所有文件，以及可能与公众健康、安全和环境有关的营运单位的任何其他活动。此外，监管机构应有合理的时间保证，以进行检查和分析检查期间获得的信息，然后报告检查结果。

(5) 强制执行、违法行为处罚。监管检查职能和强制执行职能紧密关联，尤其在人员身体健康可能即将遭受放射性伤害，财产或环境可能遭受严重损害的情况下，监管人员可能需要直接采取即时强制措施。为此，监管人员有权要求许可证持有者停止活动并要求其采取纠正性措施，以防造成伤害或损害。强制性措施主要是针对不遵守法律、规章和授权书或许可证规定的情形而采取的程序，目的是使相关人员遵守并避免再次违反法律或规章。

(6) 对外合作。有效地行使监管职能与其他国家政府机构直接沟通；组织开展辐射防护和核安全、核安保与核应急的研究；与其他国家监管机构以及相关国际组织交流信息、相互合作；与私营组织、公共组织或个人进行必要的信息、文件和意见交流。

(二) 管理职能

各国核法律通常会明确该国核工业管理机构的设置和职权，授权核工业管理机构代表国家行使核工业管理相应职权并承担责任。因此具有核工业管理职能的机构是指根据行政机关和法律法规授权的，具有管理核工业相关职能的组织。如日本、韩国和美国的原子能法，便设立了类似原子能委员会等机构，专门负责核能政策制定、核能规划实施等职能；俄罗斯、德国和印度的原子能法规定了不同政府部门分工行使核能利用的管理职能。一般来说，多数国家会专设原子能委员会及附属机构，联同政府职能部门共同依法开展核能开发利用活动的管理。各国核法律授权设立的核工业管理机构主要有三种：法定的核工业管理行政机关，管理权由该行政机关在其法定职权范围内实施，如印度原子能部；法律法规授权的具有管理核能事务职能的组织，在法定授权范围内，以自己的名义实施管理，如日本原子能委员会；被委托进行核工业管理的行政机关，受委托行政机关在委托范围内,依照法律法规、规章的规定,以受委托行政机关的名义行使核工业管理职能。

美国、日本、俄罗斯等几个核电大国的核工业政府管理机构简述如下。

《美国原子能法》第3章中的"委员会"是指核能管理委员会。在委员会内设立总裁、副总裁、总裁助理以及处、办公室等职位,另外还有总顾问、监察处行政管理职位、反应堆安全咨询专门委员会。参议院的能源和自然资源委员会和众议院的原子能和商业委员会合称"能源委员会"。国会、政府机构核工业管理职能贯穿整个《原子能法》,在《原子能法》不同章节内具体规定了政府首脑、行政部门的职责、管理流程和授权。美国曾在《原子能法》第17A分章专门规定了"国防核设施安全委员会"的设立和权限,其职责是对标准进行审查和评价,对调查、设计和运行数据进行分析,对设施设计和建造审查和建议,但不包括监管核武器安全相关职能,后来取消了该委员会。美国能源部负责核能管理,成立于1977年8月,由原来的50个政府有关机构合并而成,目的是解决至关重要的能源问题,职责是统一管理各类能源的勘探、研究、开发和利用,下设管理石油、煤炭和核能的机构数十个,以解决美国日益增长的能源问题,主要负责研究,开发和示范的能源技术;调控能源生产和使用;定价和分配以及中央能源数据的收集和分析计划等等。

《日本原子能基本法》规定了原子能委员会与原子能安全委员会的设立和职权。在内阁府设立原子能委员会与原子能安全委员会,有计划地实施国家关于核能的研究、开发与利用的方针政策。日本原子能委员会负责规划、审议并决定有关核能的研究、开发与利用的事项,有关安全保护规则的实施事项则由监管机构负责,原子能安全委员会负责规划、审议并决定有关核能的研究、开发与利用的事项中有关安全保护的事项。原子能开发机构负责有关核能的基础研究与应用研究,负责增殖反应堆及其所需核燃料的开发,以及核燃料后处理等技术的开发及其成果的普及等。福岛核事故以后,日本参议院于2012年6月20日通过了《日本原子能规制委员会设置法》,依据该法由原子能规制委员会吸取福岛核事故教训,改革核电监管体制,实际监管工作将由"原子能规制厅"负责,包括制定核电站重启标准等在内。原子能规制委员会委员长在核电站发生紧急情况时有权单独决定应对措施,有关核电站反应堆的技术性、科学性判断将由原子能规制委员会负责作出,首相无权发布指令。

《俄罗斯原子能法》分别规定了联邦总统、联邦议会、联邦政府、核能利用领域的联邦行政机关、自治地方机关的不同权限,主要包括管理和监督两个相互独立的职能。政府管理职能包括制定核能利用领域的国家科技、投资与管理的政策,制定核能利用的安全保障措施,制定核能利用领域的规范与规则,制定核设施、放射源、贮存地、核材料和放射性物质的防火与自然保护的措施，组织核能利用设施在紧急情况下的应急计划和资金保障，监督落实核设施的保护措施，参与组织核设备、产品与技术的认证工作，确保核能利用领域的国家标准、计量规则与认证要求的遵守。国家统计与监督核材料与放射性物质，确保带有核设施与放射源的船舶和其他航行器的技术安全，制定与实施放射性废物处理计划，履行与核能利用管理机关职责相关的其他职能。与此同时，还需要制定国家的安全政策和战略、建立安全框架、建立监管机构、维护安全的主要职责、对在安全监管框架内承担安全职责的不同当局进行协调，建立旨在减少现有或未受监管的辐射危险防护行动系统，对设施退役及放射性废物管理和乏燃料管理作出规定，确保核安全与核安保以及提供技术服务全球安全制度、国际义务和国际合作安排、共享运行经验，等等。

《原子能法》没有特别规定核能管理机构，仅规定了联邦辐射防护办公室的职责，该办公室具体负责核燃料的政府保管、建造和运行、监管联邦用于暂时保存和最终贮存放射性废物的设施、核燃料和高水平放射性物质的运输审批、政府保管以外的核燃料安全贮存的审批、从事辐照工作人员辐照记录系统的建立和维护。

（三）我国政府部门对核工业的监督与管理

我国核工业先后由第三机械工业部、第二机械工业部、核工业部管理。之后，由国防科学技术工业委员会对核工业实施行业管理，国家原子能机构代表我国政府组织和参加原子能领域的国际交流与合作活动。自2008年3月，设立工业和信息化部并将原国防科工委改组为该部下设的国防科技工业局，对核行业中除核电以外的产业实行行业管理；成立国家能源委员会，在国家发展和改革委员会下设立国家能源局，对包括核电在内的能源行业实行统一管理。目前，在国务院指导下，对核工业承担管理职能的政府部门主要有以下几个。

1. 工业和信息化部（内设国家国防科技工业局）

作为核工业的行业主管部门，负责研究制定我国核工业（除核电外）的政策、法规、规划、计划和行业标准，并组织实施；负责核安保与核材料管制、核设施退役及放射性废物管理、核出口审查和管理、核领域政府间及与国际组织的交流与合作；牵头负责国家核事故应急管理工作。

2. 国家发展和改革委员会（内设国家能源局）

负责核电行业管理，拟订并组织实施核电发展规划、准入条件、技术标准，提出核电布局和重大项目审核意见，组织协调和指导核电科研工作，组织核电厂的核事故应急管理工作，按规定权限核准或审核天然铀境外重大投资项目等。

3. 生态环境部（内设国家核安全局）

我国民用核安全监管体系由生态环境部（国家核安全局）总部（包括核设施安全监管司、核电安全监管司和辐射源安全监管司等）、核与辐射安全地区监督站和技术支持单位构成。省、自治区、直辖市等地方生态环境部门也承担部分核与辐射安全监管职能。生态环境部（国家核安全局），设立了六个核与辐射安全地区监督站，负责相应区域的日常核与辐射安全监督。生态环境部（国家核安全局）在北京设立了核与辐射安全中心，作为其技术支持和保障中心，并将浙江省辐射环境监测站设为生态环境部辐射环境监测技术中心，以提供全国辐射环境监测管理方面的技术支持。

生态环境部（国家核安全局）还建立了由资深专家组成的国家核安全专家委员会，就核安全及环境相关的重大问题向生态环境部（国家核安全局）提供独立的咨询意见，为重大问题的决策提供支持。通过合同管理机械科学研究院设备可靠性中心、北京核安全审评中心、苏州核安全中心等外部技术支持单位，承担核设施、核安全设备等资格许可证的审查以及核安全监督检查的技术支持，此外还根据工作需要与大学、科研院所等签订技术支持合同。生态环境部（国家核安全局）建立了核与辐射安全法规标准审查委员会，为核安全法规标准提供技术评审。[①]

生态环境部（国家核安全局）其他涉及核与辐射安全监管的司局承担了日常管理、财务管理、立法、人事、核安全科技标准、国际合作、宣传教育等方面工作。

生态环境部（国家核安全局）在核与辐射安全领域的主要职责包括：

（1）负责核安全和辐射安全的监督管理。拟定核安全、辐射安全、电磁辐射、辐射环境保护、核与辐射事故应急有关的政策、规划、部门规章、制度、标准和规范，并组织实施。

（2）负责核设施核安全、辐射安全及辐射环境保护工作的统一监督管理。

（3）负责核安全设备的设计、制造、安装和无损检验活动的监督管理，负责进口核安全设备的安全检验。

（4）负责核材料管制与实物保护的安全监督管理。

（5）负责核技术利用项目、铀（钍）矿和伴生放射性矿的辐射安全和辐射环境保护工作的监督管理。负责辐射防护工作。

（6）负责放射性废物处理、处置的安全和辐射环境保护工作的监督管理，负责放射性污染防治的监督检查。

（7）负责放射性物品运输安全的监督管理。

---

① 李干杰、周士荣：《中国核电安全性与核安全监管策略》，《现代电力》2006年第5期。

（8）负责核与辐射应急响应和调查处理，参与核与辐射恐怖事件的防范与处置工作。

（9）负责反应堆操纵人员、核设备特种工艺人员等人员资质管理。

（10）组织开展辐射环境质量监测和重点核设施、辐射源的监督性监测。

（11）负责（《核安全公约》和《乏燃料管理安全和放射性废物管理安全联合公约》（以下简称《联合公约》）的履约工作。

在建有核电站省份的省一级环保厅设置了核与辐射安全管理处或者核应急处，在没有核电站省份的省一级环保厅设辐射处。四川省在2008年4月建立了国内第一个省级核安全局。

除此之外，自然资源部负责矿产资源开发的管理，含放射性矿产资源的开发管理；科学技术部会同有关部门组织核工业科技重大专项，对科技重大专项实施中的重大调整提出意见，负责政府间双边和多边及国际组织间科技合作与交流工作；卫健委负责医用放射源安全使用管理；公安部负责核安保领域的防控核恐怖主义犯罪等；海洋局监管向海洋倾倒放射性废物；海关对核材料进出口进行管制。

二、法人与自然人

依据1997年《关于核损害民事责任的1997年维也纳公约》第1条（a）定义，核法律中的"人"系指任何个人、合伙人、任何法人或非法人的私人或公共团体、依据设施国的法律享有法人资格的任何国际组织以及任何国家或其任何下属部分。

（一）营运单位

营运单位，或称业主、营运者、营运人、营运组织，即"许可证持有者"，是核法律专门定义的独特法律主体，系指得到国家核监管机构或另一政府机构开展具体活动的书面许可证从而对引起辐射危险的经批准的设施或活动负有责任的个人或组织，其必须对项目的策划、资金筹措、建造实施、生产运行、债务偿还和资产的保值增值等全面负责，并承担投资风险。通常而言，营运单位是指依据设施国法律赋予运行许可证持证的主体，其应当具备法人资格、足够的技术能力、充分的财务能力、承诺承担核安全责任四个基本条件。

营运单位按照"项目法人、招标投标、工程监理"的建设管理体制组织设计、设备选厂和监造、施工、监理等招投标，自主确定投、中标单位。具有资质的营运单位可自行管理项目的建造和运行，直接负责所运行的核设施的安全，并对核设施安全、核材料安全、工作人员以及环境的安全承担安全责任。核设施建造项目管理中，营运单位自行负责确定资金筹集与还贷方案、合同方式、选择承包商、供应商、制造商和服务商，招标与合同谈判、任命项目经理、选择项目管理模式，安排与控制总进度和总预算，建立并监控质保体系、接受核安全管理当局审查并获得安全许可证、生产准备等。营运单位应当具备完善的核安全管理系统和核安全管理经验以确保核电厂的安全稳定运行，还应当具备一套完善且行之有效的核安全管理系统，拥有足够数量且核行业经验丰富的人员队伍，拥有一整套完整的技术程序。

营运单位的主要核安全责任必须涵盖设施寿期和活动开展期间的所有阶段，即应涵盖设施的场址评价、设计、建造、调试、运行、关闭和退役（放射性废物处置设施为"关闭"）期间。这种安全的主要责任应酌情包括放射性废物管理和乏燃料管理的责任以及受污染区域治理的责任。它还包括对生产、使用、贮存、运输或装卸放射性物质和放射源活动的责任。

对核安全承担主要责任的设施或活动的责任人或组织必须积极评价科学和技术方面的进展以及来自经验反馈的相关信息，以便作出被认为切实可行的安全改进。对产生放射性废物的设施或活动负有责任的人或组织必须承担放射性废物管理安全责任。确保放射性物质运输安全主要依靠货包的性能，发货人承担确保适当选择货包和内容物及运输方式安全的责任。

如果若干部门在安全监管框架内都承担安全职责，政府必须有效协调，对其各自的监管职能作出规定，以避免任何疏漏或不适当的重复，同时避免对各营运单位提出相互冲突的要求。

鉴于放射性废物管理可能跨越时间很长，因此必须考虑营运单位和监管机构对现有的和今后可能出现的业务履行责任等问题。还必须就责任的连续性以及满足长期资金的要求作出规定。

（二）承包商

项目业主公司直接与设计、制造、建设、调试等分包单位签订工程服务和设备供应合同，并承担项目管理、设计管理、采购、设备建造、施工管理、调试管理等的职责。这就要求项目业主公司必须有一支强有力的项目管理队伍。通过专业承包商承担设计、项目管理、采购、施工管理、调试等任务，将各业务环节接口关系转变为内部接口或直接的管理关系，这样不仅提高了信息传递的效率和质量，而且可以通过多项目建造的经验积累迅速提升技术能力和管理水平，快速实现工程建设的标准化和对资源的集约化利用，有利于降低单一工程的资源投入，大幅降低工程造价，也有利于将在一个项目上取得的经验迅速在其他后续项目中加以应用，不断提高工程质量。除了工程建造需要，生产运行维护大修阶段，承包商的专业支持也是必不可少的。因此，承包商也可能成为涉核法律监管的主体。

（三）自然人

1. 工作人员

核法律需要明确，对产生辐射风险的设施和活动负有责任的人或组织必须对防护和安全负主要责任。雇主、注册者和许可证持有者负责确保防护和安全达到最优化，遵守适用的剂量限值，并制定和实施适当的辐射防护计划。工作人员必须履行其义务并执行其防护和安全职责。工作人员可以通过自己的行动为自己和工作中的其他人的防护和安全做出贡献，包括在规则和程序的制定方面，在监测设备和个人防护设备的使用上，在工作人员健康监护和辐射评价方面的合作问题上，在接受指导和培训方面，等等。工作人员还必须向管理层提供相关信息，并在防护和安全方面采取负责任的行动。

2. 公众

根据1991年联合国《跨国界背景下环境影响评价公约》，"公众"指"一个或一个以上的自然人或法人"。1998年在欧洲经济部长会议上缔结的《公众在环境事务中的知情权参与决策权和获得司法救济的国际公约》又增添了公众的内涵，将其定义为"除自然人或法人外，还包括组织、协会或团体"。公众通常对涉及核与辐射安全的任何问题都不具备完整的知识，这种不完整的认知会影响公众对核能、放射性废物和放射源使用相关的辐射风险的看法。公众期望能够获得可靠、全面且易于理解的有关安全和监管等方面的公开信息，即简单、明确且无专业术语的信息，以便形成意见并充分履行其知情权与参与权。公众还希望能够获得公平合理的机会提出观点并影响整个监管决策过程。

公众依靠各种信息来源形成自己的观点。新闻媒体，特别是互联网、电视、出版物和在线读物对人们如何看待问题有很大的影响，新时代线上社交平台也有着重要的影响。生活在核设施或活动临近区域的人通常与居住在其他地方的公众有着不同的诉求。

第三节 核法律的价值与制定

一、核法律价值

法律价值取向直接决定了法律制度的基本性质和内容，是法律精神最集中的体现，构成整个法律制度的理论基础。由于核领域活动在国家经济活动中的重要性和独特性，需要予以法律规制。每个国家的核法律体系在不同的核工业发展阶段呈现出不同的特点。核法律产生的价值取向在于国家对核工业科技发展和社会影响不断的认识和变化过程之中，为了平衡风险与收益，应该用法治的手段规范行业发展。核法律的价值包含以下几个方面。

第一，保障安全。在整个的核法律体系中对公民和社会的保护最为重要，发展生产力不能以牺牲人类的可持续发展为代价。核法律应该在科学研究、放射性矿产资源开采和勘探、核设施运行管理以及放射性废物处理等活动中确立全面的安全要求，重视辐射防护，确保在发生核事故的情况下损害赔偿责任的落实。

第二，国家利益。应坚持国家主权原则，维护国家利益，务必使核工业的发展不违反全人类的共同利益和道德准则，进而维护和促进世界和平。只有妥善处理好国内国际事务，才能树立良好的国际形象。就国际经济技术合作而言，核法律制度应在不违反有关国际条约、国际惯例的前提下，创造有利于国际合作的法律环境。

第三，社会稳定。要避免重发展轻监管的习惯性思维，为保证社会稳定，核法律需要注重公众参与和公众利益保护。

第四，发展经济。核工业所具有的技术优势能够创造良好的经济效益，核法律制度根据核工业的现状和经济技术特点，在符合国家对国民经济进行宏观调控的经济政策之下，鼓励核工业发展，促进提高核工业科学技术水平、保障民用核设施建造、大力推广核技术在非动力领域的应用，努力使核领域行政管理活动成本最小化、限制垄断。[①]

第五，保护环境。即使技术是成熟的，核工业领域仍然有可能由于管理、实际操作等原因导致放射性环境污染，最大限度地减少对环境的破坏已经成为核法律重要的价值取向。

二、核法律的制定

核工业的发展有着自身的特殊性，因此核法律要坚持一些特殊的法律原则和规范，建立健全与核工业相适应的法律体系是非常必要的。而基于安全的考虑，通过一定的程序、制度对核工业发展加以引导和约束是十分必要的。为此，国家立法机构和行政管理机关制定法律和行政法规以及部门规章，作为规范管理核工业的依据，对于核工业发展具有不可替代的意义。

---

① 蔡先凤：《中国核损害责任制度的建构》，《中国软科学》2006年第9期。

（一）立法规划

立法规划是指在建立或完善法律体系之初，依照科学的方法，研究制定立法的总体计划和推进步骤。立法规划应坚持法治原则，制定和实施立法规划应当遵照法律依据，不与现行法律相抵触。还应坚持可行原则，立法规划的可行原则是指编制和实施立法规划，要充分考虑规划在未来实践中变为现实的可行性。也应坚持科学原则，立法规划的科学原则是指编制好立法规划，要符合客观规律的要求，作出最佳选择，具有科学性。一般而言，核法律的立法程序与其他部门法的立法程序并无本质区别。但是，核工业蕴含着较高的科技含量，核领域存在着大量复杂且烦琐的技术要求，都需要在立法规划时予以考虑。这些技术要求由一般原则、强制性规范、非强制性建议和实践惯例组成。随着国际条约和国际安全标准的发展，使各国政府有机会保持国内法与国际法的统一，从而促进国际社会相关问题更快、更有效地解决。

政府必须根据国家安全政策和战略以及具体国情和与设施和活动有关的辐射危害采取分级方案来进行立法规划，以实现基本安全目标和落实国际原子能机构"安全基本法则"中的基本安全原则。在国家核安全政策和战略中，必须考虑国际原子能机构"基本安全法则"中所确定的基本安全目标和基本安全原则，相关国际条约，人力和财务资源方面的需求，研究与发展方面的需要与计划，顾及社会和经济的变革，促进对安全包括安全文化的管理与引领。具体步骤如下：

1. 评估本国核工业发展水平

要建立健全核法律的国家需要对本国当前以及预期的核能发展项目和规划作一个全面的评估，以判断是否需要创建核基本法律和核法律体系，判断如果仅仅修改完善现存的法律体系中的涉核法律法规，或者仅仅更新涉核某一方面的立法是否就可以达到目的。这是因为各国对于核工业发展的需求是不一样的，有些国家的核工业活动涉及核科学和核技术的各个方面，有些国家则仅仅在医药、工业、农业活动中利用放射性物质，还有些国家仅仅是基于出口的目的开采铀矿或钍矿，也有的国家已经决定不利用和发展核技术，但需要为放射性物质可能在本国领土的运输制定法律规则。此外，有些国家担心邻国的核能发展活动会对本国产生不利影响，因此认为有必要针对放射性活动达成合作安排或制定应对突发事件的计划。

核立法应该具有前瞻性，无论是政府部门、立法委员会或者是独立的专家组进行核立法，都不能仅局限于眼前的核能项目，而应该考虑到在快速发展的全球经济中随时可能出现的情况，无法律规制的核工业活动会对健康、安全、环境和经济产生不利影响,在风险发生之后再制定法律是不可取的。

各国对核工业发展采取的政策是多种多样的,主要有以下三种:第一,对发展核工业的所有方面采取"鼓励"政策,比如支持核能的研究发展、提供财务支持、提高行政管理的效率。第二,通过立法限制甚至禁止核工业的发展,限制提供财务支持,并为其制定严厉的行政监管程序。第三,多数国家采取上述两类政策中间的策略,即基于商业主体的商业判断以及国家的安全监管程序维系核工业发展和安全的平衡。每个国家都应该根据本国的核工业发展水平和公众意志进行立法,决定本国应采取的策略,满足本国的政治和经济利益。

2. 评价现行法律制度

没有客观的评价分析就起草新的法律法规或修订现行法律法规会使得国家核法律体系陷入一种混淆、无序和低效率的状态。在很多国家的法律体系中,许多制度不直接具体地指向涉核活动。比如,在一般的环境法律中,会考虑税收、负债、行政收费、罚款和电价的设置等经济事务,还有员工健康与安全、土地使用计划、国际贸易与税收、科学研究、司法等其他事项,这些法律可能会涉及涉核活动,影响相关企业从事核活动。

评价一个国家的核法律法规需要从不同方面考虑,包括在核技术和核材料的使用中,现行法律是否包含公众的健康、安全、国防和环境要素,在现行法律架构中对于涉核活动或材料有没有大的法律真空或竞合,现行制度中的相关条款是否被赋予了明确一致的含义而不至于产生歧义,现行的监管体系是否权责清晰,现行法律体系是否完全遵守国际法律义务。对核工业进行特殊的法律规制,涉及大量的行政许可、监管以及其他宏观调控措施。因此,必须通过法律来规范行政机关的职责与权限。

我国规划核立法,建立健全核法律体系宜秉承自上而下原则、循序渐进原则、依照程序原则和持之以恒原则。

(1) 自上而下原则

全国人大常委会法工委、司法部每年的立法工作计划中基本都包含重要的核立法专题,形成我国核法律的中长期发展规划。而涉及核损害责任等重要立法,宜作为重要立法选题,列入长期立法规划之中。现有核工业相关法律也要作出审核和修订的规划。

(2) 循序渐进原则

来自政府核能主管部门的部门规章,是我国核工业发展不可或缺的管理制度,尽管上位核法律的缺位带来各法规性文件间的协调性问题,时有冲突,许多法律法规条文需要进行修订。但如果全盘推翻重来并不利于已有法律体系的稳定执行,特别在核安全重于一切的大原则下,核法律体系的完善需要经过科学论证，循序渐进，不宜大起大伏。

(3) 依照程序原则

无论是法律还是法规，从提议到计划，从起草到讨论，从征求意见到表决，都需要经过漫长的立法程序，新法律法规的出台要完全依据立法程序。核法律的出台事关利益分配、技术论证、社会接受、国际环境的影响，不能期望短期内就涌现出大量的立法成果。相反，要着眼规划，立足长远，先明确要优先开展的立法活动，解决当务之急，明晰上位法的定位，再推广开展下位法的制定或修订。

(4) 持之以恒原则

核法律立法是个动态推进的过程，不能仅以某一事件或某一规划为契机突击发起立法起草或者修订工作，而需要在促进核安全监管和健康发展的同时，齐头并进地开展新的法律法规制定和已有法律法规的修订与完善。这需要有关部委和国家立法机构对核法律体系建设的长期关注和持续的资源投入，提高立法效率，实现持续发展。

3. 立法需考虑的要素

立法者要把从事核工业活动的个人、企业、研究机构、行业组织和政府机构都纳入法律之中进行规制是有难度的，也可能会导致条文的烦琐和复杂。技术规则并不总是具有一般适用性，因此立法者需要对核技术规则进行评估，以此来决定他们的重要性以及适用的范围：第一类技术规则因普遍适用，而应该规定在具有普遍适用性的法律当中；第二类技术规则由于不如前者适用性广泛，且易变动，更适合规定在相对低位阶的法规当中，以保持法律的权威性和稳定性，这样当技术规则发生变化时，只需要修改法规中的相应条款而无须修改法律。另外，一些特殊的技术规则对从事核活动的机构和个人产生约束力是通过行政许可或授权的方式实现的。

核法律的立法方式并不是一成不变的，重要的是立法要透明、易懂并且对于利益相关方和普通公众而言同样容易获得，不鼓励分散地通过多个法律法规制定针对核工业的法律。例如，如果对于核电厂、研究设施及其他核设施的许可证程序是由多个法律规定相关内容的话，就难以实现透明、清晰和易得的目标。

制定一部综合规范核工业各个方面的基本法律，还是由几部法律分别规范核工业不同方面的问题，不同的国家有不同的法律传统。有些国家选择一部综合性的核基本法律，如原子能法等，但是制定综合性的法律并不意味着核相关问题就不需要再单独立法，也要辅之一系列法规。也有一些国家偏向于用不同的法律规范核工业中不同领域的问题，立法者可能将核法律内容融合进诸如环境保护法、能源法等其他法律中，比如税法性规范应嵌入一般税法中，核刑事犯罪法律条文则作为统一刑法典的一部分，放射性矿产资源开发管理会纳入矿业法，涉及核保障和进出口控制也可以作为特殊法嵌入外贸法中，然后再辅之一些法规。

很多国家还将核法律分为两大部分，一部分规制许可证、监管以及核事故的应急、防治问题，如单独制定核安全法，另一部分处理核责任问题，如单独制定核损害责任法。

起草核法律，还应给出关键术语的准确定义，清晰地分配各个被规范主体的责任，并且确保关于程序的相关表述足够清楚，确保法律包含违法责任条款，确保给予被规范主体以适当的灵活性以适应技术、社会和经济的发展变化，给法律补充或修订留有空间。

(二) 立法环节

核法律立法过程一般都漫长且复杂，起草者需要有核技术与核法律相关的专业知识。多数情况下，核工业领域的术语都有着明确且具体的含义，但在核法律中应尽量使用公众比较熟悉或者通俗易懂的语言，使立法更加简洁和方便实用。但是，核术语的变化可能会增加不确定性。通常，核工业的支持者和反对者对一些问题都持有强烈的相反意见，需要研究如何措辞才能更好地促进核工业发展，以寻求平衡与客观。具体而言，立法应特别注意以下几个方面。

1. 核法律与非核法律的关系

起草核法律的时候，立法者应考虑国家非核领域的法律规定对核立法目的的影响。相关的法律可能包括土地使用监管、环境保护、能源电力事业的经济调控、职业健康和安全、政府机构的一般行政程序、运输、核材料进出口、知识产权、侵权损害责任、应急管理、税务、产品质量等方面的制度。在适用法律的过程中，应避免冲突和混乱。为了避免重复规定，如果一个核活动能够通过现行法律有效、充分地解决，就没有必要再进行单独的立法。

2. 国内法与国际条约的衔接问题

各国根据国内法通过必要的程序批准相关国际条约，随后就要受条约所规定义务的约束，各国需要确立在国内实施这些义务的法律安排。很多国家要求将国际条约作为国内法适用。如国际《核安全公约》第4条规定："每个缔约国都应在其国内法的框架内，采取立法、监督和行政措施以及其他必要的步骤来履行其在该公约下的义务。"但一些国际标准、导则等文件的条文并不具有国际法上的约束力，但是一些国家希望这些条款具有国内约束力，在这种情况下，该国就需要通过国内立法程序将其作为法律制度而加以适用。

3. 参照国际指导性文件和外国法律条款

对于核法律立法者而言，在起草国内核法律时一个简便的方法就是参照国际组织，主要是国际原子能机构的安全标准或指导建议，以及对核工业发达国家的法律条款加以吸收引用，并应用于本国核法律体系之中。不过，一些国家宪法禁止域外条款并入国内法。或者，即使允许直接或参照性的并入域外条款，但这些条款的适用性也可能成为问题，如国际标准或指导意见可能会与国内法不一致或相冲突。因此需要对这些国际指导性文件相关条款和外国法律条款的含义进行全面的理解。

4. 充分体现核安全和核安保文化

在国内核法律的发展中，立法者需要考虑法律与核安全相关的事项。建立国内核法律体系对于确立核技术安全、安保管理的制度和规则有重要意义，但仅仅靠法律本身并不能保证核安全和核安保，要想实现核安全需要从技术、法律、行政、制度、经济、社会、政治、信息，甚至包括道德和心理等多方面进行配合，因此需要重视引入"核安全文化""核安保文化"这两个概念。核安全文化，是指各有关组织和个人达成共识并付诸实践的价值观、行为准则和特性的总和。在核技术利用领域，可概括为企业法人及管理人员的核安全意识与理念，企业核安全管理制度的建立与执行，以及辐射工作人员对核安全的认知所体现的具体行为。设置合理的法律制度可以增强核安全文化，它可以确保必要的管理规则的存在和有效，确保外部原因不会对独立的技术判断造成阻碍。核安保文化，是指那些确定因核安保问题的重要性而重视这一问题的组织和个人的特征和态度。[①] 总之，增强核安全文化和核安保文化的法律措施应当被纳入国内核法律之中。

第四节　核法律体系

一、核法律体系

所谓法律体系，或称为"法的体系"，是指由一国现行的全部法律规范按照不同的法律部门分类组合而形成的呈体系化、有机联系的统一整体。核法律体系是由一国现行的全部核相关法律规范集合而成的一个呈体系化、有机联系

[①] 国家国防科技工业局系统工程二司主编《核安保相关法律法规汇编》，法律出版社，2016，第157页。

的统一整体,是为确保核工业发展与监管的平衡、核安全的保障、放射性风险的控制、对公众的透明度、核损害的救济以及维护国际和平的义务而制定并实施的一系列法律法规。核法律特点如下:重视核立法并不断地修订已有立法;保证安全是核法律最重要的立法目的;政府机构监管权能明确;以许可证为大多数核活动的前提;明确参与核活动主体的被监管义务;法律责任清晰;注重核损害责任立法;注重法律的程序性和可执行性。

二、核工业发达国家的核法律体系

核工业发达国家在核工业发展初期都非常重视核立法,通过法律制度引导核能开发,因此其核法律体系建设起步早,实施过程长,分类齐全且有一定的规律,并随着科技的进步和社会环境的变化不断地完善,具有较好的借鉴作用。不同于市场经济体制下国家通常较少干预企业的经营,各国核法律却是以许可制度为基础,规定许可证为大多数核活动的前提,同时加强对整个核工业体系的监管。核法律偏重在核安全监管领域形成规范体系,明确许可证审批程序,指引政府、企业和公众在核能利用环节中行为的规范性与安全性,明确各方主体的权利和义务,强调政府的监督职能。核工业发达国家的核法律法规数量远远多于其在其他工业领域的立法数量。当然,国外在促进核工业发展等方面也是通过立法来实现的,早期利用立法并通过政府主导,协调各主管部门和核工业体系资源,集中力量合作开发核工业,在 20 世纪 80 年代以后,对核工业的促进主要是利用各种经济手段刺激或引导核能和平利用。

(一)美国的核法律体系

美国的核法律制度建立时间较早,体系完善且内容规范详尽,包括采矿、放射性废物管理、环境保护、辐射防护、许可证管理、应急响应、核不扩散和核材料出口、核物质运输、核损害责任、促进原子能发展等方方面面的法律制度。美国国会围绕 1954 年《美国原子能法》制定了一个以核能管理为中心的法律体系,核法律在美国众议院成文法立法编号中归入第 42 类"公共卫生与福利"后再分入相应章节。

其中第 23 章"发展和控制原子能",分为 A 和 B 两个部分,A 部分有关核能,B 部分有关铀浓缩企业。细分章节还涉及核材料、核能军事应用、许可证、国际事务以及和欧洲原子能机构合作关系。

第 108 章是"核废物政策"。第一部分规定高放废物、乏燃料和低放废物的处置和存放,其中 A 部分为高放废物的处置和乏燃料的存放,B 部分为过渡存放计划,C 部分为可回收贮存物的监督,D 部分规定低放射性废物,H 部分规定运输。第二部分是有关研究、开发和处置高放废物和乏燃料的规则。第三部分是其他放射性废物的有关规定。第四部分规定放射性废物交易。第五部分规定放射性废物技术检查委员会的职能。

1954年《美国原子能法》是规制所有核设施与核活动的法律制度，规定了美国核能利用的基本原则和概念，赋予国会、行政当局和专门委员会管理权力，将具体监管安排授予美国核监管委员会（以下简称核管会）。核管会再依据《美国原子能法》和《美国能源改组法》授予的权力，制定包括执照申请、监督管理、核设施选址准则、设计准则、辐射防护准则等在内一系列法规，在美国联邦法规第10章中有200个部分适用于核管会管辖所有的核设施的许可证审批。[①] 美国核法律还包括1957年《美国普莱斯-安德森法》；1969年《美国国家环境政策法》；1970年《美国职业卫生和安全法》；1972年《美国水污染控制法》；1974年《美国能源重组法》；1975年《美国危险物质运输法》；1977年《美国清洁空气法》；1977年《美国能源组织部门法》；1978年《美国铀矿尾矿辐射防护法》；1978年《美国核不扩散法》；1980年《美国核安全研究发展以及演示法》；1982年《美国核废物政策法》；1982年《美国核材料实物保护公约实施法》；1985年《美国低放废物政策修改法》；1986年《美国外交安全和反恐怖主义法》；1992年、2005年《美国能源政策法》等。核管会在履职和实行程序时，受《美国行政程序法》《美国净化空气法》《美国资源保护及回收法》《美国有毒物质控制处罚法》等23部法律规制。

（二）英国的核法律体系

英国核法律体系包括矿业、放射性物质管理、核设施（许可证管理和检查、环境辐射防护、应急响应）、核材料和核设备贸易、辐射防护、放射性废物的管理、核不扩散和实物保护、运输、核损害责任等制度。涉核相关法律包括1946年《英国原子能法》、1954年《英国进口货物（监管）令》、1965年《英国核设施法》及其修正案、1971年《英国核设施管理条例》、1971年《英国原子能授权法》、1974年《英国污染控制法》、1974年《英国劳动卫生和安全法》、1978年《英国核保障和电力财务法》、1983年《英国能源法》、1983年《英国核材料处罚法》、1985年《英国电离辐射管理条例》、1989年《英国原子能法》、1989年《英国电力法》、1990年《英国环境保护法》、1991年《英国放射性物质（公路运输）法》、1991年《英国水资源法》、1993年《英国放射性物质法》、1996年《英国特殊废物管理条例》、1999年《英国电离辐射管理

---

① 陈金元、李洪训：《浅谈我国核安全立法问题》，《核安全》2007年第3期。

条例》、2000 年《英国核保障法》、2001 年《北爱尔兰放射物管理条例（应急准备和公共信息）》、2001 年《英国反恐怖主义犯罪和安保法》、2004 年《英国卫生防护局法》、2004 年《英国能源法》等。

涉核相关法规包括《英国电离辐射规定》《英国核设施（危险事件）规定》《英国公众辐射应急信息规定》《英国电离辐射（厂外）规定》《英国卫生与安全管理（大气排放）条例》、1996 年《英国核电站（安保）管理条例》《英国核电站（安全）规定》《英国核工业安全规定》等。

英国加入的涉核国际公约包括《核安全公约》《及早通报核事故公约》《核事故或紧急辐射援助公约》《全面禁止核试验条约》《核材料实物保护公约》《巴黎公约》《不扩散核武器条约》《海上核材料运输民事责任的布鲁塞尔公约》。[1]

（三）法国的核法律体系

法国核法律体系包括矿业、核设施许可证审批与监管（基础核设施管理、秘密基础核设施管理、非基础核设施管理）、应急响应、核材料及核设备贸易、辐射防护（放射性从业人员的辐射防护、公众的辐射防护）、放射性废物管理、核不扩散和实物保护、运输、核损害责任等法律制度。法国核立法始于 1961 年 8 月 2 日颁布的关于大气污染防护的 61 - 842 号法律。1963 年 12 月 11 日关于核设施的 63 - 1228 号法令则是第一个核领域专门立法，该法规定了基础核设施的法律架构。此后，法国议会也通过了许多关于有关核能利用的法律，例如经修订的 1968 年 10 月 30 日 68 - 943 号法，该法建立了与一般民事责任不同的核损害责任制度，再如 1952 年 7 月 19 日 52 - 844 号法建立了放射性同位素使用的许可制度，现收录在《法国公共卫生法典》中，还有 1980 年 7 月 25 日 80 - 572 号法明确了核材料保护与监管制度等。

法国核法律的最初立法依据主要源自于国际标准或国际条约，如辐射防护标准参照了国际放射防护委员会推荐的标准和欧盟发布的指令，再如有关核营运单位责任的"68 - 943 号法"，则源于 1960 年关于核能领域中第三方责任的巴黎公约。

法国核法律也随着核技术进步和发展而不断补充完善，在核领域实施的很多法律规定已经为《法国公共卫生法典》和《法国劳动法典》所修订。处理环境问题的其他法律也适用于核问题，诸如水法、大气污染防治法。根据《法国公共卫生法典》，在卫生、社会、经济和科技带来的利益大于接触电离辐射带

---

[1] 祁程、房江奇、王景丹、张文峰、倪卫冲：《欧盟核应急法律法规体系》，《辐射防护通讯》2017 年第 37 期。

来的风险前提下，核活动将得到批准。考虑到科技、经济和社会因素，电离辐射将维持在最低水平，个人接触电离辐射的程度不得超过相关规定。

法国加入的涉核国际条约包括 1960 年《关于核能领域中第三方责任的巴黎公约》、1963 年《布鲁塞尔补充公约》、1972 年《防止倾倒废物及其他物质污染海洋的公约》、1979 年《核材料实物保护公约》、1986 年《及早通报核事故公约》、1986 年《核事故或紧急辐射援助公约》和 1994 年《核安全公约》等。

三、欧盟核法律体系

欧洲经济共同体、欧洲煤钢共同体和欧洲原子能共同体组成欧共体，并且发展为欧盟。通过长时间的论证、磋商，1957 年法国、联邦德国、意大利、荷兰、比利时和卢森堡六国制定了《欧洲原子能共同体条约》，以此来指导、规范和约束欧盟范围内所有涉核活动。《欧洲原子能共同体条约》作为欧盟和平利用核能的合作框架，旨在建立一个集中的监控系统来保证欧洲核能安全，基本上覆盖了欧盟成员国所有的民用核活动，大大促进了欧洲核工业的成长与发展，同时在极其重要的核燃料供应与核电安全方面也提供了明确的限制与稳定的法律框架。同时响应国际原子能机构相关条约的倡议，通过条约向各成员国提供了一个核材料共同市场，有助于各成员国获得安全稳定的核燃料供应，并且保证相关核材料不会被转用于其他目的。《欧洲原子能共同体条约》自制定以来为欧盟资助核能研究、建造核设施、开展安全监管、进行辐射防护提供了法律基础。

欧盟将核设施安全、放射性废物和乏燃料安全、辐射防护作为和平利用核能法律框架的三根支柱。从 20 世纪 70 年代起，欧盟围绕《欧洲原子能共同体条约》的重点领域，包括核能企业、核能研发和知识传播、核安全、原料供应、核原料安全监管等几个方面进一步丰富与发展了关于核能的次级立法和政策。2009 年 11 月 26 日，欧盟委员会在现有的相关国际公约、法律法规的基础之上，通过有关核安全法规草案，对核设施设计、选址、建造、运行、维护和退役等逐一进行细化规定，旨在进一步提高欧盟核安全，加强有关欧盟及各成员国监管机构的作用。这是欧盟委员会通过的第一个对所有欧盟成员国都具有约束力的核安全法规。从 2013 年 12 月开始，欧盟采用了全新的《欧洲原子能共同体基本安全标准指令》（2013/59/EURATOM），该基本安全标准指令规定了在采取提供庇护所、疏散、碘预防、临时搬迁以及永久性安置等预防措施时欧洲通用的干预水平。

四、国际原子能机构核安全标准体系与核安保标准体系

《国际原子能机构规约》授权国际原子能机构制定旨在保护健康及尽量减少对生命与财产造成危害的安全与安保标准。这些标准是国际原子能机构在其本身的工作中必须使用，同时各国通过设立对本国核安全、辐射安全与核安保的监管规定可以对其加以适用的标准。国际原子能机构对这样的一整套标准定期进行审查，并协助适用，这已经成为全球核安全与核安保体制中尤为关键的一环。

（一）核安全标准体系

国际原子能机构核安全标准体系发展过程。

1. 创立

1974 年，国际原子能机构启动了核安全标准计划，1974 年 9 月，为完成计划，成立了由国际原子能机构 13 个成员国的监管人员组成的高级咨询组，并在核准五个领域的文件草案后，将其递交总干事，包括政府组织、选址、设计、运行和质量保证这五个领域的草案，为每个领域制定一个叫作"规范"的具体标准，但尚未体现出系统性和完整性。

2. 维护

1985 年，国际原子能机构完成了第一套文件，形成 15 份安全规范和 55 份"安全导则"。1988 年成立了核安全标准咨询组，用以监督文件的完善。初期活动之一就是制定一份覆盖整个核安全标准计划的文件，该文件成为国际原子能机构"安全丛书"中第一份"安全基本原则"文件，并成为起草《核安全公约》的基础。这些文件既不是也不能代替技术标准和技术程序，只是参考性文件。

3. 发展

在 20 世纪 90 年代中期，国际原子能机构开始对安全标准计划进行大检查，包括整改监督委员会的结构和确定旨在更新整套标准的系统方案，形成的新标准具有较高水平并且能够反映出成员国的最佳实践。国际原子能机构核准出版了若干安全标准：1993 年 6 月《核设施安全的安全标准》；1995 年 3 月《放射性废物管理安全的安全标准》；1995 年 6 月《辐射防护和辐射源安全的安全标准》。1995 年，理事会请国际原子能机构秘书处修订了上述标准文本，以便将其综合成为一套统一的原则，从而体现共同安全理念。

4. 推广

2000 年，秘书处开始举办起草会议，以编写一套统一的原则性文本。"安

全基本法则"草案文本是在寻求广泛国际一致意见的基础上制定的，目的是确保《基本安全原则》能够为国际原子能机构的所有成员国所遵循，协助成员国适用安全标准和评价其有效性。这些安全服务有助于共享信息，国际原子能机构促请所有成员国都能享有这些服务。

5. 强化

2011 年，福岛核事故发生后，国际原子能机构采取了强化核安全标准的行动，对标准体系进行全面修订。

国际原子能机构其他安全相关出版物以《放射学评定报告》、国际核安全组的《核安全组报告》《技术报告》和《技术文件》的形式印发。国际原子能机构还印发放射性事故报告、培训手册和实用手册以及其他特别安全相关出版物。核安保相关出版物则以国际原子能机构《核安保丛书》的形式印发。

监管核安全和辐射安全是一项国家责任。目前，许多成员国已经决定采用国际原子能机构的安全标准，将其规定在其本国法律法规或标准中加以适用。对于每个成员国而言，国际原子能机构的标准提供了确保有效履行《国际原子能机构规约》所规定之义务的一致和可靠的手段。世界各地的设计者、制造者和营运单位也适用这些标准，以加强电力生产、医学、工业、农业、研究和教育领域的核安全和辐射安全。

国际原子能机构安全标准的使用者一般都是国际原子能机构成员国的监管机构和其他相关国家当局。各国可以将这些安全标准作为制定规制有关设施和活动的国家立法的参考。[①] 设计、建造和运行核设施的许多组织以及涉及利用放射源的组织也使用国际原子能机构的安全标准。国际原子能机构安全标准适用于为和平目的利用的一切现有的、新的核设施和核活动的整个寿期，并适用于为缓解现有辐射危害而采取的防护行动。

在约束力方面，《国际原子能机构规约》第十二条 A 款 2 项，"（对于机构的任何项目或有关当事国请求机构实施安全保障的其他安排），要求遵守机构规定的所有健康与安全措施"。因此，国际原子能机构所制定的"安全标准（健康与安全措施）"对机构本身有约束力，除此之外，如有成员国向国际原子能机构提出相关"请求"，那么这些标准与措施也适用于成员国在此方面的活动。由国际条约、行业标准和详细的国家法律作为补充的国际原子能机构安全标准为保护人类和环境奠定了基础，国际原子能机构安全标准所依据的科学考虑因素也为有关安全的决策提供了客观依据；但决策者仍须作出明智的判断，

---

① 商照荣、王文海：《借鉴 IAEA 安全标准体系完善我国核与辐射安全法规标准体系》，《核安全》2010 年第 4 期。

并确定如何最好地权衡一项活动所带来的利益与其所产生的相关辐射危险和任何其他不利影响。

在制定国际原子能机构安全标准的过程中考虑了联合国原子辐射效应科学委员会的研究结论和国际专家机构特别是国际放射防护委员会的建议。一些标准是在联合国系统内与其他机构或其他专门机构合作制定的，这些机构包括联合国粮食及农业组织、联合国环境规划署、国际劳工组织、经济合作与发展组织核能机构、泛美卫生组织和世界卫生组织等。

（二）核安保标准体系

为了建立和完善核安保标准体系，国际原子能机构在总结国际社会和部分国家在核安保领域所取得的成功经验和典型实践的基础上，陆续发布了一系列核安保相关标准与技术文件，并汇编成核安保丛书。

核安保丛书是对国际核安保法律文书的解释和补充，旨在解决与防止和侦查涉及核材料和其他放射性物质及其有关设施的盗窃、破坏、擅自接触和非法转移或其他恶意行为并作出响应有关的核安保问题。核安保丛书主要由4级出版物构成，包括"核安保法则""建议""实施导则"和"技术导则"。"核安保法则"对核安保的目标和基本要素进行介绍，是提供安保建议的基础。"建议"详细阐述核安保的基本要素，并就国家实施这些基本要素所达成的国际协商一致意见予以介绍。"实施导则"和"技术导则"详细说明实施上述建议应当采取的措施。目前核安保丛书已经发布了42个文件，其中基本法则1个，建议3个，实施导则22个，技术导则16个。核安保领域面临的新问题和新挑战，国际原子能机构正在制定一批导则文件，将会陆续发布，同时制定新的开发计划，丰富核安保丛书的领域和内容。

五、我国核法律法规体系

我国自1982年起，参照国际原子能机构的安全标准，并广泛研究其他核电国家的核安全法律法规，逐步确立了我国的核安全法律法规体系。随着我国核电运行机组的不断增多，以及在核电选址、设计、建造、调试、安全运行等方面积累的实践经验，在密切跟踪并参与国际原子能机构安全标准的制定和修订工作的基础上，结合我国的核安全实践，一直在不断地完善核安全法律法规体系。

我国的法律体系由全国人大及其常委会制定并颁布的国家法律、国务院制定并颁布的行政法规、国务院行政部门颁布的部门规章，以及地方性法规、规章及其他具有法律效力的法律文件组成。根据《中华人民共和国缔结条约法》（以下简称《缔结条约法》）的不同批准程序，我国缔结的各类国际条约也是我国法律体系不可或缺的一部分，自1984年我国成为国际原子能机构的成员国以来，缔结了一系列涉核国际条约。

我国核立法起源于20世纪80年代，以1986年《民用核设施安全监督管理条例》为起始，《放射性污染防治法》作为我国第一部核领域规范放射性废物的法律已施行多年，作为核领域规范核安全监管的顶层立法的《核安全法》也于2018年1月1日正式实施。[①] 截至本书完成，已颁布《民用核安全设备监督管理条例》《核材料管制条例》《核电厂核事故应急管理条例》等行政法规9部，发布部门规章30余项和安全导则100余项，制定核安全相关国家标准和行业标准1000余项，31个省、自治区、直辖市制定地方性法规文件200余个。其范围覆盖核电厂，核电厂以外的其他反应堆，核燃料生产、加工、贮存及后处理设施，放射性废物的处理和处置设施，核安全设备等方面，使各类民用核设施的选址、设计、建造、运行和退役做到了有法可依。此外，生态环境部（国家核安全局）及相关部门陆续发布了一系列的核安全规定、国务院行政法规实施细则，按所覆盖的技术领域划分为不同的系列，内容涉及核电厂的选址、设计、运行和质量保证等方面。

需要注意的是，前文所述法律法规中并不包含核损害民事特殊责任相关的法律法规。由于核损害赔偿责任是民事责任，因此并没有完全为核能监管法律法规所覆盖。核损害赔偿责任最早是由国务院复函的方式予以实施，后在原《中华人民共和国侵权责任法》（以下简称原《侵权责任法》）、《核安全法》中有所体现，最新的《中华人民共和国民法典》（以下简称《民法典》）也对其有相关规定，并替代了原《侵权责任法》。

具体而言，按照效力层级，可将我国核法律法规划分为以下五类。

（一）国际条约

我国在核能领域一直积极参与国际交流，作为国际原子能机构172个成员国之一（1984年加入），并作为35个理事国之一，我国与国际原子能机构在和平利用核能的多个领域开展合作，涵盖核安全、核安保、核保障、涉核立法、核技术应用、核应急响应等。我国缔结了国际原子能机构项下绝大多数国际条约（核损害赔偿责任除外），由于保障义务条款并不是自动履行的，我国还签署了相关的保障协议。根据缔结程序的不同，包括批准、核准、加入和接受，根据对不同国际条约的理解和需求，可以看出，我国政府采取了不同的缔结条约的缔结程序。但是，值得注意的是，在国际原子能机构外，仍有一些涉核领

[①] 刘久：《法学学科视角下核法律方向的构建研究》，《法学教育研究》2021年第33期。

域非常重要的国际条约，我国也是缔约国之一，主要包括《不扩散核武器条约》《制止核恐怖主义行为国际公约》等，以及涉及国际海运及国际空运的国际公约，其对放射性物质有详细规定的附件也是涉核国际条约不可或缺的一部分。除此之外，我国还加入了《核安全公约》、《国际原子能机构特权和豁免协定》、《核材料实物保护公约》及其修正案、《及早通报核事故公约》、《核事故或辐射紧急情况援助公约》和《乏燃料管理安全和放射性废物管理安全的联合公约》。

（二）法律

自 2015 年 7 月 1 日起施行的《国家安全法》第 31 条为和平利用核能发展条款，其规定国家坚持和平利用核能和核技术，加强国际合作，防止核扩散，完善防扩散机制，加强对核设施、核材料、核活动和核废料处置的安全管理、监管和保护，加强核事故应急体系和应急能力建设，防止、控制和消除核事故对公民生命健康和生态环境的危害，不断增强有效应对和防范核威胁、核攻击的能力。[①] 结合该法第 10 条对与外国政府和国际组织合作以及对国际安全义务履行的规定，涵盖了我国政府遵守国际核安全、核安保及国际核保障义务的基本规定，更重要的是陈述了我国和平利用核能的基本宗旨，并承诺了为符合国际核领域规则的合作模式作出了承诺。[②]

作为核能监管领域的专门立法的《放射性污染防治法》和《核安全法》。在《核安全法》正式实施之前，《放射性污染防治法》针对当时我国在核设施安全、放射源安全、放射性矿产资源开发利用监管和放射性废物管理等方面存在的问题，涵盖了放射性污染防治的监督管理至放射性废物的管理等五章具体内容，并规定了总则、附则和法律责任其他三章内容。但是，从法律的名称和基本章节可以看出，该法主要立足放射性"污染"的"防治"，并不是全面的放射性"物质"的"管理"。自 2018 年 1 月 1 日起施行的《核安全法》是核安全领域的顶层立法，标志着我国进入系统地应对和防范核安全风险的法制阶段。《核安全法》首先在总则部分对核设施运行中涉及的概念进行明确界定，并在第二章到第六章规定了核设施安全、核事故应急等多项具体内容。

上述法律的颁布与实施极大地丰富了我国核法律体系的内容。但是，上述法律各有其侧重点，规范核能利用的基础性法律原子能法依旧缺位。早在 1984 年，我国就已经开始筹备原子能法的立法工作，近年来原子能法多次被列入全

---

① 张佳琦、张明：《总体国家安全观下核安全的纵深与维度》，《中国核工业》2017 年第 7 期。
② 刘黎明、苏全霖：《论总体国家安全观视域下的核安全》，《江南社会学院学报》2016 年第 18 期。

国人大立法议程并多次向社会征求意见。

此外，涉及核损害赔偿责任领域的法律规定在 2021 年以前主要是由《核安全法》第 90 条以及相关行政法律性文件（国务院复函）进行规定，在 2021 年 1 月 1 日，《民法典》出台，对核损害赔偿的民事责任做了原则性规定。

（三）行政法规

核能相关行政法规主要包括《民用核设施安全监督管理条例》《核材料管制条例》《核出口管制条例》《核两用品及相关技术出口管理条例》《放射性物品运输安全管理条例》《核电厂核事故应急管理条例》《民用核安全设备监督管理条例》《放射性废物安全管理条例》《放射性同位素与射线装置安全和防护条例》等。而每部行政法规的具体执行，还需要部门规章及其他法律性文件作为细化的执法文件进行展开。[1]

（四）部门规章

制定核能领域有关的部门规章的主体较多，主要包括国家原子能机构与生态环境部（国家核安全局），此外，工业和信息化部、商务部、交通运输部、自然资源部、公安部等单位，也对各自职能领域中涉及核应急、核材料管理、核设施与乏燃料管理、核电站与涉核工作人员管理、核安全文化、环境影响评价、核及核两用品进出口、涉核运输等方面发布相关规定，如国家核安全局发布的核安全法规汇编、实施细则等。

（五）其他法律性文件

在上述法律法规以及部门规章外，有效的法律文件还包括地方性法规、国务院有关部门发布的指导性文件、参考性文件等，后两项在涉核领域主要包括核安全导则和核安全技术文件等，统称为其他法律性文件。主要包括 1986 年《国务院关于处理第三方核责任问题给核工业部、国家核安全局、国务院核电领导小组的批复》（国函〔1986〕44 号），2007 年《国务院关于核事故损害赔偿责任问题的批复》（国函〔2007〕64 号），《中国的核应急》白皮书，《国家核应急预案》《关于放射源安全监管部门职责分工的通知》及国家核安全局发布的核安全导则汇编等。[2] 虽然部分法律性文件并没有明确的法律位阶，但是在监管部门的监督和执行下，共同构成了我国核监管领域法律体系组成部分。

---

[1] 侯娜、车丽娟：《基于 NTI 核安全指数的全球核安全态势分析》，《和平与发展》2020 年第 3 期。

[2] 刘久：《论〈核安全法〉背景下我国公众核安全权利的实现》，《苏州大学学报（哲学社会科学版）》2020 年第 41 期。

第三章 核基本法律

第一节 概述

核能和平利用始于20世纪50年代，其对于保障能源安全，改变以化石能源为主的能源结构，减少温室气体排放，实现能源结构优化和可持续发展具有重要意义。核法律的诞生相比传统法律要晚得多。1945年12月7日，尚在英国殖民统治下的新西兰颁布了世界上第一部原子能法。1946年，美国出台首部原子能法，该法要求美国的核能开发要实现军事化管理，限制民用。英国也在1946年通过了首部原子能法。随着核工业，尤其是民用核工业的不断发展的需要，上述核基本法律的立法目的发生了根本性转变。美国1954年《原子能法》的出台，标志着美国核能利用已经从军事发展向民用核工业推移。在此之后，日本于1955年颁布《原子能基本法》，1959年联邦德国《原子能法》诞生。这些核基本法律为世界范围内民用核工业的迅猛发展奠定了基础。随着核能利用从军用到民用、从试验化到产业化、从促发展到强化监管、从政府垄断到商业化竞争，核基本法律作为指导国家和平利用核能的综合性、纲领性的法律都与时俱进地不断发展。核基本法律在消除公众疑虑，实现技术保障，引导相关法律法规制定方面起到了指引性作用。核基本法律伴随着国家经过了核工业开发起步阶段，发展到蓬勃兴起阶段。法制化使得核能发展实现了前瞻性和连贯性，并得以安全、可持续的发展。

出台核基本法的国家有阿根廷、爱尔兰、澳大利亚、波兰、德国、俄罗斯、菲律宾、芬兰、韩国、荷兰、加拿大、捷克、拉脱维亚、立陶宛、马耳他、美国、蒙古、缅甸、墨西哥、罗马尼亚、纳米比亚、南非、尼日利亚、挪威、日本、瑞典、瑞士、斯洛伐克、斯洛文尼亚、土耳其、乌克兰、乌兹别克斯坦、西班牙、新西兰、匈牙利、亚美尼亚、意大利、印度、印度尼西亚、越南等；出台核基本政策的国家有阿联酋、巴西。此外，至少有9个国家颁布了核安全法，12个国家发布设立原子能委员会或辐射委员会的法令，比如澳大利亚既有原子能法也有核安全法。

也有一些国家不用原子能法作为核基本法律，如英国于1946年制定了《英国原子能法》，但从内容上看其并非核基本法律。英国核基本法律的内容散见于不同的法律中，分为以保护人员为目的的法律法规，如1993年《英国放射性物质法》、1974年《英国劳动卫生与安全法》和1985年《英国电离辐射法》等，以及与核设施相关的法律法规，主要涉及核设施的许可证审批、安全运行管理和核损害责任等，如1965年《英国核设施法》。此外一些涉及核设施管理等方面内容的条款散布于其他法律中，如2004年《英国能源法》第一部分题目就是"民用核工业"。法国核法律体系非常复杂，核基本法律分散于不同的法律文件中，没有进行系统化编撰。法国政府已将核领域的主要法律法规分别编入了《法国环境法典》《法国能源法典》《法国卫生法典》和《法国国防法典》中。《关于核安全和透明度的2006—686号法令》可视作法国核基本法律。该法令于2006年6月13日通过，共63条，包括总则、核安全监管机构、有关核安全的公众信息、核基础设施和放射性物质运输和附则五个部分。

各国的核基本法律就其共性可分为九个组成部分：立法目的、方针和原则；定义或调整对象；管理组织与职能；政府对核相关活动的许可与监管；核相关知识产权；核损害责任与赔偿；法律责任；国际公约和国际合作；其他。

概括而言，核基本法律对核工业的安全发展起着至关重要的作用。核基本法律的内容主要包括核工业管理的组织体系与职责、管理原则、监督管理机构与职责、监督管理程序或步骤、技术管理、核事故应急、国际义务、法律责任、特殊补偿与赔偿等。

法律条文中阐述的立法目的，旨在明确国家预定的立法效果，是整部法律的灵魂。同时，立法目的用以指导执法者的执法活动，要求执法者在立法目的的指导下工作，确保当行使裁量权时不偏离法律规定。核基本法律立法的方针和目的主要阐述国家在核能利用方面的指导纲领，以及立法所要依据的原则和标准。和平、安全是各国核基本法律首要坚持的方针和原则。核基本法律的立法目的对该法立法过程起着指导性作用，各国核基本法律大多在总则中阐述该法的立法目的，概括起来就是通过核能的研究、开发和利用，达到科技进步、能源保障、提高生活水平、造福人类的目的，同时达到防范危险、和平利用和促进合作的目标。

世界各国核基本法律立法目的主要是为民用核能服务，大多不涉及核军事用途。如《俄罗斯原子能法》规定："与核武器和具有军事用途核动力装置的研究、制造、试验、使用与回收有关的活动依据其他联邦法律实施，而不受本联邦法律约束。"《美国原子能法》序言将立法范围、目的规定为：认识到电离辐射的利用能够在健康和医学、能源生产、科学研究、农业、工业和教育等许多领域提供重要的利益；认识到需要保护个人、社会和环境免受电离辐射的潜在有害影响，包括可能由不适当的使用、事故或恶意行为造成的有害影响；认识到需要管理放射性废物，以保护当代人和子孙后代免受不适当的影响；认识到需要建立和保持一项法律和规章制度，以履行相关国际文书和承诺，特别是与国际原子能机构签订的各项协定；认识到需要建立和保持一项法律和规章制度，以执行有效的措施来防止、探知和应对可能给人、财产或环境造成损害或危害国家安全的涉及核材料、其他放射性物质或相关设施的擅自行为。

核基本法律的立法范围往往限定为：应适用于涉及在国家领土内或在其管辖或控制下进行的和平利用核能和电离辐射的所有活动和实践；不得适用于涉及通过监管机构所确立的规章已被排除在监管之外的辐照活动或实践；不得适用于非电离辐射源的监管。

核能和电离辐射的利用应只用于和平目的。禁止有关获取或研制核爆炸装置、放射性散布装置或者核材料或其他放射性物质和相关技术的其他非和平利用的活动或实践，严禁帮助他人（国）从事此类活动。

通过政府规划可以将关系到国家利益的重要工业领域的重大活动纳入政府监管之下。核工业发展规划是指有关核工业开发利用的重大项目，由政府主管部门统筹安排，充分调动国家资源。规划的范围主要包括放射性矿产资源开发、核燃料制造、核设施选址和建造、放射性废废物处置等。核工业在国家能源供应体系中应处于什么地位、核设施的场址选择、建造规划等，都由政府统一规划或者先由核工业企业提出申请。宏观调控是市场经济下国家调整经济建设的重要手段，国家对核工业进行规划，目的就是从整体上对核工业进行调控。例如，放射性废物的处理是否妥当，将关系到公众的健康与环境安全，因此，对于放射性废物处理场所的选择、放射性废物的处理等，都应统一规划管理。

一些国家的核基本法律还特别规定了对核工业的研究、发展以及海外推广的扶持手段，包括规划、实施和资金支持等措施，以示国家从法律层面对核工业发展的重视和引导。

第二节　立法实践

一、《俄罗斯原子能法》

俄罗斯联邦继承了苏联的核工业体系。苏联的核工业管理与审批体制与西方有所不同。苏联的核能行政管理工作由政府首脑统一领导，行政管理机构由若干部长会议副主席及十多个有关部委组成。其中国家计委是制定国家经济发展计划的最高权力机构，该会议通过的方案具有法律效力。科学技术委员会是科学行政管理机构，它拥有很大的科学行政权限。苏联最初由中型机械工业部负责与核材料生产相关的科研生产与核武器研制任务。

苏联解体后，《俄罗斯原子能法》于 1995 年出台，该法分别规定了联邦总统、联邦议会、联邦政府、核能利用领域的联邦行政机关、自治地方机关的不同权限，主要包括管理和监督两个相互独立的职能。其中管理职能包括：制定核能利用领域的国家科技、投资与管理的政策，制定核能利用的安全保障措施，制定核能利用领域的规范与规则，制定核设施、放射源、保存地、核材料和放射性物质的防火与自然保护的措施，组织核能利用设施在紧急情况下的应急计划和资金保障，监督落实核设施的保护措施，参与组织核设备、产品与技术的认证工作，确保核能利用领域的国家标准、计量规则与认证要求的遵守，国家统计与监督核材料与放射性物质，确保带有核设施与放射源的船舶和其它航行器的技术安全，制定与实施放射性废物处理计划，履行与核能利用管理机关职责相关的其他职能。监督职能包括：核材料在国家统计与监督体系中由联邦政府和主管部门两个层级进行国家统计与监督，而放射性物质与放射性废物在国家统计与监督体系中由联邦政府、地区和主管部门三个层级进行国家统计与监督。监督活动包括：组织制定、批准与实施核能利用领域的规范与规则，发放从事核能利用许可证，实施安全监督，在事故发生时对保护核能利用设施工作人员、居民与环境的措施进行评估、检查和监督。《俄罗斯原子能法》定义了许可制度，为证明在保障核能利用设施与所从事工作安全的情况下从事某类活动的必要正式文件，没有许可证不得从事需经国家安全监督机关批准的核能利用领域内的任何活动。

核安全的国家监督职能由负责核能、辐射、技术与防火安全监督的国家安全监督机关行使，独立于其他国家机关和组织。俄罗斯核能活动安全监管原由俄罗斯国家核与辐射安全监管局负责，该局现已并入俄罗斯联邦环境、工业和核监管局，隶属于俄罗斯联邦自然资源与生态部。该局负责核与核相关活动的许可证发放，确保相关活动符合许可证发放条件，负责核安全监管、辐射防护、环境保护、资源利用等活动。同时还从事实物保护、核材料衡算和放射性废物的管理。其他涉及核能活动管理的政府部门还有俄罗斯联邦卫生部、内务部（国家消防服务）矿产工业监管局、运输部船舶登记局、环境保护委员会。原相关的劳动和社会发展部已并入俄罗斯联邦保健与社会发展部，下设联邦劳动与工作局，参与工作人员的安全防护管理。

二、《美国原子能法》

1946 年，美国出台其首部核基本法律——《美国麦克马洪法》，即 1946 年《美国原子能法》，并据此成立了原子能委员会和国会两院联合原子能委员会。前者是负责核能科研发展及核工业体系管理的行政机构，后者是一个立法机构，并负责监督原子能委员会的工作。1954 年《美国原子能法》的出台与实施，标志着美国核能利用已经从军事发展过渡为促进民用核工业，这是美国第一部规范民用核工业的法律文件。该法是在美苏核对抗的国际环境下制定的，美国力图保持政府对民用核工业活动管理的绝对控制，因此该法仅是 1946 年《美国原子能法》的"民用翻版"。该法的通过标志着美国核工业从政府垄断核材料生产和使用过渡到私营企业参与的新阶段，在 1954 年《美国原子能法》指导下，国会制定了管理核能发展的各项法律制度。此后，依据 1974 年《美国能源重组法》、1977 年《美国能源部组织法》、1992 年《美国能源政策法》以及其他法律对 1954 年《美国原子能法》进行了多次修订。

1954 年《美国原子能法》共 22 章 320 条，条文涉及民用和军事核能利用的方方面面。该法既鼓励核材料、核设施的开发与研究，同时也注重规范核工业各领域的活动。在核材料使用、许可制度、国际活动、信息管理、核损害责任、专利发明、组织管理、司法程序、进出口制度、矿业开采与供应、军事领域等方面逐一作出详尽的规定。该法涉及面广，操作性强，相关主体庞大，是目前世界上条文最多、篇幅最长的核基本法律。

《美国原子能法》的立法目的可以概括为：促进科学和工业进步，引导、资助及推进研究和发展计划。在适当安全措施的约束下，传播非机密的核科学和技术资料，控制限制级数据。对政府或其他主体拥有的核能和特殊核材料的加工、利用和生产进行控制。鼓励参与核能的和平开发与利用，促使合作国家在技术传播和共同防卫与安全允许的范围内，从核能和平利用合作中受益；国会能够及时获得立法活动所需要的相关信息。

围绕 1954 年《美国原子能法》，美国国会制定了一套适用于核工业管理的法律制度。对核能的基本政策可以概括为：核能的开发、使用和控制应致力于为大众福利做出最大贡献，始终服务于共同防御和安全的最高目标；促进世界和平，改善大众福利，提高生活水平和加强私有企业之间的自由竞争。《美国原子能法》在美国众议院成文法立法中归入第 42 类——公共卫生与福利，再分入章节。其中第 23 章是发展和控制核能，第 108 章是核废物政策。

美国于 1947 年成立原子能委员会，负责管辖曼哈顿工程及相关科研和生产部门。之后，通过《美国能源重组法》，解散了 1947 年成立的原子能委员会，成立能源部和核管会。美国联邦政府承担了核能利用管理的绝大部分责任，比如联邦法律和行政法规规制着核设施的许可证审批，州政府不能管理高放射性废物的处置和放射性物质运输，核能的军事利用也完全由联邦政府负责。若州法和联邦法不矛盾，州政府可以自行管理那些联邦政府涉及不到的核能活动，或者承担一些应由联邦政府管辖的活动。对于空气放射性污染的控制，州政府也可以采用比联邦政府更为严格的标准。核管会承接原属于原子能委员会的所有许可证审批和相关的监管职能，《美国能源重组法》将核能军用与民用相分离，其中国防相关的核武器制造和研发活动归属于能源部负责，其他转归核管会负责。① 《美国原子能法》要求民用核设施和核材料相关活动需要取得许可证并授权核管会制定标准，确保最大限度地减少核能利用对生命健康和财产安全的不利影响。

《美国原子能法》第 10 章 "原子能许可"中详细规定了核能活动中政府许可制度。该法规定的"商业许可证"的范围包括给接收、制造、生产、转让、取得、占有、使用、进口或出口任何核能利用或生产设施的申请人发放许可证，前提条件是相关活动应符合核能利用的要求，申请人承诺遵守委员会的安全标准，并向委员会提供必要的信息。许可证由委员会根据被许可活动的种类来确定，但不得超过 40 年，可以在期限届满时申请延展。禁止向美国管辖区域之外的核能利用活动发放许可证，许可证不能发放给外国人、外国公司或其他外国实体，并且，许可证不能发放给美国范围内核管会认为会损害共同防卫、安全或者公众健康和安全的个人或实体。委员会负责审批发放利用核能医学治疗、工业和商业、研究和开发活动许可证，许可证发放时需要符合反托拉斯法律规定，避免形成垄断。当国会宣布战争状态或者出现国家紧急状况时，为共同防卫和安全所需，委员会有权暂停授予许可证。《美国原子能法》第 16 章 "司法审查和行政程序"规定了许可证申请的审批程序包括：公示程序、转让限制、先授许可证、撤销申请、临时许可证、听证程序等。

美国立法经验表明，实现核安全管理有效性的重要经验就是健全的法律与建立一个权威与高效运作的监管机构。核管会依法成立并被授予全权、独立负责管理全美民用核电安全的工作。它独立于政府与企业，对全国核反应堆、核材料与放射性废物的利用和处置管理享有完全、独立的决策权和执行权，对其在各地设立的地区办事处和常驻核电厂安全监察员享有垂直管理权。这种管理模式便于集中管理，提高管理效率，减少利益部门之间职责重叠或缺位。② 此

---

① 岳树梅：《中国民用核能安全保障法律制度的困境与重构》，《现代法学》2012 年第 34 期。
② 曹霞：《美国核电安全与法律规制》，《政法论丛》2012 年第 1 期。

外，核管会保留了对于独立乏燃料贮存设施中的乏燃料和由能源部建造且获得许可证的受监控可回收的贮存设施中乏燃料和高放废物的许可证审批和管理权。除核管会外，美国核电营运者协会也承担着全美核电安全管理的职责，该机构成立于1979年美国三哩岛核事故发生之后，负责制定核电厂运行规范，以此作为定期评估单一核电站运行情况的依据。

三、《德国原子能法》

德国核基本法律为《德国原子能法》，也称为《德国和平利用原子能和防止其危害法》，该法于1959年12月23日制定，后经过1985年、1989年、1990年、1992年、1998年、2000年、2001年和2002年4月多次修订，仅2001年一年间就修订了四次，这反映《德国原子能法》随着核工业发展形势变化而不断进行着调整。

从兼顾两种利益的角度出发，德国政府于1998年开始与核电企业开展谈判，并于2000年6月14日与核电企业签署了《关于逐步退出核能利用的协议》，也称《退出协议》。联邦政府与供电企业达成谅解，对现有的核电站使用设定限期。同时，在确保高度安全与遵守核法律要求的前提下，政府保证核电站在剩余的时间内的运行与放射性废物处理不受干扰，联邦政府以此《退出协议》为基础修订了《德国原子能法》。[①]

现行《德国原子能法》是2002年修订后的版本，共有六章59节和4个附录，内容主要包括立法宗旨、定义，主管部门职责、政府监督机制和违法行为行政责任等。2002年《德国原子能法》的宗旨是：循序渐进地淘汰核电，并确保在停堆之前核电站能够正常运行。防止生命、健康和财产受到核损害和电离辐射的有害影响，一旦发生损害应予补偿。防止因核能利用或核能释放而危及国家的内外安全。保证履行国家在核安全与辐射防护领域的国际义务，可以总结为："逐步淘汰、确保安全、履行国际义务。"

尽管核能在许多国家还是方兴未艾的新能源，但德国迫于国内强大的环保组织压力和民众对核安全的忧虑，特别是将乏燃料运往法国处理后再将高放射性废物运回国内贮存所引发的大规模抗议活动，促使德国政府采取"加大可再生能源的利用、提高能源利用效率并大力节约能源"的政策调整计划。新法全名为2002年《德国有序结束利用核能进行行业性生产电能法》，该法使德国成为核电大国中唯一在法律中明确要"逐步淘汰核电政策"的国家。2002年《德

[①] 李升：《德国退出核能利用的法律框架》，《华北电力大学学报（社会科学版）》2011年第1期。

国原子能法》的修订是德国退出核能利用的主要法律依据,依据《德国原子能法》第 1 条第 1 款,首要目标就是有序停止经营性的利用核能发电,以及在完全退出核能利用之前保证核设施的正常运行。依据该法,建造、运行用于裂变、生产、贮存核燃料的设施,或者显著改变该设施内容的,需要经政府许可。这里提到的核设施兴建审批义务仅对为科研目的而建的核设施有实际意义,对于经营性的利用核裂变发电设施以及贮存核燃料的设施,将不再被许可建造,也就是所谓的"兴建禁止"。

根据该法,政府要求所有核电站在完成淘汰之前加强安全措施,并定期进行安全检查,从 2005 年 7 月起,禁止对所有乏燃料进行后处理。该法对所有核电站均规定了到关闭前的发电量,允许核电站之间互相转让发电配额。

该法规定了核电站在内的核设施、核燃料和放射性废物相关的需要法律规范的重要问题,同时也规制了与公共安全直接相关包括医药和食品的其他领域。《德国原子能法》条文中,按核设施类型分类,对许可证的审批条件、相关程序、营运单位的安全责任以及核损害赔偿作出详细规定。该法还明确了与其他现行法律、已加入国际公约和协定的关系,提出了具体的要求,具有较强的操作性。

第三节 法律原则

保障核安全始终是核基本法律所必须坚持的原则。福岛核事故之后,国际原子能机构提倡为建立一个切实可行、完善的核法律框架,各国需要采取如下行动:强化国际原子能机构核安全标准;有计划地对所有核电站的安全进行评估,包括扩展国际原子能机构专家同行评审计划;增强国家核监管机构职能的有效性,并保证其独立性;强化全球应急准备和响应体系;在接收和传播信息方面发挥国际原子能机构的作用。这些信息包括提供有关危害可能发生和相关放射性影响的分析报告。因此,强化核安全标准不仅仅是国际原子能机构的行动,也是各国核基本法律,涉核法律法规和标准体系逐步完善的要求。①

国际原子能机构《核法律手册》强调的法律原则紧紧围绕着保障、安保和安全（Safeguard Security Safety,即"3S"机制）这三个目标,反映了为实现核能安全利用和防止核能非和平利用而在制定核法律和监管框架中需要完善"3S"机制使三者相辅相成。例如,对核材料采取实物保护的措施,这些措施

---

① 《IAEA 部长级核安全大会发表〈宣言〉强调核安全标准与制度》,《中国个体防护装备》2011 年第 4 期。

明显有助于确保核材料的安全利用，同时也防止进行恶意目的的转用。一国妥善建立的监管体系，能够确保放射性物质的安保。同样，有效的保障体系，包括精心设计和实施的国家核材料衡算和控制系统，也能够加强安保措施，防止非法贩运或遏制涉及核材料或其他放射性物质的擅自行为。"3S"概念作为核基本法律和各项涉核法律法规起草的指导原则，国际原子能机构《核法律手册》中建议各国核基本法律与涉核法律法规应坚守以下 11 项原则。

一、安全原则

安全是核与电离辐射应用的必要条件，也是国家核基本法律、涉核法律法规和国际核法律文书的核心原则，适用于不同类型和风险程度不同的核活动和核设施，而存在重大辐射危害的核活动则更需要采取严格的技术安全措施，一旦发生危害事件，要承担更为严重的法律责任。核监管制度的主要目的是平衡社会风险与收益，当核活动的风险超过收益时，优先考虑保护公众健康、安全、安保和环境，法律应采取有利于防护的规定，防止核能利用可能造成的损坏，使事故产生的不良影响最小化。

二、安保原则

需要特殊法律措施保护可能造成核安保风险的核材料和核设施，防止这些材料、设施和技术在合法利用过程中发生意外或故意转用。此外，丢失或废弃的辐射源会对无防护意识的公众造成伤害。

三、责任原则

核法律制度规定核活动可能引起损害，部分或全部成为民事责任的承担者。获得实施核与辐射具体活动授权的营运单位或许可证持有者对核安全负主要责任，营运单位或许可证持有者应当承担确保其活动满足现行安全、安保和环境保护的责任。核工业参与主体繁多，如核研究与开发组织、核材料制造商、核设施或电离辐射源制造商、医疗单位、建筑施工工程公司、金融机构和监管机构，对核相关活动有一定控制权的所有实体都需要承担相应核安全责任。

四、许可原则

由于核技术的特定风险可能带来严重损失，核法律通常要求涉及易裂变材料和放射性同位素的活动得到政府事先许可，法律规定的许可制度也明确了政府的监管责任。通过"授权""许可证""准许证""证书""批准"等手段，在法律上明确哪些核活动或核设施必须进行许可证授权。

五、连续控制原则

即使核活动已获得授权或许可证，政府监管机构也必须保持对该活动的连续监测能力，以确保核活动按照授权条件安全、可靠地实施。

六、赔偿原则

核能的利用存在对个人、财产和环境造成严重损害的潜在风险，核法律要求国家采取措施，在核事故发生后提供充分的赔偿。

七、可持续发展原则

因为一些易裂变材料和电离辐射源会在很长时期内造成健康、安全和环境风险，为了不给后代人造成不适当的负担，让全球环境在免遭退化的前提下，发展经济和社会才是"可持续的"，因此要求当代人竭尽所能确保长期安全，并且通过法律加以规范。

八、符合原则

已经有大量核国际条约生效，这些条约规范各国在核领域中的义务，各国政府需要真诚地履行这些义务，并且在国家核基本法律，涉核法律法规中反映这些国际条约所包含的义务。

九、独立原则

建立国家核监管机构开展监管工作，国家核监管机构进行安全问题决定时，应不受参与核能发展或促进活动的任何机构干预。如果涉及核安全风险，利益相关方需要服从核监管机构的独立和专业判定。

十、透明原则

为使公众了解核技术和增加公众对核能利用过程的信心，需要参与核能开发、利用和监管的所有组织向公众、媒体、立法机关及其他利益团体提供有关核技术对于社会和经济发展的风险与利益的信息，特别是对公众健康、安全和环境有影响的事件和异常事件的信息。

十一、国际合作原则

各国政府进一步协调政策、制定合作计划、分享经验反馈和达成合作协议，以减少核能利用对本国或他国公民、领土的损害风险。另外，防范跨境核安保风险的高级别国际合作，能有效防止恐怖威胁、核材料非法贩卖以及核扩散威胁。

第四节 我国立法

我国核工业创建初期，为发展核军工事业，国家对核工业进行了高度集中的管理。随着我国核能和平开发利用事业的发展，以及社会主义市场经济体制的建立和完善，核工业的管理体制和运行机制发生了很大变化。一是从事核工业的主体快速增长，特别是核电发展以及核技术在工业、农业、医疗卫生、环境保护、公共安全、地质勘查、科学研究等领域的广泛应用，从事核能研究、开发、利用的单位大幅度增加。二是从事核工业的主体呈现多元化态势，股份制企业、民营企业、中外合资企业等多种所有制形式进入核能领域，核能的研究、开发和利用产生的社会关系也日益广泛和复杂。三是核工业涉及的管理部门较多，既包括行业管理、综合管理、应用管理部门，也包括独立行使安全监管职责的核安全监管部门，需要通过立法来明确有关部门的职责，促进统筹协调。

为了能够在维护全球核安全中发挥积极作用，满足在核能领域加强国际合作与交流的需要，需要制定核基本法律，使我国承诺的国际义务成为国内法的内容，为树立负责任的核大国形象、更好地履行国际义务提供法律保障。[1] 一些涉及核领域的重大问题，应由核基本法律作出规定，体现核基本法律的统领与协调作用；而我国现行的核法律体系则是未来核基本法律实施的具体规定，为基本法律的实施提供了有力的支撑，一起构成了适应我国核工业发展并具有中国特色的核法律体系。

早在1984年，原国家科委就会同原国防科工委、核工业部等部门成立了原子能法编制领导小组和起草工作组，着手起草工作，当时的《原子能法（草案）》曾被列入第八届全国人大常委会立法计划，但一直没能出台。1998年国防科工委成立后，再次成立了原子能法起草小组，在调研、论证的基础上，经多次修改，形成了原子能法草案的征求意见稿，并就该草案向最高人民法院、外交部、发展改革委、原国土资源部、原环保总局、中国核工业集团公司等29家部门和单位发函征求意见，草案也据此进行了补充和完善，可没能出台。2008年国务院机构改革后，在核工业加快发展的新形势下，工业和信息化部继

---

[1] 郑玉辉：《〈原子能法〉，应顺势而生》，《中国核工业》2011年第10期。

续推进原子能法立法工作，组织中国核能行业协会对原子能法草案进行了深入的研究和修改。日本福岛核事故发生后，在我国政府有关部门、核能行业协会和专家、学者的推动下，原子能法立法再次被列入 2011 年国务院立法工作计划。《核安全法》实施后，2018 年 9 月 20 日《中华人民共和国原子能法（征求意见稿）》及其说明发布并向社会各界征求意见，并于 2021 年被纳入全国人大年度立法工作规划"预备审议项目"。原子能法立法工作持续向前推进。

附：

各国核基本法律制度一览

《阿根廷国家核活动法》（1998 年，5 章 42 条），《阿根廷核能源法》（1964 年，14 章 97 条）；

《加拿大核安全和控制法》（1946 年，1954 年、2000 年、2003 年 3 次修订，4 章 127 条）；

《新西兰原子能法》（1945 年，1957 年、1989 年、1992 年 3 次修订，19 条）；

《美国原子能法》（1946 年，1954 年、1974 年、1977 年、1992 年 4 次修订，29 章 3115 条）；

《墨西哥核活动法》（1984 年，12 章 30 条）；

《菲律宾原子能管理与责任法》（1968 年，8 章 68 条）；

《蒙古辐射防护与安全法》（2000 年，4 章 42 条）；

《缅甸核能法》（1998 年，14 章 39 条）；

《日本原子能基本法》（1995 年，1967 年、1978 年、2004 年、2012 年 4 次修订，9 章 21 条）；

《土耳其原子能管理法》（1982 年，4 章 21 条）；

《乌兹别克斯坦辐射安全法》（2000 年，5 章 28 条）；

《印度原子能法》（1948 年，1962 年、1986 年、1987 年 3 次修订，32 条）；

《印度尼西亚原子能法》（1997，10 章 48 条）；

《越南原子能法》（2008 年，11 章 93 条）；

《澳大利亚原子能法》（1953 年，1958 年、1958 年、1966 年、1973 年、1976 年、1978 年、1980 年 7 次修订，5 章 65 条）；

《爱尔兰核能法》（1971 年，27 条）；

《罗马尼亚社会主义共和国核活动的实施法》（1974 年，8 章 49 条和附录）；

《罗马尼亚核能和平使用法》（2003年，2006年、2009年2次修订，8章27条）；

《波兰原子能法》（2000年，2008年、2009年、2012年3次修订，16章139条）；

《德国原子能法》（《德国和平利用原子能和防止其危害法》）（1959年，1985年、1989年、1990年、1992年、1998年、2000年、2001年、2002年8次修订，6章54条）；

《俄罗斯原子能法》（1995年，1997年、2001年、2002年、2003年、2004年5次修订，16章70条）；

《芬兰核能法》（1972年，9章59条）；

《荷兰核能法》（1963年，16章89条）；

《立陶宛核能法》（1996年，2011年修订，11章53条）；

《马耳他核与辐射安全法》（2003年，2004年修订，16章68条）；

《挪威核能活动法》（1972年，9章59条）；

《瑞典核活动法》（1984年，12章30条）；

《瑞士核能法》（2001年，10章107条）；

《斯洛伐克和平利用核能法》（2004年，9章38条）；

《斯洛文尼亚电离辐射保护及核安全法》（2003年，2004年、2011年2次修订，16章145条）；

《乌克兰核能利用与辐射防护法》（1995年，17章89条）；

《西班牙核能法》（1964年，15章97条）；

《匈牙利原子能法》（1996年，12章68条，取代1980年颁布的《原子能法》）；

《意大利核能利用法》（1962年，34条）；

《纳米比亚原子能与辐射防护法》（2005年，6章47条）；

《南非核能法》（1993年，1999年修订，7章86条）；

《尼日利亚核安全与辐射防护法》（1995年，9章49条）；

《加拿大核安全和控制法》（1946年，1954年、2000年、2003年3次修订，4章127条，替代1946年《加拿大原子能控制法》）。

第二篇

核法律各论

第四章 辐射防护法律制度

第一节 概述

辐射防护是辐射安全的统称,是防止电离辐射对人产生有害作用的科学技术。辐射防护的主要目的不是保护个人或环境免受所有的电离辐射影响,而是要确保机体吸收的电离辐射量不会产生负面后果。因此,必须对与辐射有关的工作人员予以充分的辐射防护,同时最大限度降低非工作人员接触的风险,这些对于安全、可接受地利用核能、放射性物质和辐射是非常重要的。

辐射防护法律制度是指在核工业发展过程中,为防范辐射危险和避免辐射危害而采取的各种法律措施的总和,是核能开发利用的重要安全保障。辐射防护法律制度一方面要求采取技术等措施减少辐射影响,严格控制放射性物质向环境的排放,规定相应的排放限值,限制排放浓度和控制排放总量;另一方面是采取强制性的监管措施,通过良好的辐射防护管理手段,监督辐射防护法律法规的有效执行,严格监控和评价防护的有效性,达到良好的辐射防护目的,确保防护和安全手段切实有效。

由于地球表面受到宇宙射线的照射,构成大陆地壳的岩石中含有放射性物质,人类一直受到天然的电离辐射照射。同时,人工辐射的应用十分广泛,核能、放射性物质以及电离辐射的应用都在不断进步,核技术在工业、农业、医学和许多研究领域的应用也在不断扩展。如在医学中,放射学是重要的诊断方式,放射治疗是治疗癌症的常用方法。在农业和工业领域,辐照用来保存食物、减少损耗,灭菌技术被用来消除昆虫带来的疾病,工业射线无损探伤用于检查焊缝、探查裂缝,以预防工程结构的相关问题。然而,接触含有浓缩天然放射性核素的物质,均可能发生职业照射,或对工作人员甚至公众产生不利影响,需要加以防护和控制。

早在 20 世纪初,当用于研究和医学使用的放射源发生事故后,人们就认识到电离辐射会对生物体造成损害。电磁波和放射性物质所产生的辐射,由于其能量不同,根据对物质原子或分支是否能够直接或间接造成电离效应,而将它们分成电离辐射和非电离辐射两大类型，而核工业涉及的较多是电离辐射。对受辐射照射的人群，特别是对 1945 年日本广岛和长崎原子弹轰炸幸存者的长期流行病学研究表明，辐射照射也可能诱发潜在的恶性肿瘤和其他疾病。因此，在辐射源和放射性物质的生产和使用上，以及核设施的运行和放射性废物处理等涉及辐射照射的活动中，核工业的最主要风险在于核设施、核材料发生辐射或污染的事件或事故，此类事件或事故可能对工作人员、公众、财产、环境造成不同程度的危害。

社会对辐射相关风险的可接受性取决于风险与从辐射利用所得利益之间的关系，这意味着需要对风险加以限制，并为人类或环境提供足够的保护。辐射危害随辐射物剂量的增加而增大，为了达到辐射防护的目的，需要采取有效的措施将工作人员和公众可能受到辐射的剂量减至可接受并尽可能低的水平，辐射防护的一般原则广泛地适用于所有与核相关的活动及所有产生电离辐射的设施。

防护的正当性和最优化本身并不能够保证任何个人都不会承受无法接受的伤害危险。因此，必须将剂量和辐射危害控制在规定限值的范围内。反之，由于剂量限值和危险限度代表着法律上的可接受上限，在这种情况下其本身并不足以确保实现最佳可行的防护，因而必须通过防护最优化来加以补充。所以，实施防护最优化以及限制个人接受的剂量和危害都是达到理想的安全水平所必需的。

辐射防护被看作所有核法律的"帽子"或"外罩"。核法律应当为安全管理所有放射源和各种类型电离辐射提供明确规范，以确保其适当地保护个人、社会、环境免受辐射危害。监管机构应授权或许可相关活动，要求其实践前必须满足辐射防护要求，确保安全的主要责任由被授权或被许可从事有关电离辐射或核能活动的主体承担。被授权或被许可的主体应确保遵守由监管机构制定的要求和剂量限值，并确保其工作人员和公众受到的辐射剂量包括释放到环境中的剂量达到合理最低剂量（ALARA 原则）水平。

辐射防护标准是实施辐射防护的依据，各国一般都是根据国际放射防护委员会的建议，结合本国情况制定相应标准。辐射防护要遵循定量最优化原则，核法律也应按照定量最优化原则对核设施、核材料监管和辐射防护管理进行法律规制。

各国核法律主要将核电厂、乏燃料贮存和处置设施、放射性废物处置场、放射性同位素使用场所列为需要监管的设施，将核燃料、乏燃料、其他放射性物质与高低放射性废物列为需要监管的对象，同时将上述设施和材料可能导致的辐射风险作为监管对象。各国核法律中的规定差别较大，主要是对不同的核设施和核材料在法律中关注重点不同。通常，各国在专门涉及辐射防护的法规或技术标准中对核设施、核材料和放射性物质的辐射防护监管会有详尽的要求，而在法律层面一般只作原则性规定。

第二节　立法实践

对于世界各国而言，无论是否发展核工业，加强辐射防护管理都非常必要。各国辐射防护立法的主要目的均在于建立辐射防护管理机构，发布辐射管理要求，保障工作人员和公众、财产和环境的安全。

世界制定辐射防护法律法规的国家有阿根廷、阿联酋、爱尔兰、爱沙尼亚、奥地利、澳大利亚、巴基斯坦、保加利亚、比利时、冰岛、波兰、丹麦、德国、俄罗斯、法国、菲律宾、芬兰、韩国、荷兰、加拿大、克罗地亚、拉脱维亚、立陶宛、卢森堡、罗马尼亚、马耳他、马来西亚、蒙古、墨西哥、纳米比亚、尼日利亚、挪威、葡萄牙、日本、瑞典、瑞士、塞浦路斯、斯洛文尼亚、土耳其等。

一、美国辐射防护相关立法

为了与《美国卫生和安全的辐射控制法》规定一致，美国于1968年修订了《美国公共卫生服务法》，该法批准美国联邦政府颁布受控带电离辐射产品产生辐射的标准，使其管理范围扩大到电离或非电离的电磁辐射及粒子、声波、次声波、超声辐射等，要求如有任何危险，生产商必须尽快通知政府、销售者和消费者，在不影响商业秘密的情况下透露尽可能多的有关不良后果的信息。核管会负责向医院和医生在诊断和治疗中使用的放射性物质发放许可证，因此核管会要对每项申请中提到的设施、人员、程序及设备进行审查，以确保包括患者和工作人员在内的公众安全。核管会为所有的许可证持有者制定了关于防止公众受经许可的活动引起的危险的基本标准，这些关键性的标准规定了允许的辐照剂量水平，如职业剂量限值、公众辐照剂量限值、预防程序和废物处置。1991年核管会颁布修订后的标准与国际放射防护委员会的建议保持了一致。

依据1969年《美国国家环境政策法》，核管会监管必须考虑环境因素，同时要求营运单位也必须遵守其他有效的环境法律，包括1972年《美国联邦水污染控制法》和1974年《美国清洁空气法》。依据后来制定的法规和美国综合环境响应、赔偿和责任法，放射性流出物被列为"危险污染物"。核管会制定了《关于防止公众受经许可活动引起危险的基本标准》，除要满足现有的监管标准外，向核管会申请运行许可证都要在所提交的最终安全分析报告中，预计各种假想事故的辐射排放水平。劳工部所属的职业安全和卫生管理局主管的营运单位，应遵守《美国职业卫生和安全法》的有关要求，以及各州在卫生和安全方面的法律法规。核管会要对设施进行检查，以确保符合核管会发布的有关健康和安全的辐射标准。

二、法国辐射防护相关立法

2003 年，法国对从事放射性工作人员辐射防护的法律进行了重大修改，关于保护工作人员免受电离辐射危害的 2003 年 3 月 31 日 2003－299 号令是法国辐射防护的主要依据。该法将欧洲原子能机构理事会关于防止工作人员和一般公众受电离辐射危害的基本安全标准 1996 年 5 月 13 日 96－29 号令转为法律。根据所受辐射剂量的不同，将受电离辐射照射的工作人员分成两类。该法还详细规定了关于受照射工作人员的医疗监督、异常工况下的规则、辐射防护的职能机构以及适用于与天然辐射相关的职业辐射防护规则。

欧洲原子能机构 1999 年 5 月 13 日 96－29 号令是防止公众和工作人员健康受到电离辐射危害的基本安全标准，欧洲原子能机构 1997 年 6 月 30 日 97－43 号令是关于防止个人健康受与医疗照射有关的电离辐射危害的安全标准。这些法令经由 2001 年 3 月 28 日 2001－270 号法，2002 年 4 月 4 日 2002－460 号令，2003 年 3 月 24 日 2003－270 号令和 2003 年 3 月 31 日 2003－295 号令转为法国国内法律。其中 2001 年 3 月 28 日 2001－270 号法规定了医学、工业和研究领域导致公众受电离辐射危害的活动范围，采用了辐射防护合理可行尽量低的原则，规定了公众每年所受有效剂量的下限为每年 1 毫希沃特。为执行欧洲原子能机构 1999 年 5 月 13 日 96－29 号令而制定的 2002 年 4 月 4 日 2002－460 号令对放射性核素的管理作出了严格的规定，同时考虑到天然辐射的影响，重新定义了一般公众和工作人员健康防护的基本标准，该法还规定于 2002 年 2 月 22 日设立辐射防护与核安全研究院、核安全与辐射防护总局对监管机构和专业机构进行改革。

三、英国辐射防护相关立法

在英国，辐射防护管理由有关卫生与安全、场址许可证、放射性废物污染和向海洋倾倒废物等多个法律法规约束、规范。1999 年《英国电离辐射条例》规定了公众和工作人员电离辐射健康防护的基本安全标准，其他相关法律包括 1993 年《英国放射性物质法》和相关命令，以及 2001 年《英国辐射（应急准备和公众宣传）条例》。依据 1995 年《英国环境法》，在英格兰和威尔士设立了环境局，在苏格兰设立了苏格兰环保局，这些部门负责实施环境保护的立法，由 1993 年《英国放射性物质法》规定的执行部门管理辐射防护。在北爱尔兰，工业污染和放射性化学检验局也是 1993 年《英国放射性物质法》规定的执行部门。

英国有关工作人员和公众电离辐射防护的措施，也是由若干法律和法规规定的，包括 1999 年《英国电离辐射条例》、1993 年《英国放射性物质法》、1978 年《英国劳动卫生与安全法》、1968 年《英国医药法》以及依据该法制定的一些条例，规定未经批准不得将放射性物质用于人体诊断、治疗或研究。工业部门使用辐射装置时，对工作人员和公众需要采取防护措施，由卫生和安全执行局负责核设施工作人员的安全监管。卫生和安全执行局通过卫生与安全委员会向工作和抚恤金部的国务大臣负责。卫生和安全执行局还制定出厂区外部工作人员、怀孕工作人员、监控设备和医疗设备的辅助导则。

四、相关国际公约

1960 年 6 月 1 日，国际劳工组织在日内瓦举行的第 44 届会议上，通过了《1960 年保护工作人员以防电离辐射公约》（第 115 号公约）和《1960 年保护工作人员以防电离辐射建议书》（第 114 号建议书），公约由 18 条正文组成，建议书由 32 条正文组成，于 1962 年 6 月 17 日生效。公约和建议书适用于从事有关放射性工作的人员在从事暴露于电离辐射的一切工作过程，要求雇主必须根据已有的知识，采取一切适当步骤有效保护工作人员的健康和安全，以防范电离辐射伤害，建立各种辐射防护管理系统和采取有效安全措施，并应完整记录工作过程以及与辐射防护相关的数据。

第三节　法律原则

在遵守监管控制的核设施和核活动以外也会产生辐射危害，在这类情况下，如果辐射危害较大，就必须考虑合理地采取防护行动，以减轻辐射照射并对不利工况采取治理措施。辐射防护行动都要在经济上、社会上以及可能在环境上付出一些可预见的代价，因此只有在辐射防护行动产生的效益足以超过与采取这些行动有关的辐射危害和其他损害的情况下，才可以认为辐射防护行动是正当的。

第一类情况是天然来源的辐射。例如，在住宅和工作场所受到氡气照射，必要时可以就此采取治理行动。然而在许多情况下，人类对于减轻天然辐射源带来的照射无能为力。

第二类情况涉及由过去开展的活动引起的照射，这种活动要么从未接受过监管控制，要么接受的是早先不那么严格的控制制度的约束。例如，目前仍存在以前采矿作业产生的放射性残留物。

第三类情况涉及放射性核素不加控制地向环境释放后采取的防护和治理措施。依据《及早通报核事故公约》和《核事故或辐射紧急情况援助公约》，一个国家内的活动或设施已经造成或可能造成对其他国家产生重大的辐射安全影响的跨境释放，国家核法律中应当规定执行公约的相应措施。

一、辐射防护三原则

（一）正当性原则

法律必须首先保证产生电离辐射的实践是"正当的"，即它们为个人和社会提供了足够的利益以抵消辐射带来的危害。在考虑社会、经济及其他相关因素的同时，任何产生电离辐射的活动或实践只有在对受到辐射的个人或社会产生的利益足以弥补辐射可能引起的危害时，才能授权进行，缺乏正当性是监管机构拒绝发放许可证的一个重要原因。此外，人为增加商品或产品的放射性物质的活度浓度的实践活动是不正当的。

（二）最优化原则

辐射防护的目的是保证在考虑了社会和经济因素后使辐射风险在合理可行尽量低的水平。法律应当规定任何干预的形式、范围和持续时间以使这些干预是最优化的。监管机构以世界公认的基本安全标准为各种核活动设定剂量限值，剂量限值是在监管的活动中个人受到的有效剂量和当量剂量不可超过的限值，这种限值有时会在核法律中规定，但多数情况下是在辐射防护法律下有相关法规、导则或标准中规定的。

（三）最小化原则

应该限制个人可能接受的剂量，保证无人会受到辐射照射因而产生不可接受的风险。病人为治疗目的接受电离辐射照射，如果预期带来的利益将大于产生的辐射危害，那就是正当的。法律法规标准应该对病人的医学照射作出规定，同时对与最优化原则相关的特殊条款作出规定。解控是指监管机构解除了对已批准进行的实践所涉及的放射性物质的进一步控制，由监管机构规定的解控水平是某一数值，如果低于该值，可以解除对辐射源的监管。通常，解控水平需高于豁免水平，从而使被豁免的材料不再成为受监管的对象。

暴露于地面上的宇宙射线辐射一般不需要监管。但在高海拔处，宇宙射线尚未经低层大气减弱也会构成危害，应该告知从事航空、航天职业人员相关的风险以及他们的职业活动可能受到的辐射剂量。

二、许可原则

辐射监管机构的作用之一是审查那些使个人受到或可能受到辐射照射的实践活动的许可证申请。除了设定发放许可证的条件，监管机构还需决定哪些核活动或核材料可被豁免，或应当解除监管。只有在辐射相关活动中为受照射个人和社会产生足够的利益以抵消带来的辐射损害时，监管机构才能够发放许可证。辐射监管机构的许可证范围应包括：辐射源的生产和辐射或放射性物质在医学、工业、农业、研究的应用，含任何可能受到辐射或放射性物质照射的活动；核能的生产过程涉及辐射或放射性物质过量照射的核燃料循环活动；监管机构认为要加以监管的涉及天然辐射源引起过量照射的活动；放射源的运输过程；监管机构规定的其他任何活动。

许可证申请者必须具备营运核设施和实施核活动的必要资质，必须有许可证才能运行的核设施和核活动应当包括：含放射性物质的装置和产生辐射的装置；含有放射性物质的设施或产生辐射的装置，包括辐照设施、放射性矿物的开采和选冶设施、处理放射性物质的装置、核设施和放射性废物管理设施；用于放射源运输的设施和设备；监管机构规定的任何其他源或设施。

有关医学实践，除一般辐射防护要求外，监管机构还应规定使用者的资格及培训、对利用产生辐射的设备和放射性核素工作人员的防护措施、对患者的防护措施、产生辐射的设备和包含放射性核素装置的设计和性能标准、放射源的核安全和核安保措施等。

三、参考国际原子能机构标准原则

辐射防护标准作为技术规范，包括基本标准和派生的次级标准，是为限制电离辐射危害而制定的科学规范，通过标准的实施来保护辐射工作人员、公众及其后代免受电离辐射的危害，促进辐射产业的发展。

建立职业辐射防护的安全要求和导则是国际原子能机构向成员国提供辐射安全支持的一个重要组成部分，是各国辐射防护法律法规的重要参考文件。1996年，根据联合国粮农组织、国际原子能机构、国际劳工组织、经济合作与发展组织核能机构、泛美卫生组织和世界卫生组织的共同倡议，国际原子能机构出版了《辐射防护和辐射源安全的安全基本法则》（国际原子能机构《安全丛书》第120号），阐述了辐射防护和安全的目的、概念和原则。《国际电离辐射防护和辐射源安全的基本安全标准》（国际原子能机构《安全丛书》第115

号），为辐射防护各项原则提出了具体要求，包括辐射源照射有关工作人员和公众的防护要求。

2014年，欧洲委员会、联合国粮食及农业组织、国际原子能机构、国际劳工组织、经济合作与发展组织核能机构、泛美卫生组织、联合国环境规划署、世界卫生组织联合发布了《国际辐射防护和辐射源安全基本安全标准》（国际原子能机构《安全标准丛书》第GSR Part 3号），为履行基本安全标准中有关职业照射核放射性物质摄入的防护要求提供了指导。

第四节 我国立法

我国政府通过颁布一系列的法律法规和国家标准来确保由核设施引起的对工作人员和公众的辐射照射量在各种运行状态下保持在合理可行尽量低的水平，并确保任何个人受到的辐照剂量不超过我国规定的剂量限值。

《核安全法》规定，核设施营运单位应当严格控制辐射照射，确保有关人员免受超过国家规定剂量限值的辐射照射，确保辐射照射保持在合理、可行和尽可能低的水平（第18条）。核设施营运单位应当对核设施周围环境中所含的放射性核素的种类、浓度以及核设施流出物中的放射性核素总量实施监测，并定期向国务院环境保护主管部门和所在地省、自治区、直辖市人民政府环境保护主管部门报告监测结果（第19条）。

《放射性污染防治法》规定，核电厂营运单位负责本单位放射性污染的防治，接受环境保护行政主管部门和其他有关部门的监督管理，并依法对其造成的放射性污染承担责任（第12条）。核电厂营运单位应当对核电厂周围环境中所含的放射性核素的种类、浓度以及核电厂流出物中的放射性核素总量实施监测，并定期向国务院环境保护行政主管部门和所在地省、自治区、直辖市人民政府环境保护行政主管部门报告监测结果（第24条）。核电厂营运单位应尽量减少放射性废物的产生量。向环境排放放射性废气、废液，必须符合国家放射性污染防治标准，并定期向环境保护行政主管部门报告排放计量结果（第41条）。

《中华人民共和国职业病防治法》（以下简称《职业病防治法》）第25条与第26条规定：用人单位必须配置防护设备和报警装置，保证接触放射线的工作人员佩戴个人剂量计。用人单位应当实施由专人负责的职业病危害因素日常监测，确保监测系统处于正常运行状态。

《放射性同位素与射线装置安全和防护条例》规定，国家根据放射源、射线装置对人体健康和环境的潜在危害程度，对放射源和射线装置实行分类管理。从高到低将放射源分为Ⅰ类、Ⅱ类、Ⅲ类、Ⅳ类、Ⅴ类，将射线装置分为Ⅰ类、Ⅱ类、Ⅲ类（第 4 条）。生产放射性同位素、销售和使用Ⅰ类放射源、销售和使用Ⅰ类射线装置的单位许可证，由国务院生态环境部门审批发放（第 6 条）。

全国放射性同位素、射线装置的安全和防护工作由国务院生态环境部门统一监督管理。县级以上政府生态环境部门和其他有关部门应当按照各自职责对生产、销售、使用放射性同位素和射线装置的单位进行监督检查，配备辐射防护安全监督员（第 3 条）。

生产、销售、使用放射性同位素和射线装置的单位，应对本单位的放射性同位素、射线装置的安全和防护工作负责，并依法对其造成的放射性危害承担责任（第 27 条）。

2002 年 10 月 8 日，国家修订颁布了《电离辐射防护与辐射源安全基本标准》，其技术内容与《国际电离辐射防护和辐射源安全基本安全标准》等效。《电离辐射防护与辐射源安全基本标准》规定了对电离辐射防护和辐射源安全的基本要求，对职业照射、公众照射、应急照射的个人剂量限值作出规定。

2016 年国家核安全局修订了《核动力厂设计安全规定》，要求在核电厂中建立并保持对辐射危害的有效防御，以保护人类与环境免受辐射危害的基本安全目标。为实现基本安全目标，在核电厂的设计中，辐射防护设计必须保证在所有运行状态下核电厂内的辐射照射或由于该核电厂任何计划排放放射性物质引起的辐射照射低于规定限值，且可合理达到尽量低。同时，还应采取措施减轻任何事故的放射性后果。辐射防护设计必须使得核电厂所有辐射照射的来源都处在严格的技术和管理措施控制之下。

2011 年 9 月 1 日，国家核安全局修订了《核动力厂环境辐射防护规定》，对核电厂向环境释放的放射性物质对公众任何个人（成人）造成的有效剂量当量及气载和液体放射性流出物的年排放限值作出了明确规定。

福岛核事故后，国家核安全局组织编写了《福岛核事故后核电厂改进行动通用技术要求》，规定核电厂监控设施和监控点位布置应具有合理性和代表性，满足核电厂事故工况下辐射环境应急监控方案规定的设施功能。当极端外部事件导致环境监控设施不可用时，应具备适当的后备宽量程监控手段或及时恢复监控设施可用性的手段，确保为核电厂及其周边环境质量评价提供现场监控数据。

附：

各国辐射防护法律制度一览

《加拿大辐射防护法》（2000 年，2007 年修订，26 条）；
《墨西哥一般放射安全规则》（1988 年，270 条）；
《阿根廷规范使用电离辐射源法》（2003 年，18 条）；
《韩国防辐射灾害法》（2003 年，8 章）；
《马来西亚辐射防护法》（1986 年，30 条）；
《蒙古辐射防护及安全法》（2000 年，42 条）；
《巴基斯坦核辐射防护法》（2004 年，50 条）；
《菲律宾辐射防护法》（2004 年，44 条）；
《阿联酋关于核设施辐射剂量限值和辐射防护最优化条例》（2010 年，2 条）；
《日本关于防止放射性同位素等所致辐射危害法》（1957 年，2010 年修订，66 条）；
《日本辐射危害防护的技术标准法》（1958 年，1999 年修订，5 章）；
《土耳其辐射安全监管条例》（1985 年 7 月，13 条）；
《澳大利亚核辐射保护和核安全法》（1998 年，2002 年、2008 年、2012 年修订，85 条）；
《爱尔兰辐射防护法》（1991 年，2002 年修订，47 条）；
《爱沙尼亚辐射法》（2004 年，75 条）；
《奥地利辐射防护法》（1969 年，1972 年、2006 年、2012 年修订，43 条）；
《保加利亚辐射防护法》（2002 年，51 条）；
《保加利亚监管在辐射防护活动与电离辐射源条例》（2007 年，140 条）；
《比利时保护公众健康及环境不受电离辐射法》（1994 年，69 条）；
《比利时原子能法－户外工作人员电离辐射防护条例》（2004 年，10 条）；
《波兰原子能法－电离辐射工作安全条例》（2006 年，24 条）；
《波兰原子能法－电离辐射运行许可证条例》（2002 年，2004 年、2006 年修订，14 条）；
《波兰原子能法－核安全辐射防护条例》（2005 年，59 条）；
《波兰原子能法－电离辐射运行许可证及报告豁免条例》（2004 年，2 条）；
《波兰原子能法－电离辐射强制许可证或警告豁免条例》（2002 年，5 条）；
《波兰原子能法－电离辐射限制条例》（2004 年，18 条）；

《冰岛辐射防护法》（2002 年，2008 年、2010 年修订，23 条）；
《冰岛电离辐射活动公众及工作人员保护条例》（2003 年，25 条）；
《冰岛辐射使用条例》（2003 年，55 条）；
《丹麦电离辐射最高执行法》（1997 年，23 条）；
《丹麦电离辐射控制法》（1990 年，2007 年修订，26 条）；
《德国核安全和辐射防护法》（1984 年，1987 年修订，35 条）；
《德国辐射防护法》（1986 年，2008 年、2010 年修订）；
《德国辐射防护条例》（2001 年，2012 年修订，118 条）；
《德国非电离辐射防护法》（2009 年，2010 年修订，21 条）；
《德国紫外线防护法》（2011 年，50 条）；
《德国辐射职业及健康安全条例》（2010 年，11 条）；
《俄罗斯联邦居民辐射安全法》（1995 年；28 条）；
《法国保护工作人员免受电离辐射法》（2003 年，12 条）；
《芬兰辐射法》（1991 年，1992 年、1994 年、1995 年、1997 年、1998 年、1999 年、2001 年、2002 年、2005 年、2008 年、2011 年修订，78 条）；
《荷兰辐射保护条例》（2001 年，137 条）；
《荷兰电离辐射警告条例》（2012 年，7 条）；
《克罗地亚电离辐射防护法》（1999 年，54 条）；
《拉脱维亚电离辐射防护法》（2002 年，167 条）；
《拉脱维亚电离辐射操作许可证标准条例》（2001 年，13 条）；
《拉脱维亚电离辐射运行许可证条例》（2001 年，74 条）；
《拉脱维亚人工辐射监管条例》（2001 年，47 条）；
《卢森堡保护公众免受电离辐射法》（1963 年，2000 年、2006 年、2011 年修订，15 章）；
《立陶宛辐射防护法》（1999 年，27 条）；
《罗马尼亚辐射安全条例》（2003 年，28 条）；
《罗马尼亚个人放射量测定条例》（2002 年，53 条）；
《罗马尼亚辐射安全基本条例》（2000 年，142 条）；
《罗马尼亚环境放射性监测条例》（2005 年，115 条）；
《罗马尼亚电离辐射实验保护条例》（2004 年，139 条）；
《马耳他高活度辐射源监管法》（2003 年，16 条）；
《挪威辐射保护法》（2000 年，25 条）；
《挪威电离辐射工作条例》（1985 年，2004 年，16 条）；
《葡萄牙电离辐射控制计量条例》（2006 年，19 条）；

《瑞典辐射防护法》（1988年，43条）；
《瑞典保护工作人员及公众免受电离辐射条例》（2009年，60条）；
《瑞典个人电离辐射防护条例》（2008年，42条）；
《瑞典处理放射性物质条例》（2008年，29条）；
《瑞士辐射防护法》（1991年，50条）；
《瑞士非密封放射源处理条例》（1997年，41条）；
《瑞士非医用电离辐射仪器辐射防护条例》（2001年，18条）；
《瑞士辐射防护培训条例》（1998年，20条）；
《塞浦路斯免受电离辐射法》（2002年，2009年修订，53条）；
《塞浦路斯辐射安全法》（2010年，27条）；
《塞浦路斯工业辐照保护及许可证条例》（1982年，51条）；
《斯洛文尼亚辐射活动条例》（2006年，16条）；
《斯洛文尼亚电离辐射保护及核安全法》（2001年，2003年、2004年、2011年修订，145条）；
《斯洛文尼亚核辐射污染及干涉等级》（2004年，42条）；
《斯洛文尼亚辐射源使用及辐射活动规定》（2006年，102条）；
《纳米比亚辐射防护和废物处置条例》（2011年，78条）；
《尼日利亚核安全和辐射防护法》（1995年，49条）；
《尼日利亚工业辐照安全条例》（2008年，130条）；
《尼日利亚基本电离辐射条例》（2003年，86条）。

第五章　放射源和放射性物质管理法律制度

第一节　概述

　　放射源和放射性物质管理法律制度是国家规范放射源和放射性物质安全，保护人员、财产和环境安全的管理制度。通常将放射性物质分为天然放射性物质，如氡气、铀矿，以及人造的放射性物质，如人造的核材料通常是在反应堆内辐照后形成，还有医疗用的放射性同位素和放射性废物。比如辐照后的核燃料就是一个极强的放射源，当用于特定目的的人工放射性物质被辐照后，一些材料也会被污染从而具有放射性，如在核反应堆使用的钢材和混凝土，在拆除核反应堆的时候要作为放射性废物进行处理。

　　放射源泛指能够发射电磁辐射的装置或物质，国际原子能机构将放射源定义为能够造成辐射照射的任何物体，如发射电离辐射或释放放射性物质是物体。更为严格的意义上，核燃料循环以外的放射源是指产生电离辐射的密封和非密封源和设备。这个概念含义广泛，包括放射源，也包括非放射源形式的放射性物质，还包括其他非放射性的电离辐射，如电磁辐射或热辐射。辐射源是指加工且包装成型物件的放射性物质，便于其使用目的和使用场所，如医用放射源、农用放射源。辐射源可视为放射源的一种，口语中也常把辐射源说成放射源。

　　放射性物质强调所含物质本身具有放射性，而不注重其外部状态和使用性能，如放射性废物，其概念广、适用面宽，作为凡是具有放射性的各种物质的统称，如铀、钍矿物；核工业中的各种放射性产品和废物等；放射性核素化合物；吸附有放射性核素的尘埃、杂质颗粒或者是放射性化合物和非放射性化合物的混合物等。需要注意的是，通常将核材料，主要是铀和钍与其他的放射性物质相区别，或者专门将核燃料与其他的放射性物质区别对待。

　　辐照设备是指发射电离辐射的设施和设备，普遍被应用于工业、农业和医学，由于它们的规模和使用方式存在相当大的差异，具体的规定通常是在法规而不是法律中，辐照设备的管理使用应严格依照法律规定进行，避免因管理不善或使用不当导致重大事故。

辐射危害可能跨越国境，而且可能长时间持续存在。在判断控制辐射危害的措施是否充分时，必须考虑到当前的行动对现在和将来可能产生的后果。特别是安全标准，不仅适用于当地公众，而且也应当适用于远离设施和活动的人群。在影响可能跨越几代人的情况下，也要保障后代人必须得到充分的保护。

同时，要做好放射源的安保工作，以防止被窃或毁损，并防止任何未经批准的人利用这些放射源进行非法活动。例如，若恐怖分子获得放射源，就可能产生制造辐射弥散装置或"脏弹"，从而对大规模人群构成威胁或产生相应的伤害。放射源核安全和核安保行为准则是为解决这类问题可采取的措施，从核不扩散的角度来看，更需要对可用于研制核爆炸装置的核材料加强实物保护措施。

尽管辐射照射对人体健康的影响已经得到充分的认识，但辐射对环境的影响一直缺乏彻底的调查研究。目前的辐射防护系统要对生态系统提供适当的保护，以防止其受到辐射照射而产生不利后果。

第二节 立法实践

一、各国放射源与放射性物质管理立法

世界上出台放射性物质管理与环境保护专门立法的国家有阿根廷、爱尔兰、爱沙尼亚、奥地利、澳大利亚、巴基斯坦、巴西、比利时、冰岛、波兰、丹麦、德国、俄罗斯、菲律宾、荷兰、加拿大、立陶宛、卢森堡、罗马尼亚、墨西哥、尼日利亚、斯洛伐克、斯洛文尼亚、西班牙、匈牙利、印度、英国、越南等。出台放射性物质管理与环境保护法律法规的国家主要集中在欧洲，亚洲次之，其他洲仅有个别几个国家出台了放射性物质与环境保护法律法规。放射性物质不仅限于核材料或用于动力、军工的放射性物质，也包括医疗、农业生产所用的诸如 X 射线等放射性物质。由于现代医学的发展，放射性物质的应用极其广泛，除前文所提及的出台专门法律法规的国家之外，其他国家也以多种形式在不同法律部门中对放射性物质的使用作出了相应的规定。下面介绍几个相关立法比较具有代表性的国家。

1954 年《美国原子能法》在第 2 章中对放射性物质、核燃料和其他放射性物质做了定义，并通过《美国原子能法》和 2001 年《美国辐射防护条例》规定了许可证管理要求对相关物质的永久监管。《美国原子能法》要求对包括核

燃料的进出口、运输、贮存和处置活动均必须通过许可证管理。2001年《美国辐射防护条例》主要对放射性物质许可证管理程序加以规范。《美国原子能法》第6章对乏燃料的过渡贮存许可证进行了规定。除此之外，美国将与特种核材料相关的放射性物质分为三类进行管理。

第一类，特种核材料。特种核材料是指钚、铀-233和铀-235的浓缩铀以及核管会规定的其他核材料，也包括对上述任何一种物质进行人工浓缩所获得的材料，但不包括源材料。核管会可以向出于医疗目的或合法研发活动中使用的特种核材料发放许可证，明确拥有特种核材料的条件和限值，以及禁止发放许可证的情形。营运单位应保证不会因使用或拥有特种核材料造成政府和核管会的损失，更不能用其制造核武器。能源部根据项目对基础研究、核能和平利用的发展或加强国家经济和军事实力的贡献决定是否出售特种核材料。能源部负责对无许可证向国外销售特种核材料进行控制，而核管会则负责发放出口许可证，并落实《美国不扩散核武器法》的规定。政府可回购国外通过利用租借或购买美国的特种核材料而产生的特种材料，这些材料通常是在执行合作协议的过程中未用完的或辐照后剩余的铀，但回购价格需要满足一定的限制条件。如向国外用户提供被装在实验室样品或医疗设备中的少量特种核材料，或紧急情况下需要的少量特种核材料，可免于出口许可证要求。

第二类，源材料。源材料是指铀、钍或核管会确定其为源材料的任何其他材料，也包括含有上述一种或多种材料且浓度达到核管会所确定标准的矿石。在向源材料清单中增加新的材料时，核管会首先需要确定这种材料对于生产特种核材料是必不可少的，并可对共同防御和安全产生影响，然后再经总统书面同意，国会有权对此决定进行复审。除非核管会认为其数量微不足道而可豁免许可证要求，任何人要转让、占有、出口、进口、提取源材料都必须获得一般或专门的许可证。在国内外销售源材料的规定，与销售特种核材料的规定相似，对于占有、拥有、提取及精炼源材料都需要提交专门报告。

第三类，副产物。副产物是指在生产或利用特种核材料过程中得到的或随着辐照而活化产生的任何放射性物质，也包括对源材料进行冶炼时产生的尾矿或废物，但不包括特种核材料。拥有副产物的许可证要求与拥有特种核材料或源材料的要求相似。能源部鼓励最大限度地开发副产物的和平应用，为此，政府可将副产物收费或不收费的权利分配给符合资格的使用者，但分配时要考虑到健康和国防方面的因素。政府控制副产物出口的制度，与特种核材料和源材料的相似。在尾矿形式副产物的许可证中，必须确保营运单位遵守去污或退役要求。

《加拿大核安全与控制法》授权核安全委员会负责制定转换、浓缩、加工、再加工、保管、进口、出口、使用、管理、贮存、处理、弃置核物质的相关条例。委员会另行制定了《加拿大核物质和放射性设备条例》（SOR/2000-207）。对上述情况予以规范，并对《加拿大通用核安全和控制条例》中未规定事项进行补充，就许可证申请、质量保证、辐射防护和数据记录要求予以明确。[①]

《俄罗斯原子能法》详细规定核设施、放射源与保存地分布与建造安全的基本要求，由于分类很广，《俄罗斯原子能法》只作了原则性规定，主要明确各种许可证管理要求，更多的管理细则由其他法律法规予以规定。关于使用核材料、放射性物质与放射性废物的规定，要求政府对获取、生成、利用、自然保护、排放、登记与统计、运输与保存核材料、放射性物质与放射性废物规范化问题作出规定，由联邦法律及其他法律规定。

日本于 1957 年 6 月 10 日发布了《日本核原料、核燃料及反应堆管理法》（《日本管理法》）。基于《日本原子能基本法》的精神，除对核燃料矿冶、加工和后处理以及反应堆的建造和运行等制定必要的规定外，《日本管理法》还对实施有关核能研究、开发和利用的条约和其他国际公约做出规定，并制定使用国际监管核物质的必要规定。《日本管理法》规定了一个全面的许可证管理系统，涵盖了核材料的提纯，核燃料的生产与使用，反应堆的建造、运行与退役，乏燃料的贮存与后处理，放射性废物的处置，以及国际受控材料的任何其他用途。在日本，涉及放射性物质的活动，由《日本放射性同位素等辐射危害防护法》（《日本防护法》）管理，该法于 1957 年 6 月 10 日发布，而与核燃料循环有关的活动，则纳入《日本管理法》的管辖范围。《日本防护法》的根本目的是指导辐射防护管理，包括放射性同位素和辐照装置的使用、销售、租借和处置等。

英国放射性物质的持有和使用主要受 1993 年《英国放射性物质法》规范，规定相关的环境局对在任何场所持有和使用放射性物质实施强制登记管理，对移动式放射性设备也实行类似的监管，该法从公众和环境保护角度对放射性物质的持有和使用作出了规定。1968 年《英国医学法》规范诊断和治疗用放射性设备和物质的持有和使用管理。1995 年《英国环境法》出台，规定 1993 年《英国放射性物质法》的实施在英格兰和威尔士由环境局负责，在苏格兰由苏格兰环保局负责，在北爱尔兰由环境和遗产服务部通过北爱尔兰环境部下属机构——工业污染和放射化学检查局负责。

---

① 王晓方、王高：《核安全立法 保障核能有序健康发展——世界主要核电国家核安全法立法概览》，《中国核工业》2013 年第 3 期。

二、国际原子能机构相关安全要求

国际原子能机构建议，建立旨在减少现有或未受监管控制辐射危害的防护行动系统，政府必须建立有效的防护行动系统，以便根据正当性和最优化的原则减少与未受监管控制的源（天然源或人工源）有关的不必要辐射危害和以往活动或事件造成的污染。

国际原子能机构提醒，在遵守监管控制的设施和活动以外也可能产生辐射危害。在这类情况下，如果辐射危害较大，就必须考虑是否可以合理地采取防护行动，以减轻辐射照射并对不利情况采取补救措施。如果因事故、实践中断或对放射源或天然源的控制不充分导致产生了不可接受的辐射危害，政府必须指定有关组织为保护工作人员、公众和环境作出必要的安排。采取防护行动的组织必须能够获得履行其职能所需的资源。

监管机构必须为防护行动提供任何必要的输入，包括向政府提出防护行动的建议或对防护行动实行监管控制。必须与其他有关当局合作并酌情与利益相关方磋商制定防护行动的监管要求和标准。如果本国可供用于防护行动的资源不足，可能需要请求国际援助。

第三节 法律原则

一、放射源与放射性物质管理的基本准则

国际原子能机构于 2004 年发布的《放射源核安全和核安保行为准则》在引言部分记录了成员国的决定，即"以下行为准则应该作为各成员国制定和调整放射源核安全和核安保相关政策、法律和规章的指导性原则"。放射源的管理涉及对利益和风险的慎重权衡，准则基于这样一种认识，即放射源具有价值，但也需要保护人类和环境免受与此类源有关的潜在事故和恶意行为的有害影响。国际原子能机构《安全标准丛书》第 GSR Part 1 (Rev. 1) 号《促进安全的政府、法律和监管框架》要求 9 规定：建立旨在减少现有或未受监管控制的辐射危害的防护行动系统，政府必须建立有效的防护行动系统，以便根据正当性和最优化的原则减少与未受监管控制的源（天然源或人工源）有关的不必要的辐射危害和以往活动或事件造成的污染。

国际原子能机构在《放射源核安全和核安保行为准则》的序言中列出了颁布此准则的众多因素，肯定了有效和持续监管的价值，特别是在放射源的运输

过程中。准则明确了放射源的核安全和核安保问题，并强调了各成员国在所有从事此类源监管或管理的组织和工作人员中培养核安全文化和核安保文化的必要性。

《放射源核安全和核安保行为准则》的另一个重要特色是规定了对放射源的分类。该分类基于对可能接触放射源人员的伤害可能性，并辅以放射源中常用的26种放射性核素列表，因此这个分类不仅对于制定和实施核安全和核安保措施，而且对于实施放射源的进出口控制，对于监管机构制定和实施监管计划，包括许可证和审查活动是非常有帮助的。

国际原子能机构2004年发布的《放射源进出口导则》与《放射源核安全和核安保行为准则》类似，旨在为可能从事放射源进出口的国家提供一个共同框架以确保放射源的安全。导则强调根据放射源分类，应该适用于放射源进出口的两个程序：第一个是评价放射源进出口的申请程序；第二个是放射源发货前的通知程序。要求对放射源进出口申请先进行评价，以确认接受方已被授权接收和拥有此类放射源。同时，还要确定进口国拥有适当的技术和管理能力、资源和监管基础结构，以符合准则的要求。

尽管一国的核法律不必引进上述《放射源核安全和核安保行为准则》和《放射源进出口导则》的全部内容，但上述出版物对各国核法律起草或修订具有重要的指导作用。因此，在对放射源进行立法和管理时，各国可以参考上述准则和导则中的以下建议：对放射源的监管责任要划分明确，监管机构应具有必需的职能、资源和监管独立性；确保放射源的核安全和核安保的主要责任划归被授权人或许可证持有者；强制建立放射源国家登记制度，包括对创建和维护登记的责任进行划分；规定对放射源进出口的控制制度；确定被授权人或许可证持有者对立即通报涉及可能构成核安全或安保风险的无看管源或其他事件的责任，另外，最好制定无看管源回收的国家计划。

二、放射源与放射性物质安全的基本原则

放射源使用的两个主要领域是医学和工业领域，各国实践通常是医学活动和放射源的其他非医应用由卫生主管部门管理，而工业领域则由核安全监管部门管控。监管机构在各自的领域必须是高度专业化的，具体建议如下：采取适当措施来保护人类和环境，以便放射源在使用期内和结束后得到安全和可靠的管理，并促进核安全文化和核安保文化；建立有效的放射源控制国家法律法规体系，规定被授权人对核安全和核安保负主要责任，国家获得或重新获得对无看管放射源的控制，并规定减少恶意行为包括破坏的可能性及减轻其后果的措施；向被授权人提供用于辐射防护、核安全和核安保的相应设施和服务；对监

管机构、执法机构和应急服务机构的人员培训作出适当安排;① 建立放射源的国家登记制度;将有关任何放射源失控或任何具有潜在跨境影响事件的信息通过国际原子能机构或其他机制提供给可能受到影响的国家;促进相关人员和机构对有关无看管源的核安全和核安保危害的认知,并且应该鼓励可能接触到此类放射源的人员或实体实施适当的监控和审查计划;在可行的情况下鼓励对放射源的回收或再循环;重视设计者、制造商、供应商和使用者对他们所使用的放射源及装置的核安全和核安保的责任;确定自身的国内威胁并评价基于失控和恶意行为可能性的薄弱环节;按照国家法律采取适当措施保护机密信息。

三、放射源管理法律原则

由于工业、农业和医学中使用大量的放射源,监管机构需要考虑监管成本和效率,在基本安全标准中明确可豁免监管的辐射活动和放射源。除涉及天然存在的放射性物质、核反应堆、乏燃料和放射性废物外的所有放射源,运输管理与其他放射性物质运输并无不同。接触放射源工作的人员,以及从事建造、生产、销售或使用产生电离辐射设备和将这样的放射源或设备用于人体的人员都要获得监管机构的授权。监管机构应建立国内所有放射源的详细目录清单,某些一般用途的放射源和设备如 X 射线设备和工业测量设备,只要在监管机构登记并且涉及的设备类型、型号已经取得国内使用许可证,可豁免许可证申请。

放射源立法应当明确地对放射源这个术语作出相应定义,旨在实现国内所有放射源能够在国家监管之下,规定国内所有放射源应以能被跟踪到的方式处于国家监管之下,禁止在国家领土范围内对放射源的非法使用并且在出现非法使用放射源的情况下对非法使用者的惩罚措施,规定在发现和报告放射源已经脱离监管后的有效响应,制定事故应急预案,具体如下。

(一) 放射源的监管

监管机构应制定放射源及其装置的监管制度,申请使用放射源的必须具备合适的资质,包括保证放射源的安全使用,保证使用放射源的所有人员经过严格的培训,有足够的责任保险,将保持及时更新的放射源目录清单。确保此类放射源和装置在使用期和使用期结束后得到安全监管和可靠保护。根据国际认可的指导原则,监管机构应根据此类放射源在得不到安全监管或可靠保护下可能对人类和环境构成的潜在危害对这些放射源进行分类。许可证应描述适用的条件和限值,设定期限并可以申请更新。如果没有遵守监管要求,监管机构可

---

① 雒书鸿、郝怡磊、宋春雨、陆地、王正直、韩喜东:《联合国欧洲经济委员会对跨国放射性废金属的监控和管理建议》,《辐射防护》2009 年第 29 卷第 2 期。

能中止或撤销许可证。

（二）放射源的核安全和核安保责任

拥有放射源相关授权的人员或实体对此类放射源使用的核安全和核安保负主要责任。

（三）国家放射源登记

监管机构应建立并保持放射源的国家登记制度，制定放射源的分类，采取措施保护国家登记中所载信息，以确保这些放射源的核安全和核安保。

（四）放射源的进出口

根据国际认可的指导原则，监管机构或其他负责的政府机构应制定对放射源在国家领土内的出口、进口和转运的授权的监管要求和程序。程序应规定信息评价，以确保接受方经授权接收所要的放射源，并且有能力确保放射源的核安全和核安保。对于出口放射源的请求，政府机构应尽可能确认进口国拥有适当的技术和监管能力、资源和监管机构来确保放射源的安全监管和安保。

其他放射源相关管理还包括对辐照设备，失控放射源，也称无看管放射源以及废弃放射源的管理。

第四节　我国立法

为了及时、有效、安全地监督管理放射性物质，防止放射性事故的发生，控制和减少放射性事故危害，保障环境安全，保护公众人身安全，我国颁布并实施了《放射性污染防治法》《放射性同位素与射线装置安全和防护条例》等法律法规，制定了一系列部门规章，形成了以营运单位为责任主体、行业主管部门和核安全监管部门全程管控、监督执行的核安全管理系统。对持有放射性物质的单位，实施放射性物质许可证管理；对放射源和射线装置生产、销售和使用单位，实施分级分类辐射安全许可证管理。

2019 年修订后的《放射性同位素与射线装置安全和防护条例》，全文共 69 条，规范了放射性同位素（包括放射源和非密封放射性物质）的生产、销售、使用、转让和进出口的监督管理。国家对放射源和射线装置实行分类管理。根据放射源、射线装置对人体健康和环境的潜在危害程度，从高到低将放射源分为Ⅰ类、Ⅱ类、Ⅲ类、Ⅳ类、Ⅴ类，具体分类办法由国务院生态环境主管部门制定；将射线装置分为Ⅰ类、Ⅱ类、Ⅲ类，具体分类办法由国务院生态环境主管部门商国务院卫生主管部门制定。符合该条例规定的放射性同位素和射线装置需要按照分级管理的原则进行全过程监控，确保放射性物质的安全闭环管理。

2011年5月1日起施行的《放射性同位素与射线装置安全和防护管理办法》，旨在加强放射性同位素与射线装置的安全和防护管理，适用于生产、销售、使用放射性同位素与射线装置的场所、人员的安全和防护、废旧放射源与被放射性污染的物品的管理以及豁免管理等相关活动。办法由总则、场所安全和防护、人员安全和防护、废旧放射源与被放射性污染的物品管理、监督检查、应急报告与处理、豁免管理、法律责任、附则等9章61条。办法明确了生产、销售、使用放射性同位素与射线装置的单位应当对本单位的放射性同位素与射线装置的辐射安全和防护工作负责，并依法对其造成的辐射危害承担责任。县级以上政府环境保护部门应当依照《放射性污染防治法》《放射性同位素与射线装置安全和防护条例》和该办法的规定对放射性同位素与射线装置的安全和防护工作实施监督管理。

2021年1月4日经《关于废止、修改部分生态环境规章和规范性文件的决定》（生态环境部令第20号）修改的《放射性同位素与射线装置安全许可管理办法》，是为实施《放射性同位素与射线装置安全和防护条例》规定的辐射安全许可制度制定的，在中华人民共和国境内生产、销售、使用放射性同位素与射线装置的单位，应当依照本办法的规定，取得辐射安全许可证；进口、转让放射性同位素，进行放射性同位素野外示踪试验，应当依照本办法的规定报批；出口放射性同位素，应当依照本办法的规定办理有关手续；使用放射性同位素的单位将放射性同位素转移到外省、自治区、直辖市使用的，应当依照本办法的规定备案。根据放射源与射线装置对人体健康和环境的潜在危害程度，从高到低，将放射源分为Ⅰ类、Ⅱ类、Ⅲ类、Ⅳ类、Ⅴ类，将射线装置分为Ⅰ类、Ⅱ类、Ⅲ类。

附：

各国放射源和放射性物质管理法律制度一览

《阿根廷保障X射线设备安全法》（1967年，10条）；

《巴西核材料和放射性物质或设施的控制和监督条例》（1998年，67条）；

《澳大利亚环境保护和生物多样性保护法》（2000年，266条）；

《加拿大加拿大环境评价法》（1992年，82条）；

《加拿大核物质和辐射设备条例》（2000年，2007年修订，39条）；

《墨西哥环境保护与生态平衡法》（1998年，189条）；

《爱尔兰放射性物质及核能装置监管条例》（1993年，16条）；

《爱沙尼亚环境影响评价法》（2005年、2006年、2007年修订，71条）；
《奥地利环境影响评价法》（1994年，47条）；
《冰岛X光仪器辐射防护条例》（2003年，118条）；
《比利时环境影响评价法》（2006年，22条）；
《波兰包含放射性同位素的建筑用原材料条例》（2007年，19条）；
《波兰放射性污染及早检测条例》（2002年，10条）；
《丹麦X光使用法》（1930年，8条）；
《丹麦放射性物质利用法》（1953年、2009年修订，4条）；
《德国1990年环境影响评价法》（1990年，24条）；
《德国环境责任法》（1990年，23条）；
《德国1987年X射线条例》（1987年，48条）；
《俄罗斯辐射源、保存点和放射物质自然保护的规则》（1997年，2008年修订，80条）；
《俄罗斯装置与使用辐射仪器的卫生要求》（2012年，638条）；
《荷兰环境保护法》（1979年，630条）；
《立陶宛环境保护法》（1991年，36条）；
《卢森堡电离辐射仪器监管法》（1989年，15条）；
《罗马尼亚环保应急处理条例》（2005年，105条）；
《罗马尼亚放射源安全措施规范》（2004年，64条）；
《罗马尼亚密封放射源监管规范》（2005年，31条）；
《罗马尼亚放射性活动环境监测规范》（2005年，115条）；
《罗马尼亚核装置气象措施规范》（2004年，41条）；
《斯洛伐克环境影响评价法》（2010年，23条）；
《斯洛文尼亚废金属放射性监测条例》（2011年，13条）；
《斯洛文尼亚食物及饲料辐射污染条例》（2011年，5条）；
《西班牙环境影响评价法》（2001年，8条）；
《英国1993年放射性物质法》（1993年，51条）；
《匈牙利放射性或核材料征收条例》（1996年，32条）；
《匈牙利放射性物质及电离辐射设备豁免条例》（1997年，13条）；
《匈牙利放射性物质进入大气及水体控制条例》（2001年，58条）；
《菲律宾工业设施中包含的密封放射源使用许可》（1999年，63条）；
《巴基斯坦核设施以外的辐射设施管理条例》（2004年，19条）；
《巴基斯坦医院及核医学研究中心的辐射废物管理方针》（2004年，11条）；
《巴基斯坦医用辐射控制方针》（2004年，13条）；
《尼日利亚放射源安全和安保法》（1995年，23条）。

第六章 放射性矿产法律制度

第一节 概述

国家放射性矿产法律制度是国家对放射性矿产资源勘探、开采、加工和监管的法律规范，通过此制度保护人类和环境免受放射性矿产开发过程产生的辐射影响。多数开采铀矿的国家都具备采矿传统和矿产开采的法律规定，这些法律法规构成了开采放射性矿物的法律基础。

核燃料循环是指核燃料的生产、使用、贮存、后处理提取铀和钚、再制造核燃料、直接处置乏燃料、放射性废物处理与处置等过程，主要有铀－钚燃料循环和钍－铀燃料循环两个体系，前者已在不少国家实现了工业规模的运行，后者仅在少数国家如印度进行研究。铀、钚、钍等放射性元素蕴藏着巨大的能量，是核反应堆的能量来源，可供人类和平利用，同时也是核武器的核心装料。核燃料资源的蕴藏量极其丰富，这些放射性元素有的存在于自然界中，有的需要人工转换，可利用的易裂变放射性元素只有铀－235、钚－239 和铀－233，而钚－239 和铀－233 在自然界几乎不存在。研制和生产核燃料是体现一个国家核工业能力的基础。

核矿冶和核燃料制造作为核燃料循环的"前段"，是核燃料循环的第一环，天然铀的开采和管理不同于普通矿产资源，铀矿开采是生产铀的第一步，采矿是从地球上提取物料的过程，方法包括露天开采、地下开采和原地浸出，而水冶是把所开采出的物料加工以便分离出有价值材料的操作。地下铀矿、钍矿以及其他一些地下矿的空气中含有高水平气态放射性元素氡，这种空气可能对健康产生威胁。采矿和水冶导致的放射性辐照危害有数种，包括氡衰变产物危害，吸入空气粉尘危害，直接伽马射线辐照危害，以及在操作时摄入被放射性元素污染的物质的危害。还有，如果水冶过程的残留物堆积成为尾矿且未加覆盖，也会向空气和水环境释放放射性元素。

铀矿石的品位普遍很低，约为 0.1%，而最终产品要求金属铀的含铀量需在 99.9% 以上。从矿石中提取铀进而得到金属铀一般分为铀矿石加工成为铀化学浓缩物、铀化学浓缩物精制成核纯产品以及还原为铀或转化成为六氟化铀三个阶段。各国政府往往通过立法对放射性矿产资源进行监管，特别是对天然铀的开发管理，不同国家根据本国天然铀储量和海外资源储备，采取资源监控、统筹管理和集中利用等不同的监管措施。

第二节 立法实践

世界范围内在放射性矿产领域出台专门法律及法规的国家分别为：澳大利亚、德国、法国、美国、墨西哥、南非、印度尼西亚、越南等。出台放射性矿产领域的相关法规政策的国家分别为加拿大、新西兰、印度等。其他国家涉及放射性矿产资源开发的法律法规往往体现在其矿业法或其他核法律内容中，不作专门立法。

美国的铀矿资源比较丰富且具有多样性，境内所有有价值矿床的土地均由内务部的矿务局管理，业主可以为开采铀和其他矿石租借这些土地，但联邦政府保留土地的所有权。能源部可以为在联邦土地上开展源材料的勘探工作发放租约或许可证，并且持有执行令时，可以在国家公园开展勘探工作。企业在将源材料开采后，要向能源部汇报开采的详细情况。《美国原子能法》对铀矿开采活动没有进行详细规定，授权能源部可以购买任何可能含有源材料的地产。美国自20世纪50年代初以来，原子能委员会及后来的核管会已对铀矿储量和潜在的铀矿供应能力作了评价，在20世纪70年代至80年代，在实施和完成铀资源10年评价计划后，美国境内的铀勘查、铀采矿活动基本处于停顿状态，核电用铀的主要是从国际市场购买。能源部为勘探铀矿发放许可证，核管会负责对源材料，即铀、钍或任何含有这些材料且含量达到核管会规定浓度的矿石发放开采许可证。[①]

加拿大铀矿储量居世界前列，开采和矿冶加工活动由联邦和各省政府共同管辖。联邦政府负责包括铀矿在内的核相关活动立法，省政府负责发放铀矿勘探的许可证。为避免两级政府的立法冲突，《加拿大核安全与控制法》授权核安全委员会进行立法协调，核安全委员会制定了《加拿大铀矿开采与冶炼条例》，规定了建设、运行、退役或者弃置铀矿藏或水冶场的许可证要求，该条例不规制铀矿的勘探和表层开发活动。加拿大铀矿是受联邦政府严格控制的商品，1970年以来，加拿大始终坚持加拿大公民占51%的所有权，非加拿大人可

[①] 谈成龙：《美国的能源、矿业政策及铀矿业现状》，《中国核工业》2007年第6期。

拥有部分铀矿所有权的政策。铀企业与国家、国家与其他国家在核控制及交易上都有正式的规定和协议。

澳大利亚拥有世界最大的商业铀矿，不同的州对于铀矿的监管立法有很大的差异，有的州严格禁止勘探和开采铀矿，比如1983年通过了《维多利亚州核行为禁止法》，1986年通过了《新南威尔士州核设施禁止法》。1978年《西澳大利亚州核活动监管法》允许通过矿业作业细则指引开采铀矿，1968—1983年《昆士兰州矿场管理法》规制进行铀矿的开采，并附有由联邦卫生部发布的作业细则，在南澳大利亚州，只有主管部长发放同意采矿的许可证才可以进行采矿，否则任何放射性矿产的开采都是被禁止的。

法国的铀矿开采活动依据《法国矿产法典》及其实施细则开展，1956年8月16日56-838号令发布《法国矿产法典》，后经《1970年1月2日70-1号法》（部分废止）《1977年6月16日77-620号法》和《1999年3月30日99-245》号法进行了修订。《法国矿产法典》中有少量专门关于铀矿的条款。与其他矿产资源一样，法国政府对放射性矿产资源没有规定勘探和开采特许权。经修订的有关开采特许权的《1995年4月19日95-427号令》，包含涉及特许权的争议、修正和废除的所有规定，同时继续将有关探矿的基本规定未加修改地纳入《法国矿产法典》中。关于矿业体制的《1993年1月4日93-3号法》，对《法国矿产法典》和有关环境保护类设施的《1976年7月19日76-663号法》进行了一般性修订。《1993年1月4日93-3号法》规定，对有污染或事故等重大风险的设施、矿场和废物贮存设施，在取得最初许可证或变更营运单位的许可证后，都必须提供财务保证，由每个省的矿场委员会负责审批经营矿场的许可证申请。

1980年《德国矿业法》对矿业管理作出明确规定，其中要求放射性矿产的勘探需要许可证，矿产开采需要许可证或特许权。尽管《德国辐射防护条例》并不涉及放射性矿产勘探、提炼和处置相关活动，但条例对辐射防护的措施要求适用于铀矿开采活动，此外，1984年《德国核安全和辐射防护法》和1980年《德国辐射防护令》对德国铀矿产业也有效力。

第三节　法律原则

采矿始于勘探和开发，然后是采矿作业，最终是矿场关闭后的退役和环境恢复，往往经历几十年的时间。在此期间，核法律涉及放射性矿产资源勘探、开发与开采等活动的规制，调整的范围包括放射性矿冶开采和加工环节相关的所有环节，要确保许可证持有者采取适当措施，在矿场营运期间和退役后都要保证工作人员、公众及环境免受辐射危害。

一、辐射防护原则

在采冶方面，从矿场开采前的勘探到矿场退役关闭后，都需要采取辐射防护措施。勘探旨在初步探查放射性矿物是否存在，它并不一定导致勘探者会受到辐射物质的危害。开采活动通常涉及钻探和挖掘，会导致放射性粉尘和泥浆的排出进而影响环境，作业中主要可能产生放射性尘埃和氡气，从而污染环境，需要对设施及设施周围的空气和水进行长期监控。放射性尘埃源于水冶作业和干涸尾矿坝，以及较小程度地源于地下钻孔和爆破。氡气源于矿场及冶水作业中的矿石。矿场的放射性废物与其他的放射性废物性质相同，应当受辐射防护有关法律法规的规制。

由于各种含有放射性的采矿废物和尾矿大量地存放于地表，因此必须通过立法要求许可证持有者采取退役和土地复原措施，坑道、矿井和露天矿坑应当用废物填埋，恢复原貌的资金必须根据原许可证的要求提前预留。在制定退役计划时，需要采用非能动设计，或持续能动监察，确定场址的完整与稳定。如果监控到放射性物质的意外排放，许可证持有者仍有责任进行处置，始终要遵守不对后代产生不适当负担的原则，确保可持续发展。

二、许可原则

放射性矿产资源的开采和加工需要获得监管机构的许可证，有辐射特别控制措施的所有其他采矿和加工作业也都需要有相应的许可证，包括任何可能涉及辐射的开发活动，如从测量或评价场址运出放射性矿石，在放射性矿产场址的挖掘活动，矿场或加工设施的选址、建造以及运行，采矿或水冶产品的运输，矿场或水冶设施的退役。考虑到矿产经营的特性，矿场要受采矿管理机构的监管，以确保开采活动遵守国家矿业法律。除了矿场本身，需要取得许可证的设施包括：被许可矿场和水冶厂周围的所有建筑物，所有将矿石从矿场运到工厂以及从工厂运到废物倾倒场或尾矿坝的系统，如管道、泵站、输送带和铁路或公路的车辆，还有监管机构指定的任何其他设施。

放射性矿产营运单位除了需要符合一般的矿产开发管理和环境保护法律法规规定外，还需要证明该组织及其工作人员具备适当的资格，已经采取保护其工作人员和公众健康的适当措施，能够维护实物安保和防止未经授权而接近某些处所，提供了涵盖辐射的性质、规模及其可能性，以及可能的环境污染的安全评价，提供了环境影响评价，有充分的人力和财务资源来确保矿场的安全关闭和退役，有充足的责任保险。监管机构的视察员有权查阅有关许可证和批准文件。

考虑到在放射性矿产资源的开采和水冶作业中辐射防护的重要性，监管机构还要求业主至少在辐射防护和剂量学、通风、职业医学等领域有合格的专业人员，这些专业人员的职责和资质条件也由监管机构规定。

第四节　我国立法

我国铀矿冶起步于 20 世纪 50 年代，1958 年开始建设第一批铀矿场和第一个铀冶炼厂，核燃料工业从此诞生。至 1963 年 10 月，具备了从矿石到二氧化铀的工业化生产能力；第一批铀矿场的建成投产，标志着我国铀矿冶工业进入了发展时期，并逐步形成了完整的铀矿冶科研生产体系。经过半个多世纪的发展，我国已经形成了集地质勘查、矿场开采、选冶加工、科技开发、工程设计、施工建设和运行管理于一体的全产业链体系，掌握了铀矿勘查开发、放射性共伴生矿产资源综合利用、多金属矿产资源勘查开发、地质勘查、矿场退役治理及环境综合治理等领域的国际先进技术。尤其是地浸砂岩型铀资源勘查开发技术总体处于国际先进水平。进入 21 世纪以来，我国坚持"走出去"战略，制定了海外铀资源开发合作的战略，与哈萨克斯坦、乌兹别克斯坦、澳大利亚、尼日尔、纳米比亚、加拿大等国家开展了相关合作项目。

铀矿是典型的放射性矿产，同时还包括各类伴生矿。我国从事放射性矿产资源开发和管理依下述法律法规制度进行。

《放射性污染防治法》第五章"铀（钍）矿和伴生放射性矿开发利用的放射性污染防治"规定，开发利用或者关闭铀（钍）矿的单位，应当在申请采矿许可或者办理退役审批手续前编写环境影响报告书，报国务院环境保护行政主管部门审查批准。开发利用伴生放射性矿的单位，应当在申请领取采矿许可前编写环境影响报告书，报省级以上人民政府环境保护行政主管部门审查批准（第 34 条）。与铀（钍）矿和伴生放射性矿开发利用建设项目相配套的放射性污染防治设施，应当与主体工程同时设计、同时施工、同时投入使用。放射性污染防治设施应当与主体工程同时验收；验收合格的，主体工程方可投入生产或者使用（第 35 条）。铀（钍）矿开发利用单位应当对铀（钍）矿的流出物和周围的环境实施监测，并定期向国务院环境保护行政主管部门和所在地省、自治区、直辖市人民政府环境保护行政主管部门报告监测结果（第 36 条）。对铀（钍）矿和伴生放射性矿开发利用过程中产生的尾矿，应当建造尾矿库进行贮存、处置；建造的尾矿库应当符合放射性污染防治的要求（第 37 条）。铀

（钍）矿开发利用单位应当制定铀（钍）矿退役计划。铀矿退役费用由国家财政预算安排（第38条）。

《中华人民共和国矿产资源法》（以下简称《矿产资源法》）规定矿产资源归国家所有，由国务院行使所有权。矿产资源的勘探、开采行为，需要在满足一定资质条件的前提下，通过申请、经批准获得探矿权、采矿权许可并办理登记（第3条）。放射性矿产与石油、天然气等资源并列，作为"特定矿种"，需要由国务院授权的有关主管部门审批采矿许可证的发放，并针对"特定矿种"采取保护性开采和计划性开采的政策（第16条第2款、第17条）。考虑到开采过程中的安全和伴生矿的特殊性，还需要配备必要的技术装备和安全措施（第26条）。

《矿产资源勘查区块登记管理办法》第4条与附录规定，勘查放射性矿产资源由国务院地质矿产主管部门审批登记，发放勘查许可证；开采放射性矿产资源，由国务院地质矿产主管部门审批登记，发放采矿许可证。而在2005年原国土资源部颁布的《关于规范勘查许可证采矿许可证权限有关问题的通知》中将"国务院地质矿产主管部门"明确为国务院具体职能部门"国土资源部"。

国家发展和改革委员会、商务部联合发布《外商投资准入特别管理措施（负面清单）》（2020年版），自2020年7月23日起施行，禁止外商投资稀土、放射性矿产、钨勘查、开采及选矿。《自由贸易试验区外商投资准入特别管理措施（负面清单）（2020年版）》，自2020年7月23日起施行，禁止外商在自由贸易试验区投资稀土、放射性矿产、钨勘查、开采及选矿。即未经允许，禁止进入稀土矿区或取得矿场地质资料、矿石样品及生产工艺技术。

附：

各国放射性矿产资源法律制度一览

《美国采矿法》（1872年，16条）；

《加拿大铀矿生产规定》（2012年日，17条）；

《墨西哥矿业法》（1992年，59条）；

《越南采矿法》（1996年，66条）；

《印度原子能规则（矿场与矿物的生产及指定物质的处理）》（1984年，13条）

《德国联邦矿业法》（1980年，2006年修订，178条）；

《法国采矿法》（1956年，1970年、1977年、1990年、1995年，207条）；

《南非矿产与石油资源开发行为法》（2002年，111条）。

第七章 核设施安全法律制度

第一节 概述

核设施安全法律制度是指国家对核设施的安全监督管理的规定，其目的在于确保各类核设施和核活动能够安全受控，不发生影响公众健康、财产和环境的核或辐射危害，保证整体安全水平处于良好状态。核设施安全法律制度是核法律体系的重点领域。

依据国际原子能机构《基本安全原则》，核设施包括：核电厂、其他反应堆如研究堆和临界装置、浓缩设施和燃料制造设施、用于生产六氟化铀的转化设施、辐照燃料的贮存设施和后处理厂；处理、整备、贮存或处置放射性废物的放射性废物管理设施；生产、加工、使用、处理和贮存放射性物质的任何其他场所；医学、工业、研究和其他用途辐照设施以及装有辐射发生器的任何场所；铀和钍等放射性矿产的开采与加工设施。而核活动一般包括：工业、研究、医学和其他用途辐射源的生产、使用和进出口；放射性物质的运输；设施的退役和拆除以及放射性废物处置库的关闭；放射性矿石开采和加工设施的关闭；放射性废物管理活动，如流出物的排放；受过去活动残留物影响的场址的恢复。

核设施运行和辐射源利用这些核活动的安全对于公众、社会和环境具有极为重要的意义。核电厂、后处理设施、燃料制造厂和浓缩厂，以及一些大型研究堆，由于存在大量的核燃料或其所产生的能量在重大事故时可能造成重大的、无法控制的放射性物质释放，因此如果不能安全运行，则存在相当大的辐射风险。辐射风险是指辐射照射的有害健康效应，包括发生这种效应的可能性。这类风险主要是指辐射照射，放射性物质（包括放射性废物）的存在或向环境中释放，核反应堆堆芯、核链式反应、放射源或任何其他辐射源的失控，由此产生的直接后果或可能发生其他安全相关的风险，如对生态系统造成破坏的风险。所以对核设施必须采取特别严格和大量的技术性安全措施，防范辐射危害和核损害事故，同时还要明确监管机构的监管职能和落实营运单位核设施安全的主要责任，这就需要政府、法律和监管框架满足安全的要求，并且所有核设施和核活动都需要纳入这种安全框架之内。

政府需要对核设施实施全过程、全方位、分阶段的监管，分别对选址、设计、建造、运行、退役等不同阶段进行审查，并通过发放各类不同许可证加以保障。同时，还要对核设施放射性排放进行监管，建立严格的监控体系，对核设施的气态、液态流出物和核电厂外围环境实行监测，确保流出物与排放均低于核法律法规或标准规定的限值。许可证审批和过程监管是政府对核设施管理的主要方式，体现在要求申请者按法律规定提供详尽资料、申请者具备相应资质、不同环节申请不同的许可证、政府有权现场监管和变更许可证、对危害行为采取控制措施等。

第二节 立法实践

世界范围内出台核设施安全相关法律法规的国家分别为阿根廷、澳大利亚、巴基斯坦、保加利亚、波兰、丹麦、德国、菲律宾、法国、芬兰、哈萨克斯坦、韩国、荷兰、加拿大、捷克、立陶宛、罗马尼亚、马来西亚、蒙古、墨西哥、尼日利亚、瑞典、瑞士、斯洛伐克、斯洛文尼亚、土耳其、乌兹别克斯坦、西班牙、匈牙利、英国、智利等。

一、美国核设施安全管理法律制度

根据《美国原子能法》和1974年《美国能源重组法》授权，核管会负责美国所有商业核电厂的许可证审批工作。开发核反应堆（包括核电、核试验与核研究）、铀矿水冶厂、溶剂回收厂、二氧化铀与混合氧化物燃料（MOX燃料）生产厂、乏燃料临时贮存、高放废物与乏燃料贮存库、低放射性废物填埋场、乏燃料后处理厂、同位素分离和浓缩厂等项目都需要获得行政许可。许可制度是美国核电安全监管的第一道防线。[1]

（一）"两步"许可证

正规的建造许可证审批工作始于递交建造许可证申请，其中包括拟建机组设计的安全、环境和实物保护以及反垄断信息。如果核管会认为申请符合要求，将正式纳入工作日程并在《联邦纪事》上发表公告表示接受申请，并将申请分发给联邦、州和当地的有关机构及官员。

---

[1] 曹霞：《美国核电安全与法律规制》，《政法论丛》2012年第1期。

核管会依据《标准审查计划》对每个安全重要系统、部件和结构的要求，对相关的核电厂设计进行安全评审。反应堆保障咨询委员会负责对现存的或拟建的反应堆设施中的危险和相关反应堆安全标准的正当性，向核管会提出建议。核管会完成安全评价报告后，反应堆保障咨询委员会对该报告进行评审，并与核管会和申请人磋商，然后以函件的形式向核管会提交报告，陈述其独立分析的结果，并就是否应该发放建造许可证提出建议。

对建造申请要召开公众听证会，由原子安全许可证审批局主持，并就是否准予建造作出初步决定，各方可以就发放建造许可证所涉及的安全、环境和反垄断等方面提出问题，对初步决定的意见可提交到核管会。在核管会对所提意见作出决定后，反对方还可向美国上诉法院提起诉讼。如审批通过，由核反应堆管理办公室主任发放建造许可证。

为了获得运行许可证，电力公司需在建造计划完成前两、三年提出运行许可证申请。核管会在此阶段主要审查建造的核电厂站是否符合建造许可证中批准的设计要求和核管会的规定，能否充分保证机组能够安全运行，不会危及公众的健康和安全。

（二）联合许可证

依据美国核管会通过第10条《联邦法规汇编》第52部分，为了尽早解决安全问题、促进电厂设计的标准化并简化许可证审查过程，要通过早期选址许可证，解决选址的适宜性问题，包括应急准备条件，环境更优的其他场址，具体核电机组设计的认证，以及建造和运行联合许可证，以此避免分别发放建造许可证和运行许可证。

被批准获建造许可证的企业，可以申请第10条《联邦法规汇编》第52部分规定的早期选址许可证。在核管会发放设计合格证后，凡申请第50部分规定的建造许可证或运行许可证的任何人，或申请第52部分规定的联合许可证的人，都可将之附上以供参考。这样，在设计认证之后的程序中，可以认为有关该设计充分性的所有问题都已得到解决。据此，第52部分授权核管会发放建造和运行联合许可证。对于第50部分中规定的建造许可证，环境审查和反垄断审查都要进行，而且在发放联合许可证之前需要召开听证会，会上参与各方可提出安全、环境和反垄断问题。只有在核管会证实此机组的建造已符合试验和验收标准后机组才能运行，公众也有机会要求召开听证会来确定电厂的建造是否满足试验和验收标准。

此外，美国核电许可制度还规定了对核电设施进行改造的审批程序。审批的内容包括运行许可证内容的变更、许可证的延展，许可证所有权的变更与转让、获得核管会规定的减免事项以及提升核电功率等事项。首次发放给商业性核电反应堆的运行许可证期限为 40 年，但核管会允许许可证持有者申请延展 20 年。

（三）安全监管

核管会全权负责美国全国核电厂的安全运行监管工作，把核电安全分为反应堆安全、辐射安全与公共安全三大类，并通过 7 个领域 19 项指标对核电的安全运行进行考核，力求通过完善安全监管措施和制度达到如下目的：首先，健全安全监管体系，确保核电企业安全、持续生产；其次，通过提高核管会安全监管过程的可预测性、连续性、客观性与透明度增强公众对核管会核安全管理的信任度；再次，强调核管会与核电站的安全理念和能力建设，提高核安全监察的效率、效益与实施性；最后，减少不必要的监管负担。

核管会要求各核电厂每月向其报告安全情况，同时核管会对各核电厂实施每年度检查评审，每一项超标情况，无论是轻微的、引起监管机构关注的、引发监管行动的或者属于不予接受的，都可能招致核电厂关停的不良结果，相关情况均会在核管会的官方网站上进行披露。法律授权核管会在安全监管中如发现许可证持有者提供具有决定性影响的虚假报告、许可证持有者未能按照许可证载明的条款建造或运行核设施、违反一项核管会的规定等，可以撤销许可证。

（四）运行和检查

每个运行许可证都载有关于安全和环境保护的详细规定，在运行期间要对经许可的设施进行定期检查。核管会的检查结果要登记在公开的检查报告中，其中要反映出需进一步关注的问题。核管会的标准及专门的许可证规定还要求许可证持有者向核管会呈报特定的信息，如果涉及与安全有重大关系的改造，都需要按正规的改造程序，并事先获得核管会批准。核管会在执行监管的过程中拥有一定的处罚权，如判定有违反法规要求，或严重影响公众健康和安全的情况，可以实施行政处罚，或命令修改、暂停或撤销其许可证。

（五）退役

退役是指将核设施从服务场址安全地移除，将残留的放射性降低到可不受限制地使用该处土地的程度，并终止许可证。当许可证持有者决定终止许可证活动时，就要对他们的核设施实施退役。退役的目标是将土壤、地下水、地表水、建筑物和设备等因许可证的运行活动造成的放射性水平降低到可不受限制地使用土地的程度。根据《美国原子能法》，核管会对于源材料、副产物和特种核材料的拥有和使用，负有保护公众健康、安全和环境的法律责任。核管会的责任之一是确保经许可的核设施的安全和及时退役，并向许可证持有者就如何计划和准备场址退役提供指导。退役活动不包括移走和处置乏燃料，也不包括移走和处置非放射性结构及材料，除非这些工作是按照终止核管会发放许可证的要求开展的。许可证持有者需要确保所有设施已被适当去污、残留的放射性污染是可以接受的、放射性物质均已转给了授权的接收者。核管会还要进行核实性调查，以核实该场地确已满足核管会规定的核设施退役标准。

商业核反应堆的退役要依照第 10 条《联邦法规汇编》的要求进行，法规特别明确了运行的终止时间。退役活动在许可证终止前结束时，核管会需要按法律程序通过修改许可证对许可证持有者承诺达到的残留放射性水平进行审查，并调查核实经批准的残留放射性，是否已达到不受限制地利用原反应堆场址的水平。

根据第 10 条《联邦法规汇编》第 30、40 和 70 部分，每年都终止数百个由核管会发放的核材料许可证，其中绝大多数许可证涉及受到限制的运行，但不产生或只产生很少量的放射性污染，不会出现复杂的退役问题，或因残留污染而对公众健康或环境带来潜在危害。为其他核目的对核设施的再利用，也不被认为是退役，因为设施仍在许可证管辖范围之内。

二、法国核设施安全管理法律制度

1961 年《法国反污染法》授权政府对核设施的建造、管理和控制颁布政令进行监管，包括基础核设施，包括核反应堆、分子加速器和所有核电厂。所有核设施的建造都需要经过一个预备程序和一个公共利益声明程序，在此之前，政府还需要举行公众听证会。营运单位要向核设施安全局送交全面的申请档案，核设施安全局召集常设小组对申请进行咨询，并与环境部和工业部磋商，启动环境影响评价程序。如果公众听证会的结果是允许建造核设施，政府就会颁布政令承认该核设施符合公共利益，并签署符合公共利益声明。目前法国还没有规范放射性物质和核设备以及天然或人造放射性元素的专门法律，《法国公共卫生法典》中对此有一些规定。

《关于大气污染和气味防治的 1961 年 8 月 2 日 61 – 482 号法》规定，国家法律委员会对核设施的建造、运行和监管作出规定，将核设施依据技术标准划分为三类，即基础核设施、秘密基础核设施和环境保护类核设施。

（一）基础核设施管理

基础核设施指核反应堆、核燃料相关设施，放射性废物处置相关设施，以及包含放射性、易裂变材料或粒子加速器的装置。由《关于核领域的透明度和安全的 2006 – 686 号法》和《关于基础核设施的核安全监管、放射性物质的运输的007-1557号法令》（2007BNI法令）进行规制。

法国核安全局负责对许可证申请组织调查，该局对工业部长、环境部长和卫生部长负责，并向有关部门通报申请情况。辐射防护与核安全研究院负责向常设安全专家组提供技术支持，核安全与辐射防护总局负责呈报营运单位提交给常设安全专家组的初步安全报告。同时，有关省的省长依据修订后的《1983年7月12日83-630号法》对建造申请组织公众调查。依据《1973年3月27日行政令》，基础核设施运行前，营运单位需要向工业部长和研究部长提交最终安全报告和主要运行规则，并获得批准。

《1993年5月12日93-816号令》修改了《1963年12月11日关于核设施的63-1228号令》中关于核设施许可证申请程序的规定，将公众咨询时间延长到最多3个月。依据修订后的《1963年12月11日关于核设施的63-1128号令》，基础核设施要由核安全与辐射防护总局派出的专门原子能检查员进行检查，并向工业部长报告，辐射防护与核安全研究院负责提供技术支持。

《1984年8月10日关于基础核设施的设计质量、建造和运行令》和通知要求营运单位确保厂房和设备的质量及运行状况与其安全功能相符，对服务部门和承包商实施质量监督。该令规定了质量监督的基本原则，而通知是补充解释上述命令条款的内容，这些条款经1999年12月31日的法令补充完整，进而规定了防止基础核设施运行偏差或外部风险的一般技术规范。

（二）秘密基础核设施管理

根据国防部长和工业部长的建议并经总理批准为秘密类的基础核设施，不受修订后的《1963年12月11日关于核设施的63-1228号令》规制。2001年前，此类设施由《1999年10月11日99-873号令》规制。随后，《关于国防核设施和核活动的安全与辐射防护管理的2001-592号令》取代了《99-873号令》，新法令明确了监管国防核设施和核活动安全的法律制度。秘密基础核设施的技术标准与民用基础核设施是一样的，基础核设施被列为秘密类型时，需要对其进行防止核扩散、恶意侵害或泄露机密情报等方面的特殊保护。经修订的《2001年5月11日2001-417号令》成立了特别委员会，申请人在获得特别委员会同意后，可提交建造秘密基础核设施的许可证申请。秘密基础核设施要遵守关于许可证管理、监督和检查制度的《2001年7月27日2001-592号令》规定，许可证管理、监督和检查制度主要依据《1963年12月11日令》，该制度由核能委员会的高级专员组织实施。2007年，法国颁布《2007-583号令》修订《2001-592号令》。

（三）非基础核设施管理

除基础核设施以外的其他核设施适用《1976年7月19日76-663号法》

所建立的关于环境保护类设施的一般制度进行规制。这些核设施也需要申请建造许可证，依据修订的《法国城镇规范法典》，审批由当地市长负责。但用于能源生产、运输、销售或贮存的设施，包括利用核材料的设施建造许可证要由国家发放。《2000 年 5 月 10 日关于预防重大事故规定的通知》详细阐明了《1996 年 12 月 9 日欧洲原子能机构 96 – 82 号令》提出的关于重大核事故危害的控制以及预防重大事故的政策、安全管理系统、风险评价、向第三方机构的专家求助、城市规划和设施清查的新规定。

三、日本核设施安全管理法律制度

依据《日本电力公司企业法》，经济产业省负责各种类型的电力生产设施许可证审批，其中包括所有商用核电设施、研发阶段的发电反应堆、核燃料制造设施、乏燃料后处理设施以及放射性废物处理设施。文部科学省大臣负责审批研究堆、非发电用反应堆（包括正处于研发阶段的反应堆）以及核燃料循环设施的建造、运行和退役的许可证审批。国土交通省大臣负责核动力船舶许可证审批。在许可证审批的各个阶段，原子能委员会和核安全委员会都要为许可证持有者提供咨询。

《日本环境影响法》规定了包括核电厂在内的，对建造环境存在潜在重大影响的大型项目的一般性环境影响评价程序。依据《日本核原料、核燃料及反应堆管理法》制定的《日本电力生产堆的安装与运行条例》规定了包括商用反应堆的设计和建造及设施改造的申请程序、进入核控制区的限制、核燃料和废物的贮存以及安保措施等。《日本试验和研究用反应堆的安装和运行条例》则规定了研究堆的建造和运行守则。

在核安全方面，为确保营运单位遵守安全规定，法律要求必须定期检查乏燃料后处理设施，以及定期检查核设施的管理与运行程序。《日本核原料、核燃料及反应堆管理法》进一步要求文部科学省和经济产业省指定核设施安全管理视察员进行上述检查，并且要求营运单位组织从事辐射工作的人员进行安全培训。

四、英国核设施安全管理法律制度

英国核设施的建造和运行由修订后的 1965 年《英国核设施法》和依据该法制定的 1971 年《英国核设施条例》监管。在这类设施上工作人员的健康防护问题，由 1974 年《英国劳动卫生与安全法》规制。

1965 年《英国核设施法》颁布前，由英国原子能管理局管理运行的核设施不受许可证审批制度的规制。后来，政府认为即使是这些核设施营运单位也必须与其他核设施营运单位一样执行同样的标准,因此对核设施的许可证审批制度重新作出了规定。1965年《英国核设施法》和《英国核设施条例》取消了对英国原子能管理局许可证审批制度的豁免,所有核反应堆或核电厂必须通过许可证审批,许可证只允许发放给法人实体且不能转让。作为许可证持有者的法人实体必须在许可证规定的场址开展建造和运行活动。在核设施的设计、建造、调试、运行以及退役阶段,都要接受必要的检查和监管。

除了1965年《英国核设施法》规定的许可证审批要求外,依据1989年《英国电力法》第36条规定,申请核电厂选址许可证,也要得到贸易工业部大臣的批准。依据1989年《英国电力法》,贸易工业部大臣可经财政部同意,并依据1965年《英国核设施法》批准核设施的退役申请。1965年《英国核设施法》还规定,任何想申请场址从事铀浓缩、乏燃料处理以提取铀或钚活动的,必须取得场址许可证,同时还需要获得由英国原子能管理局或政府部门发放的许可证,这是开展相应的研究开发活动的前提。

五、国际立法

相关的国际法律制度主要是《核安全公约》,鉴于核设施包括放射性废物管理设施、乏燃料贮存设施、后处理设施,《联合公约》也是规制核设施安全管理的主要国际法。

(一)《核安全公约》

1991年国际核动力安全会议提出由国际原子能机构主持制定《核安全公约》的建议,并得到国际原子能机构的大力支持,于1994年9月起开放签署,1996年9月24日生效。公约适用于陆基民用核电厂,是第一个直接涉及核电厂安全问题的国际条约,是核设施安全管理方面重要的国际公约,公约指向的核安全特指的是核设施安全。公约由4章35条正文组成,公约生效后,国际原子能机构牵头又于1997年4月制定了《核安全公约》的国家报告编写细则。具体而言,公约涉及如下内容。

《核安全公约》的序言要求缔约各方认识到确保核能利用安全、受良好监督管理和与环境相容对国际社会的重要性,重申继续促进世界范围内的核安全高水平的必要性,重申核安全的责任由对核设施有管辖权的国家承担,希望促进有效的核安全文化,核设施事故有超越国境影响的可能性,应该通过现有的双边和多边机制和制订这一鼓励性公约开展国际合作以提高核安全,承认公约要求承诺适用核设施的安全基本原则而非详细的安全标准,同时承认存在国际编写的各种安全指导文件并不时更新从而提供实现高水平安全的最新方法指导。

公约要求缔约国通过加强国内的措施与国际上的合作，包括开展与安全有关的技术合作，在世界范围内实现和维持高水平的核安全。在核设施内建立和维持防止潜在辐射危害的有效防御措施，以保护个人、社会和环境免受来自核设施电离辐射的有害影响。防止带有放射性后果的事故发生和一旦发生事故时最大限度地减轻这种后果。

公约核心概念之一的核设施是指在一国管辖下的陆基民用核动力厂，特别强调各国应采取立法、监管和行政措施确保核安全的落实。明确"监管机构"就是指缔约国授予法定权力，发放许可证，并对核设施的选址、设计、建造、调试、运行或退役进行监管的任何机构。监管机构所采取的行政许可措施主要就是发放许可证。"许可证"是指由监管机构发放给申请者使其对核设施的选址、设计、建造、调试、运行或退役承担责任的任何批准文件。监管机构需要开展核设施和核活动的视察，以核实许可证持有者遵守监管要求和批准书中规定的条件。核设施和核活动的视察包括计划视察和反应性视察。监管机构的监管视察范围涵盖负有职责的所有领域，必须有权开展独立视察，因此需要在始终确保运行安全限值范围内以及与潜在有害后果有关的任何限值范围内，对监管视察员在任何时间自由进入任何设施或接触活动作出规定，这些视察在合理情况下可包括"不通知的视察"，视察的方式、范围和频度应制定分级方案。

公约明确管理核设施安全的法律和监管框架包括：制定适合本国安全要求的安全法规；核设施实行许可证管理系统；对核设施进行监管性检查和评价制度；违法行为的强制执行制度，包括中止、修改和吊销许可证。安全监管需要贯穿在财务与人力资源、人的因素、质量保证、安全的评价和核实、辐射防护、应急准备、选址、设计和建造、运行过程中的每一环节。这些也是对各个国家制定国内核法律体系的要求。监管与实施机构的分离是公约确定的一个主要原则。这正是针对许多国家的问题而建立起来的原则。许多国家为促进核工业发展需要，由政府牵头推进，统筹管理核能相关的人力、物力和财力，经常将监管的环节直接纳入牵头部门统一协调，造成监管机构失去独立性，存在妥协于上级部门行政指令的可能性，使得监管流于形式，失去权威性。

（二）《联合公约》

《联合公约》（以下简称"公约"）被视作《核安全公约》的姊妹公约，1994年《核安全公约》制定时，就在前言中提到"一旦正在进行制定放射性废物管理安全准则获得广泛国际认同后，应立即开始制定有关放射性废物管理安全的国际公约"。

针对核设施安全，公约第二章"乏燃料管理安全"中第7条、第8条专门规定了设施的设计和建造、安全评价以及设施的运行。具体而言，第 7 条设施的设计和建造规定："每一缔约方应采取适当步骤，以确保：（ⅰ）乏燃料管理设施的设计和建造能提供合适的措施，限制对个人、社会和环境的可能放射影响，包括排放或非受控释放造成的放射影响；（ⅱ）在设计阶段就考虑乏燃料管理设施退役的概念性计划并在必要时考虑有关的技术准备措施；（ⅲ）设计和建造乏燃料管理设施时采用的工艺技术得到经验、试验或分析的支持。"第 8 条设施的安全评价规定："每一缔约方应采取适当步骤，以确保：（ⅰ）在乏燃料管理设施建造前进行系统的安全评价及环境评价，此类评价应与该设施可能有的危害相称，并涵盖其运行寿期；（ⅱ）在乏燃料管理设施运行前，当认为有必要补充第（ⅰ）款提到的评价时，编写此类安全评价和环境评价的更新和详细版本。"第 9 条设施的运行规定："每一缔约方应采取适当步骤，以确保：（ⅰ）运行乏燃料管理设施的许可基于第 8 条中规定的相应评价，并以完成证明已建成的设施符合设计要求和安全要求的调试计划为条件；（ⅱ）对于由试验、运行经验和第 8 条中规定的评价导出的运行限值和条件作出规定，并在必要时加以修订；（ⅲ）按照已制定的程序进行乏燃料管理设施的运行、维护、监测、检查和试验；（ⅳ）在乏燃料管理设施的整个运行寿期内，可获得一切安全有关领域内的工程和技术支援；（ⅴ）许可证持有者及时向监管机构报告安全重要事件；（ⅵ）制定收集和分析有关运行经验的计划并在情况合适时根据所得结果采取行动；（ⅶ）利用乏燃料管理设施运行寿期内获得的信息编制和必要时更新此类设施的退役计划，并送监管机构审查。"

公约第三章"放射性废物管理安全"也针对核设施安全，第 14 条到第 17 条专门规定了设施的设计和建造、安全评价、运行以及关闭后的制度化措施；第四章第 26 条，还针对核设施"退役"的安全管理与辐射防护等进行了规定。

（三）核电厂安全标准和行为准则

从 20 世纪 70 年代中期开始，国际原子能机构在"核安全标准"计划下，陆续制定了核电厂的安全法规和导则，包括管理核电厂的政府机构、核电厂场址选址安全问题、核电厂安全设计、核电厂运行中的安全问题和核电厂质量保证等五个方面，是为实现核电厂安全建造和运行规定应达到的目标和基本要求，给国际原子能机构成员国提供指导和供成员国按推荐性文件参考使用。

关于技术标准，国际原子能机构并不将其作为重点单独制定，主要是与国际标准化组织和国际电工委员会进行协调，依靠这些国际组织制定相应的技术标准，目前尚未体现其系统性和完整性。国际原子能机构安全标准反映了国际社会对公众与环境免遭电离辐射伤害应保持高水平的防护标准的共识。

国际原子能机构《基本安全原则》是旨在确保对工作人员、公众和环境现在和将来免于电离辐射有害影响而实施保护的原则。这些原则适用于涉及电离辐射照射或潜在照射的各种情形。出版物所列核设施和核活动清单系根据《基本安全原则》和《核安全、辐射安全、放射性废物安全和运输安全的法律和政府基础结构》安全要求所列清单汇编而成，是在核设施和核活动的安全评定中需要加以遵守的普遍适用的要求，其中特别关注"纵深防御"、定量分析和对所涉核设施和核活动的范围采用分级方案。《基本安全原则》还涉及对需要由安全评价的主持者和使用者开展的安全评价进行独立核实，旨在为所有核设施和核活动的安全评价提供协调一致的基础。这将促进良好实践在开展安全评价的组织之间的交流，增强相关各方的信任。[1]

第三节 法律原则

核设施安全监管法律的立法目的便是将核设施所造成的风险减至最小。政府应制定国家核安全法律制度和战略，根据具体国情和与核设施和核活动有关的辐射危害采取分级方案实施上述法律制度和战略，以实现国际原子能机构基本安全目标和落实"安全基本法则"中确定的基本安全原则。通过对安全的长期承诺，根据具体国情采取分级方案实施国家安全制度和战略，以确保与核设施和核活动有关的，包括与利用辐射源活动相关的辐射危害得到政府和监管机构的关注。

一国的核法律应当包含建立有效安全监管机制在内的所有关键因素，包括但不限于《核安全公约》提到的：对核设施实行许可制度；禁止无许可证的核设施运行制度；对核设施进行监管性检查和评价以查明是否遵守可适用的法规和许可证条款；对可适用的法规和许可证条款的强制执行，包括中止、修改和吊销许可证。这些监管机制应适用于所有重要的核活动，包括辐射源生产；辐射和放射性物质在科学、医学、研究、工业、农业以及教学中的应用；研究堆和试验堆的设计、建造、运行和退役；核电生产，包括动力反应堆的选址、设计、建造、调试、运行和退役，以及整个核燃料循环，从放射性矿石开采和加工到核材料浓缩和核燃料制造，再到乏燃料和放射性废物管理；放射性物质或辐射设备在研究实验室、大学和制造设施的利用；可能增加天然存在放射性物

---

[1] 《安全标准设施和活动的安全评定——一般安全要求第 GSR Part 4（Rev.1）号》，《核标准计量与质量》2018 年第 3 期。

质照射的地下矿产开采等活动；包括放射源在内的放射性物质运输。

一、纵深防御原则

设施和活动要被认为具有正当性，其所产生的利益必须超过所带来的辐射危害。为了评价利益和风险，必须考虑运行设施和开展活动所产生的一切重要后果。在许多情况下，与效益和危险有关的决策都是由政府最高层作出的，如国家作出启动核电计划的决定。

由设施和活动引起的危害最为严重的后果起源于核反应堆堆芯、核链式反应、放射源或其他辐射源的失控。因此，为确保产生危害后果事故的可能性处于极低水平，必须采取以下措施：首先，防止发生可能导致这种失控情况的故障或异常工况（包括违反安保要求的行为）；其次，防止已经发生的任何此类故障或异常工况逐步升级；最后，防止放射源或其他辐射源丢失或失控。

防止和减轻事故后果的主要手段便是"纵深防御"。纵深防御主要通过将一些独立和连续的防护层结合起来实施危害防御与安全保障，也就包括在人类或环境可能受到有害影响的时候，这些防护层必须不能失效，但如果某一层防护或屏障失效，后续防护层或屏障就要发挥作用。在实施得当时，纵深防御能够确保任何单一的技术故障、人为或组织失误都不会导致有害影响，从而确保可能引起严重有害影响的故障发生概率非常低。每层防护层的独立效能都是纵深防御的必要组成部分。

纵深防御通过以下几方面的适当结合来实现：首先，有效的管理系统以及管理部门对安全的强有力承诺和牢固的安全文化；其次，适当的选址以及对能够提供安全裕度、多样性和冗余性的良好设计和工程特点进行整合；最后，综合性的运行程序和实施以及事故管理程序。这里需要强调的是，必须事先拟订事故管理程序，以便在核反应堆堆芯、核链式反应或其他辐射源失控的情况下，提供对其恢复控制的措施和缓解任何有害后果的方法。

因此，核法律应要求所有核设施都必须首先满足核安全要求，这是核法律要注重的一般核安全目标，即通过建立有效防御辐射危害的措施和监控，防止事故发生，保证公众、社会和环境免受损害。也就是说，达到设施安全运行、事故发生率极低的程度；其次是辐射防护要求，即核法律要注重的辐射防护目标，确保在正常运行期间，由核设施引起的辐射照射水平低于规定的限值，并保持合理尽可能低的水平，同时确保任何事故的后果都可得到缓解，也就是说无论这些设施的规模和复杂程度如何，也不管它们可能引起怎样的风险，必须以制度来要求其正常运行时对工作人员和公众的辐射照射低于限值；最后是技术安全要求，即确保采取所有合理可行的技术措施以防止事故发生，缓解可能发生的任何事故的后果，并采取措施确保严重事故发生的可能性最小。

一般核法律制度只涉及监管机构和营运单位，监管机构负责设定安全标准并执行这些标准，营运单位承担负责设施安全的主要责任，虽然营运单位会将其很多功能委托给第三方完成，但其主要核安全责任是不能推卸的。

必要的技术和行政措施的复杂性会随着核设施风险的增加而增大，若把反映在特定时间里的最新标准写到法律中，还会阻碍核技术的进步。因此，核法律中只应包含适用于所有核设施的原则和通用技术标准，详细的技术要求应反映在监管机构所颁布的法规、标准中。

一般来说，核法律主要规制那些因存有大量易裂变材料或因其复杂性而可能引起重大安全事故的核设施，主要是常见的包含大量核燃料的动力堆，多数国家的核法律较少关注那些风险较高的乏燃料后处理厂，因为多数国家没有营运这类工厂。

放射性废物处理设施、放射性矿物开采和水冶厂、工业和医学设施都不属于核燃料循环部分。研究设施，如从事核燃料研制和试验性浓缩工厂的实验室归入研究堆一类，这类设施不是很复杂，核燃料存量一般也比较低。实际上，这些设施应和动力堆一样遵循相同的核法律要求，但监管机构可能会相对减少对这些设施和其营运单位的具体纵深防御要求。

二、许可与持续监管原则

国家需要建立和维持促进核安全的行政监管制度框架，并在此框架内进行明确的职责分工，通过颁布法律和法规作出相应规定。核安全框架应将坚持保护公众、社会和环境免于当前和未来的辐射危害作为基本原则，将纳入安全框架范围的核设施和核活动明确分级，根据分级方案确定运行核设施和开展核活动所需的许可证类型，制定批准新核设施和核活动所需的决策过程，明确向负责核设施和核活动的人或组织赋予核安全方面的法定职责并保持这些职责履行的连续性。

制定监管要求并设立符合要求的监管机构，监管机构颁布法规和制定实施导则与标准，根据分级方案视察核设施和核活动以及执行法规，并确定对监管机构的决定提出申诉的程序。监管机构需要确保营运单位依法运行，同时又不应限制营运单位的经营管理。通常是营运单位形成计划、提案或建议，监管机构依法依规依安全标准进行评价。具体而言，监管机构的职责可以分为对核设施与核活动进行授权，在授予申请人许可证后，还要对其进行持续监管。

（一）许可证

许可证条件通常是国家核法律规定的明确授予许可证的先决条件，许多国家是将许可证的有关技术条件通过法规明确,而非通过法律规定。核设施,特别是动力堆,具有高敏感性,因此就许可证条件而言,不同国家的规定会有很多不同,还需要注意的是,核设施的结构有简单的也有复杂的,对一些特定的简单核设施只需授予单一许可证就足够了,但对有些复杂核设施可以授予多个许可证。

1. 逐步授权原则

许可证的数量和覆盖范围因国家而不同,考虑到动力堆的规模和复杂程度,监管机构只发放一个总体许可证是不现实的,因此常常将计划阶段和并入电网阶段分开。有些国家只要求一个许可证,但将许可证分为若干组成部分,多数国家则要求在建造和运行的不同阶段均获得独立的许可证。因为技术和经济原因,动力堆的寿期一般分为选址、设计、制造和建造、调试、运行、退役六个阶段,许多国家监管部门会在寿期过程分步发放选址和建造、运行、退役许可证等3个或3个以上的许可证,选址和建造许可证往往会有不同的许可证,建造许可证也可能分成建造许可证和主要部件制造许可证,不管法律要求的许可证的数量和性质如何,监管机构应始终依据逐步许可的原则进行全寿期监管。

2. 持续许可原则

如动力堆一般运行30年到40年,开始发放给营运单位的许可证期限通常以此为限。20世纪60年代一些建造动力堆的营运单位只要符合一定的安全要求会被批准开放。然而后来多数国家更倾向于发放一个有限期的运行许可证,一般为10年,在此期间的最后阶段,动力堆将接受全面的技术评审,作出必要修改以符合最新的安全要求,以此使许可证延长一段时间。也有国家可能按照特定的要求逐年延长运行许可证,有时甚至对本国的不同动力堆设定不同时限。在所有情况下,在许可证终止之日前,监管机构需要将许可证期限通知营运单位。同时,出于可预知和稳定性的考虑,除非因为安全原因,否则给予营运单位的许可证期限将不会发生变更。不管许可证期限如何,都要求监管机构能够在任何时候清楚了解营运单位正在履行的安全义务,拥有必要的人力和技术资源,且需要能够自由获取所有相关信息。如果监管机构认为自己的这些职能未被履行,就需要用法定的权力和手段进行干预。

监管机构的持续监管活动也体现在定期安全报告、从经验反馈中获得的教训、改进方案和维护计划的制定等,核法律应给予监管机构修改、中止或甚至撤销运行许可证的权利。也要防止监管机构随意作出决定,同时保证营运单位的投资安全。随着科技发展的速度加快,有的核电厂虽然仍能满足目前的许可证要求,但却不一定能满足最新的安全标准,监管机构需要从安全的角度决定此类电厂需要进行哪些必要的改进。如果安全改进对于营运单位而言在技术上是不可行的或在经济上是不可接受的，营运单位可决定关闭动力堆。然而，如果监管机构直接作出这样的决定，则可能被认为是侵权，因此需要建立一定的法律程序。为了给营运单位足够的时间来规划和实施必要的改进，监管机构可能将运行许可证延长一段时间，与此同时也需要防止营运单位试图获得一系列的短暂延期从而不恰当地延长动力堆寿命的可能性。

3. 审批程序透明原则

在核法律中标明获得许可证的条件是实现审批程序透明度的重要方式，而监管机构也须颁布有关导则规定申请许可证的文件内容、格式及提交的截止日期，以及申请人需要提交支持其申请的其他文件，主要包括：基于核安全优先的营运单位组建政策；基于现有科技水平，为防止核损害所采取的预防措施；寿期内从事核安全相关活动的足够数量的受过恰当培训的人员；为防止或抵制第三方的任何干扰所采取的必要措施；拥有充足的财务资源以确保在其整个寿期内的安全；分析核设施整个寿期内人的能力和局限性；制定和实施的质量保证计划。

（二）持续监管

1. 核设施工作人员许可原则

除对具体设施的许可证外，大多数国家也会要求运行此类设施的工作人员获得证明其职业资格和胜任此工作的许可证，对不同技能要求的工作人员还可采用不同类别的许可证，作为许可证前置程序的培训可以由监管机构、营运单位、研究机构或独立的培训机构组织开展。从事如辐照器、工业射线照相等辐射活动的操作人员也需要取得资质许可证，但核法律对此一般不作要求，而是由监管机构通过法规或其他导则予以管理。

监管机构建立核设施运行人员许可证的制度内容包括：根据工作类型的许可证分类；规定获取许可证所需培训，确定该领域营运单位的责任；发放许可证的标准；许可证申请者的审查程序；对已发放许可证的记录制度；许可证的有效期及定期重新授权的要求；对确定申请人拥有开展相应许可证的相关工作所必需专业能力的资料审查，对证明申请人拥有适合相关职业的个人诚信和特质的资料审查等。任何被许可从事核活动或实践的人员或实体都应对核安全和核安保承担主要责任，并负责遵守核法律法规对许可证授予的规定要求，无条件协助监管机构履行监管职能。在通知监管机构后，方可停止被许可的核活动。

2. 监管机构持续履行监管职责原则

监管机构应行使下列职能：协助国家制定核法律法规以及核活动监管的国家政策和措施，颁布执行核法律所需法规、规章和指导文件；制定防止电离辐射对人、社会和环境所造成的潜在不利影响的标准；颁布、修订、中止或撤销许可证和规定电离辐射有关活动的条件；对监管豁免情况作出规定；检查、监管和评价活动，以核实其遵守法律法规以及许可证规定的情况；规定被授权从事活动的人员或实体的义务，包括经济方面的义务，对违反法律法规和许可证规定的行为采取强制措施；对被批准活动的场所发生不安全事件或可能存在的不安全因素采取的纠正措施；确认负责核设施和核活动安全运行工作人员的资质，建立并维护被批准从事核活动的国家人员登记制度；按照国家的金融规则和程序为授权活动提供预算安排；制定核法律适用范围之外、不受监管时约束人员接触电离辐射的规定；建立并维护国家放射源登记制度；与国际原子能机构合作，按照国家和国际原子能机构之间签订的保障协定及其所有相关议定书实施保障措施，建立并维护核材料衡算和控制系统以及国家核材料许可证注册系统，规定必要的报告、记录和要求；就行使其职能过程中产生的有关事项，与其他国家监管机构以及相关国际组织交流信息、相互合作；建立适当机制和程序，将受监管活动和实践（包括偶发事件、意外事故和异常工况）的监管过程与安全、健康和环境问题通知公众和其他利益相关方并向其征求建议；聘用咨询顾问或于特别咨询机构获取专家建议或意见等。

未经监管机构特别许可，或实践未被免除监管，任何人不得从事放射性物质有关活动或实践。核法律法规中应规定监管机构的主要监管活动，包括通知、授权、检查、执行和处罚，提供基本要求和程序步骤，体现分级方法，使监管与危害的性质和级别相对应。监管机构应公开发表声明，提供许可证的中止、变更、延期、终止或让与程序和要求的有关信息。如果营运单位违反许可证发放条件，不再符合发放条件，或监管机构确定根据许可证继续从事该活动会对公众或环境造成重大危险，可由监管机构中止、变更或撤销许可证。

许可证不得转让，如果许可证的规定或条件确定的期限已到期，则许可证失效。许可证可由许可证持有者让与，条件是提前通知监管机构并由监管机构确定让与行为不会对公众或环境造成危害。

持续监管原则，不仅适用于核设施，也适用于生产、使用或贮存放射性物质的其他设施，但不一定适用于放射治疗设施。具体而言，监管机构要持续履行下述监管职责。

（1）检查。对被许可人进行检查或核实是有效监管的中心环节，通过法律授予监管机构对被许可活动和实践具有持续监督管理权力，持续的监督管理应该包括检查和监控计划，以确保活动始终以充分保护公众和环境的方式进行。

（2）强制执行、违法行为的处罚。强制性措施包括针对不遵守法律、规章和许可证规定的情况而采取的程序，目的是使相关人员遵守并避免再次违反法律。强制执行在于通过一系列法律制裁或处罚措施制止违法行为、终止未经许可活动及惩治故意违法行为，惩罚应该依照违法行为的严重性作出，可包括违法行为被纠正之前的某段时间内中止许可、罚款以及对特别严重违法行为作出刑事处罚。

（3）安全管理和验证。由于营运单位对安全负有主要责任，因此必须满足核法律规定的一般核安全目标，辐射防护目标和技术安全目标。营运单位需要确立安全条件，一旦安全条件确立就要按此管理并且其对安全管理的方式进行检验。

有关动力堆选址、设计、制造和建造、运行以及退役的几个阶段，营运单位需要采取技术安全措施并遵守许可证的约束性条款。一旦动力堆已投入运行，营运单位就要持续不断地管理其安全。需要制定遵循安全要求的政策，确立在运行或维护等各种工况下安全控制核电厂，保持足够数量的称职的和训练有素的工作人员。

三、研究堆与试验堆管理的法律原则

研究堆通常只包含少量的核燃料，并且大多数是不产生动力的零功率堆，但其中有一些含有高浓度铀。许多研究堆和试验堆会位于人口密集的大学或研究中心，即便其不会发生大量放射性物质释放的重大事故，这些设施建立在人口密集地区就意味着任何放射性物质的不可控释放都可能造成严重的后果，因此研究堆和试验堆也应该遵循动力堆那样严格的安全要求，但研究堆和试验堆构成的辐射危害风险一般较动力堆小，使得监管机构选择制定能够确保其安全运行的简化规定。某些使用高浓铀燃料的研究堆可构成安保风险，须考虑到核不扩散问题，还要考虑核损害赔偿责任问题。

国际原子能机构《研究堆安全行为准则》为此类设施的有效监管提供了指导。至于其他领域，如辐射防护、许可证、检查和执行一般在核法律的其他部分中予以规定。该准则强调了国家、监管机构和营运单位在确保研究堆安全中的作用，许多要素与适用于其他设施的要素非常相似，比如在安全评定和验证，财务和人力资源，管理系统，人为因素，辐射防护，应急准备和响应，选址，设计、建造和调试，运行、维护、改造和利用，延续停堆，退役，还包括相关的财务机制等方面，对研究堆与试验堆的要求都与对其他核设施的要求很一致。

对研究堆与试验堆监管的法律法规首先包含许可证条款，以及对此类设施进行监管和明确监管机构及其基本职能的条款；其次是申请者获取适当的建造或运行研究堆许可证的一般要求；再次是许可证持有者要作为核安全和核安保主要责任人的条款；最后是明确此类设施在延续停堆期间基本要素的条款，即

国家需要在研究堆延续停堆期间。

任何计划建造或运行研究堆及相关设施的单位都应获得监管机构的许可证，监管机构的监管内容应包括以下要求：研究堆的选址、设计、建造、调试、运行、维护和退役准则；评定和验证营运单位的核安全和核安保状况；确保核安全和核安保所必需的财务和人力资源；营运单位建立的设施寿期的不同阶段管理系统；营运单位对设施寿期内的人为因素分析；确保对工作人员和公众造成的辐射剂量在规定的剂量限值内且合理可行尽量低，并有考虑了社会和经济因素的辐射防护计划；应急准备和响应预案和计划；在延续停堆期间确保研究堆核安全和核安保的技术维持计划标准；退役和放射性废物管理的财务安排。

营运单位应承担研究堆及与之相关的所有活动和程序的核安全和核安保的主要责任。全世界许多研究堆已处于长时间的延续停堆中，许多国家都优先考虑此类设施的退役，在研究堆处于延续停堆且不再有任何有效的营运单位管理的情况下，研究堆的安全管理应由相关政府机构执行。

四、核电厂管理的法律原则

规制核电厂选址、设计、建造、调试、运行和退役的法律极其复杂和详细，涉及国家批准在领土建造核反应堆的基本政策，反映允许或者禁止进行核活动或核实践的政策决定。法律明确规定建造和运行核反应堆的法定主体首先需要获得监管机构的许可证，此外，要明确被许可人承担核反应堆的核安全和核安保责任。

核法律还要包括核电厂选址条款，选址过程一般包括对较大的地区或国家整个领土的调查，以选择一个或多个候选场址，即所谓的场址勘查，进而对这些候选场址进行详细的评价。核法律中通常将审查和评定程序分为建造前、建造、调试前、调试、初始满功率运行和运行等六个步骤，一些国家在最后环节规定有公众参与许可证审批的程序。

核反应堆建造资本投入大，许可证审批程序复杂，为提高许可证审批过程的效率和确定性，一些国家采取设定时限的办法来限制监管机构在审查各阶段的期限，既要有效率，又要为监管机构全面和独立审查提供足够的时间。

监管机构和营运单位建立质量保证和质量管理系统以及核安全文化是保障安全的基本因素，管理系统应该用来满足包括安全、健康、环境、安保、质量和经济方面的所有要求，而核安全是管理系统的最基本原则，确保对人类和环境的保护，以国际认可的目标、概念和原则为指导。监管机构还应规定在审查和评定以及许可证审批过程中应以适当的方式向公众包括拟建核设施附近的居民发布通告和进行咨询。具体而言，对核电厂的管理可分为以下几个阶段。

（一）选址

计划建造和运行核设施或开展相关核活动的组织都应获得监管机构的许可证，营运单位应对确保设施的核安全和核安保以及与之相关的所有活动和实践负主要责任。候选场址的评选过程应由核工业规划发展部门制定，并符合国家核工业发展规划。政府机构应对某一特定核电厂及配套设施场址进行详细评选，完成建造前的审查和评定，然后由政府机构作出决定。场址评选过程除其他方面外，还应评估在该地区发生的外部事件的影响；场址环境影响释放的放射性物质向人类和环境转移的特征；对人类和环境风险进行评价需要的外部区域人口密度和分布及其他特征。在批准建造核电厂前需要由监管机构依法对选定场址进行批准。

（二）建造

核电厂建造前要进行审查和评定，包括建造审查和评定、调试前的审查和评价、调试的审查和评定。在批准装料或首次临界前，监管机构应完成如下方面的评审：设施竣工设计、建造和制造质量；非核调试试验结果；调试期间的运行限值和条件，必要时采取分步方法；辐射防护规定；操作须知和程序的充分性，特别是主要管理程序、一般操作程序和应急操作程序；记录和报告制度；设施人员的培训和资质认证安排，包括满足职责要求的人员配备水平和适当性；运行管理制度；应急准备计划；核材料和放射性物质的衡算措施；实物保护措施的充分性；定期测试、维护、检查以及改造和监管安排；放射性废物退役和管理安排。在批准核电厂满功率运行前，监管机构也应完成相应的评审。

（三）运行

在核反应堆运行期间，监管机构要在如下方面进行监管与审查：在授权前对运行限值和条件的修改以及对重要安全相关修改进行审查和评定；定期复查工作人员遵守与设施安全和核安保相关的条款和条件；延期运行申请。延期运行的申请需要在设计寿命到期前 2 年至 5 年内提交以进行评审。

（四）退役

退役指的是为解除核设施（处置设施除外）的部分或全部监管要求而采取的管理和技术措施，一般通过制定退役策略、提交退役计划、描述场址特征、退役项目管理、退役实施计划、产生和运输废物管理等过程，最终证明场址满足退役计划的状态要求。

与核电厂退役相关的核法律应该包含四个基本要素：第一，应该明确表述监管机构的作用，包括需要为退役过程各个阶段制定监管要求和程序。退役可延续相当长的时期，在这个时期内不应中断监管。第二，退役计划的基本结构和内容应该形成有法律效力的文本。第三，明确营运单位的基本责任，包括由监管机构批准对正在退役设施的所有权和责任变更的相关条款。第四，明确的退役财务安排。有些国家会规定退役活动的资金分配给多方，退役费用则由营运单位和政府分担。

在核设施建造的审批过程初期就需要审核设施运行寿期结束后的核安全和核安保计划，要在该设施的设计阶段以及监管机构第一次对该设施的申请进行审查时就作出有关核设施退役考虑，应该尽早制定退役计划并根据需要进行修订和更新。由于营运单位可能和退役组织并不是一个法人主体，审批过程中还需要明确营运单位早期对退役财务作出安排，保证在设施寿期内提取退役资金是非常重要的。各国为退役提供的财务保证方式也各有不同，一些国家要求设立由营运单位准备的专项基金，也有一些国家利用保险或其他形式的财务担保。

五、核燃料循环设施管理法律原则

核燃料循环设施是与核反应堆燃料制造和加工有关的设施，通常包括铀燃料制造设施、混合氧化物燃料制造设施、转化设施、浓缩设施、后处理设施等核燃料循环设施。这些设施可能涉及的临界事故风险和其使用大量有毒化学品会对工作人员和公众的安全构成风险，一般要求对核燃料循环设施选址、设计、建造、运行和退役所有阶段进行缜密的危险分析。而且，由于设施内存在大量可用于研制核爆炸物或放射性散布装置的核材料，还涉及敏感的核不扩散和核安保问题。国际原子能机构有关核设施辐射防护、实物保护及其他一般核安全和核安保方面的安全标准均与燃料循环设施的监管相关，针对燃料循环设施监管的法律应该基本遵循这些适用于核电厂的既定条款。

第四节　我国立法

我国是核能与核技术利用大国，核安全也是国家安全的重要内容，政策法规是核安全的基本保障。我国从高从严构建核安全政策法规体系，特别是核设施安全尤为重要，实施国家核安全战略，制定核安全中长期规划，完善核安全法规标准，确保核安全管理要求从高不从低、管理尺度从严不从宽。

1984 年我国国家核安全局成立，对民用核设施的安全进行独立监管，建立了核安全监督体系，并确定了政府有关部门和营运单位的职责。1986 年开始陆续颁布核安全法规，至今已确立了具有中国特色的核安全法律法规体系，形成了由国际条约、国家法律、国务院行政法规、部门规章、核安全导则、标准及不同层次的规范所组成的纵向法律法规体系，实现了核能开发利用安全监管全覆盖，为依法治核夯实了基础。

我国核安全法律法规的规制范围包括：核动力厂（核电厂、核热电厂、核供热供汽厂等）；其他反应堆（研究堆、实验堆、临界装置等）；核燃料生产、加工、贮存及后处理设施；放射性环境的管理；个人剂量的监控、卫生和健康状况管理；放射性废物的处理和处置设施；核事故应急；核材料的持有、使用、生产、贮存、运输和处置；核承压设备（设计、制造、安装和使用）等。

我国于1986年9月26日签署《及早通报核事故公约》和《核事故或辐射紧急援助公约》，这两个公约于1987年10月11日对我国生效；《核材料实物保护公约》于1989年2月9日对我国生效，2008年10月28日我国批准《核材料实物保护公约》修订案；我国于1994年9月20日签署《核安全公约》，并于1996年4月9日批准加入；我国于2006年4月29日批准加入《安全联合公约》。我国积极履行这些公约的国际义务，并在这些公约机制内充分发挥建设性作用。

我国政府于2016年发布了《中国的核应急》白皮书，2019年发布了《中国的核安全》白皮书，其中介绍了我国发展核电的趋势以及核安全观念。我国始终把核安全放在和平利用核能事业的首要位置，坚持总体国家安全观，倡导理性、协调、并进的核安全观，秉持为发展求安全、以安全促发展的理念，始终追求发展和安全两个目标有机融合，全面系统推进核安全进程，是中国核安全观的核心要义，体现为发展和安全并重、权利和义务并重、自主和协作并重、治标和治本并重。[①]

从国家政策的角度，在国民经济和社会发展五年规划的总体框架下，我国每五年制定实施核安全中长期规划，先后发布了《核安全与放射性污染防治"十二五"规划及2020年远景目标》《核安全与放射性污染防治"十三五"规划及2025年远景目标》，分析了核安全现状与形势，阐明了核安全指导思想和基本原则，明确了核安全目标指标、重点任务、重点工程、保障措施，统筹核安全各项工作，有效提升核安全水平和监管能力。《核安全法》自2012年末经国家主席习近平批示，由全国人大环境与资源保护委员会牵头，国家核安全局协同，国家各部委及有关单位积极参与，历时近五年时间的立法起草，经过广泛征求意见和第十二届全国人大常委会三度审议，于2017年9月1日发布，并

---

① 中华人民共和国国务院新闻办公室：《中国的核安全》，《人民日报》2019年9月4日第2版。

于 2018 年 1 月 1 日正式实施，为核安全提供了高层次法律保障。《核安全法》是我国自 2003 年《放射性污染防治法》颁布后发布的第二部法律层级的核法律，与之构成国家核法律的顶层架构。《核安全法》第 4 条规定："从事核事业必须遵循确保安全的方针。核安全工作必须坚持安全第一、预防为主、责任明确、严格管理、纵深防御、独立监管、全面保障的原则。"《核安全法》明确将核安全观作为核安全工作的总体指导思想，明确国家制定核安全政策，将加强安全文化建设落实为法律要求，明确了监管部门的责任和各参与方的核安全责任，并强化核安全监督执法力度，保障公众权益。

一、核安全许可制度

我国对核设施、核材料、核活动和放射性物质实行全链条审评许可，通过全链条安全许可和严格的技术评审，强化对核设施、核材料、核活动和放射性物质的安全管控。对核电厂、研究堆、核燃料循环设施以及放射性废物处理、贮存和处置等核设施的选址、建造、运行和退役活动，实施全生命周期的分阶段许可证管理。建立实施以风险为指引、以问题为导向的审查方法体系，持续提升独立验证和校核计算、概率安全分析和风险评估能力。

核安全许可证是国家监管机构批准申请人从事与核安全有关专项活动（如核电厂选址、建造、运行、退役等）的法律文件。我国核电厂的现行核安全许可证件种类包括：核电厂场址选择审查意见书；核电厂建造许可证；核电厂运行许可证；核电厂操纵人员执照；核电厂退役批准书等其他需要批准的文件。

与核设施许可证相关的法律法规以及部门规章及标准相比，《放射性污染防治法》主要规定了核设施营运单位应当申领许可证以及符合申领许可证要求的义务，以及违背法律规定、未领取许可证而从事相关活动所应承担的法律责任；其次，规定了国家对核设施活动的许可证范围以及相关机构的审查职责。

《放射性污染防治法》规定，核设施营运单位在进行核设施建造、装料、运行、退役等活动前必须按规定申领核设施建造、运行许可证和办理装料、退役等审批手续（第 19 条）。在此之前必须编写环境影响报告书并报主管部门审查批准（第 20 条）。生产、销售、使用放射性同位素和射线装置的单位，转让、进口放射性同位素和射线装置的单位以及装备有放射性同位素的仪表的单位，和生产、销售、使用放射性同位素和加速器、中子发生器以及含放射源的射线装置的单位应当依法承担申领许可证、办理登记手续、编写环境影响评价文件等责任（第 28 条、第 29 条）。设立专门从事放射性固体废物贮存、处置的单位，必须经国务院环境保护行政主管部门审查批准，取得许可证。否则禁止从事相关活动，禁止将放射性固体废物提供或者委托给无许可证的单位贮存和处置（第46条）。

《核安全法》规定了国家建立核设施安全许可制度，核设施营运单位进行核设施选址、建造、运行、退役等活动，应当向国务院核安全监督管理部门，即生态环境部（国家核安全局）申请许可证。核设施营运单位要求变更许可证文件规定条件的，应当报国务院核安全监督管理部门批准（第20条）。

核安全许可证是国家监管机构批准核设施营运单位从事与核安全有关专项活动（如核电厂选址、建造、运行、退役等）的法律文件。核设施营运单位在不同阶段需要系统地进行法规标准要求的安全评价和验证活动，形成相应的分析报告，提交核安全监管部门审查。只有审查通过并获得有关许可证或者批准文件后，才能进行后续的选址、建造、运行和退役等活动。生态环境部（国家核安全局）通过许可证的审批和监督管理，对许可证持有者进行的核安全活动实施监督检查，确保许可证持有者承担安全责任和依法进行核活动。

（一）在核电厂选址阶段

核设施营运单位在满足核安全技术评价要求的前提下，必须向生态环境部（国家核安全局）提交包括《核设施选址安全分析报告》在内的审查申请材料。生态环境部（国家核安全局）必须从安全方面确定核电厂与所选场址的适宜性，经审查符合核安全要求后，取得核设施场址选择审查意见书。

（二）在核电厂建造阶段

核设施营运单位必须在建造前向生态环境部（国家核安全局）提交《核设施建造申请书》《初步安全分析报告》《环境影响评价文件》《质量保证文件》以及其他有关的资料。生态环境部（国家核安全局）必须审查核电厂的设计原则，并就核电厂建成后是否能安全运行得出结论。经审核批准后，核设施营运单位取得核设施建造许可证，方可动工建造。核设施建造完成后应当进行调试，验证其是否满足设计的核安全要求。

（三）在核电厂运行阶段

在核电厂首次向堆芯装载核燃料前，核设施营运单位必须向生态环境部（国家核安全局）提交《核设施运行申请书》《核电厂最终安全分析报告》《质量保证文件》《应急预案》以及其他有关的材料。核设施营运单位取得核设施运行许可证后，应当按照许可证的规定运行。核设施运行许可证的有效期为设计寿期。在有效期内，生态环境部（国家核安全局）可以根据法律、行政法规和新的核安全标准的要求，对许可证规定的事项作出合理调整。核设施运行许可证有效期届满需要继续运行的，核设施营运单位应当于有效期届满前五年，向国务院核安全监督管理部门提出延期申请,并对其是否符合核安全标准进行论证、验证,经审查批准后,方可继续运行。

(四) 在核电厂退役阶段

核电厂营运单位必须向生态环境部(国家核安全局)提出退役申请,并提交《核电厂退役申请书》《安全分析报告》、环境影响评价文件、质量保证文件以及法律、行政法规规定的其他材料。经审查合格后发放《核电厂退役批准书》。

为核电厂提供核安全设备设计、制造、安装和无损检验服务的单位,应当向国务院核安全监督管理部门申请许可证;境外机构为境内核电厂提供核安全设备设计、制造、安装和无损检验服务的,应当向国务院核安全监督管理部门申请注册;核电厂操纵人员以及核安全设备焊接人员、无损检验人员等特种工艺人员应当按照国家规定取得相应执照或资格证书。[1]

二、核安全监督检查制度

为保障核安全,保护公众和从业人员的安全与健康,保护生态环境,我国对核设施采取充分预防、保护、缓解的纵深防御措施,实施独立的核安全监管,防止由于技术原因、人为原因或者自然灾害造成核事故,最大限度地采取减轻核事故情况下放射性后果的措施。[2]〔《核安全公约》中华人民共和国国家报告(2016 – 2018)A. 3 中国核安全政策〕实行核安全、辐射安全和辐射环境管理的统一独立监管,建立了总部机关、地区监督站、技术支持单位"三位一体"的核安全监管组织体系。

我国实施核设施全过程监督执法,对核设施和从事核活动的单位进行监督检查,确保符合核安全法规标准和许可证要求。对核设施营运单位开展常态化监督检查,覆盖设计、采购、制造、建造、运行、退役等与核安全有关的全部物项和活动,对重点核设施、核活动开展驻厂安全监督,及时督促违规企业整改,对违法企业依法处罚。开展专项行动,严肃处理重大质量问题,严厉打击违规操作和弄虚作假行为。建设全国统一的核电厂和研究堆经验反馈平台,交流经验、共享信息,有效保障核设施安全运行。

福岛核事故发生之后,生态环境部(国家核安全局)、国家发展和改革委员会、国家能源局等监管机构共同组织开展对全国运行核电厂、在建核电厂、研究堆和其他重要核设施的历时 9 个多月的综合安全检查,结果表明,我国核

---

[1] 中华人民共和国国务院新闻办公室:《中国的核安全》,《人民日报》2019 年 9 月 4 日第 2 版。
[2] 汪劲、张钰羚:《论我国〈核安全法〉的调整范围》,《中国地质大学学报(社会科学版)》2017 年第 17 期。

设施在选址时充分考虑了地震、洪水、海啸等影响,由极端自然事件引发核事故的可能性极小。为进一步提升核设施安全水平,汲取日本福岛核事故的教训,我国政府制定并实施了核设施短期、中期、长期安全改进计划,增强了核设施抵御外部事件、预防和缓解严重事故的能力。

《核安全法》第六章"监督检查"中规定国家应当建立核安全监督检查制度。国务院核安全监督管理部门和其他有关部门应当对从事核安全活动的单位遵守核安全法律、行政法规、规章和标准的情况进行监督检查。国务院核安全监督管理部门可以在核设施集中的地区设立派出机构。国务院核安全监督管理部门或者其派出机构应当向核设施建造、运行、退役等现场派遣监督检查人员,进行核安全监督检查。

《放射性污染防治法》第二章"放射性污染防治的监督管理"中规定国家建立放射性污染监测制度。国务院环境保护行政主管部门会同国务院其他有关部门组织环境监测网络,对放射性污染实施监测管理(第10条)。国务院环境保护行政主管部门和国务院其他有关部门,按照职责分工,各负其责,互通信息,密切配合,对核设施、铀(钍)矿开发利用中的放射性污染防治进行监督检查县级以上地方人民政府环境保护行政主管部门和同级其他有关部门,按照职责分工,各负其责,互通信息,密切配合,对本行政区域内核技术利用、伴生放射性矿开发利用中的放射性污染防治进行监督检查(第11条)。

《放射性同位素与射线装置安全和防护条例》规定了在中华人民共和国境内生产、销售、使用放射性同位素和射线装置,以及转让、进出口放射性同位素的,应当遵守本条例(第2条)。国务院生态环境主管部门对全国放射性同位素、射线装置的安全和防护工作实施统一监督管理。国务院公安、卫生等部门按照职责分工和本条例的规定,对有关放射性同位素、射线装置的安全和防护工作实施监督管理。县级以上地方人民政府生态环境主管部门和其他有关部门,按照职责分工和本条例的规定,对本行政区域内放射性同位素、射线装置的安全和防护工作实施监督管理(第3条)。生产、销售、使用放射性同位素和射线装置的单位,应当对本单位的放射性同位素、射线装置的安全和防护工作负责,并依法对其造成的放射性危害承担责任。生产放射性同位素的单位的行业主管部门,应当加强对生产单位安全和防护工作的管理,并定期对其执行法律、法规和国家标准的情况进行监督检查(第27条)。县级以上人民政府生态环境主管部门和其他有关部门应当按照各自职责对生产、销售、使用放射性同位素和射线装置的单位进行监督检查。被检查单位应当予以配合,如实反映情况,提供必要的资料,不得拒绝和阻碍(第46条)。

《民用核设施安全监督管理条例》规定了国家核安全局对全国核设施安全实施统一监督，独立行使核安全监督权。其主要职责包括组织审查、评定核设施的安全性能及核设施营运单位保障安全的能力，负责发放或者吊销核设施安全许可证件，以及负责实施核安全监督以及负责核安全事故的调查、处理等。同时，国家核安全局在核设施集中的地区可以设立派出机构，实施安全监督（第 4 条、第 5 条）。核设施主管部门负责所属核设施的安全管理，接受国家核安全局的核安全监督，其主要职责包括负责所属核设施的安全管理，保证给予所属核设施的营运单位必要的支持，并对其进行督促检查等（第 6 条）。核设施营运单位直接负责所营运的核设施的安全，其主要职责包括接受国家核安全局的核安全监督，及时、如实地报告安全情况，并提供有关资料，以及对所营运的核设施的安全、核材料的安全、工作人员和群众以及环境的安全承担全面责任等。

此外，近年来我国核工业的规模、技术水平和能力以及核安全与放射性污染防治体制都发生了相当大的变化。制定我国核安全法规所参考的有关国际和国外的法规、标准也随着核技术的发展进行了较为全面的修订。为使我国的核安全制度和核安全水平与国际水平保持一致，对已颁布的核安全法规和标准逐步进行修订，对修订周期较长的法规内容，以《核安全政策声明》的形式发布。

按照核设施及专业领域从 0 至 10 划分为 11 个系列，称为 HAF 系列，该系列除推荐性国家标准外都是强制性的法规标准。序号依照现行法规编号的数字确定，如 HAF4＊＊为现行放射性废物管理系列法规编号，其中 4 代表放射性废物管理的部门规章。这 11 个系列包括了核安全的主要内容，每个数字代表的含义：0，通用系列；1，核动力厂系列；2，研究堆系列；3，非堆核燃料循环设施系列；4，放射性废物管理系列；5，核材料管制系列；6，民用核安全设备监督管理系列；7，放射性物质运输管理系列；8，同位素和射线装置监督管理系列；9，电磁辐射污染控制系列；10，环境辐射监测系列。根据国际实践，国家核安全局还制定了一些核安全技术要求的行政管理规定和相对应的支持文件——《核安全导则》即 HAD 系列，层次低于部门规章。

核安全导则是说明或补充核安全规定以及推荐实施安全规定方法和程序的指导性文件。核安全导则是推荐性的，在执行中可采用该方法和程序，也可采用等效的替代方法和程序。参考性文件主要是核安全法规技术文件，它表明核安全当局对具体技术或行政管理问题的见解，在应用中参照执行。

附：

各国核设施安全管理法律制度一览

《智利核安全法》（2010 年，67 条）；

《澳大利亚辐射防护与核安全法》（1998 年，1998 年，1998 年，1999 年，2000 年 4 次修订，85 条）；

《韩国核安全法》（2011 年，120 条）；

《马来西亚安全标准条例》（1988 年，49 条）；

《蒙古辐射防护及安全法》（2000 年，42 条）；

《土耳其核电厂的安全条例的具体原则》（2008 年，34 条）；

《乌兹别克斯坦辐射安全法》（2000 年，28 条）；

《保加利亚核能安全利用法》（2002 年，152 条）；

《波兰核设施附近限制区域条例》（2002 年，9 条）；

《丹麦核装置法》（1962 年，40 条）；

《丹麦核装置安全及环保法》（1976 年，20 条）；

《德国核安全和辐射防护法》（1984 年，35 条）；

《德国核安全管理条例》（1959 年，59 条）；

《法国核装置法》（1963 年，1973 年修订，71 条）；

《法国核领域透明及安全法》（2006 年，64 条）；

《芬兰核能安全使用法》（2008 年，21 条）；

《芬兰核电厂安全法》（2008 年，32 条）；

《荷兰核装置及核燃料条例》（2012 年，45 条）；

《捷克核能安全利用法》（1998 年，40 条）；

《立陶宛核能安全法》（2011 年，54 条）；

《立陶宛核电厂法》（2007 年，17 条）；

《立陶宛核电厂退役法》（2001 年，8 条）；

《罗马尼亚核电厂安全规范》（2010 年，27 条）；

《罗马尼亚核能安全评定规范》（2006 年，25 条）；

《罗马尼亚核电厂保护规范》（2006 年，149 条）；

《罗马尼亚阶段性复审核电厂安全规范》（2006 年，35 条）。

《瑞典核反应堆设计及建造条例》（2004 年，55 条）；

《瑞典核设施退役计划条例》（2008 年，9 条）；

《瑞典核设施安全条例》（2008 年，36 条）；

《瑞士核设施及核原料安全措施条例》（2008 年，9 条）；

《瑞士核电厂退役标准条例》(2008年,9条);

《斯洛文尼亚电离辐射保护及核安全法》(2002年,2003年、2004年、2011年3次修订,145条);

《斯洛文尼亚核设施运行安全规定》(2002年,70条);

《斯洛文尼亚核材料安保条例》(2008年,5条);

《西班牙核设施条例》(2008年,83条);

《西班牙核原料及放射源物理保护条例》(2011年,46条);

《匈牙利核设施及核监管安全条例》(2011年,163条);

《英国核安全法》(2000年,12条);

《英国核设施管理条例》(1965年,1971年,1990年2次修订,57条);

《加拿大核安全与控制的一般规定》(2000年,2008年,40条);

《加拿大核设施规定》(2000年,2008年,15条);

《加拿大核安全与控制法》(1997年,2010年,127条);

《加拿大核设施和设备条例规定》(2000年,2010年,22条);

《墨西哥国家核安全组织和保障措施》(2012年,10章);

《尼日利亚核安全与辐射防护法》(1995年,49条)。

第八章 放射性废物管理和乏燃料管理法律制度

第一节 概述

放射性废物和乏燃料管理法律制度是指国家对放射性废物和乏燃料安全监督、贮存、处置而制定的相关规定，以便能够保护人员、财产和环境免受放射性废物和乏燃料产生的辐射影响。2001年6月生效的《联合公约》明确，放射性废物和乏燃料管理法律法规的目标是实现放射性废物和乏燃料管理的较高安全性，确保在放射性废物和乏燃料管理过程中采取有效措施保护人类和环境在当前以及将来免受电离辐射的危害，在满足当代人需要和愿望的同时不至于破坏后代人满足其需要和愿望的能力，防止在放射性废物和乏燃料管理的各个阶段发生放射性事故，并能够在一旦发生此类事故的情况下尽量减轻其后果。[①]《联合公约》为各国建立了一套有关乏燃料与放射性废物安全管理的法律基础，确立了放射性废物产生者应对放射性废物处置负责的法律准则。

放射性废物是含有放射性元素或为放射性元素所污染，其放射性元素的浓度或活度大于监管机构确定的清洁解控水平，并且预期不能再使用的物质。放射性废物以各种形式存在，非放射性矿石开采的副产品也可能包含大量放射性废物。而大量放射性废物的产生则是从20世纪中叶随着核电的发展才积累起来的。

含有放射性元素或被放射性元素污染的废物产生于涉及使用放射性物质的一些活动。可以说，所有放射性物质操作、生产和使用活动都可能产生放射性废物，包括核燃料循环过程，反应堆运行、装料和维护过程，核设施、设备退役过程，核研究和开发活动，核武器研制、实验和生产活动，放射性同位素的

---

① 祁程、房江奇、王景丹、张文峰、倪卫冲：《欧盟核应急法律法规体系》，《辐射防护通讯》2017年第37期。

生产、使用及技术利用过程,甚至包括放射性元素在医学、工业、农业、研究和教育领域的使用等。考虑到其放射性与辐射安全,对上述放射性废物进行安全管理已成为必要。长久以来,人们早已认识到放射性废物安全管理在保护公众健康和环境安全方面的重要地位,并且已经在放射性废物管理方面取得了一定的经验。

放射性废物的处置包括放射性废物预处理、处理和整备。在其管理过程的基本步骤内,还可能要对放射性废物进行装卸和贮存甚至运输。对于特定类型的放射性废物不一定要采取所有的加工步骤,具体的废物类型将决定必要的加工类型,有时还要考虑二次废物的产生问题。在适当情况下,加工产生的废物可以复用或再循环或根据既定法规解除监管。

放射性废物管理就是对放射性废物的产生、预处理、处理、整备、运输、贮存和处置在内的所有行政和技术活动进行管理,要对放射性废物实行从"产生"到"处置"全生命周期的优化管理,力求达到最佳的经济、环境和社会效益,有利于可持续发展。[①] 放射性废物管理是人类在进行研究、开发和利用核能的活动,或者从事各种涉核研发活动和利用射线装置活动过程中都必须认真对待的。放射性废物管理在核工业发展过程中有特殊管理要求,因此需要采取专门的措施,包括制定严格的核法律法规和标准来规范放射性废物的处理活动。

需要明确的是,绝大多数放射性废物产生于核燃料循环过程,按照目前全世界核电站对核燃料的需求情况,如果采取核燃料一次通过的循环方式,即一次性通过长期处置,亦称开式燃料循环,与垃圾填埋相似,不考虑钚的循环,则铀的利用率不足1%。国际上以美国为首的很多国家都主张采用核燃料一次通过的循环方式,一次通过的循环方式将乏燃料作为废物进行地质处置(科学家寻找地质条件合适的地下深井,将废料储存至地下3~5千米)。这种废物中将包含所有的锕系元素和长寿命裂变产物,其放射性水平需衰变10万年才能降至天然铀矿的水平,从而构成了对环境与后代长期的辐射危害。从当前放射性废物处理和处置的技术角度看,通过近半个世纪的研究和实践,现在对中、低放废物的处理和处置早已达到工业生产规模,技术是成熟的;对高放废物进行减容、固化的技术也已趋成熟,在足够长的贮存期内使高放废物与生物圈进行有效隔离是有保证的。

放射性废物管理者的责任是按照核法律法规和标准,以及达成国际共识的放射性废物管理基本原则和辐射防护原则,安全、经济、科学、合理地处理与

---

① 蔡先凤、龙震影:《放射性废物安全管理立法:美国经验与中国借鉴》,《宁波大学学报(人文科学版)》2021年第34期。

处置好放射性废物。对放射性废物的管理必须避免给后代造成不应有的负担，即产生放射性废物的几代人必须为废物的长期管理寻求并采用安全、切实可行和环境上可接受的解决方案，必须借助对物质进行回收和重复利用等适当的措施和程序将放射性废物的产生量保持在实际可行的最低水平，即将放射性废物最小化作为放射性废物管理必须遵守的宗旨和努力的目标。废物最小化是指废物量（体积和重量）和活度（废物中放射性元素含量）合理可达最小可能，是放射性废物管理基本原则之一。废物最小化是一个系统的、连续的、反复的过程，除了受制于资源因素、技术因素和安全因素，还受制于社会、政治因素，应由国家政策、法律和法规予以规范。

然而，高放废物的最终处置技术问题仍有待解决，世界各国对高放废物的最终处置问题都还在进一步研究之中。从放射性活度来看，高放废物主要集中在乏燃料后处理厂。在核燃料循环中，99%以上的放射性物质包含在乏燃料元件的包壳中，如果对乏燃料进行后处理，95%以上的放射性元素都会进入后处理所产生的高放废液中。由于高放废物含有放射性强、发热量大、毒性大、半衰期长的放射性元素，需要把它们与人类生存环境长期、可靠地隔离，因此，高放废物的处置是核废物管理中最为重要、也最为复杂的问题，如何安全地处置高放废物已成为当前放射性废物管理的难点问题，甚至成为制约核能可持续发展的因素之一。国际原子能机构还未完成高放废物地质处置安全评价相关国际标准的制定，在安全目标和安全评价方法方面，距离完全满足国际放射防护委员会提出的要求还有一定的距离。迄今已有美国、英国、法国、德国、加拿大和瑞士等国制定了高放废物地质处置的安全目标和安全准则，但是社会公众对高放废物处理还是缺乏足够的理解和信任，20世纪90年代以来，公众对高放废物地质处置（成本低、简单但后患无穷）在技术、安全和社会伦理等方面提出了一些新的要求，使得高放废物地质处置进程出现挫折和反复。

全球未来将有数百个设施结束其运行寿命，使得核设施退役日益成为一个重要的问题。国际原子能机构将"退役"一词定义为，为允许解除对一个设施的部分或全部监管控制而采取的行政管理和技术活动（放置放射性废物的处置设施除外，用于处置设施的术语是"关闭"而非"退役"）。退役一般包括制定退役计划、开展退役活动和终止退役许可证。在永久性关闭和授予开始退役活动的许可证之间可能存在着一个过渡期。核设施退役涉及去污、切割解体、场址去污等一系列活动，退役活动会产生大量的废物，所以国际原子能机构把核设施退役也划分在放射性废物管理之中。

从数量上来说，放射性废物总量主要产生于放射性矿冶现场，对于核燃料循环前段来说，铀矿冶过程的废物管理是很重要的。美国核管会做过统计，铀矿场放射性废物对环境的剂量贡献是水冶厂的 5 倍，是燃料元件制造厂的 50 倍；联合国环境规划署的统计是，铀矿场放射性废物对环境的剂量贡献是水冶厂的 3 倍，是元件制造厂的 30 倍。《中国核工业辐射水平与效应》与《中国核工业 30 年辐射环境质量评价》指出，我国铀矿冶职业照射集体剂量占核燃料循环系统的 63.6%，环境公众受照集体剂量占核燃料循环系统的 83.4%。所以，对铀矿冶过程中的放射性废物监管十分重要。

伴生放射性矿物资源的开发利用，也存在放射性水平超标，产生伴生放射性废物的可能。伴生放射性矿废物是指含有较高水平天然放射性元素浓度的非铀矿，它的开发利用不以生产核燃料或提取放射性元素和利用其辐射为目的。这些伴生放射性矿物资源在开采、选矿、冶炼、加工以及利用过程产生的矿石、废渣、淤泥和垢物中可能放射性超标，形成放射性废物。

放射性同位素和核技术利用过程产生的放射性废物，废物量小，污染的元素半衰期短、毒性低，多数废物经过贮存衰变，就可达到清洁解控水平，可作为一般废物处置。但同位素废物来源分散，分类差，给管理带来诸多不便。核技术利用的废物中，废放射源是最受重视的废物形式，如镭-226 源、钴-60 源和铯-137 源，特别是废镭源的安全处理与处置是一个尚未圆满解决的问题。

有关乏燃料及其后处理问题。乏燃料又称辐照核燃料，即在反应堆内使用过的核燃料，乏燃料含有大量未用完的可增殖材料铀-238 或钍-232，未用完的和新生成的易裂变材料钚-239、铀-235 或铀-233 以及核燃料在辐照过程中产生的镎、镅、锔等超铀元素，另外还有裂变元素锶-90、铯-137、锝-99 等。① 后处理是把反应堆中取出的乏燃料进行化学处理，以把钚和剩余的铀从裂变过程产生的废物中分离出来。铀和钚可单独利用，也可以制成混合氧化物燃料（MOX 燃料），送到反应堆中去再裂变，该过程成为闭式循环。直接处置即将乏燃料长期贮存后，再经适当封装作最终处置。有些反应堆的乏燃料不作后处理回收铀和钚，或者存放在中间贮存设施，或进行直接处置，则成为一次通过的开式循环。目前，全世界卸出的乏燃料具备后处理能力的不足乏燃料产出量的一半。乏燃料后处理不仅涉及放射性废物处理过程，还涉及核燃料再加工过程，以及要防范对乏燃料中钚的提取而可能造成核扩散的风险。因此，乏燃料和放射性废物管理是一项非常复杂的工作，需要国家和国际组织采取协调一致的行动。

---

① 刘华：《国外乏燃料后处理概况》，《化学工程与装备》2012 年第 11 期。

第二节 立法实践

发展核工业需要建立明确的放射性废物和乏燃料存放和处置政策，并制定相应的法律规范，分别对发电、工业、农业、医疗和军用等不同领域放射性废物和乏燃料长期、安全的存放、运输和处置进行管理。为实现放射性废物和乏燃料安全管理必须制定公众和环境保护政策、制定相关准则和标准及其适用规定，并努力与国际标准保持统一。

各国针对放射性废物和乏燃料管理法律法规适用于其境内核活动所产生的所有放射性废物的管理活动，通常包括境内民用核反应堆运行过程所产生的放射性废物和乏燃料的管理活动，除非该国监管机构要求，一般不适用于仅具有天然放射性物质的废物和产生于核燃料循环之外的废物管理。

世界上出台放射性废物和乏燃料管理相关法律法规的国家很多，包括加拿大、美国、日本、法国、荷兰、德国、菲律宾、巴基斯坦、印度、土耳其、以色列、奥地利、保加利亚、波兰、爱尔兰、芬兰等。

一、美国放射性废物和乏燃料管理法律制度

美国把放射性废物分为高放废物、低放废物、超铀废物、混合废物、铀矿冶废物和其他废物六类。天然存在或加速器产生的放射性废物不受核管会管辖而由州政府管辖，归为低放废物。根据1954年《美国原子能法》规定，任何个人、部门或者其他实体，如果计划发展高、中低水平放射性、超铀污染废物、乏燃料的贮存或处理设施，在建造计划启动时，应通知委员会对放射性废物处理设施建造许可证申请进行审查。美国有三个机构共同负责放射性废物的管理工作，其中核管会负责制定和执行相关法规，以确保相关的贮存和处置方法能够保证放射性废物长期管理的安全性。能源部负责对用于处理、贮存、运输和处置商业乏燃料、高放废物及所有国防放射性废物的技术和程序进行开发。环境保护局依据1954年《美国原子能法》制定普遍适用的环境保护标准，负责为放射性核素向生物圈的排放设定最大允许限值，环境保护局建立的辐射防护标准名为"辐射防护计划"，通常能源部管辖范围内的活动和核管会监管的商业营运单位都要负责执行这个"辐射防护计划"。[①] 在环境保护局没有颁布法规

[①] 李欢欢：《关于内陆核电厂的几个安全问题——访中国工程院院士潘自强》，《世界环境》2017年第2期。

的领域，能源部和核管会可依据自行颁布的命令或法规实施监管。

1992年《美国能源政策法》规定州的辐射监管权力低于核管会的相应权力。《美国能源政策法》或《美国低放射性废物政策法》中规定，只有在核管会对低放废物豁免监管时，各州才能根据辐射危害的程度对其进行区别处置。美国1980年实施的《美国低放射性废物政策修正法》为处置商业低放废物制定了相应的管理办法，1985年又对该法进行了大幅度的修改。依据该法，低放废物可在原地通过州和州际协议进行安全有效的管理，各州负责其境内的低放废物的处置工作，除非这些低放废物是由能源部、美国海军或联邦政府因研究、开发、检测或制造核武器时产生的。该法鼓励美国各州采取签订州际合作协议的方式来共同制订低放废物的处置方案，签署协议的州可以依据协议建造一座专门供协议各州使用的处置设施，运行地区处置设施。每一商业核反应堆应当申请获得中低放废物处理量配额，也可以将配给它的配额转让给州或其他实体。异常运行、维护、维修或者安全处置造成处理量超过配额的，经营运单位申请，能源部允许分配超过配额的处理量。处理设施不得接受超过1190万立方英尺体积的商业核反应堆产生的低放废物。《美国原子能法》允许核管会通过协议向建有处置设施的各州转移部分许可证审批权和监管权。

1983年1月7日通过的《美国核废物政策法》规范高放废物管理，1987年10月22日对该法进行了较大的修改，1992年10月24日通过的《美国能源政策法》对《美国核废物政策法》又作出了修改。《美国核废物政策法》对联邦政府在高放废物和乏燃料处置方面的责任和处置政策作了规定。该法授权能源部对内华达州的尤卡山进行考查，以决定是否适宜将此处设为处置库，建造任何这样的处置库都需要获得核管会依据《美国核管会授权法》发放的许可证，能源部的相关活动和设施建造除外。该法同时设立了放射性废物处置基金，基金来源于放射性废物的产生者和拥有者，以确保与废物处置有关的活动经费的来源。该法还规定，商业乏燃料处置费都归运行核电厂的电力公司支付。该法对处置库中处置联邦国防放射性废物的收费方法也作了规定。1993年，国会设立了国防放射性废物处置基金，用于支付政府每年分担的来自核武器联合体的高放废物的处置费用。

美国高放废物地质处置计划从1955年开始，已取得重要进展，"地质处置"已从原来的概念设想、基础研究、地下实验研究，进入到处置库场址预选。美国于2002年确定了尤卡山场址。尤卡山场址是美国国会简化选址程序后指定的，遭到内华达州政府和公众的强烈反对。2009年奥巴马政府宣布中止尤卡山项目，能源部2010年撤销了该许可证申请。这导致乏燃料和高放废物处置工作陷入僵局。依据《美国原子能法》和《美国核废物政策法》，核管会于

1981 年颁布了美国在地质处置库处置高放废物的法规,对依照《美国核废物政策法》建造或运行的地质处置库许可证审批相关事项作了规定,其中包括选址、设计和建造的标准,以及监控和检查标准。

在乏燃料处理方面,美国商业后处理厂的建造起步也很早,但至今没有商业后处理厂的运行。不过,美国后处理研究工作一直很活跃。现在,从某种意义上讲,美国已经推翻了原先制定的乏燃料"一次通过"政策,表示要恢复商业乏燃料后处理,而且这种后处理技术可以防止核扩散。①

1972 年,美国在《美国海洋保护研究和避难法》中规定任何人都不能向海洋倾倒高放废物,不管它是商业还是军方产生的。1993 年 11 月,美国作为 1972 年《伦敦倾倒公约》的缔约国,通过了禁止向海洋中倾倒所有放射性废物的决议。放射性物质运输由《美国危险物质运输法》规制,该法专章规定了对钚材料运输的管理办法。

二、法国放射性废物和乏燃料管理法律制度

法国于 1991 年 12 月 30 日颁布的《第 91-1381 号法》建立了法国放射性废物管理的法律框架,确定了法国放射性废物管理政策,包括确定 15 年的研究期,在此期间研究深层地质处置的可行性及逐步的放射性废物管理方法。同时,总统签署了关于开展放射性废物研究的总统令,制定了一个在放射性废物法律框架之下的全面研发计划,包括 3 个研究方向:分离嬗变、地质处置和长期贮存。

2006 年《法国规划法》是法国于 2006 年 6 月 28 日颁布的《第 2006-737 号法》,其涉及放射性物质和废物以及基础核设施最终停运和退役作业财务管理,是法国有关放射性物质和废物管理的基本法律。该法着重于放射性物质和废物的可持续管理,并强化了法国放射性废物管理局对各类放射性废物的管理。该法对乏燃料、高放废物处置的技术路线及方案等作了进一步明确,建立了一个系统以确保长期财务负债,但不涉及与运行周期无关的负债。因此,只要乏燃料后处理不依赖于运行技术,废物产生者必须设立基金,弥补未来的负债。作为预防措施,该法还规定如果可回收核材料在未来可能被视为废物,所有可回收核材料的业主应进行潜在管理系统的研究。

2006 年《法国核透明与安全法》是法国于 2006 年 6 月 13 日颁布的《2006-686 号法》,该法着重于核活动的透明性和安全性,为保障核安全和防止放射性污染提供了法律依据,尤其是确立了法国核安全局作为核监管机构的独立性。

---

① 峰众:《浅谈世界后处理现状和发展趋势》,《中国核工业》2006 年第 6 期。

除此之外，《法国环境法》强调了法国放射性废物管理局的作用和责任。

三、英国核设施退役及放射性废物管理法律制度

英国放射性废物管理及核设施退役的法律法规主要为：1974 年《英国工作场所健康与安全法》（HSWA74）、1965 年《英国核设施法》（修订版）、1971 年《英国核设施法规》、1993 年《英国放射性物质法》（修订版）、《英国核反应堆（核设施环境影响评价）规章》（EIADR99 规章）、1995 年《英国环境法》、1999 年《英国电离辐射条例》（IRR99）、2004 年《英国电离辐射实践正当性条例》、2004 年《英国能源法》、2005 年《英国高活度密封源和无看管源条例》、1993 年《英国委员会条例（欧洲原子能共同体）1493/93 关于成员国之间放射性物质的运输、放射性废物境外运输条例》、1999 年《英国工作健康安全管理条例》（MHSW99）、2007 年《英格兰放射性污染土地管理条例》（修订）与 2010 年《英国辐射法规（应急准备和公众信息）》。

1993 年《英国放射性物质法》是英国关于放射性废物管理的主要法律，涉及放射性物质的持有和使用、安全管控、贮存和安全处置。但该法并不适用于皇家海军、陆军或空军基地的放射性物质。该法要求放射性废物处置需要预先得到许可。未经有关环境部门批准，不能进行放射性废物处置或贮存。国防大臣负责处置国防部场址所产生的放射性废物，但要与环境部门达成协议，确保这些场址能满足《英国放射性物质法》的要求。

1999 年《英国电离辐射条例》是根据 1974 年《英国工作场所健康与安全法》发布的，旨在确保工作过程中受到电离辐射的照射量不能超过个人辐射剂量限值。2010 年《英格兰和威尔士环境许可证条例》旨在为监管机构提供一个简化的过程，以满足 18 项欧洲指令关于监管向空气、水和土壤排放以及废物管理的目标。该条例提供了允许废物营运的统一体系，包括放射性物质监管等活动。

放射性废物除具有放射性外，也是危险的和难以处置的"特殊废物"。在英国，"特殊废物"曾经由 1980 年《英国污染（特殊废物）防治条例》管理，后被 1996 年《英国特殊废物条例》所取代。1996 年《英国特殊废物条例》仍然规定任何具有放射性及其他危害性的废物在运输过程中都必须接受严格的控制。同时，1989 年《英国电力法》规定，贸易工业部大臣经财政部同意，可批准对核材料的贮存或后处理；进行放射性废物处理、贮存或处置；批准核设施的退役或向退役活动提供贷款。1995 年《英国环境法》建立了有关环境保护监管框架，并确定由英格兰和威尔士环境署及苏格兰环保局作为监管机构，负责资金安排。

英国于 1975 年 11 月 17 日批准了 1972 年《防止船舶和飞机倾倒污染海洋的奥斯陆公约》和 1972 年《伦敦倾倒公约》。1994 年，英国政府接受了 1993 年在《伦敦倾倒公约》的磋商会议上通过的关于完全禁止向深海处置中低放废物的禁令。

四、国际立法

（一）《联合公约》

1995 年 3 月国际原子能机构成立了由各国核技术专家和法律专家组成的公约制定小组，经过两年 7 次专家会议的讨论、磋商和审议，《联合公约》于 1997 年 9 月 7 日由 85 个国家代表出席的外交大会通过并开放签署。公约共 7 章，44 条正文，于 2001 年 6 月 18 日生效。

公约的目的是，通过加强缔约国的管理和国际合作，包括适当时与安全有关的技术合作，以在世界范围内实现和保持高安全水平的乏燃料和放射性废物管理；确保在乏燃料和放射性废物管理的一切阶段都有预防潜在危害的有效措施，保护个人、社会和环境免受电离辐射的有害影响；防止有辐射后果的事故发生，一旦发生尽可能地减轻其后果。

公约专章分别规定了乏燃料管理、放射性废物管理的一般安全要求、选址和设施管理要求。公约起草时，一种观点是基于少数核电国家实行核燃料闭合循环政策，对乏燃料进行后处理以提取和分离其中的铀、钚和裂变产物，视乏燃料为资源而不是废物，认为不应把乏燃料和废物归于同一个公约管辖；而另一种观点则认为大多数核电国家采取核燃料开放式循环政策，视乏燃料为废物，认为把乏燃料和放射性废物放在一起合乎常理。最后阶段采纳了后一种观点，将乏燃料和放射性废物并列放在一个公约里，但安全管理方面的条文保持相对的独立性。

公约同《核安全公约》一样，采取鼓励性机制，缔约国根据公约规定的各项义务进行国家报告，也就是进行类似"同行评审"的报告制度。公约规定缔约国应向每三年召开的缔约国会议提交国家报告，内容包含国家乏燃料管理政策和管理实践，放射性废物管理政策和管理实践，放射性废物的定义和分类所用的准则。国家报告还应提供受公约制约的乏燃料管理设施、设施所在地、主要用途和基本特点的清单；受公约制约且目前贮存的和已处置的乏燃料的存量清单；受公约制约的放射性废物管理设施、设施所在地、主要用途和基本特点的清单；受公约制约的目前贮存在放射性废物管理与核燃料循环设施中的、已经处置的或以往产生的放射性废物，这个清单里应记载存放乏燃料或放射性废物的说明、体积或质量、放射性活度和具体的放射性元素等信息；最后还有处于退役过程中的核设施的清单和这些设施中退役活动的现状。因此，公约第3条规定：公约不适用于军事或国防计划范围内的乏燃料或放射性废物的安全管理，除非它们被缔约方宣布为适用于本公约的乏燃料或放射性废物。①

（二）《防止倾倒废物及其他物质污染海洋公约》（简称《伦敦倾废公约》）和其1996年议定书

1971年2月联合国人类环境会议筹备委员会成立了政府间海洋污染问题工作组，着手研究建立海洋倾倒国际条约的有关问题，因此起草了《防止倾倒废物及其他物质污染海洋公约》，简称《伦敦倾废公约》的草案，提交1972年在斯德哥尔摩召开的联合国人类环境会议审议，该公约于1972年12月29日在英国伦敦政府间海上倾废会议上获得通过。

《伦敦倾废公约》于1975年8月30日生效，其规定了防止向海洋倾倒废物和其他物质的原则，其中也包括防止放射性废物的海洋倾倒行为。这是第一个专以控制海洋倾倒为目的的全球性公约。1993年，《伦敦倾废公约》缔约国会议通过了关于禁止倾倒工业废弃物、禁止倾倒放射性废物和终止有毒液体海上焚烧三项决议，并于1994年启动了《防止倾倒废物及其他物质污染海洋的公约1996年议定书》简称《议定书》的起草工作，于1996年11月7日在伦敦通过。《议定书》共由29条正文，3个附录组成。《议定书》于同年2月24日开始生效，这是国际保护海洋环境法制进程中一个重要的里程碑。

高放废物和中低放废物的海洋倾倒在公约出台前一直是放射性废物处理的一种选择，曾有技术方案要将放射性废物通过水泥和沥青固化后投入深度达到2000米以上的深海。1972年《伦敦公约》签订后，并没有完全禁止中低放射性废物的海洋倾倒活动，而《议定书》的通过则彻底禁止了海洋处理一切放射性废物的方式方法。《议定书》建立了更加严格的禁止倾倒条款以及许可证申请制度，比较1972年《伦敦倾废公约》，无论在海洋废物处理限制范围、处理方式、国家监管、国家责任和争议解决方面都有较大的调整和补充。《议定书》规定，《伦敦倾废公约》缔约国如成为《议定书》缔约国，则以《议定书》取代《伦敦倾废公约》。

（三）其他涉及放射性废物管理的国际条约

1977年起，经济合作与发展组织核能机构开始通过制定实施细则和程序，

---

① 雏书鸿、郝怡磊、王正直：《国际公约对放射性废物越境转移的一般规定和我国的防治对策》，《检验检疫科学》2007年第3期。

对海洋倾倒作业进行制度化管理。这些区域化国际条约包括 1974 年《保护波罗的海地区海洋环境公约》，1976 年《保护地中海免受污染公约》及 1976 年《防止船舶和飞机倾倒废物造成地中海污染的议定书》和 1980 年的《保护地中海免受陆源物质污染的议定书》，和 1986 年《保护南太平洋地区自然资源和环境公约》。

20 世纪末，发展中国家逐渐对来自国外的放射性废物的输入采取抵制措施，1989 年欧洲经济共同体与非洲、加勒比和太平洋地区的一些国家签订了《非洲、加勒比和太平洋地区与欧洲经济共同体第四公约》，规定禁止从欧洲共同体成员国向非洲、加勒比和太平洋国家和地区领土输送放射性废物，而上述区域国家也作出不从任何国家和地区输入这些放射性废物的承诺。1991 年 1 月，非洲国家组织签订了《禁止有害废物输入非洲和控制其在非洲越境运输公约》（《巴马科公约》），禁止包括放射性废物在内的一切有害废物从非缔约国进入非洲。

其他国际条约中也有关于禁止或限制放射性废物倾倒、跨境运输、避免海洋污染活动的专门条款，如 1959 年《南极条约》、1974 年《防止陆源物质污染海洋公约》、1976 年《保护地中海免受污染公约》、1976 年《防止船舶和飞机倾倒废物造成地中海污染的议定书》、1977 年《为在海洋倾倒放射性废物建立多边磋商和监督机制的经济合作与发展组织理事会决定》、1980 年《保护地中海免受陆源物质污染的议定书》、1989 年《洛美四公约》等。这些条约针对放射性废物处理的规定都是跨境放射性废物管理的法律依据。

第三节 法律原则

为放射性废物和乏燃料的管理达到和保持高安全水平提供方法和手段是核法律的目标之一，核法律同时还要确保放射性废物和乏燃料管理的所有阶段都能有效防御可能的危害，从而使个人、社会和环境免受电离辐射的有害影响。放射性废物的不恰当管理会在当前乃至将来给公众带来健康和环境损害，因此，放射性废物管理的根本目标就是防止人类健康和环境受到侵害。1995 年，国际原子能机构发布《放射性废物管理原则》，该文件根据成员国集中的意见形成了 9 条原则，即（1）保护人类健康原则；（2）环境保护原则；（3）超越国界的保护原则；（4）保护后代原则；（5）不给后代造成不适当的负担原则；（6）纳入国家法律体系原则；（7）控制放射性废物产生原则；（8）兼顾放射性废物产生和管理各阶段间的相依性原则；（9）保证废物管理设施安全，即必须保证放射性废物管理设施使用寿期内的安全原则。为此，国际原子能机构还设立了废物安全标准顾问委员会，发布了有关放射性废物管理标准和导则。涉及的领域主要有：基础性和通用性问题，放射性废物处置前管理，放射性物质运输、排放、近地表处置、地质处置，放射源管理，铀钍矿冶废物管理，核燃料循环废物管理，反应堆运行废物管理，退役和环境整治，废物管理的辐射防护。

依据国际原子能机构的出版物，"放射性废物处置前管理"一词涵盖从放射性废物产生直至处置的放射性废物管理的所有步骤，包括加工（预处理、处理和整备）、贮存和运输。在国际原子能机构《基本安全原则》出版物中已经确定了安全管理放射性废物的一般原则。《联合公约》与《基本安全原则》是一致的。出版物还将这些原则适用于放射性废物处置前管理，建议在有可能产生放射性废物的设施设计和活动规划中须采取防止或限制放射性废物产生的措施；放射性废物在满足清洁解控标准的情况下可解除监管，而运行期间产生的放射性废物经监管机构批准后方可进行排放。作为最大程度地减少活动或设施产生的放射性废物量的一种手段，有时要对材料进行复用和再循环。来自各来源的未经解控、排放或复用的剩余放射性废物需要在其整个寿期内进行安全管理，因此，有必要制定国家关于放射性废物安全管理的政策和制度。

国际原子能机构要求各国对设施退役及放射性废物管理和乏燃料管理作出规定。政府必须对设施的安全退役、设施和活动产生的放射性废物的安全管理和处置及乏燃料的安全管理作出规定。设施的退役和放射性废物的安全管理和处置应构成设施寿期及活动开展期间政府政策和相应制度的基本内容。设施和活动产生的放射性废物需要受到特别考虑。政府必须确保前后许可、监管部门之间职责的连续性。在放射性废物管理制度中，必须考虑到放射性废物类型；必须综合、系统地管理设施和活动产生的放射性废物，直至它们得到处置；必须认识到在整个放射性废物管理过程中各步骤的相互依赖性，乏燃料管理过程也是如此。如果在放射性废物处置设施关闭后认为需要实施制度性控制，则必须明确指定维持制度性控制的责任。政府必须对与放射性废物处置有关的研究与发展计划，特别是有关长期安全性的计划作出规定。

一、分类管理原则

放射性废物和乏燃料管理法律法规的主要目的是规定对放射性废物的监管，以保护当代人和后代以及环境免受与这类废物有关的电离辐射照射所造成的损害。其主要适用于：涉及放射性废物包括废密封源的所有活动和实践；民用核反应堆运行产生的乏燃料的管理，作为后处理活动的一部分保留在后处理设施中的乏燃料除外；废液排放；含天然存在放射性物质的材料和废物，无论其来源如何。

国际原子能机构在1970年提出了一个放射性废物分类系统，特点是基于辐射防护要求，根据废物物理状态将放射性废物分为气、液、固体三大类，再根据废物的放射性水平将气体和液体放射性废物分为若干等级，根据表面辐射剂量率把固体废物分为若干等级。这种分类比较简单，容易实行，但也存在没有考虑放射性元素半衰期、毒性和危害程度，不能为处置方法提供明确依据等不足。

1994年，国际原子能机构推荐了第二个放射性废物分类体系，是基于放射性废物处置目的，适用于放射性固体分类的体系。它将放射性废物分为免管废物、低中放废物（再细分为短寿命低中放废物和长寿命低中放废物）和高放废物三级，对这三类废物有不同的处置要求。正确区分放射性废物和免管废物在放射性废物管理实践中意义重大，它既可减轻对公众和环境的危害，又可减少放射性废物的堆积，节省不必要的费用。

目前国际原子能机构推行的放射性分类标准针对固体废物，侧重废物处置问题，但考虑了放射性废源和铀（钍）伴生矿放射性废物问题，因此将废物分为免管废物、极短寿命废物、极低放废物、低放废物、中放废物和高放废物六类。有些工业操作会涉及大量天然放射性物质，在应用天然放射性物质时会附带产生放射性，当这些物质带给人们的不是小到可以忽略不计的放射性风险时，它就应当被当作放射性废物处理。以往实践产生的放射性废物以及过去、现在和将来的所有放射性废物管理设施具有的放射性，如果其对个人、社会和环境的风险低，则不必受监管，也不需要通过法律规制。

二、许可原则

放射性废物管理设施安全责任主要由营运单位承担，当没有营运单位时，责任归于国家，由相关监管机构进行管理。处理放射性废物的任何业主和个人需要获得国家的许可证，放射性废物管理设施的选址、设计、建造和运行，只有在设施业主和营运单位取得监管机构认可的情况下才能获得授权，而且许可证应有时间限制。许可证的条件随放射性废物的种类、放射性强弱、废物体积、计划的贮存或处置方法的不同而有所不同。然而，在所有情况下，监管机构都只能向那些充分证明是正当的设施和营运单位发放许可证，必要时将规定运行限值，如限制运行废物的体积，以及限制个人可能受照剂量。监管机构有权获得对许可证活动或设施作出正确评价所需要的一切信息。监管机构的监管要求应该反映许可证活动或设施存在的可能的危害程度和性质。对于放射性废物处置设施，许可证不应该随关闭而终止，许可证应到监管机构决定设施不再需要能动的、有组织的控制时才可以终止。

国家以核法律规制放射性废物管理活动，明确的责任划分、确保财务资源和其他资源以及规定独立的监管职能，还要在必要时为可能受到影响的邻国提供跨境保护。国家应考虑为参与放射性废物处置前管理活动的组织规定明确的法律、技术和财务责任；设立有效和独立的监管机构并为其提供充足的人力和财务资源；通过监管，如通过许可证审批制度，确保安全责任的连续性；确定和实施关于设施建造、运行和关闭或退役的过程；确保不断提供必要的科学和技术专门知识，以支持独立监管职能和国家层级的其他审查职能。

监管机构须制定关于放射性废物管理设施的建造和开展有关活动的规范，并公布满足许可证审批过程的程序，审查和评定营运单位在获得许可证前编写的和在运行期间定期编写的关于核设施和核活动放射性废物管理的安全论证文件及环境影响评价报告，就任何必要条件下许可证的发放、修改、中止或撤销作出规定。监管机构审查营运单位是否满足了这些条件，如果营运单位偏离了或不遵守有关要求和条件，监管机构将依法处理。

保护人员健康和环境的基本要求通常都以国家政策和法律进行规制。监管机构应就国家标准和监管要求提供必要的指导，鼓励并参与营运单位与其他相关各方的对话，制定放射性废物的定义和分类，根据国家政策制定解除对材料监管的标准，制定用于评价安全性和审查适用情况的过程并向营运单位作出解释，将要求营运单位在许可证审批过程中加以遵循的程序编写成文件，将适用于遵守核实和执法机制的程序编写成文件，建立将有关安全重要事件的资料传播给利益相关方的机制，酌情与负责相关领域监管工作的其他政府机构达成一致以确定责任领域或合作领域，确保在放射性废物处置前管理的整个期间对非辐射危害给予适当考虑。

营运单位只有满足以下条件，监管机构才可发放许可证：有必要的资格证书；保证核设施的安全运行；已采取适当措施限制对公众和环境可能的放射性影响，已进行系统的安全和环境评价。在设施开始营运之前，已完成调试计划，验证设施符合安全要求。对于处置设施，已编写了设施关闭计划，以便对其进行能动和非能动的常设控制。在任何时候必须确保工作人员、公众和环境的安全。有完成任务足够的经费，包括适当的责任保险。设施运行寿期内相关安全活动可依靠合格的员工。已经准备好适当的退役计划，已经制订出一套应急准备计划，对贮存或处置的放射性废物的场所、体积、质量和活度持有准确的记录。已作出足够的努力使放射性废物体积尽可能最小化。制订和执行对所产生的废物实施总体管理的策略，并提供必要的财务保障。负责放射性废物处置前管理的核设施或核活动的安全。营运单位通过各种办法确保适当的防护和安全水平，建立和维持强有力的核安全与核安保文化。制订和维持与放射性废物核设施和核活动相关危害相适应的应急准备和响应计划。实施有关确保适当核安保水平的措施。将管理系统适用于放射性废物处置前管理的所有步骤和要素。向监管机构提供废物所有权变更资料或所有人与营运单位关系的变更资料。实施旨在确保放射性废物处置前管理中采取综合核安全和核安保计划的措施，在需要采取安保措施，防止人员擅自接触和擅自转移放射性废物的情况时，采取综合安全和安保计划，核安保水平需与放射性废物的辐射危害水平和性质相称。

这里还要提及放射性废物的贮存和处置。贮存和处置的区别在于，贮存有回取放射性废物的意图，而处置则没有回取的意图。核法律应规定放射性废物的营运单位有处置废物的责任，这不仅对来自医院的低放废物适用，对来自核电厂反应堆的高放废物也同样适用。

由于放射性废物中某些核素的放射衰减得极慢，一些贮存放射性废物的设施管理要延伸至数千年，而处置场址的有组织控制因此要计划一万年甚至更长，因此，需要制定处置场址管理的长期计划。法律不能规定最长的贮存期限，但应保证延期贮存不变成事实上的处置。要对处置场址保持不断的短期检查测定，因为处置场址的技术安全能够合理保证几百年，几百年的安全评价已被建议为确保未来几代人不会有过度负担的一种方法。因此，高放废物处置场址的安全必须不依赖于有组织控制，应该保存记录，监管机构可能要求进行监测，但是处置场址的安全不应依赖于这样的措施。未来可能会出现从处置场逐渐释放出放射性，应当确保对关键人群组的个人预计剂量小于确定的剂量限值。

与此同时，制定放射性废物法律法规，不仅需要考虑未来，而且还要考虑过去。例如，以前采冶活动产生了大量的放射性废物，需要置于监管之下。法律应当明确规定，这些废物的所有人要对其安全处置负责，如果所有人不明确或已经不存在，处置责任则由国家承担。

作出任何干预决定前，监管机构应当比较干预产生的风险与目前的风险。由于放射性废物的活度覆盖一个很宽的范围，放射性废物应该分类处置，确保废物符合包装贮存和处理要求。多数情况下，核设施产生的放射性废物在处置之前都要进行预处理和处置的整备。

每个国家都有权立法禁止进口国外的放射性废物到本国领土，也有权禁止在本国领土上产生的放射性废物出口。如果国家决定参与放射性废物的跨境转移，就需要确保遵守《联合公约》对个人、社会和环境充分保护，使其免受这种转移产生的危害。

法律应详细阐明如果从国外进口核废物的国家政策，第一种是国家已决定禁止进口用于任何目的的任何放射性废物；第二种是国家禁止进口任何此类废物，但在国家政府认定进口此类废物事关国家利益，而且有关监管机构已经发放相应许可证的情况下除外；第三种是此类废物可以进口，但需要获得有关监管机构的批准。

在国家境内产生的放射性废物或乏燃料可以出口，但需要获得监管机构发放的许可证。在决定是否批准出口许可证时，法律应该对可能发生的放射性废物出口活动作出规定，内容应与《联合公约》保持一致，包括放射性废物或乏燃料转移接收之前是否将通知进口国并且进口国已经同意此种转移，出口废物的转移是否在其转运所经过的所有国家中都将遵照相关国际义务进行，进口国是否有能力确保他国出口的放射性废物或乏燃料符合国际安全和安保标准。

针对乏燃料的监管，通常做法是通过出台一些详细的规定来明确乏燃料管理的技术细节，其中基本政策和制度性事项需要通过法律予以明确。国家关于是否将乏燃料作为放射性废物处理的决定应该在适用范围条款中清楚表明。现有两种示范文本，一种是针对已决定将乏燃料作为废物处理的国家，另一种是针对有意将乏燃料进行后处理的国家。法律应该包含关于如何对放射性废物和乏燃料管理活动进行监管的一般性条款，包括设立相应的监管机构。如果监管职责由多个监管机构共同执行，那它们的责任划分须在法律中详细阐明。

第四节 我国立法

我国于2006年9月13日向国际原子能机构提交于2001年6月18日生效的《联合公约》的申请，该公约于2006年12月12日对我国正式生效。我国政府一直严格遵守公约的各项国际义务，对乏燃料和放射性废物进行规范管理，并根据公约第32条履行向审议会议按期提交定期报告的义务。

在放射性废物管理方面，我国建立了法律法规和标准体系，并采取了一系列措施来保证放射性废物管理安全，进而保护个人、社会和环境免受辐射危害和其他危害，放射性废物的产生量保持在可实际达到的最低水平。

《放射性污染防治法》规定了向环境排放放射性废气、废液必须符合国家放射性污染防治标准（第40条），确立了低、中水平放射性固体废物在符合国家规定的区域实行近地表处置，高水平放射性固体废物和 α 放射性固体废物实施集中的深地质处置这一基本政策（第43条）。核设施营运单位要通过合理选择和利用原材料，采用先进的生产工艺和设备，尽量减少放射性废物的产生量（第39条）。国家进行放射性废物处置选址，产生放射性固体废物的单位负责对其产生的放射性固体废物进行处理后交由放射性固体废物处置单位处置，并承担处置费用的基本原则；禁止放射性废物和被放射性污染的物品进口。① 放射性管理实行国家和省、自治区、直辖市两级管理，国家环境保护部门对全国放射环境保护工作实施统一监督管理、制定放射环境的政策和法规、制定放射环境标准并监督实施。放射环境管理的具体任务由省级环境保护部门负责实施。核工业企业法人是核安全的直接责任者，承担对辐射照射达到并保持满意控制的责任。

《核安全法》规定，放射性废物应当实行分类处置。低、中水平放射性废物在国家规定的符合核安全要求的场所实行近地表或者中等深度处置。高水平放射性废物实行集中深地质处置，由国务院指定的单位专营（第40条）。核设施营运单位应当对其产生的放射性固体废物和不能经净化排放的放射性废液进行处理，使其转变为稳定的、标准化的固体废物后，及时送交放射性废物处置单位处置。核设施营运单位应当对其产生的放射性废气进行处理，达到国家放射性污染防治标准后，方可排放（第44条）。放射性废物处置单位应当按照国家放射性污染防治标准的要求，对其接收的放射性废物进行处置。放射性废物处置单位应当建立放射性废物处置情况记录档案，如实记录处置的放射性废物的来源、数量、特征、存放位置等与处置活动有关的事项。记录档案应当永久保存（第45条）。核设施营运单位应当预提核设施退役费用、放射性废物处置费用，列入投资概算、生产成本，专门用于核设施退役、放射性废物处置（第48条）。确立了放射性废物管理许可制度，专门从事放射性废物处理、贮存、处置的单位，应当向国务院核安全监督管理部门申请许可证。核设施营运单位利用与核设施配套建设的处理、贮存设施，处理、贮存本单位产生的放射性废物的，无须申请许可证（第43条）。确保放射性废物处置单位具备处置能力并确保核安全。明确了乏燃料及放射性废物的运输许可证管理和配套保障。

《放射性废物安全管理条例》明确了放射性废物的安全管理，涵盖处理、储存和处置及其监督管理等活动，坚持减量化、无害化和妥善处置、永久安全的原则（第4条）。将放射性废物分为高水平放射性废物、中水平放射性废物和低水平放射性废物三个大类分类管理（第6条）。《放射性废物安全监督管理规定》明确要求，在一切核活动中，应控制废物的产生量，使其在放射性活度和体积两方面均保持在实际可达到的最少量。

生态环境部（国家核安全局）于2016年发布了核安全导则《核设施放射性废物最小化》，为核设施设计、建造、运行和退役单位开展放射性废物最小化工作提供了指导，即通过废物的源头控制、再循环与再利用、清洁解控、优

---

① 岳维宏：《核设施运行及退役中的废物最小化技术》，《原子能科学技术》2011年第45期。

化废物处理和强化管理等措施，经过代价利益分析，使最终放射性固体废物产生量（体积和活度）可合理达到尽量低。①

除上述法律法规对放射性废物的一般规定外，还有一些具体法规和技术标准针对不同侧面规定了放射性废物的管理要求。

《放射性固体废物贮存和处置许可管理办法》适用于放射性固体废物贮存和处置许可证的申请和审批管理，旨在加强放射性固体废物贮存和处置活动的监督管理，规范放射性固体废物贮存和处置许可制度。

《城市放射性废物管理办法》旨在促进放射性同位素和辐射技术广泛地应用，加强对由此产生的放射性废物和废放射源的管理，保护环境，保障人体健康。

《铀、钍矿冶放射性废物安全管理技术规定》参照国际原子能机构《安全丛书》第85号《铀、钍矿开采和选冶中废物的安全管理》（1987年版）第1部分"实施规定"，明确了铀、钍矿开采和选冶过程中产生的放射性废物的安全管理、控制原则和要求，也规定了废物管理设施设计、运行、退役等的一般要求。

《低、中水平放射性废物近地表处置设施的选址》规定了低、中水平放射性废物近地表处置设施的选址目标、选址方法、选址过程的管理、选址准则和选址过程中需要收集的数据或资料。

《低、中水平放射性废物的浅地层处置规定》对处置废物的性质和包装作出了规定，对浅地层埋藏处置场的选址、设计、运行、关闭、监督及安全评定提出了原则性的要求。

《核技术利用放射性废物库选址、设计与建造技术要求（试行）》旨在加强对核技术利用中产生的放射性废物和废放射源的管理，规范核技术利用放射性废物贮存库的选址、设计和建造工作。技术改进是核电厂实现放射性废物最小化最有效的方法。

下面介绍我国针对乏燃料管理的法律规定。

《核安全法》规定：产生、贮存、运输、后处理乏燃料的单位应当采取措施确保乏燃料的安全，并对持有的乏燃料承担核安全责任。（第39条）核设施营运单位应当按照国家规定缴纳乏燃料处理处置费用，列入生产成本。（第48条）

《民用核设施安全监督管理条例》规定，核设施营运单位对所营运的，包

---

① 韩春彩、孔凡璠、陈亮平、孟庆森、廖运璇：《含铀氢氟酸再利用辐射影响研究》，《辐射防护》2021年第41期。

括乏燃料管理设施在内的核设施的安全承担全面责任，并接受核安全监管部门的监督管理。

《核动力厂设计安全规定》《核电厂运行安全规定》《核电厂内乏燃料干法贮存系统核安全监管要求》和《压水堆核电厂乏燃料贮存设施设计准则》等法规和标准对核电厂乏燃料管理提出了明确的安全要求和建议，包括确保临界问题得到妥善解决；确保余热的排出问题得到妥善解决；确保放射性废物的产生量保持在可实际达到的最低水平；考虑了乏燃料管理中不同步骤之间的相互依赖关系；确保对个人、社会和环境提供有效保护；充分考虑了可能与乏燃料管理有关的生物学、化学及其他危害等。

按照上述规定，我国各个核电厂都配套建设具有一定贮存能力的乏燃料贮存设施，以接纳一定时期内核电厂运行产生的乏燃料，并保证其安全贮存。

各核电厂营运单位均制订了乏燃料贮存设施运行计划。该计划包括调试、运行、维护、改造、检查、试验、辐射防护、防止放射性物质向环境释放、意外事故和应急准备、事故记录、报告和调查、质量保证和监查、人员培训，以及核材料管制和实物保护等内容。为了管理和控制安全风险，各核电厂营运单位还制订了乏燃料贮存设施运行要求，包括乏燃料冷却系统的最低冷却能力和乏燃料水池上方的最低水位、禁止在指定位置外的任何场所存放乏燃料、最小备用贮存容量、应留有的次临界裕量以及乏燃料贮存区的辐射监测要求等。各核电厂营运单位均严格按照在乏燃料贮存设施投入运行前已制订并经批准的计划和程序对乏燃料贮存设施实施管理。

附：

各国放射性废物和乏燃料管理法律制度一览

《加拿大高放射性核废物法》（1987 年，6 条）；

《美国核废物政策法》（1982 年，510 条）；

《巴基斯坦核废物管理条例》（2005 年，24 条）；

《菲律宾有毒有害物质和核废物监管法》（1990 年，48 条）；

《日本放射性废物管理条例》（2004 年，24 条）；

《日本关于特定放射性废弃物最终处置的法律》（2000 年，94 条）；

《土耳其放射性废物条例》（1985 年，22 条）；

《印度原子能规则（放射性废物的安全处理）》（1987 年，21 条）；

《奥地利危险废物测定法》（1989 年，16 条）；

《保加利亚核废物管理的安全规程》（2004 年，119 条）；

《保加利亚放射性废物安全管理规程》（2004年，84条）；
《保加利亚核废物处理条例》（2004年，19条）；
《波兰放射性废物处理厂条例》（2007年，21条）；
《爱尔兰放射性废物监管条例》（2009年，16条）；
《爱尔兰放射性废物及核废物条例》（2002年，61条）；
《爱尔兰处理或贮存进出口核废物许可条例》（2007年，22条）；
《德国安全贮存和最终处置放射性废物联邦设施建设预付金条例》（1982年、2004年修订，24条）；
《德国核废物处置条例》（2005年，9条）；
《德国废物处置条例》（2006年，31条）；
《德国废物监管目录》（2001年，27条）；
《芬兰核能废物安全处理法》（2008年，20条）；
《荷兰核废物进出口运输条例》（2009年，56条）；
《罗马尼亚放射性废物安全管理规定》（2004年，58条）；
《罗马尼亚中长期核废物处理战略规定》（2004年，7章）；
《罗马尼亚放射性废物地表贮存规定》（2005年，143条）；
《罗马尼亚废物安全处理经济来源规定》（2007年，18条）；
《罗马尼亚核废物及放射性废物处理条例》（2003年，36条）；
《法国持续处理放射性物质及废物法》（2006年，23条）；
《拉脱维亚放射性废物处理法》（2002年，117条）；
《立陶宛放射性废物处理法》（1999年、2004年、2005年、2009年、2011年修订，25条）；
《希腊有害废物管理条例》（2006年，37条）；
《卢森堡放射性废物运输法》（2009年，24条）；
《瑞典核废物处置条例》（2008年，12条）；
《瑞典核活动剩余产物处理法》（2006年，19条）；
《瑞典核原料及废物处理条例》（2008年，12条）；
《瑞典管理核废物保护公众健康及环境条例》（2008年，13条）；
《瑞典核废物安全处置条例》（2001年，12条）；
《瑞士放射性废物处置条例》（2002年，2006年修订，10条）；
《斯洛文尼亚放射性废物管理规定》（2011年，28条）；
《匈牙利核废物贮存及处理条例》（2003年，20条）；
《匈牙利核设施及放射性废物处置设施规划地理及矿业要求条例》（1997年，15条）；

《英国特殊废物管理条例》(1996年,37条);
《挪威放射性污染及废料防治法》(1981年,2003年修订,90条);
《塞浦路斯监督和控制放射性废物和乏燃料的规定》(2009年,24条);
《澳大利亚英联邦放射性废物管理法》(2005年,2012年修订,17条);
《巴西放射性废物安全性条例》(2001年,39条);
《阿根廷危险废物法》(1991年,68条);
《纳米比亚辐射防护和废物处置条例》(2011年,18条);
《南非国家放射性废物处理法》(2009年,31条);
《尼日利亚放射性废物管理规定》(1995年,34条)。

第九章 放射性物质运输法律制度

第一节 概述

放射性物质运输法律制度是国家对放射性物质运输安全监督管理的规定，以保护人员、财产和环境免受放射性物质运输期间产生的辐射影响。放射性物质安全运输法律制度适用于放射性物质在陆地、水上或空中一切方式的运输。所述运输包括与放射性物质装运有关和搬运中所涉的所有作业和条件；这些作业包括货包的设计、制造、维护和修理，以及放射性物质的货物和货包的准备、托运、装载、运载（包括中途贮存）、卸载和抵达最终目的地时的接收。

放射性物质运输是一项在许可原则和连续控制原则管理下的作业，其特点在于危害源的流动性，运输中物质所在的环境不断发生变化，需要防止放射性物质运输过程中造成的危害。

1956年联合国危险货物运输专家委员会出版的《关于危险货物运输的建议书》根据货物运输期间产生的危害对货物进行分类。国际原子能机构《放射性物质安全运输条例》及其各修订版，通过包容放射性内容物、控制外部辐射水平、防止临界、防止热损害来实现。其中有两个主要技术手段：包容放射性内容物和控制外部辐射水平。在核燃料运输时还需要考虑由于热量造成的临界和损坏，首先按等级提出货包和运输工具内容物限值以及根据放射性内容物的危害提出货包设计用的性能标准，其次对货包设计和操作以及内容物的维护，包括考虑放射性内容物的性质提出要求，最后要求实施行政管理，包括必要时送交主管部门批准。核法律可以要求参与运输作业的托运人、承运人或收货人取得主管当局的许可证。此外，对于放射性物质的国际运输，还需要申请出口或进口许可证。[①]

联合国和国际原子能机构都制定了适用于放射性物质运输安全的标准与范

---

① 王晓方、王高：《核安全立法 保障核能有序健康发展——世界主要核电国家核安全法立法概览》，《中国核工业》2013年第3期。

本，比如，国际原子能机构《安全标准丛书》第 SSR－6（Rev.1）号《放射性物质安全运输条例》（2018 年版）。这些都是国家建立健全放射性物质运输法律法规制度的重要依据。

第二节 立法实践

一、各国放射性物质运输立法

世界范围内出台放射性物质运输相关法律法规的国家分别为阿根廷、爱尔兰、奥地利、巴基斯坦、保加利亚、波兰、丹麦、德国、俄罗斯、荷兰、加拿大、卢森堡、马耳他、马来西亚、美国、尼日利亚、瑞士、斯洛伐克、斯洛文尼亚、土耳其、西班牙、希腊、新加坡、新西兰、匈牙利、英国、智利等。

《加拿大核安全与控制法》授权核安全委员会制定放射性物质运输管理条例。据此，核安全委员会制定了《加拿大核物质保障和运输条例》，2003 年，该条例参照国际原子能机构《放射性物质安全运输条例》（1996 版）以及运输《安全标准丛书》进行修订，规定放射性物质运输应当依据《加拿大核安保条例》规定的三等级分类申请运输许可证。《加拿大危险品运输条例》规定了加拿大境内危险品运输申请的要求，并制定了非常具体的不同危险物品的包装标准。

德国放射性物质的运输不仅受《德国原子能法》和《德国辐射防护条例》有关规定的规范，还依据 1975 年《德国危险货物运输法》及其后续修订版，以及依据《德国公路、铁路、海洋和内水危险品运输条例》进行监管，有关规定以国际原子能机构《放射性物质安全运输条例》为基础。德国还加入了 1957 年 9 月 30 日《关于国际公路危险品货物运输的欧洲协议》及其 1993 年议定书、《莱茵河危险货物运输条例》和《国际铁路运输协议》。2001 年《德国国内与跨境公路及铁路危险品运输条例》对相关放射性物质运输方式管理做了规定，而《德国航空法》对航空运输核燃料及放射性物质作了特别的规定和许可证要求。

英国相关法规体现了国际原子能机构《放射性物质安全运输条例》中的原则。运输部是大不列颠公路和铁路运输，以及联合王国空中和海上运输的主管部门。北爱尔兰环境部负责北爱尔兰的公路运输，企业、贸易和投资部负责北爱尔兰的铁路运输。1991 年颁布的《北爱尔兰放射性物质（公路运输）法》管理放射性物质的公路运输，并取代 1948 年《北爱尔兰放射性物质法》。北爱尔兰相关的条例是 1992 年颁布的《放射性物质（公路运输）（北爱尔兰）令》。关于放射性物质的国际运输，英国批准了有关欧洲公路运输的《危险物品国际公路运输的欧洲协定》（第 7 级）；有关欧洲铁路运输的《国际铁路运输公约》（COTIF）附录 B，《国际物品铁路运输合同统一规则》（CIM）附录 1，《危险物品国际铁路运输条例》（RJD）（第 7 级）。

二、法国放射性物质运输法律

法国有关核材料与放射性物质运输的法律由《关于经铁路、公路或内河运输危险物质的 1942 年 2 月 5 日 42－263 号法》《1945 年 4 月 15 日令》规定，实施细则由后来发布的制度规定，如针对属于核安全 1 至 3 级的放射性物质运输的管理由经修订的《1954 年 7 月 12 日令》《1957 年 8 月 22 日令》和《1974 年 6 月 24 日令》规定。依据上述法令，托运人应报告国家民事保护服务部门，同时将专门运输放射性物质的车辆污染检查情况向辐射防护与核安全研究院报告，相关条款也适用于在港口运输和装卸危险货物。《关于经铁路运输乏燃料、放射性物质保护与控制的 1986 年 6 月 12 日令》则详细规定了获准运输核材料和放射性物质的承运人需要遵守的义务。

海上运输由修订后的《1954 年 7 月 12 日令》管辖，放射性物质的海上运输许可证由海运检查局发放。1989 年 9 月 7 日通过了《关于海上运输放射性物质的保护与控制的 1988 年 11 月 17 日令》，这是关于政府对放射性物质在海上运输期间发生事故时应对措施的法令。

空中运输由《关于空中运输放射性物质的保护和控制 1987 年 7 月 31 日令》管辖，空中运输许可证由民用商业航空秘书长发放。邮政托运受 2001 年 3 月 22 日颁布的法令管辖，旨在防范处理发送放射性物质货物的工作人员和环境所面临的风险。

法国广泛地采用了国际原子能机构的导则要求，根据机构分类标准针对放射性物质危害程度采取措施确保运输安全。

三、美国放射性物质运输法律

美国运输部和核管会共同监管放射性物质的运输安全。运输部依据 1974 年《美国运输安全法》对放射性物质的运输进行监管，核管会的运输监管职能主要基于 1954 年《美国原子能法》和 1982 年《美国核废物政策法》的规定。

核管会针对大量放射性物质或易裂变材料在国内的运输制定货包安全标准（即 B 型货包），而运输部则针对少量放射性物质在国内的运输制定货包安全标准（即 A 型货包）。运输部代表美国参加国际原子能机构的国际货包安全标准制定工作，核管会就国际原子能机构货包标准向运输部提供技术建议。运输部放射性物质的运输规定对货包、包装的标签和标记、交通工具的标记、承运人的能力和培训、应急响应信息、运输路线及运输证件等提出要求。1995年8月美国对危险物质法规进行了修改，使其与国际原子能机构的安全标准相一致。修改后的法规要求托运人和承运人要有书面的辐射防护计划，对低活性的放射性物质的定义和货包进行了修改，并要求使用国际单位制来测量放射性物质的活度，对放射性物质货包的基本标准不变。运输部法规还分别对联邦航空管理的空运、联邦铁路管理的铁路、联邦高速公路管理的高速公路和美国海岸警卫管理的船舶等各种运输渠道作出了要求。

除了美国运输部的规定外，核管会的许可证持有者还要遵守《联邦法规汇编》第10条第71和73部分的要求。首先，第71部分中包括B型和易裂变材料的货包标准、对货包用户和制造商的质量保证要求以及对某些废物运输的通知要求。其次，第73部分包括防止特种核材料被盗或被破坏的安全保障要求。如对于乏燃料和战略特种核燃料的运输，根据第73部分的规定，核管会可以对批准路线、武装护卫、车辆停泊、通信设备、监督以及定期汇报等方面提出要求。第73部分还要求承运人事先向州长通报有关乏燃料的运输。

四、国际立法

放射性物质的运输不同于一般物品的运输，对运输工具、政府监管和许可证、人员防护等都有特殊的要求。

（一）国际条约中关于放射性物质运输的规定

《联合国海洋法公约》对内水、领海、毗连区、大陆架、专属经济区、公海等重要概念进行了法律界定，对全球领海主权争端、海上天然资源管理、污染处理等具有重要的指导作用。公约于1982年12月10日在牙买加召开的联合国海洋法会议上开放签署，1994年11月16日生效。公约中涉及核领域的条款主要是第22条和第23条，这两条是对核动力船舶和载运核物质船舶在行使领海内无害通过权的限制。沿海国考虑在航行安全且认为必要时，可要求行使无害通过其领海的外国船舶，但核动力船舶和载运核物质或材料的船舶只能在指定或规定的海道和分道通航，并且应持有国际条约为这种船舶所规定的证书并遵守国际条约所规定的特别预防措施。[1]

国际海事组织制定的1974年《国际海上人命安全公约》是涉及海上安全

---

[1] 陈刚：《国际原子能法框架研究》，博士学位论文，中国政法大学国际法学院，2011，第112页。

最为重要的国际公约之一，也是船舶安全管理的基础。该公约旨在提高船舶安全管理水准，应对各类安全检查，达到"使航行更安全，让海洋更清洁"的目的，其于1980年5月25日生效。公约中含有关于运输包括放射性物质在内危险货物的规定。公约D部分专门制定了"船舶装运密封装辐射性核燃料、钚和强放射性废物的特殊要求"。

此外，1981年国际海事组织制定了核商船安全标准。1993年，国际原子能机构、国际海事组织和联合国环境规划署联合制定《罐装辐照核燃料、钚和高放废物的海上安全运输规则》。

（二）国际原子能机构《放射性物质运输安全条例》

国际原子能机构一直引领《放射性物质安全运输条例》的制定，旨在制定全球辐射安全和运输安全的政策、准则和标准，以及实现这些文件从而协调辐射源核安全和核安保方面的全球统一，以此提高保护所有人员免受辐射照射的防护水平。1961年国际原子能机构推出了适用于国内和国际各种运输手段的《放射性物质安全运输条例》，该条例一直被一些主要国际组织作为对放射性物质运输的指导性文件。

各国核立法需要在国际原子能机构《放射性物质安全运输条例》与国家核法律之间建立相应的联系，使遵循该条例成为发放承运人相关许可证的先决条件。对于风险较低的物质，有些国家核法律规定，如果该物质运输按照国际原子能机构《放射性物质安全运输条例》的要求进行，则可以不需要许可证。

国际原子能机构《安全标准丛书》第SSR-6（Rev.1）号《放射性物质安全运输条例》（2018年版）旨在建立一套安全标准，把与放射性物质运输有关的人员、财产和环境受到的辐射危害、临界危害和热危害控制在可接受水平。条例依据国际原子能机构《安全标准丛书》第SF-1号《基本安全原则》、国际原子能机构《安全标准丛书》第GSR Part 3号《国际辐射防护和辐射源安全基本安全标准》等文件，因此就放射性物质运输而言，遵守本条例即被认为符合《国际辐射防护和辐射源安全基本安全标准》的原则。从2000年开始，国际原子能机构运输条例每两年修订一次。此外，国际原子能机构《放射性物质安全运输条例咨询资料》对运输条例进行补充。

制定条例的目的是为确保安全以及保护人员、财产和环境免受放射性物质运输期间产生的有害电离辐射影响而必须达到的各项要求，这里的防护可以通过包容放射性内容物、控制外部剂量率、防止临界反应、防止热损害来实现。为满足上述要求，首先，按等级提出货包和运输工具内容物限值以及根据放射性内容物的危害提出货包设计用的性能标准；其次，对货包的设计和操作以及包装的维护施加条件；再次，实施行政管理；最后，通过做好应急响应规划和准备的安排，保护人员、财产和环境。条例适用于放射性物质的陆运、水运或空运一切方式的运输，包括伴随使用放射性物质的运输。这里的运输包括与放射性物质搬运有关和搬运中所涉的所有作业和条件；这些作业包括包装的设计、制造、维护和修理，以及放射性物质的货物和货包的准备、托运、装载、运载、贮存后装运、卸载和抵达最终目的地时的接收。条例实行分级方案，采用下述三种一般严重性等级：运输的例行工况（无偶然事件）；运输的正常工况（小事件）；运输的事故工况。

条例的一般规定阐述了放射性物质运输中的辐射防护、应急响应、管理系统、遵章保证、不符合情况、特殊安排和培训要求。其他还包括放射性活度限值和分类、对放射性物质以及对其包装和货包的要求、试验程序、批准和管理要求等。

第三节 法律原则

一、放射性物质承运人分类管理与责任承担原则

运输物品按照其危害性划分为 9 类物质标识和分类系统：爆炸物；气体；可燃液体；可燃固体、易自燃物质、遇水易发出可燃气体的物质；氧化物质和有机过氧化物；有毒和传染性物质；放射性物质；腐蚀性物质；其他危险物质和物品。

1959 年，由于认识到与国际原子能机构协调起草有关第 7 类放射性物质运输建议的必要性，联合国专家委员会与国际原子能机构进行了合作，专家委员会通过了《关于危险货物运输的建议书·规章范本》。针对放射性物质，1996 年国际原子能机构基于上述规章范本，制定了《放射性物质安全运输条例》并不断修订。因此，国际原子能机构《放射性物质安全运输条例》目前既是一份独立文件，又是规章范本的一部分。

关于放射性物质运输，负责机构应为放射性物质出入国家辖区和在国家辖区内转移制定相关运输要求。制定的要求包含放射性物质分类，分类方法应考虑到相关物质的种类、数量和活度以及由此产生的潜在安全隐患，并参考国际原子能机构《放射性物质安全运输条例》最新版中列举的技术要求。

任何从事放射性物质运输的个人或实体都应遵守依据法律要求取得的授权或许可证，获准从事放射性物质运输的个人或实体对确保放射性物质在运输过

程中的核安全和核安保负有主要责任。

二、以法律规制放射性物质国际运输原则

在国际上,《关于危险货物运输的建议书·规章范本》和国际原子能机构《放射性物质安全运输条例》通过纳入各种形式的国际条约而得到实施。

在陆运方面,联合国欧洲经济委员会的规章范本包含了《规章范本》的文本,特别反映在《欧洲危险货物国际公路运输协定》《国际铁路运输危险货物规则》以及有关危险货物特殊手段运输的国际条约中。在海运方面,《国际海事危险品守则》通过纳入《国际海上人命安全公约》第七章而成为强制性规定。在航运方面,规章范本通过《国际民用航空公约》的附件《国际民航组织技术说明书》成为航空运输的强制性规定,而国际航空运输协会也把遵守这些规定作为从事危险货物空中运输的先决条件。

即使不是这些国际条约缔约方的国家,也可以决定使用上述国际法律制度作为国家有关放射性物质运输立法的基础。在国际原子能机构有关放射性物质运输安全的文件 GOV/1998/17 中,汇编了所有涉及放射性物质安全运输的国际条约和规章、条例,各国都可以参考。

三、国际运输期间的管辖权变化原则

放射性物质从一个国家运输到另一个国家,会引起对放射性物质有管辖权国家的变化,这成为运输的一个严重障碍。如果运输作业中所涉及的国家是危险货物运输有关条约的缔约方,包括过境国,那么问题便会有所缓和,因为运输监管条件在缔约国领土内是基本相同的。如果这些国家是同一国际核损害责任公约的缔约国,那么潜在的问题便能够最小化。因此,各国应考虑既加入有关运输公约又加入有关核损害责任公约,以促进放射性物质的跨境运输。

四、乏燃料和放射性废物跨境运输原则

《联合公约》第 27 条包含有关乏燃料和放射性废物跨境运输的特殊规定和义务,要求这种物质的跨境运输必须经目的地国家的同意才能进行,要求这种物质经过境国跨境运输时服从所采用的具体运输方式的相应国际义务规制,这就为乏燃料和放射性废物运输提供了便利条件。这是对 1989 年《控制危险废物越境转移及其处置巴塞尔公约》的补充,《巴塞尔公约》在其附件 I – III 中并未解决放射性废物问题,而是规定如果放射性废物服从另一个控制体系,则不在其适用范围之内。这两项公约的缔约国需要通过国内立法确保公约的要求得到满足。

五、放射性物质运输实物保护原则

1979 年《核材料实物保护公约》规定了适用于缔约国领土上为和平目的而使用的核材料的实物保护水平，以及适用于国际核运输期间的轮船和飞机的实物保护水平。缔约国承诺，如果无法保证核材料得到必要水平的保护，将不从事或不授权从事这种国际运输。公约缔约方还需要对经过其领土期间将穿过国际海域或领空的核材料实施商定水平的防护，负责接受上述保证的一方必须提前通知核材料运输将经过的国家。

第四节　我国立法

《放射性污染防治法》第 16 条规定，运输放射性物质和含放射源的射线装置，应当采取有效措施，防止放射性污染。具体办法由国务院规定。放射性物质和射线装置应当设置明显的放射性标识和中文警示说明。生产、销售、使用、贮存、处置放射性物质和射线装置的场所，以及运输放射性物质和含放射源的射线装置的工具，应当设置明显的放射性标志。

《核安全法》规定国家对核材料和放射性废物的运输采取分类管理的原则，国家保障核材料、放射性废物的公路、铁路、水路等运输，国务院有关部门制定具体的保障措施（第 80 条）。核工业主管部门负责协调乏燃料运输管理活动，监督有关保密措施。公安机关对核材料、放射性废物道路运输的实物保护实施监督，处理可能危及核材料、放射性废物安全运输的事故，审批运输申请。核安全监督管理部门负责批准核材料、放射性废物运输包装容器的许可申请（第 51 条）。核材料、放射性废物的托运人应当在运输中采取有效的辐射防护和安全保卫措施，对运输中的核安全负责。乏燃料、高水平放射性废物的托运人应当向核安全监督管理部门提交核安全分析报告，经审查批准后方可开展运输活动。核材料、放射性废物的承运人应当依法取得国家规定的运输资质。

《放射性物品运输安全管理条例》旨在加强对放射性物品运输的安全管理，保障人体健康，保护环境，促进核能、核技术的开发与和平利用，以规范放射性物品的运输和放射性物品运输容器的设计、制造等活动，主要适用于放射性物品的运输和放射性物品运输容器的设计、制造等活动。根据放射性物品的特性及其对人体健康和环境的潜在危害程度，将放射性物品分为一类、二类和三类（第 3 条）。

一类放射性物品，是指Ⅰ类放射源、高水平放射性废物、乏燃料等释放到环境后对人类健康和环境产生重大辐射影响的放射性物品。

二类放射性物品，是指Ⅱ类和Ⅲ类放射源、中等水平放射性废物等释放到环境后对人体健康和环境产生一般辐射影响的放射性物品。

三类放射性物品，是指Ⅳ类和Ⅴ类放射源、低水平放射性废物、放射性药品等释放到环境后对人体健康和环境产生较小辐射影响的放射性物品。

根据放射性物品的分类，对放射性物品运输包装容器的设计、制造和使用分别进行规定。托运放射性物品的，托运人应当持有生产、销售、使用或者处置放射性物品的有效证明，使用与所托运的放射性物品类别相适应的运输容器进行包装，配备必要的辐射监测设备、防护用品和防盗、防破坏设备，并编写运输说明书、核与辐射事故应急响应导则、装卸作业方法、安全防护导则、辐射监测报告（一类放射性物品的辐射监测报告由托运人委托有资质的辐射监测机构出具；二类、三类放射性物品的辐射监测报告由托运人出具）。托运人和承运人应当按照国家放射性物品运输安全标准在放射性物品运输容器和运输工具上设置警示标志。国家利用卫星定位系统对一类、二类放射性物品运输工具的运输过程实行在线监控。

根据2016年9月2日《交通运输部关于修改〈放射性物品道路运输管理规定〉的决定》修正的《放射性物品道路运输管理规定》规定了国务院交通运输主管部门主管全国放射性物品道路运输管理工作（第40条）。申请从事放射性物品道路运输经营的，应具备符合要求的专用车辆和设备、从业人员和健全的安全生产管理制度。道路运输放射性物品的托运人应当制定核与辐射事故应急方案，在放射性物品运输中采取有效的辐射防护和安全保卫措施，并对放射性物品运输中的核与辐射安全负责（第6条）。道路运输放射性物品的承运人应当取得相应的放射性物品道路运输资质，并对承运事项是否符合本企业或者单位放射性物品运输资质许可的运输范围负责。

《核材料国际运输实物保护规定》规定了核材料国际运输实物保护由国家主管部门统一管理，分级负责，并实行许可制度。核材料国际运输实物保护实行分类管理，区分不同类别的核材料分别进行实物保护措施。公安部负责组织查处针对核材料犯罪的案件；指导核材料持有单位的安全保卫工作；检查监督国际运输和国内使用、储存、运输中的核材料实物保护工作。国家原子能机构负责管理核材料国际运输和国内使用、储存、运输中的安全保护管理工作。经营单位的法定代表人对其经营的核材料国际运输实物保护负全面责任。

2019年《乏燃料运输管理办法》明确了核工业主管部门（国家核事故应急办公室）、交通运输主管部门、公安部门、核安全监督管理部门、铁路行业监督管理部门在乏燃料运输管理中的职责分工，并对运输审批、运输过程、道路、水路、铁路以及三者联运进行了具体规定。目前该办法尚未公开发布与正式实施。

附：

各国放射性物质运输管理法律制度一览

《美国危险材料运输统一安全法》（1990 年，3349 条）；

《加拿大包装和运输核物质的法规》（2011 年，70 条）；

《巴基斯坦放射性物质安全运输规定》（2007 年，5 条）；

《马来西亚核辐射保护（运输）法规》（1989 年，85 条）；

《土耳其放射性物质安全运输条例》（1982 年，252 条）；

《新加坡有害废物（进出口及运输控制）法》（1998 年，14 条）；

《新西兰海上运输法》（1994 年，2008 年修订，485 条）；

《爱尔兰危险货物公路运输法》（1998 年，44 条）；

《爱尔兰危险货物铁路运输条例》（2003 年，153 条）；

《爱尔兰危险货物公路及铁路运输条例》（2001 年，71 条）；

《奥地利放射性废物运输条例》（1997 年，2009 年修订，139 条）；

《保加利亚放射性原料运输条例》（2005 年，123 条）；

《保加利亚放射性废物运输至国有处理厂条例》（2004 年，19 条）；

《丹麦放射物质运输法》（2001 年，27 条）；

《丹麦国际放射性废物运输法》（1993 年，13 条）；

《德国危险货物运输法》（2009 年，1975 年修订，57 条）；

《德国国内与跨境公路、铁路及内水危险品运输条例》（2008 年，2011 修订，285 条）；

《德国公路、铁路、海洋和内水危险品运输条例》（2008 年，2011 年修订，285 条）；

《德国关于国际公路危险品货物运输欧洲协议》（1993 年，2011 年修订，681 条）；

《德国国际铁路运输协议》（1980 年，79 条）；

《德国关于欧洲原子能机构成员国子监督放射性物质装运条例》（1993 年，29 条）；

《德国核废物运输条例》（2009 年，54 条）；

《德国危险货物运输例外条例》（2002 年，28 条）；

《德国国际铁路运输协议 1999 议定书》（1999 年，2006 年、2011 年修订，192 条）；

《俄罗斯安全运输核物质法》（2001 年，43 条）；

《荷兰放射性物质运输条例》（2012 年，34 条）；

《卢森堡放射性废物运输法》（1963 年，1996 年、2009 年修订，49 条）；

《马耳他放射性废物运输监管条例》（2011 年，18 条）；

《马耳他放射性废物及燃料运输监管条例》（2009 年，73 条）；

《瑞士危险货物公路运输条例》（2002 年 11 月 29 日，31 条）；

《斯洛伐克核原料运输条例》（2005 年，173 条）；

《斯洛文尼亚危险货物运输法》（2000 年，60 条）；

《斯洛文尼亚放射性废物跨境运输规定》（2009 年，25 条）；

《斯洛文尼亚核及辐射物质跨境运输规定》（2008 年，21 条）；

《西班牙危险货物铁路运输法》（2001 年，32 条）；

《西班牙危险货物处理条例》（1989 年，135 条）；

《西班牙危险货物公路运输法》（1998 年，35 条）；

《匈牙利跨境转移核原料条例》（1996 年，68 条）；

《匈牙利核废物铁路运输安全条例》（1997 年，54 条）；

《匈牙利放射性物质装运条例》（1997 年，20 条）；

《希腊核原料转移控制条例》（1993 年，15 条）；

《英国进口货物（监管）令》（1954 年，10 条）；

《英国放射性物质（公路运输）法》（1991 年，37 条）；

《尼日利亚放射性物质运输法》（2006 年，149 条）。

第十章 应急准备和响应法律制度

第一节 概述

应急准备和响应法律制度，是指国家对应急准备作出的规定，以便能够及时有效地对核或辐射紧急情况作出响应。核或辐射应急制度已成为贯穿核法律的一项基本制度。

突发事件是指突然发生，造成或者可能造成严重社会危害，需要采取应急处置措施予以应对的自然灾害、事故灾难、公共卫生事件和社会安全事件。核与辐射事故是指因事故或意外事件等因素，致使放射性物质释放、造成或可能造成重大辐射后果，使公众的生命健康和财产受到危害或威胁、环境受到污染的紧急情况。核工业体系在放射性矿产的勘探和开采，核燃料的冶炼和制造，放射性物质运输和贮存，核设施的运行和退役，放射性废物和乏燃料的处理，以及辐射装置的使用环节，都有发生核或辐射事故的风险。由于整个核能开发利用过程几乎都存在发生放射性物质释放事件的风险，核或辐射紧急状态和事故不仅对引起事故的设施和工作人员会产生有害影响，也会对周围公众和环境造成危害，还会对社会产生深远影响。有时放射性物质会经空气或水流传输到核设施以外的区域，会造成远距离的污染，甚至会跨越国境污染其他国家和地区的领土。

因此，核设施场内应急准备和场外应急准备应纳入国家的核法律体系中。核或辐射事故应急是指为了控制或者缓解核或辐射事故、减轻核或辐射事故后果，由国家、核工业企业、辐射应用单位采取的，包括公众在内参与的不同于正常秩序和正常工作程序的紧急行动。[①] 国家应对紧急情况的义务源自国家有保护公众免受伤害的责任。针对危险性活动，国家应建立减少紧急风险并缓解风险后果的系统，提供用于应对紧急情况影响所需要的手段。在国际层面上，

---

① 中华人民共和国国务院新闻办公室：《中国的核应急》，《人民日报》2016年1月28日第6版。

组织应急响应也需要各国之间的合作，建立应急组织和响应的法律制度，使世界范围内应急计划的制订和实施成为可能。此外，应急系统还需要有受过训练的人员、技术设备和资金来源。核或辐射应急准备和响应的主要目的是确保在现场以及适当时落实对核或辐射紧急情况作出有效响应的各项安排；确保就合理可预见的事件而言辐射危害降至最小；对于已经发生的任何事件，采取切实可行的措施缓解对人类生命和健康以及对环境造成的任何损害后果。

第二节　立法实践

世界上在核应急领域制定法律或法规的国家分别为阿联酋、爱尔兰、保加利亚、波兰、丹麦、德国、芬兰、拉脱维亚、卢森堡、日本、瑞典、瑞士、斯洛伐克、斯洛文尼亚、土耳其、匈牙利、西班牙等。出台核应急法律法规的国家主要集中在欧洲，亚洲国家较少，美洲、大洋洲、非洲则没有该领域成文法的出台。出台核应急准备和响应法律法规的国家多为经济较为发达且有核设施的国家，许多国家尽管并没有核应急响应与防止领域的专门法出台，但并不代表这些国家忽视对核应急响应的关注，如美国，其并无专门的核应急响应法律法规，但是美国国会在《核监管委员会1980年财年的批准法》中，指令美国核监管委员会为国家应急计划建立标准，而且只对那些有周密应急计划的州、地方或公司的核设施发放运行许可证。至于州和地方的应急计划是否充分，核管会要与联邦应急管理局磋商决定。因此，核应急响应作为核法律的重要一环，世界各国按照本国国情的不同采用多种形式对其给予关注和规范。世界也有许多国家因已经加入《及早通报核事故公约》和《核事故或辐射紧急情况援助公约》，因此其国内核应急响应完全按照国际条约和国际原子能机构导则为标准执行，不再单独制定本国核应急响应制度。

各国在核应急响应制度的建立与实施方面，都会注意以下几点：核材料和其他放射性物质的使用者有义务制订并实施适当的计划，用以应对可能导致对人员、财产和环境造成损害的事故或突发事件，该计划应该包含由所有相关人员和组织参与演习的规定；监管机构在批准使用核材料或辐射源的设施应急预案中的职能；监管机构在涉及放射性物质的紧急情况下向其他政府机构和公众提供专家咨询和援助中的职能；监管机构在执行如《及早通报核事故公约》和《核事故或辐射紧急情况援助公约》等国际法律义务的职能。

一、英国核应急法律制度

英国 1965 年《核设施法》和 1985 年《英国电离辐射条例》规定，签发核厂址许可证的附加条件就包括核应急情况下要作出必要的响应，要求预先对应急响应方式进行操作和试验。于 2001 年 9 月 20 日生效的《辐射（应急准备和公众宣传）条例》对 1999 年《电离辐射条例》作出修订，增加了危害识别、风险评估、应急计划和公众宣传的规定。贸易工业部大臣负责协调英国核应急计划，苏格兰依据与贸易工业部大臣达成的协议，行使苏格兰民事核应急响应管理相关的职能。

二、美国核应急法律制度

应急计划是美国核管会保护公众健康与安全管理框架中的重要组成部分，核管会以环保部 1978 年《州与地方政府编制轻水核电厂辐射应急计划的规划依据》与 1980 年《核电厂辐射应急计划编制与评价标准》作为编制与实施州与地方应急计划的基本依据。将紧急情况分为四类：非正常事件类型；警报类型；厂区紧急事件类型；一般紧急事件类型。针对不同类型，应急行动要求也有所不同，各应急主体承担的责任也各不相同。一般而言，一旦发生紧急情况，核电厂许可证持有人应当控制事态，通知场外官员，并提出保护公众安全的建议。核电厂营运人的第一要务是通过各种技术手段切实保护堆芯，确保关键安全系统功能发挥作用。联邦政府与地方政府负责应急响应决策，通告公众采取保护措施，组织场外应急资源等。

三哩岛核事故之后，核管会要求在每个核电厂附近设立两个应急计划区，即"羽翼庇护通道"和"食物摄入通道"。"羽翼庇护通道"设在核电厂方圆 10 英里之处，主要负责人群的疏散和庇护，降低最严重的堆芯融化辐射事故所致伤亡人数，减少人群遭受其他形式核辐射的概率。"食物摄入通道"设在核电厂方圆 50 英里之处，主要减少人畜食用被污染食物、饮用被污染水源的概率。

1979 年 12 月，美国联邦应急管理局成立，负责协调联邦政府与地方政府间的关系，确保完善的核电设施场外应急计划的编制与实施。应急管理局向核管会提供场外应急计划的可行初步意见，核管会据此作出最终签发许可证之决定。核管会把应急计划要求纳入许可证申请管理过程中，规定许可证申请人和持有人的应急响应义务是保护公众免受核辐射污染的最后一道防线，为了实现"确保许可证持有人在核辐射紧急事件中能够采取有效措施保护公众健康与安全"这一目标，核管会不断强化对应急准备情况的监察。核管会与应急管理局合作，依法每两年对所有运营中的核电厂进行应急准备情况的检查。核管会负责对营运人应急准备情况进行检查，应急管理局负责对联邦政府部门与地方政府部门的应急准备情况作出评估。除两年一次的"羽翼庇护通道"应急计划大检查外，各州还要参加每 6 年在各自辖区某核电厂举行的"食物摄入通道"应急演习。

三、日本核应急法律制度

日本有关于核应急响应的《日本原子能灾害对策特别措施法》（《日本特别法》）于 1999 年 12 月 17 日颁布，旨在针对核灾害的特殊性，就核从业人员的核灾害预防义务、核事故紧急事态公告的发布、核灾害对策本部的设置、紧急事态应急对策的实施以及其他核灾害相关事项，通过制定特别的措施加以规制。结合《日本关于核原料、核燃料及反应堆监管法》《日本灾害对策基本法》以及其他相关法律，实现强化核灾害对策，以保护公众生命、健康与财产免受核灾害的损害。

依据《日本特别法》，核设施营运人需安装和维护辐照剂量仪，并提供专门的辐射防护服、应急通信设施等。每一个有核设施的县设立一个场外应急指挥中心，负责在应急状况时采取必要的措施。同时，在应急事件中，将在内阁办公室内设立一个政府对策总部，在紧急情况下，首相作为总部的负责人可以要求防务机构长官派遣自卫力量，首相还可以要求核安全委员会提供实施紧急对策的技术建议。

场外应急中心内设立一个核应急对策联合委员会，以促进信息交流与合作。政府、当地主管部门、相关组织和营运人须在各自负责的领域采取应急措施，如发布信息、疏散、收集信息。信息包括辐照剂量率、生还者、控制应急运输、测量居民的照射剂量率等。为了指导核营运人采取应急预防的措施并收集应急事件中的信息，文部科学省和经济产业省在每座核设施内指派核应急准备方面的专家。

四、国际立法

（一）国际核应急相关公约

1963 年 10 月 17 日，国际原子能机构与北欧的丹麦、芬兰、挪威和瑞典等国签订了《北欧辐射事故紧急情况援助协定》，规定请求方应当按照协定接受援助，且援助方人员提供的援助应当基于请求方的指导和监督，根据请求方在其领土内履行的功能施行援助。1987 年，欧洲共同体议会通过《有关发生辐射紧急情况时及早交换信息的共同体安排的决定》)。这些法律文书建立起区域内核事故通报和核事故紧急援助制度，并对核事故处理的合作进行了规范。

1986年发生了切尔诺贝利核电站事故。事故发生后，国际社会强烈呼吁建立国际核事故应急响应制度。在国际原子能机构主持下，迅速制定并通过了《及早通报核事故公约》和《核事故或辐射紧急情况援助公约》两个重要国际条约。这两个国际条约均于1986年9月24日在维也纳召开的国际原子能机构特别大会上通过并生效。1989年，为了推动各国实施《及早通报核事故公约》和《核事故或辐射紧急情况援助公约》，国际原子能机构设立了应急响应中心并于1989年投入使用，不仅如此，国际原子能机构于2002年12月1日出版了《应急通知和援助技术操作手册》。国际原子能机构通过促进各国遵守现行标准，用以往应急响应中获得的经验教训制定和完善安全标准和导则，开展地区和国家培训和演习活动，从而增强了全球核事故应急准备安排和响应能力。

（二）欧盟核应急相关法规

1987年12月欧洲原子能共同体发布了《关于核事故/辐射紧急情况发生时欧洲原子能共同体早期信息交流的理事会决议》(87/600/EURATOM)。根据此决议，欧盟成员国的义务包括：在应急情况下，成员国须将所采取的措施及建议及时通知欧盟委员会；在适当的时间内，成员国须向欧盟委员会通知其团队在食品、饲料、饮用水以及环境中所测量到的辐射水平。

在食品应急管理方面，欧盟遵守《共同体应急食品法规》(3954/87法规)和《切尔诺贝利核事故相关法规》(686/95-737/90法规和616/2000欧盟理事会法规)。《共同体应急食品法规》适用于核事故或紧急情况，涉及婴儿食品、乳制品、饮料及饲料等的市场投放和出口，规定了锶、碘、铯的同位素及其他元素和α发射体在食品中允许的最高辐射水平，并且对涉及食品的短期、中期、长期决策作了规制。[①] 欧盟还将就信息公开、信息响应、政治措施准备、研究合作及演习演练等方面进一步加强立法。

第三节 法律原则

根据国际原子能机构的要求，需要建立有效且兼容的国家、地区和国际安排，以便对实际的、潜在的或可察觉的核或辐射事件和紧急情况做好准备、早

[①] 祁程、房江奇、王景丹、张文峰、倪卫冲：《欧盟核应急法律法规体系》，《辐射防护通讯》2017年第37期。

期预警和及时作出响应，不论事件和紧急情况是事故、疏忽产生的还是蓄意所为，同时，促进成员国和相关国际组织间共享正式、技术和公开的资料。三哩岛、切尔诺贝利和福岛核电站事故给全球核应急响应制度带来深刻反思，因为严重的核事故可能造成放射性物质跨越国境的污染，需要核设施所在国在事故发生前或发生时快速通报，必要时寻求国际社会的及时援助。

一、政府负责原则

国际原子能机构《促进安全的政府、法律和监管框架》出版物要求 8 "应急准备和响应"就规定，政府必须对应急准备作出规定，以便能够及时、有效地对核或辐射紧急情况作出响应。

政府均负有制订应急计划和作出响应准备和响应安排的责任。应急安排包括明确指定立即向响应组织通报紧急情况的责任；在紧急情况期间，为了及时作出应急响应，可能需要暂停常规的监管；政府还必须建立全国性的系统，包括建立应急安排，以便在宣布因本国领土和管辖范围内外的事件导致核或辐射紧急情况后对公众实施保护。

政府必须指定负有责任和拥有必要资源的响应组织，为应对设施和活动中发生的对公众和环境造成影响或可能造成影响的事件后果作好准备和安排。这种准备包括就紧急情况中和紧急情况后应采取的行动制订计划；政府必须具体说明并须指明的责任，以便在紧急情况下能够作出及时和有效的决策；政府必须对就各方的有效协调和沟通作出规定。

在制订应急计划和发生紧急情况时，监管机构必须向响应组织提出建议，并须根据指定给它的责任提供专家服务。政府必须确保定期开展充分培训、演习和演练，以促进有效的应急响应。培训、演习和演练必须涵盖紧急情况可能发生的全部情况。

政府必须确保实施与辐射危害相应的安排，以便向公众和受影响或潜在受影响的公众通报有关应急准备和响应措施。必须向有关的公众通报核应急或辐射应急的可能性、相关危害的性质、人们收到警告或通知的方式和适当时将采取的行动。

二、营运单位负责原则

核法律中的应急响应制度都规定，为能够及时和有效地对核或辐射事件紧急情况作出响应，每个营运单位都负有制订应急响应计划，作出响应准备和响应安排的责任，应急响应安排包括：明确要求立即向主管当局通报紧急情况；营运单位和监管机构之间的有效联络和通信手段。

应急准备和响应安排的范围和程度必须反映核或辐射紧急情况发生的可能性和可能产生的后果，辐射危害的特征，设施和活动的性质和地点。这类安排包括：事先确定的标准，供在决定何时采取不同的防护行动时采用；紧急情况下采取行动保护和通知现场人员以及在必要时保护和通知公众的能力。

在制订应急响应安排时，必须考虑到所有可能合理预见的事件；必须定期进行应急计划演习，以确保对应急响应负责任的组织随时做好准备。在紧急情况下，必须立即采取紧急防护行动，应急工作人员在知情同意的基础上受到超出通常职业剂量限值的剂量是可以接受的。

法律应清楚的界定营运单位责任和应由国家承担的责任，明确组织和实施应急响应是营运单位的责任，或者把应急准备作为发放给营运单位许可证的一项先决条件。政府进行应急响应并不意味着会代替营运单位履行应急行动的责任，但会是营运单位资源不足情况下的一种补充。当放射源不在营运单位控制之下时，国家政府和地方政府就需要对应急准备负主要责任。对于跨国境的核或辐射事件的应急响应，国家应与邻国磋商，以便能及时应对产生于自己管辖权之外的紧急情况。

三、制订应急计划和应急预案原则

《核安全公约》和《联合公约》都要求缔约国采取适当步骤建立核设施场内和场外应急计划，以便在紧急情况下采取行动。该计划应在核设施营运之前就进行检查并在此后进行定期检验，要求每一缔约国确保当有可能受到本国核设施辐射事件影响时，核设施附近的居民和国家主管机构能够获得有关应急计划和响应的信息；在其领土内没有核设施的缔约国，如果可能受到发生在邻国紧急情况的影响，也应制订应急计划。

政府应为可能产生应急需求的任何核设施、活动、实践或放射源制定应急计划。应急计划要考虑到任何事故分析的结果以及从运行经验和发生过的事故教训，定期评审和更新应急计划，为参与实施应急计划的人员提供培训，而且该计划应在合适的时间间隔内加以检验，并预先向通过合理预期可能受到事故影响的公众披露。

政府还需要建立全国性的应急系统，包括建立应急响应预案，以便在发生核或辐射紧急情况时对公众实施保护。这就包括指定负有责任和拥有必要资源的主管机构为应对核设施和核活动中发生的对公众和环境造成影响或可能造成影响的事件的后果作好准备和安排，包括制订行动预案。

应急计划应就通知有关当局和开始进行应急分配责任，识别运行工况和其他条件，考虑可能发生的紧急情况的严重程度，明确防护行动的干预水平和其适用范围，制定程序，包括联系应急组织和获得消防、医疗、警察和其他服务机构的援助，描述用于评价事故及其对场内外后果的方法和仪器仪表等，确定终止每一保护行动的标准。总之，场内应急计划由营运单位实施，而场外应急计划和跨境应急计划的执行则是中央政府或地方政府的责任。

监管机构应根据在许可证中的规定，要求申请人为可能引起需要应急的任何设施、活动、实践或放射源制定场内和场外应急响应预案，否则不得发放开展相关活动或实践、运行设施的许可证。制订应急预案应评价处于事件或事故、恶意行为危险中的公众和环境的损害概率、性质和潜在规模，还有已发生的事件和事故教训，等等。申请人还要明确所有应急相关的组织机构清单，并应定期评审、更新和测试应急预案。

四、国际应急合作原则

国与国之间应建立紧密的合作机制以应对可能发生的放射性事故。有潜在危害风险核活动的国家应确保这些活动不会对其他国家的领土造成重大的损害性影响。国家有义务减轻对其他国家领土造成的跨境损害影响并就所受损失进行赔偿，也有义务与受影响国家合作组织应急响应。《核安全公约》和《联合公约》明确了缔约国之间有制定跨境应急计划的义务。另外，基于切尔诺贝利核事故的惨痛教训，由《及早通报核事故公约》和《核事故或辐射紧急情况援助公约》建立了国际应急响应体系。

第四节　我国立法

我国核设施堆型多、技术来源国别多、所在地区人口稠密，部分研究型核反应堆设备超期服役，民用放射源量多面广，电磁辐射源增长迅速，放射源丢失现象时有发生。因此，时刻需要面对可能发生的核或辐射事故，核应急管理工作采取常备不懈、积极兼容、统一指挥、大力协同、保护公众、保护环境的方针。

1991 年，成立国家核事故应急委员会，统筹协调全国核事故应急准备和救援工作。1993 年，发布《核电厂核事故应急管理条例》，对核应急作出基本规范。1997 年，发布第一部《国家核应急计划（预案）》，对核应急准备与响应作出部署。随后，为适应核能发展需要，多次修订形成《国家核应急预案》。我国高度重视核应急的体系建设，核应急的预案和法制、体制、机制（简称"一案三制"），通过法律制度保障、体制机制保障，建立健全国家核应急组织管理系统。

首先在法制方面，我国早在 1993 年 8 月就颁布实施了《核电厂核事故应急管理条例》。进入 21 世纪以来，又先后颁布实施《放射性污染防治法》《突发事件应对法》《核安全法》，从法律层面对核应急作出规定和要求。2015 年 7 月，新修订的《国家安全法》开始实施，进一步强调加强核事故应急体系和应急能力建设，防止、控制和消除核事故对公众生命健康和生态环境的危害。与这些法律法规相配套，政府相关部门制定相应的部门规章和管理导则，相关机构和涉核行业制定技术标准。军队制定参加核电厂核事故应急救援条例等相关法规和规章制度。《国家核应急预案》是中央政府应对处置核事故预先制定的工作方案，对核应急准备与响应的组织体系、核应急指挥与协调机制、核事故应急响应分级、核事故后恢复行动、应急准备与保障措施等作了全面规定。基本形成国家法律、行政法规、部门规章、国家和行业标准、管理导则于一体的核应急法律法规标准体系。

其次在体制方面，我国的核事故应急实行三级应急组织体系，即国家核事故应急组织、核设施所在省（自治区、直辖市）核事故应急组织和核电厂营运单位的核事故应急组织，全国核应急管理工作由中央政府指定部门牵头负责。核设施所在地的省（自治区、直辖市）人民政府指定部门负责本行政区域内的核应急管理工作。核设施营运单位及其上级主管部门（单位）负责场内核应急管理工作。必要时，由中央政府领导、组织、协调全国的核事故应急管理工作。

再次在机制方面，我国实行由一个部门牵头、多个部门参与的核应急组织协调机制。在国家层面，设立国家核事故应急协调委员会，由政府和军队相关部门组成，同时设立国家核事故应急办公室，承担国家核事故应急协调委员会日常工作。在省（自治区、直辖市）层面，设立核应急协调机构。核设施营运单位设立核应急组织。国家和各相关省（自治区、直辖市）以及核设施营运单位建立专家委员会或支持机构，为核应急准备与响应提供决策咨询和建议。建立健全辐射事故应急管理系统和事故响应与处置机制，建设覆盖全国的应急监控调度平台，督导各省、自治区、直辖市全覆盖开展辐射事故应急实战演练，快速响应、妥善处置各类辐射事故。组建国家核应急救援队和专业救援分队，设立国家级核应急专业技术支持中心，建立核电企业核事故快速支援基地、核辐射损伤救治基地，定期开展核应急联合演习，提升核事故应急准备和响应能力。

此外，我国还重视核应急演习演练，增强培训，注重公众沟通，提高各级核应急组织应对处置能力水平，普及社会公众和安全应急知识，结合我国签署的相关国际公约的义务进行实践,形成了良好的核应急响应机制。①

我国是《及早通报核事故国际公约》和《核事故或辐射紧急援助公约》缔约国,支持国际原子能机构在国际核应急领域发挥主导作用,积极响应国际原子能机构倡议,参加相关活动。我国代表团出席了历次国际原子能机构组织的核应急主管当局会议和核安全公约履约大会,负责任地提交核应急、核安全履约国家报告。2018 年 9 月,我国和国际原子能机构签署《中国国家原子能机构和国际原子能机构关于在应急准备与响应领域开展教育、培训、知识网络构建和管理及人力资源开发合作的实际安排》,成立国际原子能机构核与辐射应急准备与响应能力建设中心(CBC - EPR);积极参加核应急救援网络(RANET)框架下的各类活动。我国多次参加国际原子能机构组织的公约演习活动。推荐我国核应急领域的专家学者数百人次参加国际原子能机构开展的工作。

福岛核电站事故发生后,我国在第一时间启动核应急响应机制、开展本国应对工作的同时,积极履行《核事故或辐射紧急情况援助公约》国际义务,向日本政府表明提供辐射监测、医疗救护等援助的意愿。福岛核事故后,国际原子能机构发布《核安全行动计划》,我国参考新的标准和理念,全面改进国家核应急准备与响应工作;充实增加国家核安全核应急监管力量和技术支持力量;全面检查所有核设施营运单位核应急工作,按照新的标准完善应急措施;加强顶层设计,进行统筹规划,建立健全核应急能力体系。

2015 年 7 月 1 日起施行的《国家安全法》第 62 条规定:国家建立统一领导、协同联动、有序高效的国家安全危机管控制度。第 63 条规定:发生危及国家安全的重大事件,中央有关部门和有关地方根据中央国家安全领导机构的统一部署,依法启动应急预案,采取管控处置措施。第 66 条规定:履行国家安全危机管控职责的有关机关依法采取处置国家安全危机的管控措施,应当与国家安全危机可能造成的危害的性质、程度和范围相适应;有多种措施可供选择的,应当选择有利于最大程度保护公民、组织权益的措施。

2007 年 11 月 1 日起施行的《突发事件应对法》,旨在预防和减少突发事件的发生,控制、减轻和消除突发事件引起的严重社会危害,规范突发事件应对活动,保护人民生命财产安全,维护国家安全、公共安全、环境安全和社会秩序。由总则、预防与应急准备、监测与预警、应急处置与救援、事后恢复与重建、法律责任、附则共 7 章 70 条组成。依据该法,突发事件的分级标准由国务院或者国务院确定的部门制定。国家建立统一领导、综合协调、分类管理、分

---

① 郭承站:《夯实基础 强化支撑 持续提升国家核安全治理能力》,《中国环境报》2020 年 4 月 23 日第 6 版。

级负责、属地管理为主的应急管理体制。突发事件应对工作实行预防为主、预防与应急相结合的原则。国家建立重大突发事件风险评价体系，对可能发生的突发事件进行综合性评价，减少重大突发事件的发生，最大限度地减轻重大突发事件的影响。国家建立有效的社会动员机制，增强全民的公共安全和防范风险的意识，提高全社会的避险救助能力。国家建立健全突发事件应急预案体系，建立健全统一的突发事件信息系统、建立健全突发事件监测制度和预警制度。突发事件发生后，履行统一领导职责或者组织处置突发事件的人民政府应当针对其性质、特点和危害程度，立即组织有关部门，调动应急救援队伍和社会力量，依照《突发事件应对法》的规定和有关法律法规、规章的规定采取应急处置措施。如果发生特别重大突发事件，对人民生命财产安全、国家安全、公共安全、环境安全或者社会秩序构成重大威胁，采取《突发事件应对法》和其他有关法律法规、规章规定的应急处置措施不能消除或者有效控制、减轻其严重社会危害，需要进入紧急状态的，由全国人民代表大会常务委员会或者国务院依照宪法和其他有关法律规定的权限和程序决定。

根据《突发事件应对法》《核电厂核事故应急管理条例》《国家突发公共事件总体应急预案》和相关国际公约，2013年国务院正式批准发布修订后的《国家核应急预案》，进一步界定了核应急工作的管理范围，明确工作原则、责任主体，强化指挥机制，细化应急准备与保障措施，规范信息报告与发布程序，并对核设施事故的善后工作作出了规定。①

《核安全法》第四章规定了核事故应急专章条款，规定了核事故应急协调委员会的组织和职责（第52条、第59条），并明确规定了核设施营运单位需制定应急预案，做好应对准备。（第55条、第56条）。此外，还建立了核事故应急准备金制度。对核事故实行分级管理，信息通报的相关管理系统（第57~62条）。具体而言：

国家设立核事故应急协调委员会，组织、协调全国的核事故应急管理工作。省、自治区、直辖市人民政府根据实际需要设立核事故应急协调委员会，组织、协调本行政区域内的核事故应急管理工作。国务院核工业主管部门承担国家核事故应急协调委员会日常工作，牵头制定国家核事故应急预案，经国务院批准后组织实施。国家核事故应急协调委员会成员单位根据国家核事故应急预案部署，制定本单位核事故应急预案，报国务院核工业主管部门备案。省、自治区、直辖市人民政府指定的部门承担核事故应急协调委员会的日常工作，负责制定

---

① 王毅韧：《常备不懈 科学应对 统一指挥 大力协同——〈国家核应急预案〉解读》，《中国应急管理》2008年第1期。

本行政区域内场外核事故应急预案,报国家核事故应急协调委员会审批后组织实施。

核设施营运单位负责制定本单位场内核事故应急预案,报国务院核工业主管部门、能源主管部门和省、自治区、直辖市人民政府指定的部门备案。中国人民解放军和中国人民武装警察部队按照国务院、中央军事委员会的规定,制定本系统支援地方的核事故应急工作预案,报国务院核工业主管部门备案。

应急预案制定单位应当根据实际需要和情势变化,适时修订应急预案。核设施营运单位应当按照应急预案,配备应急设备,开展应急工作人员培训和演练,做好应急准备。核设施所在地省、自治区、直辖市人民政府指定的部门,应当开展核事故应急知识普及活动,按照应急预案组织有关企业、事业单位和社区开展核事故应急演练。核材料、放射性废物运输的应急应当纳入所经省、自治区、直辖市场外核事故应急预案或辐射应急预案。发生核事故时,由事故发生地省、自治区、直辖市人民政府负责应急响应。

国家建立核事故应急准备金制度,保障核事故应急准备与响应工作所需经费。核事故应急准备金管理办法,由国务院制定。

国家对核事故应急实行分级管理。发生核事故时,核设施营运单位应当按照应急预案的要求开展应急响应,减轻事故后果,并立即向国务院核工业主管部门、核安全监督管理部门和省、自治区、直辖市人民政府指定的部门报告核设施状况,根据需要提出场外应急响应行动建议。

国家核事故应急协调委员会按照国家核事故应急预案部署,组织协调国务院有关部门、地方人民政府、核设施营运单位实施核事故应急救援工作。中国人民解放军和中国人民武装警察部队按照国务院、中央军事委员会的规定,实施核事故应急救援工作。核设施营运单位应当按照核事故应急救援工作的要求,实施应急响应支援。

国务院核工业主管部门或者省、自治区、直辖市人民政府指定的部门负责发布核事故应急信息。国家核事故应急协调委员会统筹协调核事故应急国际通报和国际救援工作。

各级人民政府及其有关部门、核设施营运单位等应当按照国务院有关规定和授权,组织开展核事故后的恢复行动、损失评估等工作。核事故的调查处理,由国务院或者其授权的部门负责实施。核事故场外应急行动的调查处理,由国务院或者其指定的机构负责实施。

《放射性污染防治法》中也有相应的核应急条款,规定核设施营运单位应当建立健全安全保卫制度、按照核设施的规模和性质制定核事故场内应急计划、出现核事故应急状态时,核设施营运单位必须立即采取有效的应急措施控制事故，并向核设施主管部门和环境保护行政主管部门、卫生行政部门、公安部门以及其他有关部门报告（第25条）；同时，国家建立健全核事故应急制度。核设施主管部门、环境保护行政主管部门、卫生行政部门、公安部门以及其他有关部门，以及中国人民解放军和中国人民武装警察部队在各自职责内做好应急工作（第26条）。

  1993年8月4日，国务院颁布了《核电厂核事故应急管理条例》，后经修订，于2011年1月8日发布，旨在加强核电厂核事故应急管理工作，控制和减少核事故危害。国务院于1989年10月24日发布了《放射性同位素与射线装置安全和防护条例》，并于2005年8月通过条例的修订案，自2005年12月起施行，之后根据2014年7月29日《国务院关于修改部分行政法规的决定》修订，后又根据2019年3月2日《国务院关于修改部分行政法规的决定》第二次修订。修改后在"辐射事故应急处理"根据辐射事故的性质、严重程度、可控性和影响范围等因素，从重到轻将辐射事故分为特别重大辐射事故、重大辐射事故、较大辐射事故和一般辐射事故4个等级。

  2010年1月1日起施行的《放射性物品运输安全管理条例》第四章"放射性物品运输"规定：县级以上人民政府组织编写的突发环境事件应急预案应当包括放射性物品运输中可能发生的核或辐射事故应急响应的内容。放射性物品运输中发生核或辐射事故的，承运人、托运人应当按照核或辐射事故应急响应指南的要求，做好事故应急工作，并立即报告事故发生地的县级以上政府生态环境部门。主管部门应当立即派人赶赴现场，进行现场调查，采取有效措施控制事故影响，通报同级公安、卫生、交通运输等有关主管部门。接到报告的县级以上政府及其有关主管部门应当按照应急预案做好应急工作，并按照国家突发事件分级报告的规定及时上报核或辐射事故信息。

  2001年1月19日，国家原子能机构参照国际原子能机构的规定，为有效开展核设施运行经验反馈工作，做好国际核事件分级和事件报告系统的有关工作，颁布了《国际核事件分级和事件报告系统管理办法（试行）》。办法共分总则、组织机构和职责、国际核事件分级国内有关工作的管理、事件报告系统国内有关工作的管理、附则等五章15条正文。为了保持与国际原子能机构在国际核事件分级和事件报告系统方面的联络畅通，规定由国家原子能机构负责我国在这方面的协调工作。国际核事件分级的有关规定适用于核电厂、研究堆和其他民用核设施以及在国际核事件分级用户手册中所规定的事项，事件报告系统的规定适用于核电厂。国际核事件分级是国际原子能机构和经济合作与发展组织核能机构，为便于核工业界、新闻媒介和公众相互之间对核事件的信息沟通而制定的国际核事件分级管理办法。事件报告系统是国际原子能机构和经济合作与发展组织核能机构共同组建的核电厂事件报告系统,国际原子能机构要求各成员国应将安全上有重要意义的运行事件报国际原子能机构,在成员国之间进行经验反馈和交流,以防止严重事件或事故的发生或重复发生。

  此外,由生态环境部(国家核安全局)颁布的《核事故应急预案》《辐射事故应急预案》《福岛核事故后核电厂改进行动通用技术要求》,国家原子能机构颁布的《核电厂核事故应急报告制度》《核事故辐射影响越境应急管理规定》《核电厂核事故应急演习管理规定》,国家核事故应急办公室发布的《核电厂核事故应急培训规定》等部门规章和指导性文件,与上述法律法规共同构成了我国比较完整的核应急法规体系,在核电厂发生严重事故时,能迅速采取必要和有效的应急响应行动。

附:

各国核应急响应法律制度一览

《爱尔兰核事故协助条例》(1992 年,8 条);

《保加利亚核及放射性事故应急条例》(2004 年,48 条);

《波兰辐射事故应急处理条例》(2007 年,14 条);

《波兰辐射紧急事故条例》(2004 年,9 条);

《丹麦应急管理法》(2009 年,82 条);

《德国核电厂事故防止条例》(1987 年,31 条);

《芬兰核电厂应急处理法》(2008 年,13 条);

《拉脱维亚辐射紧急事故法》(2003 年,30 条);

《卢森堡核事故公众保护法》(2004 年,2005 年、2006 年 2 次修,12 条);

《瑞典核设施应急准备条例》(2008 年,35 条);

《瑞士核设施紧急事故应对条例》(2012 年,21 条);

《斯洛伐克核事故应急处理条例》(2004 年,2011 年修订,38 条);

《西班牙核事故应急条例》(1967 年,77 条);

《匈牙利核应急系统条例》(2010 年,20 条);

《斯洛文尼亚国家核事故应急预案》(2010 年,2004 年、2011 年修订,32 条)。

第十一章 核不扩散和实物保护法律制度

第一节 概述

核不扩散法律制度是指国家为履行其核不扩散义务所建立的核保障、核进出口控制与核安保法律制度。20世纪50至70年代，国际社会建立起了以《国际原子能机构规约》和《不扩散核武器条约》为核心的核不扩散法律机制，旨在防止世界上出现越来越多的拥有核武器的国家。国际核保障的技术目标便是及时发现显著量的核材料从和平核活动转移到制造核武器或其他核爆炸装置或不明目的的用途。1957年，《国际原子能机构规约》生效；1970年，《不扩散核武器条约》生效。此外，国际原子能机构还制定了 INFCIRC/66、INFCIRC/153 和 INFCIRC/540 号文件。自此，国际核不扩散法律机制虽不断改进，但其维护国际集体安全的主旨并未改变。国际原子能机构核保障制度的实施包括国际和国内两个层面。但是，核保障协定规定的权利和义务，原则上只关乎缔约国本身，与其国内各主体无关，国内立法更多地注重国际义务的履行。因此，为了履行国家所加入的国际条约所规定的义务，各国有必要制定核不扩散法律制度。

国际核不扩散与核安保领域的重要法律文书是《核材料实物保护公约》，该公约宗旨是保护用于和平目的的核材料在国际运输中的安全，防止未经政府批准、授权的集团或者个人获取、使用、扩散核材料。2005年7月，该公约的修订案经缔约国大会审议通过，将适用范围由核材料的国际运输扩展到核材料的安全使用、贮存、运输以及核设施的安全运行，增加保护核材料和核设施免遭蓄意破坏的条款，明确缔约国对建立、实施和维护本国核材料和核设施实物保护制度的国家责任。2016年5月，该公约修订案正式生效。我国政府于1989年1月加入该公约，2008年10月全国人大常委会批准了该公约修订案。

一、核不扩散制度

从广义上讲，国际原子能机构建立起来的核保障机制以核材料衡算为基础，由封隔（如封记）和监视（如摄像机）为补充。衡算措施要求当事国向国际原子能机构报告其掌控的易裂变材料的数量和类型，当事国及时提供准确信息的能力取决于该国是否建立了能够跟踪相关材料的国家核算和控制系统。国际原子能机构通过对核材料容器使用封记和对核设施的关键部位进行照相或录像等，来确定是否发生过未经授权的材料移动。由国际原子能机构视查员进行视察，以核查已申报的那些核材料是否位于所申报的位置，以及该国是否有未申报的核材料。视查活动包括检查封记和仪器仪表、审查设施记录以及独立地测量列于衡算文件中受保障约束的材料或其他物项。

国际原子能机构编写了"核材料衡算与控制国家系统导则"（国际原子能机构/SG/INF/2），帮助成员国建立和有效地运行核材料衡算与控制国家系统，履行保障协议所规定的义务，该导则指引国家与核设施相关的法规制定、机构设置和责任分工。核材料衡算是使用一套方法、通过实施核材料的跟踪来反映出核设施内核材料的分布，以及各个分布点的核材料的种类、数量以及它们变化的历史，目的是实现其国内目标，即通过各种手段保证核材料安全与合法利用，防止核材料的被盗、破坏、丢失、非法转让和非法使用，以保障公众健康、安全和经济利益；同时实现其国际目标；即通过与国际原子能机构签订的核保障协议，以及与其他国家或地区之间的双边或多边协议，为实施国际核保障、履行保障协议义务提供必要的基础，保证所监督的核材料不被用于军事目的或非法转移。[①] 核材料衡算管理是通过核材料实物保护、实物盘存、衡算、封隔和监视等措施，控制核材料的流动及通过相应的管理和执行程序来保证核材料衡算质量的，一般需要通过核法律加以规范。

冷战结束后，非国家实体，特别是恐怖主义势力谋取核材料与核武器的可能性不断增加，对国际社会构成新的威胁。因此，国际核不扩散与核保障体系也不断地与时俱进。防止核扩散始终是一个整体，只有坚持不懈地将防止非国家行为体的核扩散与防止国家的核扩散紧密结合起来，才能最终防范核扩散威胁，有效防止核恐怖主义事件的发生。

二、核进出口控制制度

核材料与核技术进出口受到《不扩散核武器条约》和《核材料实物保护公约》等的国际条约的严格限制和规范，因此，开展相关进出口活动都应当以坚持和平目的为原则，必须符合国际原子能机构安保措施、满足非军事目的应用

---

① 王妍、苗强、方忻、步立新、许小明、柏磊：《IAEA核保障监督视察工作标准化研究及启示》，《核标准计量与质量》2020年第4期。

要求以及承诺履行国际义务。同时，各国也强调进出口应不违反本国环境保护要求和安全利益。

核材料和核技术的开发和利用离不开国际合作，这使得监测和控制跨国的和国内的核转让成为全球核不扩散体系中一个必不可少的因素。执行核进出口控制是缔约国在《不扩散核武器条约》下的承诺。条约第1条规定有核武器缔约国不帮助无核国家获得核武器；第2条规定无核武器缔约国不寻求或不接受核武器方面的援助。而且出口控制对于满足《不扩散核武器条约》第3条第2款的义务也是非常必要的，即各缔约国都承诺不将源材料或特种易裂变材料，或专门为加工、使用或生产特种易裂变材料而设计或配备的设备或材料，提供给任何无核武器国家，除非这种源材料或特种易裂变材料受国际原子能机构保障的约束。除了针对核武器研制和防范核恐怖主义外，核进出口控制也有助于各国核安全监管，即防止未授权者在国内获得核材料和核技术。

核材料和核技术转让可以通过不同方式进行，最主要的方式是涉核设备、部件或核材料等从一国向另一国的出口，其次是涉核技术转让。建立完备的核进出口控制法律制度对相关国家有重要意义，即使不是核材料的进出口国，也需要这样的一种法律制度来监管过境的任何核转让活动。

核进出口控制一般由各国外贸监管法律制度规定，不一定需要建立新的、单独的法律和许可证审批程序去管理核转让活动。然而，有必要建立一套明确用于核进出口的管制制度，以及确保核转让活动得到妥善的监控。

三、实物保护法律制度

保护核材料免遭盗窃或其他未经授权的转移，以及防范对核设施的破坏一般是主权国家的责任，但是，国家是否妥善履行核材料和核设施保护的职责，其后果可能会对其他国家产生影响，因为核材料在一国被盗很可能是出于恐怖目的用于他国，而且一国核设施的破坏很可能对其他国家造成跨境影响。这都凸显了提升核材料和核设施实物保护措施等级的必要性。全球核贸易的不断发展以及运输、通信和信息技术的多样化，各国需要加强协调与合作，努力限制核材料或核设施受到威胁。

2005年《核材料实物保护公约修订案》明显扩大了该条约的适用范围，使其涵盖了国内核活动的实物保护和核设施的蓄意破坏。该修订案要求缔约国建立、执行和保持一种适当的实物保护制度，目标是防止核材料被盗窃或非法窃取，一旦被盗窃或非法窃取发生时能迅速采取措施找回丢失或被盗的材料，保护设施和材料免遭破坏，缓解或最大限度减小放射后果。为此，缔约国有义务建立和维护实物保护的法律框架，明确行政主管部门职责，有效采取核材料和核设施实物保护所必需的一切行政措施。该修订案另一重要特色在于确定了缔约国在建立实物保护制度时，只要合理可行，应该承诺适用的实物保护12项基本原则。

《制止恐怖主义爆炸的国际公约》于2007年7月7日生效。公约的序言指出：迫切需要在各国之间加强国际合作，采取有效和切实的措施，以防止核恐怖主义行为。该条约的第1条纳入了"放射性物质""核材料""核设施"和"装置"的定义。第22条纳入了故意造成死亡或人身严重伤害或财产或环境重大损害，或强迫自然人或法人、国际组织或国家从事或制止从事某种行为的各种犯罪。这些犯罪就包括有关研制核爆炸装置或俗称"脏弹"的放射性散布装置和损坏核设施。该公约还规定了有关威胁、强制性要求、企图、作为帮凶参与为组织或指导和帮助核恐怖主义行为等其他犯罪，要求缔约国将公约第22条中规定的这些犯罪作为国家法律下的刑事犯罪。公约还规定了各种其他义务，包括反对核恐怖主义，交换信息，探知、预防和应对核恐怖主义行为，确定主管部门和联络点等措施。

以上国际条约的共同特点是确立了国家保护核材料和其他放射性物质法律法规的重要性；授权国家法律规定禁止相关核材料或设施的未授权活动，并要求规定严厉的刑事处罚；要求在处理核安保问题、共享相关情报和保护敏感信息方面加强合作与援助。

核安保领域的大多数国际条约把其范围限定在核材料或核武器，还需要高度关注哪些可能被用于制造放射性散布装置的放射性物质。放射性散布装置既没被认为是核武器，也没被认为是大规模毁灭性武器，但《恐怖主义爆炸公约》和《制止核恐怖主义行为国际公约》都把其列入了受条款约束的物质类别中，认为其可为"由于其放射性和易裂变性质可能造成死亡、严重人身伤害或财产或环境重大损坏的材料或物质"。国际原子能机构《放射源核安全和核安保行为准则》要求各国建立一个法律框架，对在各管理阶段中放射源的擅自接触或盗窃、丢失或擅自使用或移动采取制止、探知和延迟安保的措施。

虽然国家建立并运行全面的核材料和核设施实物保护体系的责任完全在这个国家的政府，但是，是否履行以及在何种程度上履行这种责任并非与其他国家毫无关系。因此，实物保护已成为国际共同关心和合作的问题。一国的实物保护有效性有时取决于其他国家也采取适当措施防止或挫败对核设施和核材料的敌对行动，在核材料跨越国境运输时国际合作尤为必要。

第二节 立法实践

防止核扩散及限制大规模杀伤性武器扩散是国际社会共同努力的目标，也是国际社会广泛达成的共识，因此核材料实物保护、进出口及核不扩散均为各国核立法的重点。在此形势下，国际原子能机构主导制定了众多国际条约，世界许多国家均加入了相关国际条约或多边协议，如《核安全公约》《核材料实物保护公约》等，因此有许多国家直接执行上述国际公约，而不再单独立法。世界上出台核材料实物保护、进出口及核不扩散相关法律法规的国家有阿根廷、爱尔兰、奥地利、澳大利亚、巴基斯坦、波兰、德国、保加利亚、俄罗斯、法国、加拿大、美国、秘鲁、挪威、瑞典、土耳其、新加坡、新西兰、印度、英国、智利等。

一、英国核不扩散和实物保护法律制度

1954 年《英国原子能法》和 1965 年《英国核装置法》经 1971 年《英国原子能管理局法》的修订，授予贸易工业部大臣更广泛的权力以防止易裂变材料的不恰当使用。1968 年，英国签署了《不扩散核武器条约》。

1978 年《英国核保障和电力（财务）法》批准 1976 年 9 月《关于在英国实施与〈不扩散核武器条约〉有关保障的协定》生效，其所规定的保障措施对《欧洲原子能机构条约》第 7 章进行了补充。欧洲原子能机构的保障措施要求英国核设施营运单位向欧洲委员会提供核设施信息，以及这些装置接收、运输和持有核材料的信息，修订后的"委员会令"第 3227/76 号中增加了报告要求。

2000 年《英国核保障法》用以执行 1998 年《与 1976 年保障协定有关的附加议定书》。该附加议定书旨在加强国际原子能机构检查无核武器国家未申报核活动的能力，以及提高对英国核设施保障措施的有效性。英国在与无核武器国家合作进行核活动时，需要向国际原子能机构通报信息。依据《英国核保障法》，国务大臣可正式要求相关人员提供附加议定书所要求提供的信息，该法还确保国际原子能机构在附加议定书项下的权利，特别是视察员可实施的权利。

在核材料和核设备出口方面。核军民两用产品出口必须取得许可证，从英国出口这类产品受《英国委员会条例》和欧盟成员国相关的委员会令规制。国务大臣可以发放国家许可证和欧共体许可证，欧共体许可证是主管部门为了从

欧共体出口核军民两用产品发放的。进口方面，核材料和设备等商品的进口受1939年《英国进出口和海关权力法》规制。

依据1983年《英国核材料犯罪法》，英国于1991年批准了1979年《核材料实物保护公约》。该法要求营运单位必须采取安保制度确保核燃料在现场、转运过程或运出场址后的安全，符合营运单位为保护场址而采用的安保标准、程序和计划。贸易工业部民用核安全办公室代表贸易工业大臣管理民用核工业内的核材料等，依据1965年《英国核装置法》和1996年《英国核电厂（安保）条例》赋予贸易工业部大臣的权力，民用核安全办公室制定有关特种核材料使用、贮存和运输的安保要求。2001年《英国反对恐怖主义犯罪及安保法》对核安保措施加以完善，以防范"9.11"事件重演，该法许多规定都旨在加强核安保。2003年，英国政府在《英国反对恐怖主义犯罪及安保法》的基础上制定并发布了《英国核工业安保条例》，该条例对英国经许可的核设施营运单位提出了加强核材料和核设施实物保护，以及加强核相关敏感信息安保措施的要求。同时，该法规还对营运单位职员的背景审查和合同商的资格审查方面提出了要求，对英国境内的公路和铁路核材料运输以及英国船舶承担的全球范围内核材料运输进行了相应规定。另外，对安保事件的报告也有严格的要求，该法规要求所有营运单位必须提交完善的核设施安保计划，在建核设施的业主在核设施的设计和建设过程中，也必须承担相应的安保责任和义务。①

二、法国核不扩散和实物保护法律制度

法国核安保的法律基础为1958年颁布的《法国加强重要设施保护法》（58-1371号法令）。依照该法，法国先后出台了《法国核材料保护和控制法》（80-572号法令）、《关于核材料保护和控制法令》（81-512号法令）、《国防领域内核材料控制与保护法令》（81-558号法令）、《关于适用于必须申报的核材料的控制、密封、监视和实物保护措施的部级令》等多部法规。②

《1992年7月1日92-574号法》批准法国加入1968年《不扩散核武器条约》，该法规定了军民两用产品和技术的出口管理。2001年12月13日的两项命令规定了向第三国出口军民两用产品或将其转让给欧盟成员国的程序，以及获取、使用国际进口证明书和交付验收证书的有关手续。法国政府对敏感产品、物质、材料和设备的进出口实施非常严格的监管，控制出口目录以通报的方式

---

① 国家国防科技工业局系统工程二司主编：《核安保相关法律法规汇编》，法律出版社，2016，第15页。

② 同上，第16页。

在官方杂志上公布，并不断修订更新。

经《1989年6月30日89-434号法》修订的1980年《法国核材料保护和控制法》，是与《关于1979年核材料实物保护公约的1989年6月30日89-433号法》同时通过的，目的是使法国法律与该国际公约义务相一致，并且把法国刑事审判庭的司法管辖权扩大到国外的相关犯罪行为。该法是法国专门设立以满足核材料和核设施贸易的安全要求，由总统担任主席的核外交政策委员会决定授权核材料和核设施出口的导则，出口许可证根据欧盟和国家立法授予，授权工业部长批准核材料的进口、出口、生产、贮存、使用和运输。但在批准之前，工业部长需要与内务部长，如果必要，在涉及进出口的情况下与外交部长，在涉及运输情况下与核材料运输保护委员会，以及其他政府主管部门磋商。

1998年8月2日，法国批准了1968年《不扩散核武器条约》，1998年还批准了1996年《全面禁止核试验条约》。与此同时，法国已采取各种措施，防止和控制核材料和核技术的扩散，核材料的贸易受《关于核材料保护和控制的1980年7月25日80-572号法》管辖，该法主要涉及核材料的安全，防止被盗、转移或丢失。如果发生核材料被盗、丢失或挪用，应尽快通知工业部长，否则即属违法。

三、美国核不扩散和实物保护法律制度

美国作为核技术大国，其核不扩散法律制度以《美国原子能法》和《美国能源重组法》为基础。并且由能源部和核管会各自建立起独立的法律制度。能源部的法律制度由国家法律、联邦法规、能源部指令和能源部技术指导文件构成。核管会的核法律制度由国家法律、联邦法规、管理导则、技术文件和工业技术标准构成。[1]

1954年《美国原子能法》规定核技术与核材料出口必须获得许可证，确保不会用于任何核爆炸装置或者核爆炸装置的研究和开发，不会被转移到任何其他国家。任何不利于美国共同防卫和安全的，委员会不得发放出口许可证。许可证发放条件需要符合国际原子能机构保障措施。

美国寻求与合作国家达成和平利用核能合作协定，要求有关国家承诺其接受的核材料和设备或者敏感核技术都必须和平利用，核燃料或者特殊核材料只有在有效的保障监督之下才能进行浓缩。非经美国政府同意，进口国政府不能

---

[1] 国家国防科技工业局系统工程二司主编：《核安保相关法律法规汇编》，法律出版社，2016，第8页。

将来自美国的特种核材料转让给其他国家，不能对源于美国的核材料进行后处理，不能对从美国出口的源材料或特种核材料进行浓缩。美国政府不得出口任何浓缩、后处理或重水生产设施的主要关键部件。行政部门对出口申请依据美国核出口的标准进行判断，由国务卿通知核管会，说明行政部门认为计划进行的出口不会危害美国的共同防卫和安全，或者计划出口目录中的出口物资不会应用于核爆炸。如果核管会无法形成决定，则需要通过总统和国会审查程序。美国于1970年3月5日批准了《不扩散核武器条约》，1954年《美国原子能法》对核出口控制进行规制，同时由1978年《美国核不扩散法》补充。美国向无核武器国家出口核原材料、特殊核材料、生产或利用设施和敏感核技术，只能用于国际原子能机构保障下的和平利用核能活动。

核管会也负责发放生产或利用设施的部件、副产物的出口许可证，这些部件没有被定义为生产或利用设施，但是为供这些设施使用而专门设计和制造的部件，或因其对核爆炸具有重要性，从出口控制的角度看，与这些设施特别相关。核管会规定须有核管会的许可证才能出口的部件。核管会为阻止、预防和响应未经批准而拥有或使用特种核材料和蓄意破坏核设施的行为制定了相关法规。一般说来，对燃料设施安全保障的重点是防止特种核材料遭偷窃或转移。总统有权中止和取消与任何国家或国家集团的核合作，美国已于1982年批准了《核材料实物保护公约》。

2018年10月，美国以国家安全和外交利益为由，针对我国民用核电产业发布了"美国与中国民用核能合作政策框架"（U.S. Policy Framework on Civil Nuclear Cooperation with China）。该框架是下设于美国能源部（Department of Energy）的核军工管理局（National Nuclear Security Administration）在美国《联邦法律汇典》第十篇第810条款"向境外原子能活动提供援助法案"（10 CFR part 810）与第110条款"核设备与材料的进出口法案"（10 CFR part 110）项下制定并实施的制度。作为美国联邦法律渊源的一部分，该框架具有联邦法律的效力。该框架名为"合作框架"，其实具有针对性，目的在于限制美国核电技术、设备、材料向特定国家出口属于核电禁令。

四、国际立法

只有以建立有效的国际核不扩散机制为前提，各国不论是有核武器国家还是无核武器国家，才能从和平利用核技术中获得利益。这个机制是尽早停止核军备竞赛与核裁军的有效措施，能够促进国际紧张局势的缓和，加强各国间信任，有利于在严格和有效的国际监督下，按照《国际原子能机构规约》和《不扩散核武器条约》等有关国际法律制度，促进国际和平与安全。

国际核不扩散法律机制的架构主要由三个体系组成：一是《国际原子能机构规约》和《不扩散核武器条约》和各国与国际原子能机构的保障协定构成的保障机制；二是核进出口控制准则下的防扩散监督机制与《核材料实物保护公约》；三是区域无核武器条约建立的地区协调机制。

（一）保障机制相关的国际立法

《国际原子能机构规约》是国际原子能机构建立和运作的法律基础，也是国际原子能机构履行保障职责的法律基础。而《不扩散核武器条约》是国际核不扩散法律制度的核心，条约旨在防止核扩散，推动核裁军和促进核能和平利用的国际合作。目前世界上已有 191 个国家签署了该条约，缔约国的数量仅次于《联合国宪章》和《儿童权利保护公约》。1995 年 5 月 11 日，在联合国《不扩散核武器条约》的审议和延长大会上，当时的 178 个缔约国以磋商一致的方式决定无限期延长该条约。《不扩散核武器条约》自生效以来，在遏制核扩散、降低核危险、维护国际和平与安全方面发挥了积极作用，同样也成为后来制定各项国际法律的重要依据，成为各国应当遵守的国际义务。

在执行《国际原子能机构规约》以及相关国际条约的过程中，国际原子能机构制定了系列指引文件，规定了机构运作保障机制的原则、程序和要求，以作为各国相关核法律起草的参照，确保国家的法律制度与国际原子能机构的实践和程序相一致。如国际原子能机构理事会 1972 年核准的《机构和国家之间签订的与〈不扩散核武器条约〉有关协定的结构和内容》，就是国际原子能机构与无核武器国家谈判保障协定的范本。

INFCIRC/66/Rev.2 是谈判保障协定的导则，是国际原子能机构最早的保障文件，该文件仅覆盖了特定的物项。该文件包含两个附件，将文件的覆盖范围扩展到了后处理厂（附件 I，1966 年）和转化厂及燃料制造厂（附件 II，1968 年）。1961 年国际原子能机构理事会核准了一个叫作"视察员文件"[GC（V）/INF/39，Annex] 的文件，反映在以 INFCIRC/66/Rev.2 文件为基础的协定（这类协定因此常被叫作 INFCIRC/66 型协定）中。"视察员文件"涵盖视察员的指派、视查通知、视查行动和接触权以及视察员的特权与豁免等内容。大多数基于 INFCIRC/66 型协定所实施的保障现已中止，因为时至今日大多数无核武器国家已经缔结了全面保障协定。依据这些协定的规定，只要全面保障协定保持有效，则原有的 INFCIRC/66 型协定即中止实施。此外，还有国际原子能机构和有核武器国家之间缔结的关于应用保障的自愿协定。

另外，实施保障协定的附加议定书范本于 1997 年由国际原子能机构理事会核准。它用作全面保障协定附加议定书的标准范本，同时也作为 INFCIRC/66

议定书和自愿提交协定的附加议定书的基础。这一文件是对国际原子能机构保障系统中可观察到缺陷的部分回应。

(二) 核进出口控制准则下的防扩散监督机制相关的国际立法

执行核进出口控制是缔约国加入《不扩散核武器条约》的承诺。出口控制对于满足《不扩散核武器条约》第 3 条第 2 款的义务是非常必要的，即各缔约国都承诺不将核材料，或专门为加工、使用或生产特种易裂变材料而设计或配备的设备或材料，在缺乏国际原子能机构保障约束的前提下提供给任何无核武器国家使用。除了针对核武器研制和核恐怖主义以外，核进出口控制也有利于实现缔约国核保障义务，防止未授权者在本国非法获得核材料和核技术。

《核材料实物保护公约》第 4 条规定，仅在已经收到当事国关于公约所涵盖的材料将受到该公约附录 I 所列级别保护的保证后，才批准进出口这种材料。《联合公约》第 27 条中要求缔约国只能在满足特定条件时才能参与核材料的跨国运输活动。

国际核不扩散法律制度要求缔约国应当在进出口控制环节建立完备的核进出口法律制度，并落实到具体措施。国家即使没有核材料进出口活动，建立这样的法律制度来监管过境核转让活动，可以防止自己成为不正当核转让活动的通道。同时，核技术、材料和设备出口国之间需要采取相互配合和相互协调的措施，以提高控制措施的实施效果。

一些非正式国际组织所制定的技术文件也有效地指引着相关国家开展核出口管制活动。

1. 桑戈委员会《核出口准则》和《核出口管制清单》

桑戈委员会成立于 1971 年，其工作宗旨是：为履行《不扩散核武器条约》规定的义务，协调和制定该委员会成员国对无核武器国家的核出口控制条件，并在 1974 年通过了《核出口准则》和《核出口管制清单》。桑戈委员会建立的出口控制机制就是围绕它制定的《核出口管制清单》采取监控措施，该清单全称为《专门或预备用于加工、使用或生产特殊易裂变材料的设备和材料清单》，简称桑戈清单。该清单制定于 1974 年 8 月，并于 1974 年 9 月发表在国际原子能机构刊物（INFCIRC/209），随后进行过多次修改。清单由 A、B 两个备忘录和一个附录组成。备忘录对源材料和特种裂变材料以及为加工、使用或生产特种易裂变材料而设计或制造的设备或材料出口进行了定义，并规定桑戈委员会成员在出口"触发清单"上所列项目时需要接受国际原子能机构的保障。该委员会的"触发清单"对成员国没有法律约束力，只是指导各国制定本国的核出口政策。①

2. 核供应国集团《核转让准则》和《触发清单》

核供应国集团准则由"核转让准则"与"核两用品及相关技术转让准则"两部分组成，全称为《核转让准则/与核有关的两用设备、材料、软件和相关技术的转让准则》，另含有附录《触发清单》。《核转让准则》是由核供应国集团组织成员国制定的，要求进口国接受国际原子能机构全面保障作为核出口条件并将控制范围扩大到与核有关的两用设备、材料和相关技术的转让。《核转让准则》包括：不用于核爆炸、实物保护、全面保障、对敏感出口的特别控制、对铀浓缩设施设备和技术出口的特别控制、对供应的或提取的可用于核武器或其他核爆炸装置的材料的控制、对再转让控制、不扩散和立法实施。1992年4月核供应国集团通过了《与核有关的两用设备、材料、软件和相关技术的转让准则》及其附录《触发清单》。《核转让准则》载于国际原子能机构通报文件INFCIRC/254第一部分上，是关于出口核材料、核设备及反应堆用非核材料的物项和技术准则，文件载录着各次修订的版本。而《与核有关的两用设备、材料、软件和相关技术的转让准则》，则载于国际原子能机构通报文件INFCIRC/254第二部分上，是关于出口核相关两用品的物项和技术准则，两个准则都不定期地进行修订。与《核转让准则》相互联系的《触发清单》，是核供应国集团成员国在核出口转让时应按该准则行事的核材料、核设施、核设备及相关技术的具体清单和技术说明，其内容包括核材料、核设备、反应堆用非核材料等。②

（三）核材料与核设施实物保护机制相关的国际立法

实物保护起先关注的重点是对核材料的保护，自《不扩散核武器条约》生效后，防扩散机制中对核材料的实物保护一直都为国际社会所关心。核材料是指钚（同位素钚-238含量超过80%者除外）、铀-233、同位素铀-235、浓缩的铀、含有天然存在但非矿砂或矿渣形式的同位素混合物的铀，以及任何含有上述一种或多种成分的材料。虽然相关国际条约中明确规定了国家对建立并实施全面的核材料实物保护系统负有完全的责任，但国家是否能够履行好这种责任还关系到其他国家的安全。一个国家对核材料的实物保护有效性常常取决于其他国家同时采取有效措施防范对核材料的不法行为，特别是涉及核材料跨境运输时，更需要各国密切配合。因此，实物保护需要上升到国际合作的高度。

国际原子能机构关于实物保护的目标是防止核材料在使用、贮存和在运输

---

① 杨大助、傅秉一：《核不扩散与国际保障核查》，中国原子能出版社，2012，第136页。
② 同上书，第138页。

过程中未经授权的转移，确保国家能实施快速和综合性的措施以找到和追回丢失的或被盗的核材料，防止对核设施的破坏和防止对在使用、贮存和运输过程中的核材料破坏，缓解或最大限度地减少核设施与核材料破坏产生的放射性后果。

国际原子能机构要求各国将实物保护的12项基本原则作为达到实物保护目标的基础予以考虑：第一为国家责任；第二为国际运输中的责任；第三为法律及监管框架；第四为主管当局；第五为营运单位责任；第六为安保文化；第七为相关威胁；第八为通用方法；第九为纵深防御；第十为质量保证；第十一为应急计划；第十二为保密性。主要目标就是防止非法或未经授权获取核材料，以及通过盗窃、转换、威胁和破坏等手段非法干扰核材料和核设施的正常使用。实现此目标，一方面要采取防护措施，防止潜在的破坏者接触核材料和核设施，另一方面要采取措施遏制企图盗窃、转移和破坏的行为。

为建立国际核材料实物保护体系，已经制定并通过了一系列的国际条约，以加强各个国家的实物保护和促进各国之间的合作。最重要的就是国际原子能机构牵头起草的《核材料实物保护公约》，主要侧重于对国际贸易中的核材料运输过程进行规范，同时也提出了其他相关的国内实物保护措施方面的要求。

为了适应形势的发展，扩大《核材料实物保护公约》的范围以进一步强化国际实物保护体系，国际原子能机构于2005年7月8日通过《核材料实物保护公约》修订案，将适用范围由核材料的国际运输扩展到国内核材料与核设施的实物保护。该修订案要求缔约国建立、执行和保持一种适当的实物保护制度，用于防止核材料被非法窃取，确保能迅速采取措施找回丢失或被盗的核材料，保护核材料和核设施免遭破坏，缓解或最大限度减小破坏的放射学后果。为了有效执行这种制度，该公约规定了缔约国的具体义务，即建立和维护实物保护的法律法规框架，指定负责执行这一框架的主管部门，采取核材料和核设施实物保护所必需的其他适当行政措施。

除此以外，各国专家和国际原子能机构秘书处合作编写了《核材料与核设施的实物保护导则》，该导则推出较早于《核材料实物保护公约》，导则虽然是非约束性的，但却是权威性的立法建议，是国家起草相关实物保护法律的重要参考，因此也大大提升了各国相关国内立法的一致性。[1]

---

[1] 高宁：《国际核安全合作法律机制研究》，《河北法学》2009年第1期。

第三节　法律原则

一、核不扩散与核保障原则

国家核保障法律制度的范围取决于国家与国际原子能机构之间达成的保障协定的类型，以及是否有附加议定书。保障协定以国际原子能机构三个基本文件，即 INFCIRC/66/Rev.2，INFCIRC/153（Cor.）和 INFCIRC/540（Cor.）为范本。核保障措施一般适用于所有的核材料和含有甚至不包含核材料的核设施，还有那些现在尚未营运和已经退役的核设施。保障协定将适用于国家控制下或管辖下的受保障约束的核活动，国家主管部门和监管机构颁布的法规中明确界定保障将适用的核活动、核设施和核材料。

国际原子能机构要求，各国政府必须确保在政府和法律框架内为安全与核安保尽力安排以及与国家核材料衡算和控制系统之间的接口建立适当的基础结构安排。因此，国家必须统筹兼顾安全措施和核安保措施的制定和执行工作，以免核安保措施损害安全或者安全措施损害核安保。政府在法律框架内的具体职责必须包括：首先，评定设施和活动的布置以促进安全性的优化，同时考虑到与核安保和核材料衡算和控制系统有关的因素；其次，监督和执行，以维持有关安全、核安保和核材料衡算和控制系统的安排；再次，酌情与执法机构保持联络；最后，将安全相关和核安保相关事件的应急安排加以整合。

制定核法律涉及核保障条款应参照国家加入的国际条约的相关条款，确保国内法规不会与国家承担的相关条约的义务不一致。核保障执行的多数细节不需要列入法律中，可以通过主管部门或监管机构发布的法规、指导性文件进行规定。

核保障协定义务的全面履行。国家的核法律应当确保其所有核能和平利用活动的源材料和特种易裂变材料符合《不扩散核武器条约》、保障协定和任何地区不扩散协定的义务。根据全面保障协定，国际原子能机构的有权采取保障措施。为此，政府机构需要与国际原子能机构充分合作，及时提供必要的资料，以确保保障的有效执行。

受保障核材料的衡算和控制系统包括测量系统、准确性评价系统、测量差异审查程序、实物盘存执行程序、未测定的存量评价系统、用于所有物料平衡区的记录和报告制度、向国际原子能机构报告制度，国家相关监管机构应与国际原子能机构联络，提交和更新核设施设计方面的资料、核保障协定辅助安排所要求的报告、相关核材料的保障豁免或终止请求、核材料进出口通知，并向国际原子能机构的视察员提供便利和支持，在其视查和访问期间陪同视察员。

国家核法律还应当规定，监管机构有权履行规制保障的法律制度，如在一些情况下可请求法庭批准搜查或扣押以确保履行规定；确定和实施执行行动的详细程序；违规行为及惩罚，如不及时报告、拒绝提供资料、妨碍视查或试样的收集、提供虚假的或误导性资料都要承担相应的责任。此外，法律应当规定，国际原子能机构、视察员及履行保障协定规定职责的工作人员享有国际原子能机构文件规定的特权和豁免。

二、核进出口管制原则

国家核进出口控制法律制度的首要目标便是确保以安全、可靠、对环境负责的方式进行核材料、核设备、核技术的进出口转让，要确保这些转让不会直接或间接地帮助任何无核武器国家、任何其他未被授权的人发展或获得核爆炸装置，也不能实现未授权条件下使用核材料，达到履行不扩散相关国际条约所规定的法律义务。这些国际条约包括《不扩散核武器条约》《核材料实物保护公约》及其修订案、《联合公约》、区域无核武器条约，以及国家间的双边核合作协定等。负责任的核供应国需要坚守承诺，确保他们的出口不被转用于非和平或不安全的核活动。同时，接受国也必须采取充分的进出口控制。

涉及核进出口国家的核法律中应该明确行使核进出口管制的行政机构及其责任分工。一些国家设立专门的机构处理核进出口许可证事务，但许多国家会把核进出口控制职责分配给已有的行政机构，如国家负责国际贸易、商务或外交事务的部门进行管理，这样效率可能更高。出口许可证职能主要涉及国防、外贸、能源、外交、环境、科学或卫生等政府机构，有时会导致职能重叠，影响行政效率。因此，在设立核进出口控制管理机构以及进行其职能划分时，应当通过相关核法律规定各有关机构的责任分工，确保切实的管控，同时也要秉承核监管独立的原则。

通常国家的核进出口控制范围集中在最可能被转进或转出的核相关物项或信息上，与其他所有涉及核材料和核技术的活动管理一样，涉及这些物项和信息的跨越国境的转让只有在发放许可证时明确说明这种转让的准确信息后才能获准，这些信息包括申请人身份、确切的转让标的、转让目的地、最终用途或最终用户、执照有效期以及任何相关的限制条件等。但法律控制的范围不宜过窄，因为任何国家实际上都可能成为核相关物项或信息的过境管辖者，而不法分子通常企图通过非法渠道在核进出口控制比较薄弱的国家进行未授权转移，逃避核材料的出口管制。因此，在核法律明确核进出口管制的范围时，应完全涵盖核供应国集团导则中所确定的物项和信息。对于《不扩散核武器条约》缔约国，需要将桑戈委员会导则（INFCIRC/209/Rev.1）中包含的物项清单作为控制标的。

有效的核进出口管制法律应该包括：未经批准禁止进出口核材料、其他放射性物质以及其他相关设备或技术；受进出口控制约束的核材料、设备和技术清单；核材料、设备和技术的转让监管系统；核查转让货物不被转用非批准用途的措施；向包括核贸易参与人在内相关各方提供有关核进出口控制信息的措施；违反核进出口控制的法律后果；接受国已作出有约束力的承诺，即转让的核材料和资料仅用于和平目的；转让的物项适用国际原子能机构保障监督；接受国的所有核材料和核设施都要接受国际原子能机构的保障监督；向第三国再转让核材料和核技术应取得提供国事先同意；任何后处理都要事先征得供应国的同意；核材料国际运输的实物保护水平要与《核材料实物保护公约》附件 I 规定的水平相一致；对于某些核材料，目的国要有以安全可靠方式管理这种核材料必要的行政和技术能力及监管结构。

各国一般会采取两种控制核进出口的方案。第一种方案是在该国涵盖由国家控制的所有进出口商品的一般贸易法中列出受进出口管控的核相关货物、物项清单。第二种方案是在综合性核法律的一个单独章节中列入进出口控制条款，包括受控制的核相关货物、物项清单。无论采取哪种方案都需要确保把上述相关要素列入法律之中。

国际原子能机构编写的《放射源进出口导则》中含有一些应当考虑纳入法律以防止放射源失控从而可能危害核安全和核安保的规定，导则遵从 2004 年《放射源核安全和核安保行为准则》中采用源的分类，并提供了用于审查进出口第 I 类和第 II 类放射源申请的程序建议。

三、核材料与核设施实物保护原则

为了防止放射性物质被非法或未经授权获取，以及通过盗窃、转换、威胁和破坏等手段非法干扰核材料和核设施的正常使用，需要对核材料实施实物保护。要实现这个目标，一方面要采取防护措施，防止潜在的肇事者接触核材料和核设施，另一方面要采取措施遏制企图盗窃、转移和破坏的行为。实物保护所保护的对象包括核材料和核设施两个方面，重点各有不同。

根据《联合国宪章》第七章通过的联合国安理会第 1540（2004）号决议责成各国建立和执行适当、有效的法律，用以禁止任何非国家行为者尤其是为恐怖主义目的制造、获得、拥有、研发、运送或使用核武器。各国应采取和实施有效措施，建立国内控制，以防止核生化武器及其运载工具的扩散，包括对相关材料建立适当控制，立法范围应包括：第一，制定和保持适当、有效的措施，对生产、使用、贮存或运输中的这种物项进行衡算和安保；第二，制定和保持适当、有效的实物保护措施；第三，制定和保持适当、有效的边境控制和执法行动，以便遵循国际条约，必要时通过国际合作，查明、阻止、防止和打击这种物项的非法贩卖和中间商交易；第四，对这些物项的出口和过境建立、制定、审查和保持适当、有效的国家控制，建立适当的法律法规以控制出口、过境、转口和再出口，控制为这种出口和转口提供资金和服务，以及建立最终用户控制；第五，对违反这种出口控制法律和法规的行为实施适当的刑事或行政处罚。

第四节　我国立法

一、我国核不扩散相关立法

国际核不扩散机制的形成与发展经历了一个历史过程，我国对这个体制的认识、参与和适应也经历了一个历史过程。我国早期参与国际核不扩散机制，主要就是以积极支持有关国家在自愿基础上建立无核区实现的。我国先后加入了《拉美及加勒比禁止核武器条约》（1973年8月）、《南极条约》（1983年8月）、《外层空间条约》（1983年12月）、《南太平洋无核区条约》（1987年2月）、《海床条约》（1991年2月）和《非洲无核武器区条约》（1996年4月）等。1995年4月，我国政府发表声明，重申无条件向无核武器国家和无核武器区提供消极安全保证的承诺，并首次承诺提供积极安全保证。

我国1992年3月加入《不扩散核武器条约》，1995年支持该条约内容的扩展。作为缔约国，我国奉行不主张、不鼓励、不从事核武器扩散和不帮助别国发展核武器的政策，并且制定了核出口三原则，即仅用于和平目的；接受国际原子能机构的保障监督；未经中方同意不得转让第三方。1996年5月，我国作出了不向未接受国际原子能机构保障监督的核设施提供帮助的承诺，包括不对其进行核出口，不与其进行人员与技术的交流与合作。为了对核出口实施管制，我国参照国际惯例，对核材料、核设备和核技术的转让实施了一系列的管理措施。[①] 1997年5月，我国政府颁布了《关于严格执行中国核出口政策有关问题的通知》，通知明确规定，我国出口的核材料、核设备及其相关技术，均不得提供给或用于未接受国际原子能机构保障监督的核设施。通知还对与核有关的

[①] 王君：《冷战后中国不扩散政策的转变及其原因分析》，《太平洋学报》2002年第4期。

两用物项的出口作出了严格规定。1997年9月，我国政府颁布了《中华人民共和国核出口管制条例》，该条例规定：不得向未接受保障监督的核设施提供任何帮助；核出口由国务院指定的单位专营，任何其他单位或个人均不得经营；国家对核出口实行许可制度。该条例后来进行了修订，现行有效的是2006年11月9日发布与实施的版本。同时，参考国际上普遍接受的核出口控制清单制定了我国的《核出口管制清单》（此清单现已失效）。1998年6月10日，我国颁布了《核两用品及相关技术出口管制条例》，对与核有关的两用品及相关技术的出口实行严格控制。该条例后来也进行了修订，现行有效的是于2007年1月26日发布与实施的。2020年12月1日施行的《中华人民共和国出口管制法》（以下简称《出口管制法》）对核材料、核设备、反应堆用非核材料以及相关技术和服务进行了规定。2021年12月发布的《中国的出口管制》白皮书指出："核出口管制管理体制。核出口，由国家原子能机构、商务部会同其他部门进行管理。核出口由国务院指定的单位专营，并坚决贯彻核出口保证只用于和平目的、接受国际原子能机构保障监督、未经中国政府许可不得向第三国转让等三项原则。管理部门对核出口实施严格的审查制度，并对违法行为采取严厉的处罚措施。"

我国自始至终参与了《全面禁止核试验条约》的谈判，并于1996年9月24日，条约开放签署当日就签署了该条约。不仅如此，我国支持尽早缔结《禁止生产核武器用裂变材料公约》（《禁产公约》）。1994年10月，中美两国外长发表联合声明，表示愿意共同努力，推动尽早达成一项多边、非歧视性和可有效核查的《禁产公约》。1997年4月，我国与美、俄、英、法四个核武器国家发表声明，重申五国关于支持在香农报告所载授权[①]的基础上尽早谈判缔结《禁产公约》的立场。

随着国际形势的缓和以及大国关系的不断改善，我国认为核武器国家之间承诺互不首先使用核武器的条件已经成熟。1994年1月，我国正式向美、俄、英、法四国提出了《互不首先使用核武器条约》草案，并建议五个有核武器国家尽早就此进行磋商。

二、我国核进出口控制相关立法

1988年9月18日，我国在国际原子能机构大会期间由周平代表与国际原子能机构代表布里克斯签订了自愿保障协定——《中华人民共和国和国际原子能机构关于在中国实施保障的协定》（INF-CIRC/369）。协定共由90条正文组

---

① 香农（Gerald Shanon）为时任加拿大大使，该授权是以他的签字命名的。

成，内容体现了核武器国家"自愿提交"的特点，又全面照顾到机构保障的通用程序和方法。我国承诺：按照协定条款接受机构对我国所指定的在其领土内的和平核设施里的一切源材料或特种易裂变材料实施保障，以使机构能核查这类材料在受保障期间未从这些设施中撤出，协定另有规定除外。1991 年 11 月，我国政府宣布，在连续的基础上向国际原子能机构通报我国向无核国家出口或从无核国家进口大于 1 有效公斤核材料的情况。1993 年 7 月，我国正式承诺，在自愿的基础上向国际原子能机构通报所有核材料、核设备及相关非核材料的进出口情况。1997 年 5 月，我国派观察员出席了作为国际核出口控制机制之一的桑戈委员会会议，并于同年 10 月 16 日正式加入了该委员会。1998 年 12 月 31 日，我国与国际原子能机构签订自愿保障协议的附加议定书。

作为《不扩散核武器条约》的缔约国，我国在核出口控制方面，历来采取慎重、负责的态度。为确保核经贸工作按照国家有关规定和国际上通行的准则和办法进行，各有关部门、单位在从事对外经济贸易活动时，必须切实执行国家的核出口政策，核出口物项仅用于和平目的、接受国际原子能机构的保障监督、未经允许不得向第三国转让，不向未接受国际原子能机构保障监督的核设施提供帮助。

我国作为核供应国集团成员，也不断加大核领域出口管制力度，建立起完整的与国际接轨的法律法规体系。1997 年 9 月，我国政府颁布《核出口管制条例》，规定不得向未接受国际原子能机构保障监督的核设施提供任何帮助；核出口由国务院指定的单位专营；国家对核出口实行许可制度。条例还规定对核出口实施严格的审查制度，对违规行为采取严厉的处罚措施，并制定了全面详细的管制清单。2006 年 11 月又对《核出口管制条例》进行了修订，旨在加强对核出口的管制，防止核武器扩散，防范核恐怖主义行为，维护国家安全和社会公共利益，促进和平利用核能的国际合作，修订后条例由 24 条正文组成。依据该条例，国家对核出口实行严格管制，严格履行所承担的不扩散核武器的国际义务，严格限制铀浓缩设施、设备，辐照燃料后处理设施、设备，重水生产设施、设备等物项及其相关技术等核扩散敏感物项，以及可以用于核武器或者其他核爆炸装置的材料的出口。核出口应当遵守国家有关法律、行政法规的规定，不得损害国家安全或者社会公共利益。条例所称核出口，是指《核出口管制清单》所列的核材料、核设备和反应堆用非核材料等物项及其相关技术的贸易性出口及对外赠送、展览、科技合作和援助等方式进行的转移。

核出口审查、许可证准则包括要求接受方政府保证：不将我国供应的核材料、核设备或者反应堆用非核材料以及通过其使用而生产的特种易裂变材料用于任何核爆炸目的。对我国供应的核材料以及通过其使用而生产的特种易裂变材料采取适当的实物保护措施。同国际原子能机构订有有效的全面保障协定，但不适用于同国际原子能机构订有自愿保障协定的国家。未经我国国家原子能机构事先书面同意，不向第三方再转让我国所供应的核材料、核设备或者反应堆用非核材料及其相关技术；经事先同意进行再转让的，接受再转让的第三方应当承担相当于由我国直接供应所承担的义务。未经我国政府同意，不得利用我国供应的铀浓缩设施、技术或者以此技术为基础的任何设施生产富集度高于20%的浓缩铀。

核出口专营。核出口由国务院指定的单位专营，任何其他单位或者个人不得经营。出口《核出口管制清单》所列物项及其相关技术，应当向国家原子能机构提出申请：出口核材料的，转送国防科工局复审或者国防科工局会同有关部门复审；出口核设备或者反应堆用非核材料及其相关技术的，转送商务部复审或者商务部会同国防科工局等有关部门复审。①

对国家安全、社会公共利益或者外交政策有重要影响的核出口，国家原子能机构（国防科工局）、商务部审查或者复审时，应当会同外交部等有关部门，必要时，应当报国务院审批。报国务院审批的，不受条例规定时限的限制。核出口申请依照条例规定经复审或者审批同意的，由商务部发放核出口许可证。核出口营运单位改变原申请出口的物项及其相关技术的，应当交回原许可证，并依照条例的规定，重新申领核出口许可证。商务部发放核出口许可证后，应当书面通知国家原子能机构。核出口专营单位进行核出口时，应当向海关出具核出口许可证，依照《中华人民共和国海关法》的规定办理海关手续，并接受海关监管。海关可对出口营运者出口的物项及其技术是否需要办理核出口证件提出质疑，并可要求其向商务部申请办理是否属于核出口管制范围的证明文件；属于核出口管制范围的，应当依照条例的规定申请取得核出口许可证。接受方或者其政府违反作出的保证，或者出现核扩散、核恐怖主义危险时，国防科工局、商务部会同外交部等有关部门，有权作出中止出口相关物项或者技术的决定，并书面通知海关执行。

1998年6月，国务院发布《核两用品及相关技术出口管制条例》，2007年1月又对条例进行了修订。该条例旨在加强对核两用品及相关技术出口的管制，防止核武器扩散，防范核恐怖主义行为，促进和平利用核能的国际合作，维护国家安全和社会公共利益。国家对核两用品及相关技术出口实行严格管制，严格履行所承担的不扩散核武器的国际义务，防止核两用品及相关技术用于核爆

---

① 刘宁、蔡午江：《我国原子能技术出口管制规范域外适用研究》，《中国政法大学学报》2022年第1期。

炸目的或者核恐怖主义行为，国家对核两用品及相关技术出口可以采取任何必要的措施。条例所指出口许可证核两用品及相关技术出口，是指《核两用品及相关技术出口管制清单》所列的设备、材料、软件和相关技术的贸易性出口及对外赠送、展览、科技合作、援助、服务和以其他方式进行的转移。国家对核两用品及相关技术出口实行许可证管理。核两用品及相关技术出口的许可证，应当基于接受方的如下保证：首先，不将我国供应的核两用品及相关技术或者其任何复制品用于核爆炸目的以及申明的最终用途以外的其他用途；其次，不将我国供应的核两用品及相关技术或者其任何复制品用于未接受国际原子能机构保障监督的核燃料循环活动。本项规定不适用于同国际原子能机构订有自愿保障协定的国家；最后，未经我国政府允许，不将我国供应的核两用品及相关技术或者其任何复制品向申明的最终用户以外的第三方转让。从事核两用品及相关技术出口的营运者，须经商务部登记，未经登记，任何单位或者个人不得经营核两用品及相关技术出口，登记办法由商务部规定。出口《核两用品及相关技术出口管制清单》所列的核两用品及相关技术，应当向商务部提出申请，填写核两用品及相关技术出口申请表，并提交相关文件。

2019年3月修订的《放射性同位素与射线装置安全和防护条例》对转让、进出口放射性同位素的作出规定。根据现行条例，国务院对外贸易主管部门会同国务院生态环境主管部门、海关总署和生产放射性同位素单位的行业主管部门制定并公布限制进出口放射性同位素目录和禁止进出口放射性同位素目录。进口列入限制进出口目录的放射性同位素，应当在国务院生态环境主管部门审查批准后，由国务院对外贸易主管部门依据国家对外贸易的有关规定发放进口许可证。进口限制进出口目录和禁止进出口目录之外的放射性同位素，依据国家对外贸易的有关规定办理进口手续。申请进口列入限制进出口目录的放射性同位素，应当符合下列要求：进口单位已经取得与所从事活动相符的许可证；进口单位具有进口放射性同位素使用期满后的处理方案，其中，进口Ⅰ类、Ⅱ类、Ⅲ类放射源的，应当具有原出口方负责回收的承诺文件；进口的放射源应当有明确标号和必要说明文件，其中，Ⅰ类、Ⅱ类、Ⅲ类放射源的标号应当刻制在放射源本体或者密封包壳体上，Ⅳ类、Ⅴ类放射源的标号应当记录在相应说明文件中；将进口的放射性同位素销售给其他单位使用的，还应当具有与使用单位签订的书面协议以及使用单位取得的许可证复印件。进口列入限制进出口目录的放射性同位素单位，应当向国务院生态环境主管部门提出进口申请，并提交符合本条例规定要求的证明材料。国务院生态环境主管部门应当自受理申请之日起10个工作日内完成审查，符合条件的，予以批准；不符合条件的，书面通知申请单位并说明理由。海关检验放射性同位素进口许可证办理有关进口手续。进口放射性同位素的包装材料依法需要实施检疫的，依照国家有关检疫法律法规的规定执行。对进口的放射源，国务院生态环境主管部门还应当同时确定与其标号相对应的放射源编码。出口列入限制进出口目录的放射性同位素，应当提供进口方可以合法持有放射性同位素的证明材料，并由国务院生态环境主管部门依照有关法律和我国缔结或者参加的国际条约、协定的规定，办理有关手续。出口放射性同位素应当遵守国家对外贸易的有关规定。

2005年12月，原国家环境保护总局审议通过了《放射性同位素与射线装置安全许可管理办法》，于2006年1月由国家环境保护总局令第31号公布，根据2008年11月原环境保护部2008年第二次部务会议通过的《关于修改〈放射性同位素与射线装置安全许可管理办法〉的决定》第一次修正，又根据2017年12月原环境保护部第五次部务会议通过的环境保护部令第47号《环境保护部关于修改部分规章的决定》第二次修正，再根据2019年8月生态环境部令第7号《生态环境部关于废止、修改部分规章的决定》第三次修正；还依据2021年1月的《生态环境部关于废止、修改部分生态环境规章和规范性文件的决定》（生态环境部令第20号）第四次修订。

根据现行管理办法，进口、转让放射性同位素，进行放射性同位素野外示踪试验，应当依照本办法的规定报批。出口放射性同位素，应当依照本办法的规定办理有关手续。国务院生态环境主管部门负责对列入限制进出口目录的放射性同位素的进口进行审批。国务院生态环境主管部门依照我国有关法律和缔结或者参加的国际条约、协定的规定，办理列入限制进出口目录的放射性同位素出口的有关手续。

进口列入限制进出口目录的放射性同位素的单位，应当在进口前报国务院生态环境主管部门审批；获得批准后，由国务院对外贸易主管部门依据对外贸易的有关规定发放进口许可证。国务院生态环境主管部门在批准放射源进口申请时，给定放射源编码。分批次进口非密封放射性物质的单位，应当每6个月报国务院生态环境主管部门审批一次。申请进口列入限制进出口目录的放射性同位素的单位，应当向国务院生态环境主管部门提交放射性同位素进口审批表，并提交下列材料：放射性同位素使用期满后的处理方案，其中，进口Ⅰ类、Ⅱ类、Ⅲ类放射源的，应当提供原出口方负责从最终用户回收放射源的承诺文件复印件；进口放射源的明确标号和必要的说明文件的影印件或者复印件，其中，Ⅰ类、Ⅱ类、Ⅲ类放射源的标号应当刻制在放射源本体或者密封包壳体上，Ⅳ类、Ⅴ类放射源的标号应当记录在相应说明文件中；进口单位与原出口方之间签订的有效协议复印件；将进口的放射性同位素销售给其他单位使用的，还应当提供与使用单位签订的有效协议复印件。

国务院生态环境主管部门应当自受理放射性同位素进口申请之日起10个工作日内完成审查，符合条件的，予以批准；不符合条件的，书面通知申请单位并说明理由。进口单位和使用单位应当在进口活动完成之日起20日内，分别将批准的放射性同位素进口审批表报送各自所在地的省级生态环境主管部门。出口列入限制进出口目录的放射性同位素单位，应当向国务院生态环境主管部门提交放射性同位素出口表，并提交下列材料：国外进口方可以合法持有放射性同位素的中文或英文证明材料；出口单位与国外进口方签订的有效协议复印件。出口单位应当在出口活动完成之日起20日内，将放射性同位素出口表报送所在地的省级生态环境主管部门。出口放射性同位素的单位应当遵守国家对外贸易的有关规定。

生产、进口放射源的单位在销售Ⅰ类、Ⅱ类、Ⅲ类放射源时，应当与使用放射源的单位签订废旧放射源返回合同。使用Ⅰ类、Ⅱ类、Ⅲ类放射源的单位应当按照废旧放射源返回合同规定，在放射源闲置或者废弃后3个月内将废旧放射源交回生产单位或者返回原出口方。确实无法交回生产单位或者返回原出口方的，送交有相应资质的放射性废物集中贮存单位贮存。使用Ⅳ类、Ⅴ类放射源的单位应当按照国务院生态环境主管部门的规定，在放射源闲置或者废弃后3个月内将废旧放射源进行包装整备后送交有相应资质的放射性废物集中贮存单位贮存。使用放射源的单位应当在废旧放射源交回、返回或者送交活动完成之日起20日内，向其所在地省级生态环境主管部门备案。销售、使用放射源的单位在本办法实施前已经贮存的废旧放射源，应当自本办法实施之日起1年内交回放射源生产单位或者返回原出口方，或送交有相应资质的放射性废物集中贮存单位。

三、我国实物保护相关立法

1988年12月2日，我国政府向国际原子能机构总干事交存《核材料实物保护公约》的加入书，同时声明不受该公约第17条第2款所规定的两种争端解决程序的约束，该公约于1989年1月2日对我国生效。2008年10月28日，我国批准了《核材料实物保护公约》修订案。我国认为，《核材料实物保护公约》修订案的内容与我国现行法律规定不相抵触，批准《核材料实物保护公约》修订案对维护我国负责任大国的国际形象，加强我国核材料和核设施的安全管理，促进我国核工业的健康发展具有积极意义。同时我国也强调，核材料与核设施的实物保护是各国政府的责任，各国应根据自己的国情，制定和完善关于核材料和核设施实物保护法律法规，采取适合自己国家的切实可行的措施完善和加强核材料与核设施的实物保护工作。

国内实施核材料管制的主管机构是国家原子能机构核材料管制办公室，下设设施级核材料管制办公室。核材料管制办公室负责建立全国核材料账务系统和检查营运单位的核材料账务衡算管理及实物保护和保密工作。[①] 目前，国家核安全局负责民用核材料的安全监督，国家原子能机构核材料管制办公室具体负责全国的核材料管制工作，办公室向国家核安全局和国家原子能机构分别提交民用和军用核材料转让、盘存、账务的季度报告及年度衡算报告。1987 年 6 月 15 日，国务院颁布《中华人民共和国核材料管制条例》（HAF0601），其中第 16 条规定，核材料许可证持有单位法定代表人对所持有的核材料负有全面安全责任。该条例旨在保证核材料的安全与合法利用，防止被盗、破坏、丢失、非法转让和非法使用，保护国家和人民群众的安全，促进核能事业的发展。条例含总则、监督管理职责、核材料管制办法、营运单位及其上级领导部门的责任、奖励和处罚、附则等六章 24 条正文组成。根据条例规定，管制的核材料包括：铀－235，含铀－235 的材料和制品；铀－233，含铀－233 的材料和制品；钚－239，含钚－239 的材料和制品；氚，含氚的材料和制品；锂－6，含锂－6 的材料和制品；其他需要管制的核材料。而铀矿石及其初级产品则不属于条例管制范围。依据条例，国家对核材料实行许可制度，以保证国家对核材料的控制，在必要时国家可以征收所有核材料。持有核材料数量达到累计的调入量或生产量大于或等于 0.01 有效公斤的铀、含铀材料和制品（以铀的有效公斤量计）；任何量的钚－239、含钚－239 的材料和制品；累计的调入量或生产量大于或等于 3.7×10^{13} 贝可（1000 居里）的氚、含氚材料和制品（以氚量计）；累计的调入量或生产量大于或等于 1 公斤的浓缩锂、含浓缩锂材料和制品（以锂－6 量计）限额的单位，必须申请核材料许可证。小于限额者，可免予办理许可证，但需要向核主管部门办理核材料登记手续。对不致危害国家和公众安全的少量核材料制品可免予登记，其品种和数量限额由主管部门规定。许可证持有单位应当在当地公安部门的指导下，对生产、使用、贮存和处置核材料的场所，建立严格的安全保卫制度，采用可靠的安全防范措施，严防盗窃、破坏、火灾等事故的发生。运输核材料必须遵守国家的有关规定，核材料托运单位负责与有关部门制定运输保卫方案，落实保卫措施。运输部门、公安部门和其他有关部门要密切配合，确保核材料运输途中安全。[②]

1990 年发布的《核材料管制条例实施细则》对核材料实物保护进行了具体的规定，要求持有核材料的单位必须有保护核材料的措施，建立安全防范系统。

---

① 《中国的防扩散政策和措施》，《中华人民共和国国务院公报》2004 年第 18 期。
② 王社坤、刘文斌：《我国核安全许可制度的体系梳理与完善》，《科技与法律》2014 年第 2 期。

根据核材料的质量、数量及危害性程度，划分为三个保护等级，实行分级管理。① 涵盖了固定场所核材料保护的基本要求、警卫和守护、实体屏障和技术防范设施等方面，同时对核材料运输保卫措施和运输押解人员的职责提出具体规定。

附：

各国核不扩散和实物保护法律制度一览

《加拿大核不扩散进口和出口管制条例》（2012 年，5 条）；

《美国〈核材料实物保护公约〉批准书》（1997 年，23 条）；

《保加利亚提供的核设施实物保护核材料和放射性物质条例》（2008 年，64 条）；

《爱尔兰禁止核试验法》（2008 年，17 条）；

《奥地利无核化宪法法》（1999 年，5 条）；

《波兰进出口放射性废物条例》（2004 年，15 条）；

《波兰原子能法－核材料实物保护条例》（2004 年，19 条）；

《波兰进出口核材料、放射源及其装置条例》（2007 年，8 条）；

《德国外贸法》（1961 年，2006 年修订，43 条）；

《德国外贸条例》（1986 年，2008 年修订，43 条）；

《英国核材料犯罪法》（1983 年，8 条）；

《俄罗斯核出口和进口规则》（1992 年，24 条）；

《法国进出口放射性废物法》（1994 年，34 条）；

《法国授权进出口放射性废物法》（1994 年，2010 年修订，26 条）；

《挪威核材料实物保护条例》（1984 年，20 条）；

《挪威持有、出售及运输核材料条例》（2000 年，17 条）；

《瑞典放射性物质进出口条例》（2006 年，13 条）；

《瑞典控制放射性废物运输进出瑞典条例》（2004 年，107 条）；

《巴基斯坦 2005 年进口政策法》（2005 年，22 条）；

《新加坡有害废物（进出口及运输控制）法》（1998 年，14 条）；

《印度核转让的指导方针》（2005 年，2006 年修订，22 条）；

《土耳其核出口许可条例》（2007 年，23 条）；

---

① 蒋婧、王黎明、张敏、杨海峰、刁非、毛欢、刘天舒：《核安全导则 HAD501/02〈核设施实物保护（试行）〉解读及修订建议》，《辐射防护》2013 年第 33 期。

《澳大利亚核不扩散法》(1987 年，2012 年修订，74 条)；
《澳大利亚禁止核武器试验条约法》(1998 年，2011 年修订，78 条)；
《澳大利亚核出口许可条例》(1986 年，2010 年修订，35 条)；
《澳大利亚核不扩散（保护）条例》(1987 年，2011 年修订，6 条)；
《新西兰无核区裁军和军备控制法》(1987 年，16 条)；
《阿根廷禁止核武器试验法》(1986 年，5 条)；
《阿根廷〈核材料实物保护公约〉法》(1980 年，21 条)；
《智利核材料与设施实物保护条例》(1985 年，29 条)。

第十二章　核信息公开与公众参与法律制度

第一节　概述

　　核信息公开与公众参与法律制度是指要求公开或特殊保护核工业信息，以及调整核工业利益相关方参与核工业发展管理过程的制度规范。核法律应当明确监管机构有义务向公众传达对核活动下达的指令、许可证和评价，以及其作出这些行政行为的依据，建立适当的通报机制，以便向邻近地区公众和其他相关方以及新闻媒体通报设施和活动的安全情况（包括健康和环境方面）、监管程序；在适当的时候以公开和广泛参与的程序征询邻近地区公众和其他相关方的意见；规定监管机构在适当的时候向公众、其他政府部门和国际组织提供有关事件和异常情况的信息，与其他国家的监管机构和国际组织相互联络，以促进国际合作和监管信息的交流。核法律还应当使监管机构能够与其他政府部门、利益相关方和涉及健康与安全、环境保护、安保和危险货物运输等方面的各类非政府机构保持联络与协调。

　　核能的早期发展起源于"二战"期间的军事计划，在当时以及后来相当长的时期内，有关核材料和核技术的信息被认为是高度敏感的，各国政府都作为机密处理。[①] 然而，随着核能和平利用的发展，核安全涉及公众健康与安全，离不开公众的信任与支持，为使公众了解核技术和增加公众对核技术的信心，需要向公众、媒体、立法机关及其他利益团体提供核相关技术对于社会和经济发展带来的风险和利益的相关信息。[②] 目前，核信息已经远远超越核技术范畴，涉及国家核工业管理和监管、核技术知识产权资料、核项目开发过程内容、核

---

　　① Carlton Stoiber, Alec Baer, Norbert Pelzer, Wolfram Tonhauser, *Handbook on Nuclear Law* (Vienna: International Atomic Energy Agency, 2003), p.9.
　　② 刘久：《论〈核安全法〉背景下我国公众核安全权利的实现》，《苏州大学学报（哲学社会科学版）》2020年第3期。

电厂建造运行记录、核事件事故通告等广泛领域，从以往习惯性封闭、保密的行业信息管理模式逐步过渡到透明、接受监督的环境氛围。

公众对核工业的理解、认同和支持，对核工业发展至关重要，由于核技术的神秘性和核危害的放大效应，公众对核工业发展支持程度起伏不定，有时甚至会形成对抗，如果处理不好，会制约核工业发展。信息的不对称不仅使核安全监管机构与核企业双方沟通不畅，延误事件处理的最佳时期，也容易引起公众的不信任、恐慌和对立。公众对核安全的信心与监管机构、核企业披露核活动信息的迅速、准确和完整与否密切相关。

追溯公众对核能认知的变化，从心理学角度分析可以概括为两个阶段。第一阶段：核武器时期，20世纪初至20世纪70年代。核能应用作为人类文明的重大突破，在带来科技革新的同时，更为战争提供了催化剂。1945年广岛、长崎核爆炸，是人类对核能的第一次大规模认知，但作为武器之外的核能和平利用在当时尚未形成气候，公众对核电站的建造尚无争议。第二阶段：核电站时期，20世纪70年代至今。能源危机的严峻形势促使各国纷纷开发核能，核电数量进入猛增时期。随着1979年美国三哩岛核事故、1986年苏联切尔诺贝利核事故、2011年日本福岛核事故的发生，公众对核电站安全的疑虑和恐慌愈来愈多，导致公众对核电选址与建造层出不穷的争端和抗议，甚至"污名化"民用核能与核技术。这里的"污名化"就是指相关风险事件通过电视、报纸、杂志、广播和网络等各种媒体的渲染与放大，进而给技术源冠以恶名，导致大规模的社会恐慌和排斥的现象。

核安全文化要求核安全监管机构与核企业保持及时和透明的信息沟通和披露机制，通过立法建立相关的制度和措施，鼓励实现信息透明化和对称性。另外核安全监管机构也应建立一个综合的核安全档案信息管理系统以保证信息的全记录，分析跟踪并与利益相关方保持透明交流。

公众参与是核安全文化走向成熟的一个主要标志，如核设施场址的选择和建造与公众利益密切相关，核电厂周边的居民对核电厂的批准、建造、运行各个阶段都应有参与权，公众有权获得相应的信息并表达自己的不同看法，特别是在人口密度相对较大、可能会引起公众对安全担忧的地方，若不考虑公众关切，不顾公众的反对意见，只依靠行政指令引进核相关项目，必然会导致公众的对抗，甚而影响社会的稳定。

第二节 立法实践

一、信息公开相关立法

核信息往往分为机密信息和可公开信息。机密信息基于防范核扩散、国家安全和商业秘密的考虑，往往被严格限制对外公开。可公开核信息，主要是对核能和平利用的监管、环境影响评价、企业社会责任等信息的披露，是公众强烈呼吁公开的内容。由于机密和可公开信息的范畴难以界定，因此必须对此进行法律规制。

各国核法律对核信息公开有着不同规定，但总的来说，各国对涉及军事、安全领域的核信息一般都是采取限制公开的政策，对这类信息的披露必须遵循严格的授权和程序。《美国原子能法》对核信息等级、信息分类和授权公开程序作了详细的规定，授权级别直至总统。其他国家在核法律中也都对此进行了原则性规定，一种模式是全面限制，即涉及核相关信息都予以限制，如印度和韩国原子能法的限制性规定，这是在早期核能利用管理中常常采用的方式；另一种模式是区分限制，国家规定核活动信息的限制范围，除此以外其他信息可以对公众公开，如《俄罗斯原子能法》，目前多数国家采取这种区分限制的模式。

（一）信息公开

《美国原子能法》第 12 章"信息控制"强调控制保密信息的披露和解密，以确保共同防卫和安全，指导原则是未经授权不得与其他国家进行核保密信息的交换。同时也规定，对于科学和工业的进步，公众了解以及扩大技术信息投资至关重要的有关核能科学技术信息的传播应当被允许和鼓励。《美国信息自由法》规定，除非涉及国家安全，公众可以通过有效途径获得核电厂的相关信息。信息的透明和公开从监督角度来讲，可以使核安全监管机构和核电营运单位更加注重核电安全，如何在保密和公开之间寻找一个平衡点则是关键的问题。

美国核管会关于核保密信息的分级和解密规定，只有获得授权的人员可以获取核保密信息。在国际合作中，总统可以授权核管会与其他国家合作，并且与这些国家就核源材料的精炼、提纯和后续处理，民用反应堆的开发，特殊核材料的生产、卫生和安全，为了和平目的的核工业和其他应用，以及上述活动相关的研究和开发方面的保密信息进行交换，但要求此类合作不得涉及核武器的设计或者制造方面的保密信息。当总统认为上述计划进行的合作和保密信息的交换可以促进共同防卫和安全且不会产生危害，并对共同防卫和安全做出重要的贡献，才可以批准。

获得公众的信赖是核管会履行其核安全管理职能的重要目的，为此，核管会出台了多种措施和方案让公众获取相关信息，与利益相关方进行更加畅通、可靠、及时、客观的沟通，对核电设施的运行情况进行客观、公正的报道。为此，核管会建立了许多网站，目的是及时、准确地发布公众所关心的核电安全信息与事件。同时，核管会邀请公众及早参与核电安全规则过程，及时对安全隐患进行防范。除此之外，核管会将答辩与听证程序纳入许可证活动中，从而获得公众对核安全管理的反馈意见。

依据《美国联邦法典》第10条第2节第206条规定，核管会允许公众就潜在的危及健康或安全的核风险提请核管会对营运单位采取特别处置行动。一经查实，核管会有权变更、终止、吊销该许可证，或者采取其他相应强制措施解决问题。公众参与程序则要求核管会及时对公众所关心的问题作出回应，鼓励投诉者直接向相关主管部门陈述意见，对问题核电厂提出自己的看法。核管会还特别鼓励核电厂工作人员就工作环境中存在的安全隐患向其主管报告，也可以直接向核管会报告，核管会为此专门设立了公众免费投诉热线。

法国则规定在中央和地方设立核安全透明度和信息高级委员会以及地方信息委员会，该委员会是一个信息机构，负责集中讨论与核活动相关的风险、相关的核活动对人类健康和环境的影响等问题。法国核安全局应当向公众发行《核安全监督》月刊，记录全国发生的每一起核电故障，个人也可以登录安全局或其他监管机构网站查询各种文件和资料。另外，核电营运单位以及核能开发单位在加强企业内部信息交换、交流的同时，也定期对外发布核电站周围环境监控报告或者事故报告，保障利益相关方的知情权。而媒体、舆论以及一些民间组织也会形成对核电安全生产的有效监督。法律规定，公众有权利获得如下信息：核基础设施的利用；放射性物质运输责任、放射性物质的持有者、持有信息；与电离辐射的照射有关的风险以及这种活动的结果、采取的安全和放射性防护措施以预防和减少辐射风险的情况等。国家有责任向公众公布核安全和辐射防护的方式、检查结果。国家要提供给公众核活动的结果、在国家领土范围内特别是在发生事件和事故情况下的相关信息。在核安全局公布的年度报告中，需要披露有关核安全和辐射防护采取的措施、有关核安全和辐射防护的事件和事故、放射性废弃物和在环境中设施无放射性的性质和结果、设施点放射性废弃物的性质和数量等信息。

《俄罗斯原子能法》规定组织和公民享有依据法律规定的程序从有关行政机关和授权组织咨询与获取准备建造、设计、建造、使用和弃用核设施、放射源保存等安全信息的权利，除非这些信息属于国家秘密。在公众知情权方面，公众享有获得核利用相关信息的权利，拒绝公开者可能承担刑事责任。

苏联切尔诺贝利核电站事故后，各国深知尽早提供有关核事故的情报，使可能的辐射后果降至最低的重要性。为此，1986年9月24日在维也纳召开的国际原子能机构特别大会通过了《及早通报核事故公约》。依据《及早通报核事故公约》，缔约国有义务对引起或可能引起放射性物质释放、并已经造成或可能造成对另一国具有辐射安全重要影响的超越国境的国际性释放的任何事故，向有关国家和国际原子能机构通报，其中也包括了要求放射性同位素相关事故的通报。公约还对可能性危险的通报作出了要求，就是要避免在后果尚未确定前核事故国家寻找瞒报的借口，这已成为核事故通报的国际通行准则。

（二）信息公开的例外

一些国家在法律中对核信息规定了严格的保密要求，主要是出于对核机密和国家安全保护的考虑。《韩国原子能法》规定原子能委员会和原子能安全委员会的成员或从事《韩国原子能法》法定职责的公务员不得泄露在履行职责过程中了解到的核秘密，不得将这类秘密用于实施《韩国原子能法》规定范围之外其他目的。《印度原子能法》"对公开信息的限制"规定中央政府可通过命令限制核相关信息传播，除非信息被用于核能的生产、开发、利用或相关事项的研究，否则任何人都不得获取限制的信息，或公开在履行公务中获得的任何信息。

（三）信息公开的限制

专利是指专利权人对发明创造享有的权利，即国家依法在一定时期内授予发明创造者或者其权利继受者独占使用其发明创造的权利。受到专利法保护的发明创造，即专利技术，是受国家认可并在公开的基础上进行法律保护的专有技术。各国对核能和平利用的发明专利，都会采取严格的审核。

《美国原子能法》第十三章"专利和发明"第151条有关原子武器的发明和提交报告规定：今后对于仅在特种核材料或原子能在原子武器利用方面有益的任何发明或发现，均不得授予专利权。已经对任何这种发明或发现授予的任何专利权均应据此予以撤销，但应对其付给合理的补偿；今后对于仅用于特种核材料或原子能在原子武器中利用的任何发明或发现，均不得授予专利权。由此之前获准的任何专利权赋予的有关任何这种发明或发现的权利均应予以撤销，条件是这种发明或发现如此使用，并应对其付给合理的补偿。第 153 条有关非军事利用规定：在给专利所有者提供召开听证会的机会后，委员会可公布将对公众利益产生影响的任何专利，条件是该专利涉及的发明或发现对特种核材料或原子能的生产或利用具有头等重要的作用，以及根据本条规定发放该发明或发现专利证书对贯彻本法的政策和目的具有同等重要的作用。

法国核工业知识产权遵循《法国工业产权法典》的一般法律规定，涉及发明专利的核法律是《关于原子能委员会的 1972 年 12 月 14 日 72 – 1158 号法》。该法规定由核能委员会管理活动产生的发明专利须以委员会的名义申报，发明者可以受到奖励，经核能领导委员会审核由委员会主席决定授予奖励方式。法国专利应用管理公司成立于 1958 年，负责收集和管理法国国内的核专利，对于无法获得专利证书的发明，专利应用管理公司通过涉及系统或设备的研究合同或合作合同进行转让。制造商的商业秘密可以通过在合同中加入保密信息、秘密或无转让权条款的方式加以保护。

《日本原子能基本法》第七章"有关专利发明等的措施"第 17 条规定：对于原子能的专利发明，政府认为公共利益需要的，应当按照《日本专利法》第 93 条的规定进行办理。第 18 条规定，签订涉及有关原子能的专利发明、技术等流向国外的协议时，应当依法遵守政府现行规定。第 19 条规定，政府对于涉及有关原子能专利申请的发明或者专利发明，可以在预算的范围内给予补贴或奖金。

二、公众参与立法

公众获取核安全信息的权利，即公众在核安全方面的知情权。公众只有享有知情权，才能进一步行使参与权，从而对现行制度和政府行为进行监督和提出意见，促进政府民主制度和行为的改进。公众核安全方面的知情权和参与权是公众参与原则的具体体现，它的贯彻和实施情况将直接影响着公众基本权益的保障以及我国核电事业的可持续发展。[1]

社会存在邻避效应。邻避效应（Not – In – My – Back – Yard），是指居民或当地单位因担心所在地或邻近地建造项目，如垃圾场、变电站、核电厂、放射性废物处理设施等对身体健康、环境质量和资产价值等带来诸多负面影响，减少项目所在地的发展机会，害怕项目所在地将承担更多的风险与责任，从而激

---

[1] 陆浩、刘华、王毅韧、翟勇等：《中华人民共和国核安全法解读》，中国法制出版社，2018，第 55 页。

发其嫌恶情绪，产生自己是政策牺牲者的心理，期盼项目不要建在我家后院，因此采取的强烈和坚决的、有时高度情绪化的集体反对甚至抗争行为，衍生出对政府引进项目的集体抵制。① 邻避效应是世界各国所面对的难题，更是制约核工业发展的因素之一。不断增强公益性项目补偿的科学性、民主性和透明度，逐步实现从"公众参与"到"共同决策"的转变，推动公民参与和补偿机制的不断完善，形成政府、企业和公众三者的良性互动，是解决邻避效应的良方。

经济合作与发展组织理事会在1995年3月9日通过了《关于提高政府规制质量的建议》，为各成员国提高政府规制质量提供基本参考。《关于提高政府规制质量的建议》强调法规应当以公开、透明的方式制定，并通过适当和充分的公开程序，有效、及时地获得受影响的商业组织、工会、消费者协会、环保组织等国内外利益团体和其他层级政府的意见和建议。吸纳公众的观点也就是公众咨询是规制影响分析的核心内容。

加拿大是较早建立规制影响分析制度的国家之一，也是注重在制度中引入公众咨询的国家之一。1987年，加拿大政府发布了《我们的未来》报告，开始了环境可持续发展方面的公众参与和咨询工作，为公众提供发表自己见解的机会，使公众有机会表达自己对于环境问题的关切。2007年加拿大内阁、枢密院办公室、财政委员会、司法部等发布了一系列的文件，如《内阁关于法规规范化的指令》《规制程序指南》《司法部公众参与政策声明及指南》《有效的规制咨询指南》《规制咨询指南》等，更进一步重申进行公众咨询的必要性，强调咨询程序是立法合法性、正当性的基本要求，而且对公众参与立法过程中的咨询程序进行了具体设计。因此，加拿大核安全委员会在公众参与方面，设立了独立委员会，建立参与者资金支持计划、独立环境监测计划等，加强公众参与核电安全管理的力度。以独立委员会为例，其为独立的裁决管理机构，保持和联邦政府的一定距离，同时与核电企业也没有关系。独立委员会为了保障其裁决的透明公正，保障利益相关方和公众的参与，开放了公共听证会。听证会日期计划会在核安全委员会网站上公布，感兴趣者可在网站上报名参加，听证会经常在利益相关方的社区召开，并全程在网络上现场直播，以保证当地居民能够最大限度上的参与。② 其裁决不仅参考资深专家的意见，也考虑公众的建议。

---

① O'Hare Michael：" Not on My Block You Don't：Facility Sitting and the Strategic Importance of Compensation"，*Public Policy*，No. 4（1977）：407 - 58.

② 逯馨华、封祎、崔聪：《核电公众参与的主体角色定位研究》，中国核学会2017年学术年会会议论文，威海，2017，第134页。

依照《美国联邦行政程序法》的规定，核管会必须公开其工作职责、程序、规章制度、公众获得信息的途径等内容并公布在《联邦公报》上，确保公众获知这些信息。为了保障公众准确可靠，及时客观地获取信息，核管会构建各种沟通渠道及时、准确地发布公众关心的核信息。核管会在核设施许可证审批中允许公众参加听证程序，提出要求，同时其通过意见反馈表主动收集公众意见。美国核管会对公众每条建议给出公开应答，有针对性地化解公众疑虑。美国核管会的公众参与方式包括：公共会议，综合调查（包括电话、信件、电子邮件和面谈等方式），信息会议，教育和商业推广，媒体推广，公众意见反馈，裁决听证，网站，社区的居民检查员。具体而言，比如公众会议，美国核管会官网会将公众会议议程安排提前通报，有兴趣的公众可以与会务方联系参会，会议视频和音频资料上传至核管会网站，网络会议材料和会议记录会在核管会网站上公布，以供公众参考。此外，核管会网站上开设"公众会议和参与"专栏，专栏中对公众如何实现核安全知情权与参与权给出了相关指引和信息。

第三节　法律原则

国际原子能机构建议，"参与核能开发、利用和监管的所有团体，机构向公众提供核能正在如何利用的所有相关信息，尤其是可能产生公众健康，安全和环境影响的信息"。[1] 监管机构必须促进建立适当的方式，以向公众通报与核设施和活动有关的可能产生辐射危害的情况，并就监管机构有关的程序和决定与公众进行磋商。

监管机构必须直接或通过许可证持有者建立有效的交流机制，举行向利益相关方和公众通报情况的会议并披露其决策过程。在适当考虑相关危险的情况下，监管机构应规定将哪些源列入登记簿和存量清单；与利益相关方和公众就监管判断和决定进行交流；在认为与政府当局直接进行高级别交流对于有效履行监管机构的职能很有必要时进行这种交流；交流私营组织或公营组织或个人向监管机构提供的可能认为必要和适当的那些文件和意见；向公众通报监管机构的要求、判断和决定以及这些要求、判断和决定的依据；酌情向政府部门、

---

[1] Carlton Stoiber, Alec Baer, Norbert Pelzer, Wolfram Tonhauser, *Handbook on Nuclear Law* (Vienna: International Atomic Energy Agency, 2003), p. 9.

国家和国际组织及公众提供有关设施和活动中发生的事件包括事故和异常事件的信息以及其他信息。

监管机构应就公众宣传活动和磋商建立适当的方式，以向公众和媒体通报与设施和活动有关的辐射危害、对人类和环境进行防护的要求以及监管机构的有关程序。特别是，必须通过公开和包容的程序与居住在经批准核设施和活动附近的利益相关方进行磋商。按照国家法律和国际义务，在作出重要的监管决策时，包括公众在内的利益相关方必须有被征求意见的机会。监管机构必须以透明的方式考虑这些征求来的意见。

必须向公众通报与核设施的运行或活动开展有关的（运行工况和事故，包括发生概率非常低的事件所致的事故）可能的辐射危害。必须在监管机构颁布的条例中、批准书中或通过其他法律手段对这项义务作出规定。

第四节　我国立法

2015年1月14日，我国国家核安全局、国家能源局和国防科工局首次联合发布《核安全文化政策声明》。声明指出，我国奉行"理性、协调、并进"的核安全观，其内涵核心为"四个并重"，即"发展和安全并重、权利和义务并重、自主和协作并重、治标和治本并重"，它是现阶段我国倡导的核安全文化的核心价值观，是国际社会和我国核安全发展经验的总结。其中就要求创建和谐的公共关系，即通过信息公开、公众参与、科普宣传等公众沟通形式，确保公众的知情权、参与权和监督权；决策层和管理层应以开放的心态多渠道倾听各种不同意见，并妥善对待和处理利益相关方的各项诉求。

核设施周边公众必须受到保护，最大限度防止其受到核设施的影响与伤害。因此，核安全对于公众而言，一直被认为是要受到被动保护的权益。《核安全法》第11条首次从公众（即公民、法人和其他组织）为核安全权主体的角度出发，规定了公众享有获取核安全信息的权利。这里所言的"获取核安全信息"，既是行为又是结果，因此我国公众的上述"获取核安全信息"就包含了知情权，也包含了作为程序性权利的参与权。当然，核信息公开是参与权的基础，公众只有享有知情权，才能进一步行使参与权，从而进行监督和提出意见。信息公开和公众参与权是公众参与原则在涉核领域的具体体现，它的贯彻和实施情况将直接影响着公众基本权益的保障，公众核电接受度以及我国核电事业的可持续发展。

除《核安全法》第 11 条的原则性规定外，《核安全法》第五章具体规定了公众实现核安全信息权利的保障措施与方式。首先，要求政府及其有关部门，在各自职责范围内依法公开核安全相关信息，这是保障公众核安全知情权和参与权的外部基础（第 63 条）。其中，国务院核安全监督管理部门应当依法公开核安全行政许可审批程序及结论等内容，核设施所在地省级政府应当就影响公众利益的重大核安全问题举行论证会、座谈会，或者采取其他形式征求利益相关方的意见并以适当形式反馈（第 66 条）。其次，要求核设施营运单位按照有关规定公开本单位核安全管理制度和相关文件、核设施安全状况、流出物和周围环境辐射监测数据等信息，并应当就涉及公众利益的重大核安全问题通过问卷调查、论证会、座谈会，或者采取其他形式征求利益相关方的意见，这就保障了公众核安全知情权与参与权的切实实现（第 66 条）。最后，对依法公开的核安全信息，要求其通过政府公告、网站以及其他便于公众知晓的方式，及时向社会披露，同时，公民、法人和其他组织，可以依法向国务院核安全监督管理部门及核设施所在地省级人民政府申请获取核安全相关信息，这些都是公众实现其核安全知情权与参与权的内在方式与路径（第 65 条）。[①]

在《核安全法》正式实施之前，《环境保护法》第 53 条与第 56 条，《环境影响评价法》第 21 条和第 23 条，国务院《建设项目环境保护管理条例》第 11 条与第 15 条，以及原环境保护部《环境保护公众参与办法》都对公众核安全知情权与参与权的保障与实现路径进行了规定。按照上述法律，进行核设施建造的单位应当编写环境影响报告书交由国务院环境保护行政主管部门负责审批，在其报批此文件前，有义务举行听证会或以其他形式为渠道，向可能受影响的公众说明情况，实现公众的核安全知情权，并征求有关单位、专家和可能受此影响的公众的意见，实现公众核安全参与权。同时，政府为使公众能够依法获得环境信息，参与和监督环境保护，实现相关环境权利与上述核安全权利，各级环境保护主管部门要依法公开环境信息，并建立健全公众参与机制。此外，《放射性污染防治法》还规定，我国在核设施与辐射安全监督与污染防治方面，相关单位和个人有权对造成放射性污染的行为提出检举与控告（第 6 条）。此中"检举与控告"也是公众核安全参与权的重要实现方式之一。

在《核安全法》正式施行之后，为规范和加强核安全信息公开工作，保障公民、法人和其他组织对核安全的知情权、参与权、表达权和监督权，根据

---

① 刘久：《由涉核项目引发的邻避现象的法律研究》，《法学杂志》2017 年第 6 期。

《核安全法》《中华人民共和国政府信息公开条例》有关规定,制定了《核安全信息公开办法》,自 2020 年 10 月 1 日起施行。[①] 依据《核安全信息公开办法》,核动力厂营运单位应当按照本办法的规定,公开本企业核安全信息。其他民用核设施营运单位核安全信息公开参照此办法执行(第 2 条)。生态环境部(国家核安全局)作为国务院核安全监督管理部门,按照本办法开展政府核安全信息公开,并对民用核设施营运单位核安全信息公开工作进行监督(第 3 条)。核安全信息公开应当遵循客观、及时、准确的原则(第 4 条)。依法确定为国家秘密的核安全信息,或公开后可能危及国家安全、公共安全、核设施和核材料安全的核安全信息,不予公开。涉及商业秘密和个人信息的,按照国家有关规定执行(第 5 条)。核动力厂营运单位应当建立企业核安全信息公开制度,明确核安全信息公开责任部门、公开内容、公开程序、公开途径等(第 6 条)。核动力厂营运单位应当公开的核安全信息包括:单位名称、注册地址、联系方式、核安全和环境保护守法承诺;本单位核安全管理制度;本单位取得的相关核安全许可证和环境影响评价批复文件;本单位核设施安全状况;国际核事件分级标准(INES)1 级及以上的运行事件/事故;各类流出物实际排放量与监管部门批复的流出物排放限值;营运单位开展的核设施周围环境放射性水平、与核设施运行有关的主要放射性核素种类浓度(活度)等辐射环境监测数据;本单位年度核安全报告(第 7 条)。鼓励核动力厂营运单位出于经验反馈共同提高的目的主动公开 0 级偏差运行事件信息(第 8 条)。核动力厂营运单位应当通过企业门户网站或所属集团公司门户网站,以及其他便于公众知晓的方式公开上述核安全信息。核动力厂营运单位也可以通过新闻发布会、广播、电视、报刊、新媒体等多种方式公开核安全信息(第 9 条)。核动力厂营运单位应当广泛开展核安全宣传活动,包括:在保证核设施安全的前提下,对公众有序开放核设施;建设核安全科普中心,开展信息公开和科普宣传;开展科普进学校进社区等宣传教育活动,增进公众对核科学的了解等(第 10 条)。生态环境部(国家核安全局)依法履行政府信息公开职责,公开以下核安全信息:核安全监管法律法规、标准、导则、政策、规划等;核安全行政许可事项、申请指南、许可证条件以及发放的审批决定;对核动力厂开展的例行、非例行核安全监督检查报告以及重大事件调查报告;核动力厂总体安全状况;全国辐射环境质量自动监测站辐射环境监测数据和全国辐射环境质量年报等;国际核事件分级标

---

① 王华:《谈"核"容易》,《中国核电》2020 年第 6 期。

准（INES）1级及以上核动力厂运行事件/事故信息；国家核安全局年报，国际《核安全公约》《联合公约》履约国家报告（第12条）。核动力厂营运单位出于经验反馈共同提高的目的主动公开的0级偏差运行事件信息，生态环境部（国家核安全局）应于核动力厂营运单位主动公开之日起7个工作日内予以公开（第13条）。生态环境部（国家核安全局）应对民用核设施营运单位核安全信息公开活动进行监督检查。被检查单位应当如实反映情况，提供必要的资料。生态环境部（国家核安全局）应依据法律法规及国家有关规定，不断完善政府信息公开工作（第16条）。公民、法人或者其他组织发现民用核设施营运单位未依法公开核安全信息的，有权向生态环境部（国家核安全局）举报。生态环境部（国家核安全局）应当对举报人的相关信息予以保密，保护举报人的合法权益。公民、法人或者其他组织认为国务院核安全监督管理部门政府信息公开工作侵犯其合法权益的，可以向国务院政府信息公开工作主管部门投诉、举报，也可以依法申请行政复议或者提起行政诉讼（第17条）。

在信息公开和公众沟通方面，生态环境部（国家核安全局）发布了《核与辐射安全监管信息方案（试行）》与《加强核电厂核与辐射安全信息公开的通知》，制定了《生态环境部（国家核安全局）核与辐射安全公众沟通工作方案》和《核与辐射安全监管信息公开管理办法》，明确了信息公开的适用范围、职责分工、信息公开的内容、时机、方法和渠道等。

总而言之，公众核安全知情权和参与权需要政府和营运单位两个方面全时间段地加以保障和配合，才能切实得以落实与实现。

第三篇

核法律责任

1986年苏联切尔诺贝利核电站事故发生后，国际安全咨询组于1986年《切尔诺贝利事故后评审会议总结报告》中首次提出"安全文化"一词，而后国际安全咨询组在《核电安全的基本原则》中把"安全文化"的概念作为一种基本管理原则，表述为：实现安全的目标必须渗透到为核电厂所进行的一切活动中去。1991年，国际安全咨询组出版了《安全文化》一书，对核安全文化进行了定义，即核安全文化是存在于单位和个人中的种种特性和态度的总和，它建立一种超出一切之上的观念，即核电厂安全问题由于它的重要性要保证得到应有的重视，鼓励核安全方面的个人责任心和自我完善。这已经成为核工业建设与发展的重要因素之一。这里的"责任"是指要对核设施、核活动、核材料和放射性物质采取必要和充分的安全措施，防止由于任何技术原因、人为原因或自然灾害造成事故发生，并最大限度地减少事故情况下的放射性后果，从而保护工作人员、公众和环境免受不当辐射危害的核安全状态。这种责任感也是核工业内普遍理解的核安全责任。这里"责任"的中文字义是指一种分内应做的事，如职责等。而"责任"一词还有另一种意思，即没有履行义务而应承担的不利后果。

本篇"法律责任"是指违法行为人对其违法行为应承受某种不利的法律后果。一般来说，除了因侵权、违法行为而产生的法律责任外，还有无过错责任或违约责任。由于核法律调整核能利用这一特殊工业领域，涉及国际义务、国家安全、公共利益、政府监管、人身财产安全、环境保护以及重大事故风险防范等方方面面，各国法律法规都对违反核工业管理要求的特定行为规定了相应的法律责任，具体包括民事责任、行政责任和刑事责任。核法律法规制度，通常在行政法规的法律责任专章中进行明确。核法律责任一般定义为行为人违反国家核相关法律文件强制性规定的义务时应承担的不利后果。其首先是一种法律责任；其次，是行为人违反核法律义务应当承担的法律后果，既可以是民事责任，也可能是行政责任或刑事责任；最后，行为人作为责任承担主体依法律法规可以是政府核行业主管部门和核安全监管机构、营运单位、工作人员，也可能是其他各类核活动参与主体。

从国际公约到行业规则，从法律约束力到日常工作规范，这一切构成了一个庞大的责任体系，形成了核工业每一领域的行为准则和管理义务。1994年《核安全公约》在序言中阐述，缔约各方重申核安全的责任由对核设施有管辖权的国家承担，也就是说，国家也是核安全责任的承担者。至于国家内部的责任分配，则由国家在本国法律的框架内通过立法、监管和行政措施及其他步骤加以落实。公约第9条还明确了"核设施安全的首要责任由有关许可证持有者承担"。首要责任的明确，也突出了"有关许可证持有者"在义务履行中的地位。

第十三章　核损害责任

第一节　概述

一、民事责任与特殊侵权责任

民事责任是指民事主体违反合同义务或法定义务而应承担的法律后果。侵权行为是指侵害他人受保护的民事权益，依法应当承担侵权责任的行为。[1]《民法典》第1165~1166条规定，行为人因过错侵害他人民事权益造成损害的，应当承担侵权责任。依照法律规定推定行为人有过错，其不能证明自己没有过错的，应当承担侵权责任。行为人造成他人民事权益损害，不论行为人有无过错，法律规定应当承担侵权责任的，依照其规定。

法律特别规定的高度危险作业、产品责任、环境污染、动物致害等特殊侵权行为由于不考虑是否存在过错要件，要承担特殊侵权责任。其中，高度危险作业是指利用现代化科学技术设施，从事高空、高速、高压、易燃、易爆、剧毒及放射性等对于周围的人身或财产安全均有高度危险性的业务操作活动。因从事对环境具有高度危险作业造成他人损害的，要承担特殊侵权责任，即无过错责任，也称为严格责任。其特点是在侵权责任构成上，不须具备主观过错要件，只须具备违法行为、损害事实和因果关系三个要件即可构成侵权责任。

核民事责任是指参与核工业活动的民事主体，违反合同或核法律规定义务而应承担的法律后果。参与核工业活动的民事主体包括核行业主管部门、监管机构、核营运单位、核工业参与者、核领域从业人员、公众。其中，作为特殊侵权责任的核损害责任是指在民用核设施的运行过程中，出现核事故而给他人造成损害的，核设施的营运者应当承担的侵权责任。[2] 核损害责任法律制度一般适用于核能和平利用中风险性较高的核设施与核活动，一般包括核电厂、研

---

[1] 程啸：《侵权责任法教程》，中国人民大学出版社，2020，第28页。
[2] 蔡先凤：《核损害民事责任中的责任集中原则》，《当代法学》2006年第4期。

究堆、核材料生产或加工厂、铀同位素分离厂、辐照过的核燃料后处理厂以及核材料、放射性废物的运输和贮存等,但该制度不适用于那些只具有较低危险性的核材料与核活动,如涉核教学科研、医学、工农业生产中使用的放射性同位素以及铀矿开采和冶炼等活动。

本章主要针对作为特殊核民事责任的核损害责任分析,对一般核民事责任不作论述。

二、核损害责任法律制度的产生

1957年3月,美国原子能委员会发表名为《大型核电站重大事故的理论可能性及后果》的报告,根据该报告的估算,一次核事故所造成的财产损失可能达到 70 亿美元之巨。虽然核工业的发展一直保持着良好的安全记录,但核设施的运行也隐藏着巨大的风险。苏联切尔诺贝利核电站事故处理花费近千亿美元,截至 2021 年 2 月底,福岛核事故涉及索赔共 274.6 万笔,已赔偿价值 5 820 亿元人民币,尽管数额巨大,赔偿责任尚未完结。[1] 因此,核损害潜在巨灾损失难以估量,最高可达几十亿甚至上千亿美元,而且损害后果严重的可长达几十年。

一般民事侵权法并不能提供完全适合核损害特殊性的规定。[2] 正因为如此,20 世纪五六十年代,核损害责任制度随着民用核工业的建立在各国应运而生。核损害责任制度是事故前的财务保障责任机制与事故后的赔偿和救济制度的统称,用以保障核事故一旦发生,向受害人提供及时、充足、公平、合理赔偿的法律制度。[3]

美国是世界上最先建立核损害责任法律制度的国家,1957 年,世界上第一部有关核损害赔偿的法律——《美国普莱斯-安德森法》出台,随后,其他着力发展核电工业的国家逐渐认识到"如果能够通过核损害赔偿责任国际机制实现各国相关制度的统一,将有助于受害人无歧视、无差别地进行索赔诉讼和获得赔偿,进而有利于避免因各国相关制度不同,而使索赔程序受到过多阻碍"。[4] 基于此原因,在 1960 年,核损害责任领域第一个国际条约《关于核能领域中第三方

---

[1] 杨尊毅:《福岛核污水排放的损害赔偿问题》,《中国银行保险报》2021 年 6 月 11 日第 7 版。

[2] Carlton Stoiber, Alec Baer, Norbert Pelzer, Wolfram Tonhauser, *Handbook on Nuclear Law* (Vienna: International Atomic Energy Agency, 2003), p. 107.

[3] 陈刚、赵威主编《核损害责任法律法规汇编》,法律出版社,2018,第 3 页。

[4] IAEA INTERNATIONAL LAW SERIES No. 3 (Revised): "*The 1997 Vienna Convention on Civil Liability for Nuclear Damage and the 1997 Convention Supplementary Compensation for Nuclear Damage—Explanatory Texts*", p. 5.

责任的巴黎公约》(简称《巴黎公约》)得以订立,并于 1968 年正式生效。

三、核损害相关概念界定

"所有人都知道损害是什么,显然只有法学家不知道"。① 较少有国家的核损害赔偿立法中清晰界定了核损害的具体概念,大多数国家和地区只圈定了核损害的赔偿范围。依据世界上最早有关核损害赔偿责任的国际公约,即 1960 年《关于核能领域中第三方责任的巴黎公约》与 1963 年《关于核损害民事责任的维也纳公约》,两者都将核损害的赔偿范围限定在:由核事故引起的人身伤亡和财产损失。② 随着环境保护意识的提升,《关于核损害民事责任的 1997 年维也纳公约》与 1997 年《核损害补充赔偿公约》扩大了核损害的赔偿范围,将其扩展为:人身伤亡;财产损失;环境恢复费用;因环境损坏引起的收入损失;预防措施费用以及其他经济损失。综合上述国际公约,可以将核损害的赔偿范围概括为:因核设施内辐射源、核燃料、放射性产物或废物发射的电离辐射,或运输核设施产生的放射性物质所造成的,无论是由此类物质的放射性质,③还是由此类物质的放射性质与有毒性、爆炸性或其他危险性质结合所造成的人身伤害、财产损失和环境污染:包括死亡或人身伤害;财产的损失;由生命丧失、人身伤害、财产损失导致的其他经济损失;受损坏环境的恢复措施费用;由于环境严重破坏导致的收入损失;预防措施费用和由此类措施引起的进一步损失及其他经济损失。④ 由于放射性物质的特性,核设施发生核事故造成的核损害与其他侵权损害相比,具有危害更大、影响范围更广、后果更严重等特点。⑤

各国在和平利用核能的过程中,需要建立一套核损害定义明确、赔偿主体责任划分清晰、赔偿规则明晰的核损害责任制度。核损害责任制度主要是调整核设施营运单位、政府和公众在处理因核设施及材料辐射危害对生命、财产和环境所造成核损失的特殊民事制度。核损害责任制度是事故前的财务保障责任机制与事故后的赔偿和救济制度的统称,用以保障核或辐照事故一旦发生,向受害人提供及时、充足、公平、合理赔偿的法律制度。⑥

---

① [德] 格哈德·瓦格纳:《损害赔偿法的未来——商业化、惩罚性赔偿、集体性损害》,王程芳译,中国法制出版社,2012,第 13 页。
② 刘久:《我国核损害赔偿纠纷的可仲裁性研究》,《法学杂志》2020 年第 6 期。
③ 蔡先凤:《论核损害民事责任中的责任限制原则》,《法商研究》2006 年第 1 期。
④ 刘久:《〈核安全法〉背景下我国核损害赔偿制度立法研究》,《法学杂志》2018 年第 4 期。
⑤ 黄锡生、宋志琼:《跨界核损害责任的制度缺陷及其立法完善》,《甘肃政法学院学报》2012 年第 6 期。
⑥ 陈刚、赵威主编《核损害责任法律法规汇编》,法律出版社,2018,第 3 页。

关于核设施的概念，核损害责任制度中核设施的概念界定与《核安全公约》中核设施的定义不同。核设施在核损害责任制度中定义为：除用作一种能源供推动用或为其他目的而装置在海空运输工具上的核反应堆以外的任何核反应堆；用核燃料生产核材料的任何工厂，或任何核材料加工工厂，包括对已辐照核燃料进行后处理的任何工厂；除因运输而贮存核材料的仓库以外的任何贮存核材料的设施；装置国可规定在同一场址属一个营运单位的几个核设施应视为一个核设施。通常营运单位，即许可证持有者是负责安全的责任主体。

核事件是指造成核损害的任何事件或有同样起因的一系列事件，或仅就预防措施而言，是指产生造成此种损害的严重和紧急威胁的事件。由于这种事件会造成核损害，因此这个概念具有决定性意义，需要准确定义，当然对它的定义也应以各国核损害责任制度为准。

恢复措施系指由采取措施的国家主管部门批准的任何合理措施，并且该措施是针对恢复或修复受损害或毁坏的环境组成部分，或适当时向环境引入与该组成部分相当的东西的合理措施。遭受损害的国家法律应确定谁有权采取此类措施。预防措施系指核事件发生后，经采取措施的国家法律所要求的主管部门批准，任何人为防止或最大限度减小损害而采取的任何措施。合理措施系指依据法律考虑了所有情况之后认为适当和相称的措施，如所造成损害的性质和程度，采取措施时此类措施可能有效的程度，有关的科学和技术专门知识。

需要注意的是，核损害责任法律制度通常不涵盖用于科学、医学、商业及其他目的的放射性同位素所造成的辐射损害，也不涵盖 X 射线造成的辐射损害，因为放射性同位素和 X 射线设备的使用一般不会造成诸如核损害赔偿范围的严重危害。有关聚变装置损害责任也未纳入核损害责任法律制度规制范畴。

四、核损害责任主体

基于传统民事归责原则，核设施的投资方、技术提供方、建造方、设备制造方、服务商、营运单位都需要因自己的过错对核事故承担核损害责任，或需要承担连带责任。[1] 然而，由于核事故的潜在不确定性以及所需赔偿数额之大，任何一方都难以承担可能发生的巨额赔偿责任，保险公司也无法提供相应的保险。因此，如果采用传统民事归责原则，民用核工业将无法吸引企业和组织加入。而且一旦事故发生，与核损害事故相关的单位和个人都可能成为追责对象与纠纷主体，在这种情况下关于赔偿纠纷的诉讼有可能复杂化和长期化，不利于受害人索赔。

---

[1] 刘久：《我国核损害赔偿纠纷的可仲裁性研究》，《法学杂志》2020 年第 6 期。

为避免核损害发生后责任主体边界不清，延误对受害人的赔偿，核损害相关国际公约与国内立法原则将责任主体限定为核设施营运单位。依据这样的责任主体安排，由于核事故造成的核损害赔偿责任应完全由核设施营运单位承担，而核设施营运单位以外的其他人，如为核设施营运单位提供设备、工程、服务等的单位，都不对受害人承担赔偿责任。因此，核损害赔偿的责任主体只有发生核事故的核设施营运单位一家，也就是说核损害赔偿纠纷的主体只能是受害人与发生核事故的核设施营运单位。这与一般产品质量侵权纠纷的主体不同，在营运者唯一责任下，与核损害事故相关的多数主体，包括成套设备制造商、原材料供应商、工程承包商等，都不可能成为被追究责任的对象。这样，核设施营运单位以外的其他单位和个人都不是核损害赔偿责任的主体，不对遭受核损害的人承担核损害赔偿责任。如此之特殊规定，有利于界定责任边界，避免互相推诿的现象，能够尽快对受害人进行赔偿，保护受害人的合法权益，尽可能在核事故发生后维护社会稳定。

当然，如果营运单位的事前财务保证数额无法覆盖应该支付的核损害赔偿额，且该数额又超过了营运单位能够负担的范围，或法律制度规定了营运单位无限责任制，为了依法救助受害人进行损害赔偿，国家将有义务及时以财政资金进行补充赔偿，填补营运单位无法赔偿又需要赔偿的部分。国家补充赔偿，又称国家介入，是指由国家参与核损害赔偿工作，并负担支付事故核设施营运单位无力赔偿的赔偿金。① 核损害赔偿制度所规定的这种受害人保护优位，其实更有利于立法者在民事立法中考虑参与人（核设施营运单位、国家）的利益及平衡问题。②《1997 年维也纳公约》第 7 条规定，核损害事故损失首先由保险或其他财务保证赔付，在保险或其他财务保证出资不能充分满足索赔时，核设施所在国应提供必要的资金确保支付在已确定的核损害方面营运单位的索赔。1997 年《核损害补充赔偿公约》附件第 5 条也规定了响应该原则的措施，要求将核设施所在国列为补充赔偿责任人，在规定的限额内，补充赔偿营运单位等责任人无法赔偿的受害人损失。这样政府在核能事业发展中既起到引导核能和平利用的功能，一旦发生核事故又要为核损害责任承担义务，在营运单位赔付不能却仍需赔付的情况下，国家要及时以财政资金进行补充赔偿，从而保护受害人权益，确保受害人能得到及时、公正的赔偿的同时，也可以缓解事故核设施营运单位带来的巨大压力，稳定民用核工业的发展。

---

① 蔡先凤：《核损害民事责任研究》，中国原子能出版社，2005，第 198 页。
② 陈春生：《核能利用与法之规制》，月旦出版社股份有限公司，1995，第 441 页。

五、跨境核损害责任的特点与问题

跨境核损害责任是核设施国发生核事件对其他国家或在国家管辖范围以外地区造成损害所应承担的法律责任。核能利用是最典型的小概率和高风险相结合、个体严重影响全局的事件，其危害性是当反应堆中的放射性裂变产物泄漏到周围的环境时，会对人类的生命健康、财产安全乃至生态环境造成损害。这些损害可能产生跨越国境损害的危害性，兼具灾难性和国际性的特点。以上的特性决定了遭受跨境核损害的受害者在很大程度上难以获得公平赔偿，但对于受害者来说这种损害往往又是巨大的、难以承受的，甚至是毁灭性的，所以亟待以法定责任的形式加强这方面的国际管制，为有效解决此类争端提供合理有效的法律依据。

与核事件分级不同，核事故中产生的各种损害，如生命丧失、人身伤害、财产损失、环境污染、生态破坏等，短时间内很难用数据简单地去估量，更难准确地换算成经济赔偿。核泄漏到底污染了多少地区无从知晓，因事故而直接或间接死伤的人数以及遭受的损失难以估算。且事故后的长期影响也无法客观推算。损害范围和程度的认定困难，成为追究跨境核损害责任的棘手问题，亟待解决。

第二节 立法实践

截至 2018 年年末，世界上颁布了核损害赔偿责任专门法律法规的国家有美国、加拿大、墨西哥、法国、奥地利、比利时、西班牙、瑞典、瑞士、斯洛文尼亚、丹麦、芬兰、罗马尼亚、日本、韩国、印度、阿根廷、巴西等；在国家核基本法律中专章规定核损害赔偿责任制度的国家有俄罗斯、英国、德国、意大利、保加利亚、斯洛伐克、拉脱维亚、立陶宛、克罗地亚、匈牙利、波兰、乌克兰、白俄罗斯、印度尼西亚、马来西亚、菲律宾、哈萨克斯坦和南非等。[①] 从国际民用核工业发展历程看，建立核损害法律制度是各国在建立和发展民用核工业时首要考虑的制度设计和通行做法。[②]

---

① 陈刚、赵威主编《核损害责任法律法规汇编》，法律出版社，2018，第 1 页。
② Carlton Stoiber, Alec Baer, Norbert Pelzer, Wolfram Tonhauser, *Handbook on Nuclear Law* (Vienna: International Atomic Energy Agency, 2003), p. 107.

一、美国核损害责任法律制度

1957 年，美国颁布了世界上第一部核损害责任国内法——《美国普莱斯－安德森法》，该法是 1954 年《美国原子能法》及其修订版的组成部分，由参议员普莱斯和众议员安德森联合提出而得名。该法于 1957 年生效，有效期为 10 年，曾先后经历几次修订，其有效期于 1965 年延长至 1977 年 8 月 1 日，1975 年延长至 1987 年 8 月 1 日，1988 年延长至 2002 年 8 月 1 日，2005 年再延长 20 年。2015 年针对核损害赔偿协议，违反核安全规定赔偿，辐射防护计划合规等问题也对《美国普莱斯－安德森法》的条款进行了补充。

在制定与实施《美国普莱斯－安德森法》之前，起步中的美国民用核工业缺乏有关风险应对的经验与数据，这使得保险公司难以计算保险金额，因此不愿意为核工业供应商提供大额保单，客观上影响了美国发展民用核工业政策的推进。《美国普莱斯－安德森法》的出台为保险公司计算保险金额提供了依据，从而为美国核工业的发展提供了保障。

为了使一旦发生的核损害得到充分和公正的赔偿，《美国普莱斯－安德森法》对保险金额、责任限额和索赔方式等都作出了详细的规定。依据《美国普莱斯－安德森法》，所有获得许可证的核电营运单位需要参与核事故最大保额强制保险计划，到 2011 年，每座核电厂最大保额比例已提高到 3.755 亿美元。此外，每个核电厂均有义务缴纳价值 1.119 亿美元的"溯及保险金"，用以在发生核事故时对超出 3.755 亿美元赔偿范围的损害进行补偿。该笔保险金逐年缴纳，达到总价金 1.119 亿美元为止。每年缴纳比例最高不超过 1750 万美元，缴纳比例每五年调整一次。因此《美国普莱斯－安德森法》从资金上确保了核事故发生后对公众的损害救济。

《美国普莱斯－安德森法》最早对核损害赔偿责任确定了严格责任原则，即如果发生核事故，受害人只需证明存在人身伤害或财产损失，且伤害或损失与所泄漏核物质之间存在因果关系，而不管事故核设施营运单位主观上是否有过错，即可要求营运单位承担责任。同时，该法引入了"非常核事件"的概念，以便在核损害事故现场外发生损害时，受损害的公众更容易得到赔偿。美国核管会将"非常核事件"的标准定为核损害事故导致事故现场以外 30 天内有 5 人或更多人员死亡或住院的事件。当发生"非常核事件"时，适用《美国普莱斯－安德森法》的核设施营运单位将放弃在一般诉讼中可能享有的法律抗辩，适用严格责任原则。

《美国普莱斯－安德森法》实行的是"经济归责"的办法，即由营运者承担全部经济责任，所有的赔偿都从其保险单中支付，包括供应商在内的其他责任人的经济责任则被免去,但其他责任人仍可能被追究其他法律责任。① 对某一损害负有责任的可能是多个主体,在传统法律下,这些主体均应对该损害承担责任,但在核损害责任制度中,由于核损害的特殊性和复杂性及其法律制度的价值取向,则确立了尽管其他人对损害负有法律责任,但其赔偿先由营运单位承担的原则。由于"经济归责"比较复杂,操作性不够便捷,因此并未为其他国家所学习与借鉴,之后其他国家在建立本国核损害责任制度时,以及核损害国际公约都选择施行"法律归责"的办法,即将全部责任都归于营运单位,而免去其他人的所有责任,后被大多核损害责任制度称为核设施营运单位的绝对责任原则。目前,这种"绝对责任原则"已经被世界普遍接受。就连规定"经济归责"的美国,在其加入的《核损害补充赔偿公约》中也接受了"法律归责"的原则。

由于美国民事责任通常是依据事件发生地所属州的侵权行为法确定,《美国普莱斯-安德森法》没有为核设施营运单位的此类民事责任设立新的赔偿纠纷解决渠道。《美国普莱斯-安德森法》将"责任"(公共责任)定义为因核事件或预防性疏散而造成的任何法定责任,但不包括事故核设施工作人员要求获得工伤赔偿、因战争行为而提出的索赔或因场区财产丢失或损坏而提出的索赔。

在核损害责任事前财务保障数额方面,对于装机容量在10万千瓦以上的核反应堆以及特定试验研究堆,事前财务保障体系由三级构成:一级保障要求业主需要从两家私营保险公司为每个核场址购买3亿美元的责任保险。二级保障由所有的核电营运单位共同提供资金成立"保险池",每台核电机组以每年1500万美元,通过分期付款方式缴纳最多9600万美元的追溯性保险金,这笔保险金总计超过了100亿美元,能源部也要为其核活动提供100亿美元的保险金。如果发生重大事故,所需赔偿金超过了一、二级保险的总和,则启动第三级保障,国会作为最后的保险人,必须决定在重大事故中如何提供赔偿。

二、英国核损害责任法律制度

英国核损害赔偿责任制度主要体现在其1965年颁布的《英国核设施法》中。英国于1966年2月23日签署加入了1960年《巴黎公约》,之后又签署加入《海上核材料运输民事责任公约》。因此,1965年《英国核设施法》遵循了上述公约的内容。此外,1983年《英国能源法》第二部分涉及核设施,主要目的是修订1965年《英国核设施法》中有关核损害责任的条款,使上述《巴黎公约》和《海上核材料运输民事责任公约》的两个1982年议定书生效。

---

① 李雅云:《核损害责任法律制度研究》,《环球法律评论》2002年第3期。

在赔偿限额方面，1983年《英国能源法》第27条对1965年《英国核设施法》的第16条进行了修订，把获得许可证场址营运者的责任限额，从每个事件500万英镑增加到2000万英镑，对较小的场址，仍保留500万英镑的较低限额。该法还规定，如果《巴黎公约》的责任限额增加，这两个限额也可经下议院表决批准后通过命令相应增加。从1994年4月1日起，已通过法令将营运者的责任限额从2000万英镑增加到14亿英镑。1983年《英国能源法》第28条进一步修订了1965年《英国核设施法》第18条，把应付索赔的基金总量，从4300万英镑增加到相当于3亿特别提款权数额的英镑，同样，该数额经财政部批准后可通过法令继续增加。另一项修订是以特别提款权单位代替英镑来表示一般索赔须准备的最小数额，用于在运输核材料期间的事件，但不包括运输工具损害的索赔，赔偿较低限额为500万特别提款权，经财政部批准后可通过法令继续增加。

同时，依据经修订的1965年《英国核设施法》的规定，核电厂场址许可证持有者对核损害负有绝对的责任，对场内的电离辐射也负有同样的责任。损害必须是对有形财产的实物损害，不包括纯经济损失或对无形财产和产权的损害。

三、法国核损害责任法律制度

法国是1960年《巴黎公约》以及《海上核材料运输民事责任公约》的重要缔约国之一，在核损害赔偿责任方面主要遵守条约规定，履行条约义务。为了更好地履行《巴黎公约》的规定，法国于1968年10月30日制定并实施《关于核能领域第三者责任的68-943号法》，将《巴黎公约》的条款适用于法国全部领土，包括海外领土及南极大陆的法国部分。根据该法律，任何使用核能源，含军用和民用的自然人和法人都被认为是核设施营运单位，但用于医疗的放射性物质及工业用小能量核设施可不参加核损害责任法定保险。《巴黎公约》的条款也适用于放射性物质运输。核设施直接营运单位被视为责任人，但承运人不是责任人。每个核设施营运单位必须拥有放射性物质运输保险单，不允许缩减运输事故民事责任保障。法国还就公约规定由各国政府自行管辖的问题进行了立法。

《1990年5月11日90-397号法》授权批准修订《巴黎公约》和《布鲁塞尔公约》的两个1982年议定书，并由1991年1月4日通过的《91-27号令》进行公布。经《1990年6月16日的90-488号法》修订的《1968年10月30日的68-943号法》，赋予《巴黎公约》和《海上核材料运输民事责任公约》缔约方优先权，并明确了陆地核设施营运单位的民事责任。

《1968年11月29日的68-1045号法》有关于核船舶营运单位民事责任，

为实施该法又制定了《1969年6月19日的69-690号令》。核损害赔偿责任是以修订后的《1968年10月30日的68-943号法》中确定的核损害民事责任制度为基础，规定了法国核损害赔偿责任机制。经修订，营运单位的责任上限从9100万欧元提升至7亿欧元。同时，在核事故的受害者不能从营运者、保险或经济担保人获得赔偿时，国家承担赔偿责任。因此，由于国家可能承担部分损失补充责任，法律规定保险公司、财务保证人及核设施营运单位应当将所有索赔要求告知政府。如果法律规定的最高赔偿额不能满足核事故受害者的赔偿要求和恢复全部损失，政府可在事故发生后的6个月内通过决议，确定必要的补充拨款，可优先赔偿健康损失。因为事故发生后经过若干时间才能发现的隐性损失也应得到补偿，所以法国将核损害索赔的最长时效规定为事故发生后的10年。该法将巴黎终审法院作为核损害责任诉讼的单一管辖法院，所有涉及核保险赔偿、支付手续及恢复损失等争议均由巴黎终审法院判决。

四、俄罗斯联邦核损害责任法律制度

苏联解体之前，尽管其民用核能产业发展位于当时世界的前列，但是有关核损害赔偿责任的立法却一直缺失。因此，发生在1986年的切尔诺贝利核电事故的赔偿工作也是无法可依的。直到1991年，苏联议会才通过了一项关于对1986年切尔诺贝利核电事故期间受到核损害的公民予以社会保护的议案。根据这项议案，苏联公民有权因其健康和财产受到切尔诺贝利核电厂事故的损害而得到补偿，有权因生活和工作在受辐射污染地区而得到补偿和津贴，该议案涉及480万受害人的核损害补偿问题。

苏联解体后，《俄罗斯原子能法》对核辐射给法人与自然人健康造成损害的责任规定了特别的条款：第一，核事故的受害人可依据《俄罗斯原子能法》获得赔偿；第二，核损害责任适用无过错原则，核设施营运单位只有在不可抗力、战争行为、武装冲突和受害人自身故意情形造成的损害免责；第三，核损害责任形式与范围取决于核设施的类型；第四，核损害责任的事前财务保障由核设施财务资金、保险、国家保障和其他保障构成；第五，国家保障支付责任限额内由于放射活动造成的，并由营运单位承担责任后的赔偿数额，以全部赔偿造成的损害；第六，核损害造成的环境损失也需要赔偿；第七，核损害赔偿的诉讼时效为3年。

2005年，俄罗斯加入了1963年通过的《维也纳公约》，因此在适用《俄罗斯原子能法》的同时，亦适用1963年《维也纳公约》有关核损害赔偿责任的原则与制度。

五、日本核损害责任法律制度

日本自 20 世纪 50 年代中期开始大力发展核电事业，在 1963 年第一台核电机组投入运行之前，日本就已经构建了较为完整的核法律体系。1955 年底，日本颁布了《日本原子能基本法》，1956 年，成立了原子能委员会，1961 年，通过了用以规范核损害赔偿的《日本原子能损害赔偿法》与《日本原子能损害赔偿补偿协议法》，1962 年，日本又通过了旨在实施上述两个有关于核损害责任的法案——《原子能损害赔偿法实施令》和《原子能损害赔偿补偿协议法实施令》。可以说，早在 1963 年之前，日本就已经建立了有关核损害责任的基本制度。①

日本还发布了《原子能损害赔偿纠纷审查委员会组织令》《原子能损害赔偿纠纷审查委员会设置令》等制度，上述一系列的法令在核能发展过程中不断修订。日本以 10 年为周期定期对《日本原子能损害赔偿法》与《日本原子能损害赔偿补偿协议法》进行修订，因此在两法通过并正式实施后，分别于 1971 年、1979 年、1989 年、1999 年和 2009 年五次对 1961 年《日本原子能损害赔偿法》进行修订，于 1971 年与 1988 年两次对 1961 年《日本原子能损害赔偿补偿协议法》进行了修订。②

《日本原子能损害赔偿法》第 1 条规定："本法规定在反应堆运行等造成原子能损害时，有关损害赔偿的基本制度。"《日本原子能损害赔偿法》用"反应堆运行"这一概念表明了，反应堆运行所造成的损害属于核损害的范畴，适用核损害赔偿法调整的范围。从对受害者的保护角度来看，这一规定是值得肯定的。但这种表述不仅扩大了核损害的概念，也扩宽了其适用范围，使核损害赔偿法律适用于一切由原子反应堆的运行造成的损害。在第 2 条第 2 款规定了原子能损害的定义，即由于核燃料原子核裂变反应的作用、核燃料等放射线的作用或毒性作用（指摄取或吸入该等物质造成人体中毒及其并发症）造成的损害。由此可见，《日本原子能损害赔偿法》在明确定义核损害时，将重点放在了核裂变反应和核燃料等放射线产生的作用上，由此导致的人身损害和财产损害都包含在核损害的范畴内。

《日本原子能损害赔偿法》第二章对核损害赔偿的责任归属问题作出了明确规定。第 3 条规定，由于反应堆运行、核燃料运输等造成损害的，在无特别

---

① 刘久：《日本核损害赔偿法律制度与福岛核损害赔偿实践》，《人民法院报》2019 年 5 月 17 日第 8 版。

② 同上。

约定情况下，由原子能营运者承担全部损害赔偿责任，异常巨大的天灾或社会动乱造成的原子能损害除外，此谓严格责任。第 4 条规定，除根据本条规定应承担损害赔偿责任的原子能营运者外，其他主体不承担损害赔偿责任。即责任均由负有赔偿责任的原子能营运者承担，营运者以外的人不承担责任，由此可以确保受害人相对轻松地找到赔偿责任的主体从而获得赔偿，此谓绝对责任。这都体现了《日本原子能损害赔偿法》对受害者的保护。同时该法第 5 条赋予营运者权利，即如果核损害是由第三人故意引起的，则负赔偿损害责任的原子能营运者拥有对该第三人的求偿权，这也保护了营运者的合法权益，有助于促进核电产业健康发展。因此最早的《日本原子能损害赔偿法》不仅保护核损害受害人，同时也起到保护核设施营运者的作用，从而对于促进民用核能事业长期健康稳定发展具有积极意义。

《日本原子能损害赔偿法》等法律和实施令并没有规定原子能营运者的赔偿限额，也就是说，一旦核损害事故发生，原子能营运者负有赔偿由此产生的全部损害的责任，即无限责任制。同时依据第三章，原子能损害赔偿责任保险合同与原子能损害赔偿补偿协议的签订或提存是进行反应堆运行等营运活动的前提，也就是说如果原子能营运者不实施上述措施，则不得进行反应堆运行等活动。[①] 在事前财务保证方面，各电厂、各营运处或每艘原子能船将获得 1200 亿日元的原子能损害赔偿数额。在发生原子能损害时，原子能营运者应承担的核损害赔偿数额超过赔偿措施数额时，政府在必要时应在原子能营运者赔偿损害所需的范围内进行援助。本章还规定原子能损害赔偿责任保险合同是指原子能营运者对发生的原子能损害赔偿责任，约定由保险人补充赔偿原子能营运者因特定事由导致的原子能损害损失，承保人向保险人支付保险费用的合同。对于责任保险合同的保险金，受害人享有优先于其他债权人的损害赔偿请求权。《日本原子能损害赔偿法》还规定，一旦核事故发生，要在文部科学省设立原子能损害赔偿纠纷审查委员会，对原子能损害赔偿纠纷进行居间调解，帮助受害人与营运者自主解决纠纷。

2011 年福岛核事故发生后，为对受害人进行及时的救济，同时应对核事故的紧急措施，发挥国家采取损害减轻措施方面的作用，并针对东京电力公司赔偿不及时等问题，日本于 2011 年通过了《日本原子能损害紧急措施法》；为解决东京电力公司无法支付大额赔款金的问题，日本于同年新设原子能损害赔偿支援机构并通过《日本原子能损害赔偿支援机构法》，由政府通过发行特殊国

---

① 庄玉友：《日本原子能损害赔偿制度研究》，《中国能源》2015 年第 10 期。

债的方法暂为东电筹措赔偿。① 《日本原子能损害赔偿支援机构法》规定，政府、东京电力公司、金融机构、其他核电营运单位、电力消费者和东京电力公司现有的股东等将共同为福岛核电损害事故承担责任。日本政府 2011 年 11 月 4 日认可东京电力公司和原子能损害赔偿支援机构提交的《紧急特别事业计划》，批准先向东京电力公司注入 9000 亿日元公共资金，缓解事故当年赔付的压力。依照《日本原子能损害赔偿法》，在事故发生一个月后成立了核损害审查委员会作为界定核损害赔偿的核心机构，委员会先后发布了很多版非强制性的《损害赔偿指南》作为赔偿依据，委员会还下设争议调解中心，用于调解不能达成赔偿协议的争议。

六、核损害责任国际公约

由于民用核能的应用具有潜在危害性，国际原子能机构和经济合作与发展组织核能机构自成立以来，在创设制度保障核安全，预防核事故的同时，也为国际核损害赔偿机制的建立而不懈努力。

为确保核损害事故的受害人都能获得足额和公平的赔偿的同时，民用核工业的发展不被不可负担的核损害责任所阻碍，1960 年 7 月 29 日，《关于核能领域中第三方责任的公约》（《巴黎公约》）在巴黎订立。作为首个核责任领域的国际公约，1960 年《巴黎公约》在一系列重要的核损害责任原则的基础上，建立了一套特殊的法律机制，其中制度大多为之后订立的核损害责任国际公约与各国核损害责任立法所吸纳，并沿用至今，比如核设施营运者唯一责任原则（又称营运者责任集中原则）、营运者严格责任制、营运者财务保证义务，并设定了营运者最高与最低赔偿限额。《巴黎公约》共 24 条，按照公约第 19 条 (b) 款的规定，《巴黎公约》于 1968 年 4 月 1 日正式生效。

为解决《巴黎公约》基金不足的问题，经济合作与发展组织核能机构于 1963 年初修改了 1960 年《巴黎公约》的有关内容，在原《巴黎公约》的基础上，制定了《关于核能领域中第三方责任的 1960 年 7 月 29 日巴黎公约的补充公约》，简称《布鲁塞尔补充公约》。《布鲁塞尔补充公约》创设了核损害责任三重赔偿机制。简而言之，公约在缔约国间建立国际公共基金，当赔偿额度超过第一层级的营运者责任限额和第二层级的各缔约国各自的国家补偿基金的上限时，按照份额公式由作为第三层级的国际公共基金对损害加以补充赔偿。因此《布鲁塞尔补充公约》在其缔约国间建立起了坚实的财务连结。按照该公约

---

① 刘久：《日本核损害赔偿法律制度与福岛核损害赔偿实践》，《人民法院报》2019 年 5 月 17 日第 8 版。

第 19 条，只有《巴黎公约》的成员国，才能加入《布鲁塞尔补充公约》。该补充公约共 25 条，于 1974 年 12 月 4 日正式生效。《布鲁塞尔补充公约》给予《巴黎公约》各缔约国一个选择的机会，相关缔约国可以选择加入《布鲁塞尔补充公约》，也可以不加入《布鲁塞尔补充公约》，继续遵守与执行《巴黎公约》。上述两公约都经历了 1964 年、1982 年和 2004 年以补充议定书形式的三次修订。其中，1964 年的修订是为了与《维也纳公约》保持一致；1982 年的修订将货币计算单位改为通行的特别提款权，同时考虑到通货膨胀因素，将《布鲁塞尔补充公约》建立的两项公共基金都提高了 2.5 倍；2004 年的修订于 2022 年年初生效。[1]

1963 年 5 月 21 日，国际原子能机构在维也纳制定并通过了《关于核损害民事责任的维也纳公约》（《维也纳公约》）。该公约于 1977 年 11 月 12 日生效，共 29 条。该公约定义了民用核能领域的专业术语及诸如"核损害""核事件"等法律用语，规定了核设施营运者对核损害承担法律责任的构成要件、营运者的证明义务、营运者对核损害的绝对责任以及营运者的赔偿责任限额，明确了受害者赔偿请求权的诉讼时效与营运者的财务保证金和核损害保险，营运单位的追索权利，法院管辖权与判决效力等问题。国际原子能机构在制定并通过 1963 年《维也纳公约》的同时，还通过了《关于强制解决〈核损害民事责任维也纳公约〉争端的任择议定书》。根据该议定书，因该公约的解释或适用所引起的争端应属于国际法院强制管辖权范围。

1997 年 9 月，在国际原子能机构总部召开的外交会议上，通过了《关于核损害民事责任的 1997 年维也纳公约》。《1997 年维也纳公约》在 1963 年《维也纳公约》的基础上，进一步扩大公约的适用范围，扩展了核损害的定义，缩小了免责范围，将核营运者的赔偿限额增加到不少于 1.5 亿至 3 亿特别提款权，将涉及生命丧失和人身伤害的诉讼时效则延长至自核事件发生之日起 30 年。《1997 年维也纳公约》共 24 条，于 2003 年 10 月正式生效。

1986 年切尔诺贝利核电事故使国际社会认识到扩大国际核损害责任机制适用地域范围的重要性。尽管《维也纳公约》体系与《巴黎公约》体系，从目的、原则到具体内容都呈趋同化发展，但在当时并没有一个机制能够将两者联系起来，因此两者在实施上相互独立，只适用于其缔约国领域内的受害者。为扩大每个公约体系所规定的核损害民事责任具体制度的适用范围，在《维也纳公约》和《巴黎公约》之间建立联系并消除对同一起核事故同时适用两个公约

---

[1] Steven McIntosh, "Nuclear Liability and Post–Fukushima Developments", in *International Atomic Energy Agency: Nuclear Law—The Global Debate* (Hague: ASSER Press, 2022).

可能引起的冲突，1988年9月21日国际原子能机构和经济合作与发展组织在其联合举行的"关于《巴黎公约》和《维也纳公约》的关系会议"上制定并通过了《关于适用〈维也纳公约〉和〈巴黎公约〉的联合议定书》（以下称《联合议定书》）。该议定书共11条，于1992年4月27日正式生效。《联合议定书》只向《巴黎公约》体系和《维也纳公约》体系的缔约国开放，主要对一旦事故发生，《联合议定书》缔约国对两公约体系二选其一的适用方式等加以规定。

认识到《维也纳公约》体系和《巴黎公约》体系以及符合这些公约原则的各国立法在核损害责任制度设计与实施方面的重要性，国际原子能机构一直在为建立覆盖全球的国际核责任法律体系而努力，希望以此全球核损害责任体制，补充已有机制，提高核损害赔偿额，鼓励地区与全球合作，促进核能的安全利用。1997年9月12日，国际原子能机构主持制定了《核损害补充赔偿公约》（以下称《补充赔偿公约》）。随着日本的批准，《补充赔偿公约》于2015年4月15日正式生效，公约由正文与附件组成，正文共27条。随着美国、印度与日本等非《维也纳公约》体系和《巴黎公约》体系缔约国的核电大国的加入，《补充赔偿公约》作为覆盖全球的核损害责任法律机制，成为近十几年国际核损害责任领域的热点。尽管是在前述两公约体系的基础上建立的，《补充赔偿公约》作为一个向几乎所有国家开放的独立公约，更具开放性与包容性。《补充赔偿公约》最核心的"补充"就是建立公共资金制度。建立核损害责任三层赔偿机制，以国际公共资金兜底并非《补充赔偿公约》的首创，早在1963年《布鲁塞尔补充公约》就规定了此机制，作为将建立全球范围核损害赔偿机制的《补充赔偿公约》吸纳了《布鲁塞尔补充公约》的规定，公约第3条规定缔约国共同参与建立公共资金，用于支付超过核事件发生国补偿赔偿额，即超过不低于300万提款权后，不足部分的由缔约各国缴存的公共资金支付。这里统一了各国核设施营运单位赔偿和国家补偿的限额，并在公约正文第3条明确了事故发生后建立公共资金的分摊方式。不仅如此，作为全球性核损害赔偿机制框架，本公约是前述公约体系与各国相关立法的集大成者，并且与之前公约内容相比，多方面规定都走在前沿。比如，对于"核损害"赔偿范围的界定，《补充赔偿公约》吸纳了1997年《维也纳公约》较为先进的界定，关注到了环境损害。又如该公约重申了核损害事故只属于发生事故的缔约国法庭管辖的唯一管辖权原则，还对此原则进行了扩展，使核事故不仅涵盖了在缔约国领土或领海发生的核事故，还包括在其专属经济区发生的核事故。

除此之外，与核损害责任相关的国际公约还有尚未生效的《1962年核动力船舶营运者责任公约》以及已经生效的《1971年海上核材料运输民事责任公约》。

第三节　法律原则

由于核损害的特殊性，使得关于核损害责任的法律研究从一开始就引入一些不同于一般民事侵权责任的法理和原则，并为各国核损害责任立法，特别是国际公约的建立与发展所沿用，从而形成了有关于核损害责任制度的下述原则。

一、严格责任原则

营运核设施，总会面临着风险，设计上与制造上的缺陷，建造和安装上的错误，运行和维护上的疏忽，设备故障等都可能会导致核损害事故的发生。[1] 所以核设施的营运活动和运输活动属于公认的特殊危险活动。只要从事危险活动，在法律上就会被推定对所造成的危险承担责任。这种不以其行为时的故意或过失为条件，只要事故发生造成损害，就应该承担损害责任的归责原则，即为严格责任原则。严格责任也称"无过错责任"或"无过失责任"，是指没有过错造成他人损害的，依法律规定也要承担民事责任。以严格责任原则作为核损害责任的归责原则，是核损害责任各国立法与国际公约的共识。[2] 也就是说，一旦核损害事故发生，事故核设施的营运单位无论过失如何，都要承担责任。这有别于一般侵权所适用的过错责任制，即先要确定是谁的过错，才能对之追究责任。严格责任原则不根据责任人的过错，而是基于损害的客观存在，由法律直接加以特别规定，责令与造成损害原因有关联的人来承担民事责任。

对此，1960年《巴黎公约》在其第3条第1款中规定，"核设施营运单位要对'任何人身损害或死亡'以及'除例外情况外的任何财产破坏或损失'情况负责"，在其第2款规定，"损害后果（如果）无法与其他事故后果区分，视为是核事故造成的损害。"《1963年维也纳公约》第4条同样规定营运单位的绝对责任。在此原则下，一旦核事故发生，受害人只需证明核事故与要求赔偿的损害之间具有因果关系即可。核设施营运单位也不能通过证明自己已履行勤勉义务而逃避责任。这样规定减少了受害人的举证责任，更好地维护了受害人的利益。

---

[1] 姜振飞：《中国核安全评论（第一卷）》，社会科学文献出版社，2015，第2页。
[2] 刘久：《我国核损害赔偿纠纷的可仲裁性研究》，《法学杂志》2020年第6期。

二、唯一责任原则

核损害责任区别于一般民事侵权责任。根据民事侵权责任的一般规则，如果事故是由于所提供的服务、材料或设备的缺陷而发生的，遭受损害的人完全有权对提供服务、材料或设备的任何人，或者制造此种材料或设备的任何人提起诉讼。但是，核损害责任制度将核损害责任都归于事故核设施的营运单位，即在唯一责任原则之下，一旦发生核事故，相关核损害责任应全部由核设施营运单位承担。也就是说除了核设施营运单位以外，其他任何单位或个人不对核损害责任负责，核设施营运单位是唯一的责任主体。对此，最早版本的《巴黎公约》第3条就明确了，核设施的营运者对……（核损害情况负责）。《1963年维也纳公约》第2条可以说是再次确定了这个核损害责任的基本原则，即条约所称的"核设施营运单位应对核损害负有责任"。1997年《核损害补充赔偿公约》附件第3条"营运单位的责任"也规定了造成核事故的核设施营运单位对所造成的核损害负责。

核损害责任国际条约均要求营运单位对于其营运的核设施造成的核损害事故承担这种唯一的、决定的、排他的责任，是因为如此规定能够避免在核损害赔偿案件中证明与确认到底谁要承担法律责任这个复杂与冗长的问题，避免与核设施相关的各主体相互推诿，拒绝承担责任，从而使受害人无法获得及时、足额的赔偿。同时，联系到之后要论述的"事前财务保证原则"，将核损害的责任完全归责于营运单位，也减轻了可能与核设施的建造或营运有关的其他单位和个人的经济负担，因为在此原则下，除了营运单位之外，其他各方都不必再购买核损害事故的保险，与不必作出任何财务保证。

因此，依据核损害责任国际公约和各国相关立法，运输期间发生的核损害直接由核设施营运单位负责。对于涉及放射性物质运输期间的核损害事件，要么由核材料原核设施的营运单位负责，要么由核材料抵达核设施的营运单位负责。换言之，或者由托运人负责，或者由收货人负责，具体由谁负责，需要托运人和收货人通过书面合同商定在哪个运输阶段进行责任移交。如果没有这种合同，当收货人接收核材料时，责任由托运人移交到收货人。运输期间的核材料贮存不影响运输责任，即使贮存是在第三方营运单位的核设施内。不论如何，依据唯一责任原则，承运人不对运输期间发生的核损害负责。

三、责任有限豁免原则

免责事由是指核设施营运单位免于承担核损害责任的法定情形。免责事由出现时，即使核设施营运单位的行为符合承担核损害责任的要件，也无须承担相应的核损害责任。最早的核损害责任国际条约，即《巴黎公约》与1963年《维也纳公约》都对核设施营运单位免于承担核损害赔偿责任的事由进行了规定。《巴黎公约》第9条规定，"如果核损害是由武装冲突、敌对行动、内战、暴乱等行为直接引起的，核设施营运单位不承担责任，其核设施所在缔约国法律另有规定除外。如果核损害是由异常重大的自然灾害引起，营运单位同样也不承担责任。"《维也纳公约》第4条第2款、第3款规定，"如果营运单位证明核损害完全或部分是由于受害人的过失或故意造成或不作为所致，主管法院可全部或部分地豁免营运单位对其损害赔偿义务，前提是该国法律有此规定。依本公约之规定，营运单位对直接由武装冲突、敌对行为、内战或暴乱等行为引起的核事故所造成的核损害一概不承担责任；① 营运单位对特大自然灾害直接引起的核事故所造成的核损害不承担责任，除非设施国法律另有规定外"。因此，最早的国际核损害责任公约规定的核设施营运单位免于承担核损害责任的事由有：由武装冲突、敌对行为、内战或暴乱等行为引起的核事故；对特大自然灾害直接引起的核事故；完全或部分是由于受害人的过失或故意造成或不作为所致的核事故，可全部或部分地豁免营运单位对该受害人损害赔偿义务。

1997年制定的《核损害补充赔偿公约》第3条也规定了如上免责事由。然而，1997年《维也纳公约》第4条第3款所规定的免责事由有别于上述几个条约，营运单位免于承担责任的范围仅限于战争、暴乱等暴力性冲突。也就是说在1997年《维也纳公约》中将"特大自然灾害"排除在了免责事由之外。依此趋势，核设施营运单位可以享受责任豁免的免责事由越来越少，这从某种程度上讲，更加强化了营运单位的严格责任。

四、有限责任原则

当核事故发生之后，更好地维护受害者的利益，将其利益损失降低到最小是核损害责任立法意义之所在，因此该制度一方面要确保受害人能够及时、足额地获得赔偿，生活与工作尽快恢复到事故发生前的状态，另一方面也是为了保障民用核工业不会因核损害事故的发生和赔偿的进行而停滞不前，一蹶不振。尽管参考各国的相关国内立法，德国、日本等为数不多的几个国家依旧规定与适用核设施营运单位核损害无限责任制，但由于在没有规定核损害赔偿责任限额的情况下，一旦风险发生，赔偿事故巨大，会给整个民用核工业带来难以估量的损失。核损害责任公约全部规定了有限责任原则，适用限额赔偿。比如，

---

① 蔡先凤：《我国核损害赔偿立法的完善》，《中国地质大学学报（社会科学版）》，2017年第2期。

1960年《巴黎公约》第7条就十分明确地规定了营运单位的责任限额，"（最高责任额）在任何情况下都不得少于 5 000 000 欧洲货币协定计算单位……"同样，在随后的1963年《维也纳公约》第5条也有类似规定，但有所区别的是，核设施所在国可以根据各国的特殊情况分别设置不同的限额，但以500万美元（本公约中提到的美元是一种计算单位，其价值指1963年4月29日美元与黄金的比价，即每一盎司纯金折合35美元。）每次事故为最低限额规定。1997年《核损害补充赔偿公约》附件第2条规定，"（缔约国法律所规定的赔偿限额）就民用核动力厂而言，至少为10亿特别提款权；就其他民用核装置而言，至少3亿特别提款权。"这样既能够尽力维护受害人的权益，又使民用核工业企业能够在事故后不至于破产，继续稳定发展，符合该制度的设立目的。

五、特殊时效原则

由于核事故导致的辐射污染造成的身体伤害、经济损失、环境污染可能在实际受到伤害后一段时间内才会显现出来，所以对于那些损害表现得较晚的受害人来说，在其发现遭受损害后，如果因错过了诉讼时效而不对其作出赔偿，是不公平，也是不合理的。因此，核损害责任制度都把可以提起诉讼的法律期限，即诉讼时效，作为一个非常重要的问题。有关核损害责任的诉讼时效问题，1960年《巴黎公约》第8条规定，"受害人应在核事故发生后10年内提起诉讼，否则本公约规定的索赔权利即告丧失。但是如核设施营运单位所在的缔约国，已采取措施确保该营运单位有能力承担10年或超过10年以上时效的索赔责任，则该缔约国有权制定法律规定长于10年的诉讼时效。但是诉讼时效的延长，不得影响受害人根据本公约，在10年时效期满前，因死亡和人身伤害对营运单位提起诉讼和获得赔偿的权利。因核燃料、放射性产物或废物发生核事故造成损害，如核事故发生时前述物质已被盗、丢失、丢弃或抛弃且尚未重新取得，则本条第a款规定的诉讼时效自核事故发生之日起算，但不得超过被盗、丢失、丢弃或抛弃之日起20年，缔约国有权制定核损害的诉讼时效，该期限自受害人知道或应当知道受损和/或营运单位责任之日起不得低于两年，同时不得超过本条规定的10年、20年的期限。"1963年《维也纳公约》第6条也对诉讼时效进行了规定，与《巴黎公约》的不同点在于其规定缔约国国内法有权制定核损害的诉讼时效，该期限自受害人知道或应当知道损害和营运单位责任之日起3年内行使索赔权，而不是《巴黎公约》所规定的自受害者知道或应当知道受损和/或营运单位责任之日起不得低于两年。《核损害补充赔偿公约》附件第9条所规定的诉讼时效与1963年《维也纳公约》也大体一致，即最长不能超过20年。而《1997年维也纳公约》第6条则专门就核事故引起的人员死亡和人身伤害，将其诉讼时效延长至 30 年。因此，为了更好地保护核事故受害人的利益，考虑到辐射损伤可能潜伏很长时间，核损害责任国际机制倾向于延长受害人的诉讼时效，尤其对于因核事故致死致伤的受害人，则应享有更长的诉讼时效。

六、事前财务保证原则

事前财务保证是核损害责任制度对于核设施营运单位的一项重要要求，为防止一旦核事故发生，核设施营运单位没有足够的财务保证对受害人进行及时、足额的赔付，进一步损害受害人的权益，事前财务保证原则要求营运单位在营运开始之时，就防患于未然，通过第三方责任保险或基金池等方式提供一定限额的资金，专门用来提供一旦事故发生后对受害人进行及时、充分、有效的救助与赔偿。这里的第三方责任保险是指在被保险人，通常是核营运单位依法应对第三人承担损害赔偿责任时，由保险人根据保险合同的约定向该第三人支付赔偿金的财产保险类型。核损害责任立法一般会对核责任保险以及核责任保险合同或者其他事前财务保证机制作出明确规定。对此，各国核损害责任制度中都有涉足。例如，《美国普莱斯-安德森法》将财务保证方式分为了三级：第一级为核设施营运单位为每个核电厂从保险公司处购买的责任保险，责任保险的限额为 3 亿美元；第二级由是由国内所有商业反应堆营运单位联合支出的保证金所形成的"保险池"，这一层级的保障金额总计上百亿，且每 5 年调整一次；第三级是在发生重大事故以后，第一、二层级的财务保障不足以支付损害赔偿时，由国会来决定如何赔偿。公约也都明确了核设施营运单位的事前财务保证原则。《布鲁塞尔补充公约》就设置了三级财务保证体系，第一级需要由营运单位的保险或其他财务保证提供，第二级由核设施国公共基金提供，第三级由缔约国公共基金提供，这就要求缔约国的营运单位要事先缴纳保险或者提供其他财务保证。1963 年《维也纳公约》第 7 条也对（事前）保险或其他财务保证金作出了要求。1997 年《补充赔偿公约》第 3 条也要求缔约国的（事前）财务保证的数额至少为 1.5 亿特别提款权。事前财务保证原则对核损害受害人和核设施营运单位都有利，在此原则下，一旦事故发生，营运单位因为此财务保证的存在，可获得用于赔偿的资金，不需要进行在事故发生后马上进行资产现金筹措，而受害人也可以及时获得救助与有效赔偿。

七、单一法院专属管辖原则

核损害责任的国际公约，不论是 1960 年《巴黎公约》《1997 年维也纳公约》，还是《核损害补充赔偿公约》，对于核损害事故引发的核损害赔偿法律纠纷都只规定了"诉讼"这一种救济途径，并且规定了只有核事故发生在其领土内的缔约国法院具有管辖权。如《核损害补充赔偿公约》第 13 条规定,"除本条规定的特殊情况外,对核损害事故引起核损害赔偿诉讼的管辖权应只属于核事故发生地的缔约方法院"。如此规定的原因在于受害人如果挑选任意有关联的法院进行诉讼会使营运单位损失惨重,可能导致赔偿资金快速用尽,使一些受害者得不到赔偿。这种单一法院专属管辖原则赋予事故发生国的某法院专属管辖权,排除其他法院的管辖权。此原则限定了对核损害赔偿纠纷具有管辖权的法院,能够保证司法权的统一,也确保司法的公正,避免不同法院因审判标准不一使受害人得不到标准一致的赔偿,同时也避免受害人奔波数国数个法院进行诉讼,节省了受害人的诉讼成本与时间。①

八、国家补充赔偿原则

如果核营运单位的事前财务保证额无法覆盖应该支付的核损害赔偿额,且该数额又超过了营运单位能够负担的范围,或制度规定了无限责任制,那么为依法救助受害人,进行损害赔偿,国家应当及时以财政资金进行补充赔偿,补充赔偿营运单位无法赔偿又需要赔偿的部分,这便是核损害责任制度中的国家补充赔偿原则。

国家补充赔偿原则,又称国家介入原则,是指由国家参与核损害赔偿工作,并负担支付事故核设施营运单位无力赔偿的赔偿金。② 核损害赔偿制度所规定的这种受害人保护优位,其实更有利于立法者在民事立法中考虑参与人(核设施营运单位、国家)的利益及平衡问题。③ 例如,《1997 年维也纳公约》第 7 条规定,核损害事故损失首先由保险或其他财务保证赔付,在保险或其他财务保证出资不能充分满足索赔时,核设施所在国应提供必要的资金确保支付在已确定的核损害方面营运单位的索赔。1997 年《补充赔偿公约》附件第 5 条也规定了响应该原则的措施,要求将核设施所在国列为补充赔偿责任人,在规定的限额内,补充赔偿营运单位等责任人无法赔偿的受害人损失。在此原则下,政府在核能事业发展中既具有引导核能和平利用的功能,一旦发生核事故又可为核损害责任保驾护航。在营运单位赔付不能却仍需赔付的情况下,国家要及时以财政资金进行补充赔偿,从而保护受害人权益,确保受害人能得到及时、公正的赔偿的同时,也可以缓解事故核设施营运单位的巨大压力,稳定民用核工业的发展。

---

① 刘久:《我国核损害赔偿纠纷的可仲裁性研究》,《法学杂志》2020 年第 6 期。
② 蔡先凤:《核损害民事责任研究》,中国原子能出版社,2005,第 198 页。
③ 陈春生:《核能利用与法之规制》,月旦出版社股份有限公司,1995,第 441 页。

第四节　我国立法

核损害责任制度作为一项特殊的民事责任制度，关系到社会稳定与公共安全，也涉及国家能源安全和国防战略安全。风险防范需要做到未雨绸缪，核损害责任是一种救济责任，通过规定财产责任赔偿或补偿受害人的损失。我国现行核损害责任制度如下。

2021 年生效的《民法典》在高度危险责任一章通过专门条款规定了核损害赔偿责任，作为顶层规范，第 1244 条规定，"承担高度危险责任，法律规定赔偿限额的，依照其规定，但是行为人有故意或者重大过失的除外"。

2018 年《核安全法》规定任何单位和个人不得危害核设施、核材料安全。公民、法人和其他组织依法享有获取核安全信息的权利，受到核损害的，有依法获得赔偿的权利（第 11 条）。因核事故造成他人人身伤亡、财产损失或者环境损害的，核设施营运单位应当按照国家核损害责任制度承担赔偿责任，但能够证明损害是因战争、武装冲突、暴乱等情形造成的除外。为核设施营运单位提供设备、工程以及服务等的单位不承担核损害赔偿责任。核设施营运单位与其有约定的，在承担赔偿责任后，可以按照约定追偿。核设施营运单位应当通过投保责任保险、参加互助机制等方式，作出适当的财务保证安排，确保能够及时、有效履行核损害赔偿责任（第 90 条）。

在《核安全法》出台与正式实施之前，《放射性污染防治法》就针对第三方核责任问题进行了简要且原则性的规定。依据该法，核设施营运单位、核技术利用单位、铀（钍）矿和伴生放射性矿开发利用单位，负责本单位放射性污染的防治，并依法对其造成的放射性污染承担责任（第 12 条）。因放射性污染造成他人损害的，应当依法承担民事责任（第 59 条）。

1986 年国务院发布了《国务院关于处理第三方核责任问题的批复》（国函〔1986〕44 号文）。这是我国第一个规范核损害责任问题的行政法律性文件，为当时引进外资和民用核电技术创造了必要条件。2007 年 6 月 30 日，为了解决在引进国外核电技术的合同中存在的需明确核损害赔偿责任的问题，国务院发布《国务院关于核事故损害赔偿问题的批复》（国函〔2007〕64 号文），作为核损害赔偿责任领域的法律性文件。[①]

---

① 梁晨晨、李溪韵：《浅论核损害赔偿责任制度在涉外合同中的适用》，《中国核电》2018 年第 4 期。

上述法规对我国现行核损害赔偿责任问题进行了较为原则性的规定，大体上与国际公约的基本原则一致。

首先，营运者的绝对责任和唯一责任。《民法典》第 1237 条规定，民用核设施或者运入运出核设施的核材料发生核事故造成他人损害的，民用核设施的营运单位应当承担侵权责任。《核安全法》第 90 条规定，因核事故造成他人人身伤亡、财产损失或者环境损害的，核设施营运单位应当按照国家核损害责任制度承担赔偿责任。国函〔1986〕44 号文件中规定，在核电站现场内发生核事故所造成的核损害，或者核设施的核材料于其他人接管之前，以及在接管其他人的核材料之后，在中华人民共和国境内发生核事故所造成的核损害，该营运单位对核损害承担绝对责任；其他人不承担任何责任。国函〔2007〕64 号文件中规定，营运者应当对核事故造成的人身伤亡、财产损失或者环境受到的损害承担赔偿责任。营运者以外的其他人不承担赔偿责任。

就核损害的赔偿范围可以看出，核事故造成的"人身伤亡、财产损失或者环境受到的损害"承担赔偿责任，这是将《维也纳公约》和《补充赔偿公约》的内容一定程度地纳入。

其次，关于核损害赔偿免责事由与国际公约大致相同，但并没有穷尽列举。《核安全法》第 90 条规定的免责事由是"因战争、武装冲突、暴乱等情形造成的除外。"《民法典》第 1237 条规定，能够证明损害是因战争、武装冲突、暴乱等情形或者受害人故意造成的，不承担责任。国函〔2007〕64 号文件规定："对直接由于武装冲突、敌对行动、战争或者暴乱所引起的核事故造成的核事故损害，营运者不承担赔偿责任。"国函〔1986〕44 号文件规定："对直接由于武装冲突、敌对行动、暴乱，或者由于特大自然灾害所引起的核事故造成的核损害，任何营运单位都不承担责任。"

再次，有限责任和强制财务保证原则。有限责任原则保障了核工业的行业发展，而为了保护受害者，同时还规定了保险和其他方式的强制财务保证。《民法典》第 1244 条规定，高度危险责任，法律规定赔偿限额的，依照其规定，但是行为人有故意或者重大过失的除外。确立了核损害赔偿责任有限额的基本原则。《核安全法》规定："核设施营运单位应当通过投保责任保险、参加互助机制等方式，作出适当的财务保证安排，确保能够及时、有效履行核损害赔偿责任。"国函〔1986〕44 号文件规定："对于一次核事故所造成的核损害，营运单位对全体受害人的最高赔偿额合计为人民币一千八百万元。对核损害的应赔总额如果超过前款规定的最高赔偿额，中华人民共和国政府将提供必要的、有限的财务补偿，其最高限额为人民币三亿元。"国函〔2007〕64 号文件第 7 条规定："核电站的营运者和乏燃料贮存、运输、后处理的营运者，对一次核事故所造成的核事故损害的最高赔偿额为 3 亿元人民币；其他营运者对一次核事故所造成的核事故损害的最高赔偿额为 1 亿元人民币。核事故损害的应赔总额超过规定的最高赔偿额的，国家提供最高限额为 8 亿元人民币的财务补偿。对非常核事故造成的核事故损害赔偿，需要国家增加财务补偿金额的由国务院评估后决定。"第 8 条规定："营运者应当作出适当的财务保证安排，以确保发生核事故损害时能够及时、有效的履行核事故损害赔偿责任。在核电站运行之前或者乏燃料贮存、运输、后处理之前，营运者必须购买足以履行其责任限额的保险。"

又次，核损害赔偿责任人履行赔偿责任后的追偿权。《核安全法》第 90 条规定核设施营运单位与为其提供设备、工程以及服务等的单位有约定的，在承担赔偿责任后，可以按照约定追偿。核事故损害涉及 2 个以上营运者，且不能明确区分各营运者所应承担的责任的，相关营运者应当承担连带责任。核事故损害是由自然人的故意作为或者不作为造成的，营运者向受害人赔偿后，对该自然人行使追索权。在肯定唯一责任和绝对责任原则的同时，把追索权的问题留给了双方约定，也就是说在营运单位承担了对社会公众的核损害赔偿责任后，有权利向供应商或者其他人"依照约定"进行追偿。国函〔1986〕44 号文规定："如果核损害是由致害人故意的作为或者不作为所造成的，有关营运单位只对该致害人有追索权。"国函〔2007〕64 号文进一步规定："营运者与他人签订的书面合同对追索权有约定的，营运者向受害人赔偿后，按照合同的约定对他人行使追索权。核事故损害是由自然人的故意作为或者不作为造成的，营运者向受害人赔偿后，对该自然人行使追索权。"

最后，还规定了索赔主体、跨境损害和管辖权等内容。如：一旦核损害事故发生，求偿主体是受到核损害的公民、法人和其他组织。[①] 对核事故造成的跨越中华人民共和国边境的核事故损害，依照中华人民共和国与相关国家签订的条约或者协定办理，没有签订条约或者协定的，按照对等原则处理。

我国现在并不是任何一个涉及国际核损害责任公约的缔约国。加入公约，意味着我国作为营运单位的核电厂和实验堆都需要大幅提高核损害责任保险额，同时国家也需要大幅提高补偿金数额。这可能会增加我国的国际义务，加大财务负担。在我国核损害责任制度现状与相关研究依然薄弱的现实情况下，如何促进国内相关制度建立，以及与国际核损害赔偿法律制度的进一步融合依然需要经历相当长时间的摸索。

---

① 刘静、Michael G. Faure、杨子超：《论中国核损害赔偿机制》，《私法》2019 年第 1 期。

附：
各国核损害法律制度一览

《巴西与核活动有关的核损害民事责任和刑事责任行为法》（1977 年，3 章 29 条）；

《阿根廷加拿大—美国核责任规则》（2012 年，80 条）；

《加拿大加拿大核第三方责任法》（1970 年，3 章 33 条）；

《美国原子能法》（1954 年，1 条）；

《美国普莱斯‐安德森法》（1954 年，1957 年、1965 年、1988 年、2005 年 4 次修订，20 条）；

《美国普莱斯‐安德森法补充条款》（2015 年，6 条）；

法国 1968 年 10 月 30 日关于核能领域第三者责任之 68‐943 号法（1968 年，1990 年修订，24 条）；

法国关于核能领域透明度及安全之 2006‐686 号法（2006 年，2 条）；

1965 年《英国核设施法》（1965 年，15 条）；

《俄罗斯原子能利用法》（1995 年，1997 年、2001 年、2001 年、2002 年、2003 年、2004 年六次修订，9 条）；

《俄罗斯受到切尔诺贝利核电厂事故辐射影响公民的社会保护法》（1992 年俄罗斯联邦法律文本，2017 年修订，2018 年生效，49 条）；

《墨西哥核损害第三方责任法》（1974 年，7 条）；

《韩国核损害赔偿法》（1969 年，1975 年、1986 年、2001 年、2013 年 4 次修订，23 条）；

《韩国核损害赔偿法实施条例》（1970 年，1973 年、1975 年、1987 年、2001 年、2004 年、2006 年、2008 年 2 月、2008 年 7 月、2008 年 12 月、2011 年修订，19 条）；

《韩国核损害赔偿协议法实施条例》（1975 年，1987 年、2006 年、2008 年、2011 年修订，9 条）；

《日本原子能损害赔偿合同法》（1961 年，2009 年修订，18 条）；

《日本原子能损害赔偿法》（1961 年，1971 年、1981 年、1991 年、2001 年、2009 年 5 次修订，7 章 26 条）；

《日本原子能损害赔偿法实施令》（1962 年，2009 年修订，3 条）；

《日本原子能损害赔偿补偿协议法》（2009 年，1961 年修订，18 条）；

《日本原子能损害赔偿补偿协议法实施令》（2009 年修订，12 条）；

《日本原子能规制委员会设置法》（2014 年，31 条）；

《日本核损害紧急措施法》（2011年，17条）；

《日本核损害赔偿促进公司法》（2011年，78条）；

《日本核损害赔偿促进公司财务会计令》（2011年，23条）；

《日本关于确定东京电力公司福岛第一、第二核电厂引发核损害范围的初步导则》（2011年）；

《日本关于确定东京电力公司福岛第一、第二核电厂引发核损害范围的进一步导则》（2011年）；

《日本关于确定东京电力公司福岛第一、第二核电厂引发核损害范围的临时导则之补充（涉及自愿疏散的损害）》（2011年）；

《日本关于确定东京电力公司福岛第一、第二核电厂引发核损害范围的临时导则之再次补充之纲要（涉及复查政府指令疏散区域的损害）》（2012年）；

《日本关于确定东京电力公司福岛第一、第二核电厂事故造成的核损害范围的临时导则的进一步导则之补充（关于与政府指令审查疏散区有关的损害赔偿等）》（2012年）；

《印度核损害责任法》（2010年，49条）；

《印度核损害民事责任条例》（2011，30条）；

《奥地利关于辐射损害的民事责任联邦法》（1998年，6章31条）；

《保加利亚豁免少量核材料适用〈关于核损害民事责任的维也纳公约〉的条件和程序条例》（2004年，4章10条）；

《波兰核设施第三方责任险条例》（2004年，6条）；

《法国核能领域的第三方责任法》（1968年，1990年修订，24条）；

《芬兰核责任法》（1972年，1977年、1986年、1989年、1994年、1999年、2002年6次修订，6章43条）；

《罗马尼亚核损害民事责任法》（2001年，7章15条）；

《瑞典放射性事故赔偿责任法》（2010年，2012年，63条）；

《瑞士核能责任法》（2011年，8章38条）；

《瑞士辐射事故补偿条例》（1998年，9条）；

《斯洛伐克第三方责任豁免条例》（2005年，5条）；

《斯洛文尼亚核损害责任法》（2010年，8章32条）；

《斯洛文尼亚核损害保险责任豁免条例》（2010年，4条）；

《西班牙核与放射性物质损害的民事责任法》（2011年，19条）；

《匈牙利核损害责任保险条例》（1997年，13条）。

第十四章 核行政责任

第一节 概述

行政违法是承担行政责任、接受行政处罚的前提。所谓行政处罚，是指行政机关及相关的法定组织依照法律的规定，对于违反行政法律规范但尚不构成犯罪的行政相对人给予的惩罚或制裁。顾名思义，行政处罚程序就是指行政机关及相关的法定组织在给予行政相对人惩罚或制裁过程中应遵循的行政程序。行政处罚程序要素包括行政处罚权的设定、行政处罚主体、行政处罚方式、适用的处罚程序以及相关的法律规定等5个方面。由于各国历史文化背景、民主法制传统、行政与司法体制等方面的差异，行政处罚的观念和程序在不同国家相差悬殊。

涉核行政责任由以下3部分组成：一是行政处分，即相关职能部门行政人员因违反法定职责或在行使其职责时有渎职行为而应承担的行政责任；二是治安处罚，即相关主体因违反治安管理相关规定而应承担的法律责任；三是其他行政处罚，即核法律项下的相关行政相对人违反法律相关规定时，有关行政监管部门依法给予的行政处罚。

一些国家核监管机构需要将违反核法律的行政处罚案件提交至其他行政机关或司法机关处理，而在另外许多国家，针对可能危害公众安全或环境保护的违反法律或许可证条款的行为，核监管机构有权直接采取一定行政强制措施或直接征收罚款。此类强制措施可包括：根据许可证命令停止活动或禁止未被授权人员从事电离辐射有关活动；暂停或撤销由于妨碍商业行为可能对营运单位产生严重影响的许可证授权。因此，暂停和撤销许可证作为行政处罚往往比罚款更为严重。

除此之外，强制执行是当被许可人违反核法律或许可证条款时，核监管机构依据违法的严重性采取必要的强制措施。接受强制措施的人员或实体按照核监管机构的要求尽可能采取必要措施纠正违法行为，并采取必要措施防止再次违法。对于基本不影响核安全或核安保的违法事件，核监管机构可给予警告，并规定采取补救措施的期限。对于给公众或环境造成直接核安全或核安保危害的事件，核监管机构可以要求接受强制措施的人员或实体在采取纠正措施前停止活动。在此情况下，监管机构也可中止、撤销或变更许可证条款和条件。在持续违反或极其严重违反许可证条款或向环境大量排放放射性废物的情况下，核监管机构可撤销许可证，并要求许可证持有者采取补救措施，排除安全隐患。值得注意的是，提请行政救济程序不导致行政执法程序的中止，特别是在被指控的违法行为可能会造成核安全或安保危险的情况下。

第二节　立法实践

一些国家核法律习惯将行政处罚或制裁的有关规定置于涉核法律关于强制执行、违法和处罚的章节之中。

依据1954年《美国原子能法》第232条，无论何时根据委员会的判断，任何人已经从事或即将从事违反或将违反本法任何规定或据此颁布的任何规章或命令的任何行为或实践，司法部长可代表美国政府，向适当的法院提出请求，请其发布命令立即禁止该行为或实践，或强制遵守这类规定，并根据委员会提出此人已经或即将从事任何这种行为或实践的证词，可同意发布永久性或临时禁令、管制命令或其他命令。该法第234条规定，任何人违反关于发放许可证或证书的任何规定，或据此颁布的任何规则、规章或命令，或据此颁发的任何许可证或证书的任何条款、条件或限制性要求，或犯了违反可根据相关规定撤销许可证的罪行，应受到由委员会实施的罚款，每次违反行为不超过10万美元。如果属于继第一次后的任何再次违法行为，应以每天一次违法作为一次单独的违法行为计算应交纳的罚款。委员会应有权让步解决、减轻或免收这种罚款。

1995年通过，经过多次修订的《俄罗斯原子能法》第十三部分规定了违反俄罗斯联邦原子能利用领域法律的责任，该法第61条规定，国家权力机关公职人员、自治地方机关公职人员、原子能利用管理机关公职人员、国家安全监督机关公职人员、使用组织公职人员、为使用组织从事工作或提供服务的组织的公职人员、核装置、放射源与保存地工作人员（包括领导人员）、从事原子能利用领域其他活动的组织的工作人员（包括领导人员）以及公民如果违反原子能利用领域的规范与规则；违反从事原子能利用领域工作许可证的条件；不履行或不合理履行国家安全监督机关的指示；未经许可从事核装置、放射源与保存地工作和使用核材料与放射性物质；国家安全监督机关公职人员违反规定程序颁发许可证与指示；不遵守对核装置、放射源与保存地分布的要求；提供、安装与投入使用已损坏核装置、放射源与保存地设备；未经设计中规定的核装置、放射源与保存地的建造与使用，接收使用前述设施；未经落实保障保护核装置、放射源与保存地工作人员与管理人员、附近地区居民以及保护环境的措施，接收使用前述原子能利用设施；核装置、放射源与保存地工作人员未履行其职责；值班的工作人员擅自离开核装置、放射源与存放地；公职人员在紧急情况下未履行其职责（导致或可能导致人的死亡），没有根据地使人受到照射或使环境受到放射污染；没有证明其技能相关文件的工作人员、具有从事前述设施医学禁忌的工作人员以及未满 18 岁的人，进入核装置、放射源和保存地工作；公职人员直接或间接强迫工作人员违反核装置、放射源与保存地使用章程与指令；采取强制行为妨碍前述公职人员和组织工作人员履行其劳动义务。

公职人员与其他工作人员逃避履行在发生事故时保护原子能利用设施工作人员和居民行动计划中的义务；未经原子能利用设施工作人员同意、没有通知其可能辐射程度以及违反规范、规则与指示对此规定的条件，公职人员派前述工作人员进入可能超过基本放射限值和接近放射活动程度的放射威胁区。

为国家安全监督机关公职人员履行其职能设置障碍；没有根据地或有预谋地以超过所允许限值的数量向大气、水中与地下投放或排放放射性物质；隐瞒事故真相或者违反所规定的核装置、放射源或保存地事故的通知程序，隐瞒环境放射性污染状况的信息，以及发布前述设施放射设备状况的虚假信息；拒绝提供信息，故意捏造或隐瞒原子能利用安全问题的信息；违反对保障核装置、放射源、保存地、核材料与放射性物质自然保护的要求；盗窃、非法利用、获取、保存、转移、销售或批准核材料、放射性物质与放射源，隐瞒已知准备或实行前述行为的信息。

要求或强迫从事带有为犯罪之目的威胁利用核材料或放射性物质的某些行为（不行为）；为居民使用与消费之目的使放射性物质污染超过规定标准的食品进入经济流通领域，或者未经俄罗斯联邦保健机关许可生产与销售含有放射性物质的食品；违反规定的核装置、核设备、核技术、核材料、放射性物质、特定非核材料和原子能利用领域服务的进出口程序。

参与组织与进行核装置、放射源或保存地的非法社会措施；组织与进行在核装置、放射源或保存地外的集会和其他社会措施，如果组织与进行这些社会措施可能破坏核装置、放射源或保存地的正常工作，或者将妨碍前述设施工作人员履行其工作义务，或者将有居民与环境安全的其他威胁；以及从事俄罗斯联邦的法律可以根据本条规定应当承担责任的其他违法行为的，应当根据俄罗斯联邦法律承担责任。这其中也包括行政责任。

除此之外，日本于 1957 年 6 月 10 日制定的《核原料、核燃料及反应堆管理法》也规定了对各种核反应堆运行活动如发生违规的罚则，例如，未经许可使用核燃料、不遵守对核燃料转让的限制、未实施颁布的安全规定，未保存国际受控材料的记录，或未按要求提供相关信息，都要受到处罚。这种处罚也适用于其他核活动，如天然铀提纯、核燃料制造、乏燃料的贮存和后处理，以及放射性废物处置等。

第三节　法律原则

一、保障人民合法权益的原则

《中华人民共和国行政处罚法》（以下简称《行政处罚法》）在其立法目的中规定，为了规范行政处罚的设定和实施，保障和监督行政机关有效实施行政管理，维护公共利益和社会秩序，保护公民、法人或者其他组织的合法权益，根据宪法，制定本法。

二、行政责任法定原则

《行政处罚法》规定，公民、法人或者其他组织违反行政管理秩序的行为，应当给予行政处罚的，依照本法由法律法规或者规章规定，并由行政机关依照本法规定的程序实施。没有法定依据或者不遵守法定程序的，行政处罚无效。

三、行政责任与民事责任、刑事责任并行原则

相关法律法规规章都规定，公民、法人或者其他组织因违法受到行政处罚，其违法行为对他人造成损害的，还应当依法承担民事责任。违法行为构成犯罪的，还应当依法追究其刑事责任，不得以行政处罚代替刑事处罚。

第四节　我国立法

依据涉核行政责任的分类：首先，"行政处分"对行政机关（工作人员）作出，行政机关中的工作人员是承担行政处分的主体；其次，"治安处罚"要由公安机关作出，一般针对的是行政相对人违反治安管理规定的行为；最后，"其他行政处罚"是核领域的监管机构（一般为核安全监督管理部门）对行政

相对人给予的行政处罚。

核安全执法是国务院核安全监督管理部门或其他有关部门对许可证持有者违反核安全法律法规或许可证条件的行为所采取的行政处罚措施。国务院核安全监督管理部门或者其他有关部门拥有适当的权力以使法律、规章和许可证要求得到遵守，包括为保证核安全许可证条件的落实而要求核设施营运单位修改或纠正核活动有关的规程以及对核设施构筑物、系统和部件进行必要的修改等。在法律的授权下，国务院核安全监督管理部门或其他有关部门可制定和发布执法行动的实施细则，并规定核设施营运单位的权利和义务。按照《核安全法》等法律法规的要求，核与辐射安全行政处罚的种类有：责令改正；警告；罚款；没收违法所得；责令停止建造或者停产整顿；暂扣或者吊销许可证等。国务院核安全监督管理部门或其他有关部门有权对核安全领域的违法行为作出处罚。

一、法律规定的涉核行政责任

（一）对行政机关及其工作人员的行政处分

《核安全法》第75条规定，国务院核安全监督管理部门或者其他有关部门未依法对许可证申请进行审批的；国务院有关部门或者核设施所在地省、自治区、直辖市人民政府指定的部门未依法公开核安全相关信息的；核设施所在地省、自治区、直辖市人民政府未就影响公众利益的重大核安全事项征求利益相关方意见的；国务院核安全监督管理部门或者其他有关部门未将监督检查情况形成报告，或者未建立档案的；核安全监督检查人员执行监督检查任务，未出示有效证件，或者对获知的国家秘密、商业秘密、个人信息未依法予以保密的；国务院核安全监督管理部门或者其他有关部门，省、自治区、直辖市人民政府有关部门有其他滥用职权、玩忽职守、徇私舞弊行为，对直接负责的主管人员和其他直接责任人员依法给予处分。

根据《放射性污染防治法》第48条，放射性污染防治监督管理人员违反法律规定，利用职务上的便利收受他人财物、谋取其他利益，或者玩忽职守，如对不符合法定条件的单位发放许可证和办理批准文件的；不依法履行监督管理职责的；发现违法行为不予查处的，依法给予行政处分；构成犯罪的，依法追究刑事责任。

（二）公安机关的治安管理处罚

《核安全法》第76条以及第89条规定了构成违反治安管理行为的要由公安机关给予治安管理处罚。根据《核安全法》第76条，危害核设施、核材料安全，或者编造、散布核安全虚假信息，构成违反治安管理行为的，由公安机关依法给予治安管理处罚。根据第 89 条，违对国务院核安全监督管理部门或者其他有关部门依法进行的监督检查，从事核安全活动的单位拒绝、阻挠的，由国务院核安全监督管理部门或者其他有关部门责令改正，可以处 10 万元以上 50 万元以下的罚款；拒不改正的，暂扣或者吊销其许可证；构成违反治安管理行为的，由公安机关依法给予治安管理处罚。

（三）相关行政机关的行政处罚

《核安全法》以及《放射性污染防治法》中有关核行政责任的法条中，绝大多数都是有关"其他行政处罚"的条款。在核安全领域中，作出行政处罚的多为国务院核安全监督管理部门，少数为核工业主管部门，如《核安全法》第 85 条规定，未经许可持有核材料的，由国务院核工业主管部门没收非法持有的核材料，并处 10 万元以上 50 万元以下的罚款；第 81 条规定，其他部门如国务院环境保护主管部门对未检测环境或未提交检测结果的核设施营运单位责令改正并罚款。

在放射性污染的防治领域中，作出行政处罚的绝大多数为各级承担不同职责的环境保护行政主管部门，如《放射性污染防治法》第 50 条规定，未编写环境影响评价文件，或者环境影响评价文件未经环境保护行政主管部门批准，擅自进行建造、运行、生产和使用等活动的，由审批环境影响评价文件的环境保护行政主管部门责令停止违法行为，限期补办手续或者恢复原状，并处 1 万元以上 20 万元以下罚款；以及第 52 条规定，未经许可或者批准，核设施营运单位擅自进行核设施的建造、装料、运行、退役等活动的，由国务院环境保护行政主管部门责令停止违法行为，限期改正，并处 20 万元以上 50 万元以下罚款；构成犯罪的，依法追究刑事责任。可见该法中各级环境保护行政主管部门承担绝大多数的行政责任。同时，该法第 58 条，规定了海关对向我国境内输入或转移放射性废物和被放射性污染的物品的主体处以罚款的行政责任。

二、行政法规、部门规章中规定的涉核行政责任

（一）对违法违规行政机关及其工作人员的处分

《民用核安全设备监督管理条例》第 43 条，《放射性同位素与射线装置安全和防护条例》第 50 条、第 51 条，《放射性废物安全管理条例》第 35 条，《放射性物品运输安全管理条例》第 49 条，《核电厂核事故应急管理条例》第 38 条，《核出口管制条例》第 20 条，《核两用品及相关技术出口管制条例》第 25 条，上述条款均规定了主管机关不履行责任、玩忽职守、渎职等行为应承担的行政处分，甚至刑事责任。一般来说，法规、规章对行政机关责任人员的处

分均规定在"法律责任"章节的开头或者末尾。

例如,《民用核安全设备监督管理条例》第 43 条规定,国务院核安全监管部门及其民用核安全设备监督检查人员有不依照本条例规定颁发许可证、发现违反本条例规定的行为不予查处或者接到举报后不依法处理、滥用职权侵犯企业的合法权益或利用职务上的便利索取和收受财物等行为,对直接负责的主管人员和其他直接责任人员依法给予处分,若构成犯罪的,依法追究其刑事责任。

再如,《放射性同位素与射线装置安全和防护条例》第 50 条规定了县级以上人民政府生态环境主管部门有向不符合本条例规定条件的单位颁发许可证或进口和转让放射性同位素、发现未依法取得许可证的单位擅自处理放射性同位素和射线装置不予查处或者接到举报后不依法处理等行为的处罚标准,包括对直接负责的主管人员和其他直接责任人员给予行政处分或追究其刑事责任。第 51 条规定了县级以上人民政府生态环境主管部门和其他有关部门存在缓报、瞒报、谎报或者漏报辐射事故或未按照规定编制辐射事故应急预案或者不依法履行辐射事故应急职责等行为的处罚标准,包括对其直接负责的主管人员和其他直接责任人员给予行政处分或追究其刑事责任。《核出口管制条例》第 20 条规定,国家核出口监管工作人员玩忽职守、徇私舞弊或者滥用职权,构成犯罪的,依法追究刑事责任;尚不构成犯罪的,依法给予行政处分。同时,依据《核两用品及相关技术出口管制条例》第 25 条,对核两用品及相关技术出口实施监管的国家工作人员玩忽职守、徇私舞弊或者滥用职权,构成犯罪的,依法追究刑事责任;尚不构成犯罪的,依法给予处分。

(二)治安管理处罚

《民用核安全设备监督管理条例》第 47 条规定了针对单位伪造、变造、转让许可证等行为的处罚标准,包括由国务院核安全监管部门收缴伪造或变造的许可证或者吊销许可证、处以罚款、没收违法所得、予以治安处罚、追究刑事责任等。

《放射性同位素与射线装置安全和防护条例》第 61 条针对违反本条例造成辐射事故等行为的处罚标准,包括责令限期改正、处以罚款、吊销许可证、予以治安处罚、追究刑事责任和承担民事责任等。

《放射性废物安全管理条例》第 41 条规定针对违反本条例拒绝或阻碍环境保护主管部门或者其他有关部门的监督检查或者在接受监督检查时弄虚作假等行为的处罚标准,包括责令改正、处以罚款、给予治安管理处罚、追究刑事责任。

《放射性物品运输安全管理条例》第 60 条规定托运人或者承运人在放射性

物品运输活动中，有违反有关法律和行政法规关于危险货物运输管理规定、邮寄放射性物品和在邮寄进境物品中发现放射性物品等行为，由相关部门依法予以处罚。第 62 条规定有通过道路运输放射性物品时有未经公安机关批准通过道路运输放射性物品等行为的处罚标准，包括责令限期改正、处以罚款和追究刑事责任。第 66 条规定有拒绝、阻碍国务院核安全监管部门或者其他依法履行放射性物品运输安全监督管理职责的部门进行监督检查或者在接受监督检查时弄虚作假等行为的处罚标准，包括责令改正、处以罚款、给予治安管理处罚和追究刑事责任。

《核电厂核事故应急管理条例》第 38 条对有关责任人员存在如不按照规定制定核事故应急计划拒绝承担核事故应急准备义务或玩忽职守引起核事故发生等条例规定的行为时的处罚标准，包括给予行政处分、给予治安管理处罚和追究刑事责任。

（三）对违法违规涉核单位的行政处罚

《民用核安全设备监督管理条例》第 44～59 条均规定了民用核安全设备的设计、制造、安装和无损检验单位在违反条例规定时应受国务院核安全监督管理部门的行政处罚。

如《民用核安全设备安全监督管理条例》第 44 条规定有无许可证擅自从事民用核安全设备设计、制造、安装和无损检验活动等行为的处罚标准，包括责令停止违法行为和处以罚款。第 45 条规定有民用核安全设备设计、制造、安装和无损检验单位不按照许可证规定的活动种类和范围从事民用核安全设备设计、制造、安装和无损检验活动等行为的处罚标准，包括责令停止违法行为、限期改正、处以罚款和暂扣或者吊销许可证。同时，第 44 条和第 45 条两条内容皆规定有违法所得的，没收违法所得；对直接负责的主管人员和其他直接责任人员，处以罚款。第 46 条规定有民用核安全设备设计、制造、安装和无损检验单位变更单位名称、地址或者法定代表人，未依法办理许可证变更手续等行为的处罚标准，包括责令限期改正和暂扣或者吊销许可证。第 47 条规定有单位伪造、变造、转让许可证等行为的处罚标准，包括收缴伪造或变造的许可证或者吊销许可证、处以罚款、没收违法所得、对直接负责的主管人员和其他直接责任人员处以罚款、予以治安处罚和追究刑事责任。

《放射性同位素与射线装置安全和防护条例》规定了生产、销售、使用放射性同位素和射线装置的单位在违反条例规定时，由县级以上人民政府作出责令限期改正、处以罚款等行政行为。例如：第 53 条规定生产、销售、使用放射性同位素和射线装置的单位变更单位名称、地址、法定代表人有未依法办理许可证变更手续等行为的处罚标准，包括责令限期改正并给予警告和暂扣或者吊销许可证。第54条规定有生产、销售、使用放射性同位素和射线装置的单位部分终止或者全部终止生产、销售、使用活动或未按照规定办理许可证变更或者注销手续等行为的处罚标准，包括责令停止违法行为并限期改正、处以罚款和追究刑事责任。第55条规定有伪造、变造、转让许可证等行为的处罚标准，包括收缴伪造或变造的许可证或者由原发证机关吊销许可证、处以罚款和追究刑事责任。有伪造、变造、转让放射性同位素进口和转让批准文件等行为，收缴伪造、变造的批准文件或者撤销批准文件、处以罚款、吊销许可证和追究刑事责任。

《放射性废物安全管理条例》第36~43条规定了核设施营运单位、核技术利用单位或者没有营业资质的单位擅自进行废旧放射源或者其他放射性固体废物的贮存、处置活动，应当由县级以上环境保护行政主管部门（有些条款是省级以上环境保护行政主管部门）实施行政处罚行为。如第36条规定核设施营运单位有将其产生的废旧放射源送交贮存、处置，或者将其产生的其他放射性固体废物送交处置，或核技术利用单位未按照规定，将其产生的废旧放射源或者其他放射性固体废物送交贮存、处置等行为的处罚标准，包括责令停止违法行为并限期改正、指定有相应许可证的单位代为贮存或者处置、处以罚款和追究刑事责任。第37条规定核设施营运单位有将废旧放射源送交无相应许可证的单位贮存、处置，或者将其他放射性固体废物送交无相应许可证的单位处置，或者擅自处置等行为的处罚标准，包括责令停止违法行为并限期改正，处以罚款、责令限期采取治理措施消除污染和追究刑事责任。

《核出口管制条例》第18条规定违反本条例规定，出口核材料、核设备、反应堆用非核材料的，依照海关法的规定处罚。违反本条例规定，出口《管制清单》所列有关技术的，给予警告、处以罚款、没收违法所得和追究刑事责任等处罚。

《核两用品及相关技术出口管制条例》第23条规定有违反本条例的规定，出口核两用品的，依照海关法的规定处罚。违反本条例的规定，出口核两用品相关技术的，给予警告、处以罚款、没收违法所得和追究刑事责任等处罚。第24条规定有伪造、变造或者买卖出口许可证件等行为，依照有关法律、行政法规的规定处罚；构成犯罪的，依法追究其刑事责任。以欺骗或者其他不正当手段获取出口许可证件的，给予处以罚款、没收违法所得和追究刑事责任等处罚。

《民用核设施安全监督管理条例》第21条规定有未经批准或违章从事核设施建造、运行、迁移、转让和退役的等行为的处罚标准，包括给予警告、限期改进、停工或者停业整顿、吊销核安全许可证件等。第22条规定受到行政处罚后的救济制度，即：当事人对行政处罚不服的，可在接到处罚通知之日起 15 日内向人民法院起诉，但是对吊销核安全许可证件的决定应当立即执行；对处罚决定不履行逾期又不起诉的，由国家核安全局申请人民法院强制执行。

此外，《放射性固体废物贮存和处置许可管理办法》《城市放射性废物管理办法》《核电厂乏燃料处置基金征收使用管理暂行办法》《放射性同位素与射线装置安全许可管理办法》《核反应堆乏燃料道路运输管理暂行规定》《国防科技工业军用核设施安全监督管理规定》《放射性同位素与射线装置安全和防护管理办法》《放射性物品运输安全许可管理办法》《放射性物品道路运输管理规定》等由各部委制定的部门规章中也规定了相应的行政责任条款。

第十五章　核刑事责任

第一节　概述

刑法是规定犯罪、刑事责任和刑罚的法律。犯罪具有社会危害性、刑事违法性和应受惩罚性。刑事责任是指犯罪人因实施犯罪行为而应当承担的国家司法机关依照刑事法律对其犯罪行为及本人所作的否定评价和谴责。刑事责任是使用刑罚的前提，刑事责任的大小是判处刑罚轻重的标准。国家是刑事责任的追究者，犯罪人是刑事责任的承担者。

核工业这一特殊行业，涉及国际义务、国家安全、公共利益、政府监管和重大事故风险防范等诸多因素，各国核法律法规都对违反核工业管理要求的行为规定了相应的法律责任，严重者将承担刑事责任。核刑事犯罪是指个人或组织在从事核工业活动或针对核工业设施和活动环节，故意或者过失地实施的危及不特定或多人的生命、健康或者重大公私财产安全，依照法律应当承担刑事责任的行为。例如，针对核材料或相关设施的偷窃、蓄意破坏、未经授权的获取、非法转让等恶意行为，以及在合法进行核材料生产、研究之时，不法分子意图获取核材料实施违法犯罪活动，或者意图实施破坏核设施的犯罪活动。核技术和核能的发展也给恐怖分子进行核恐怖犯罪提供了可乘之机，通过核爆炸或者泄漏核材料等放射性物质的方式，实施大规模杀伤性恐怖活动的核恐怖主义犯罪，在当今时代依然存在发生的可能性。因此，根据各国际条约显示，近年来对涉及核恐怖主义的刑事打击及加强各国间国际合作越来越受到重视。联合国大会于2005年4月13日通过了《制止核恐怖行为国际公约》，该国际条约将打击核恐怖行为作为其目的与宗旨，是国际上首次针对核恐怖主义制定的条约，该条约的颁布为预防和打击核恐怖犯罪提供了法律依据和重要保障，也为联合国各成员国打击与预防核恐怖主义犯罪、稳定社会秩序、保障国家长治久安提供了依据。

这里需要注意的是，通过刑法规定刑事责任预防与规制涉核犯罪，要注意在此中法律制度不能阻碍合法的核能开发与利用,而是要保障相关合法权益免遭损害,在解放生产力,促进科技进步和经济发展的同时,防治相关犯罪行为。

第二节　立法实践

近年来,涉核犯罪以及核恐怖主义犯罪在世界各国立法中逐步得到重视,并被各国纳入国内核法律与防止恐怖主义犯罪的法律之中。通观外国涉核刑事责任相关立法,基本有两种模式:一种是刑法典与反恐怖法相结合之模式,比如法国、西班牙、德国等;另一种是单一采用反恐怖法之模式,如英国、美国等。实际上,这是由大陆法系与英美法系不同的立法传统所决定的。①

美国1954年《原子能法》第18章"执行"中规定了对违法行为的刑事处罚及处罚程序,包括违反战争状况或者国家紧急状况下暂停许可证规定的犯罪,故意违反许可证管理的犯罪,限制数据的传播、取得和披露的犯罪,侵害核监察员的犯罪,破坏核设施或核燃料的犯罪。处罚方式包括罚款和监禁。《美国原子能法》规定:任何违反《美国原子能法》或实施规定的人都会受到永久或临时的禁止令或限制令的处罚;任何违反或阴谋违反或试图违反《美国原子能法》第57条的行为都会被罚款最高1万美元或入狱最多10年,或者两者并罚。如果这种指控被认为有意损害美国国家利益或帮助任何外国国家,处罚可能最高到终身监禁和罚款2万美元。美国于1984年公布了《美国人质拘禁之防止及处罚法》《美国反破坏飞机法》《美国提供恐怖主义活动情报奖励法》和《美国禁止支援恐怖主义活动法》,1986年制定了《美国外交安全与反对恐怖主义法》,1995年又制定了《美国反对恐怖主义法》。根据这些法律的规定,恐怖主义无一例外地被视为犯罪行为,应予以禁止和打击。美国在遭受"9·11"恐怖袭击后,进一步加大对恐怖主义的国内国际各领域防范和打击力度,并将防范和打击核恐怖主义提升到前所未有的高度,因此推动了相关核法律的实施。

英国于1974年颁布《英国防止恐怖主义法》,并先后于1976年、1984年和1989年对其进行修订。1998年英国通过了《英国反恐怖法》。同年12月19日,《英国反恐怖、犯罪及安全法》生效。② 这些法律都将恐怖主义,包括涉核恐怖行为规定为犯罪行为,并予以严厉打击。

---

① 赵秉志、阴建峰:《论惩治恐怖活动犯罪的国际国内立法》,《法制与社会发展》2003年第6期。

② 刘远山:《略论反恐多边条约的国内实施》,《河北法学》2004年第8期。

法国在 2006 年《法国核安全和透明度的法令》中针对核设施和放射性物质运输等管理责任规定了刑事责任：无许可证建造和运行核设施，或无申报程序经营核基础设施，或在违反行政措施或已作出司法裁决或中止的情况下继续经营核基础设施等可处以 3 年有期徒刑和 15 万欧元罚款；与行政机构命令不一致或不遵守规定而运行核基础设施，可处以两年有期徒刑和 75.5 万欧元罚款；无许可证或违反规定而运输放射性物质的行为可处以 1 年有期徒刑和 3 万欧元罚款；拒绝向行政机构通报相关核安全信息，或对检查的实施设置障碍可处以一年有期徒刑和 15.5 万欧元罚款；核基础设施的经营和放射性物质运输责任人未申报事件和事故，可处以 1 年有期徒刑和 1.5 万欧元罚款。《法国刑法典》在第 4 卷"危害民族、国家及公共安宁罪"的第 2 编中，以专编的形式分两章设九条规定了恐怖主义罪，其中，第 1 章第 421—1 条、第 421—2 条规定了构成恐怖主义罪的情形，第 421—3 条、第 421—4 条确定了恐怖主义罪的刑罚。[①] 此外，法典还就恐怖主义罪的犯罪停止形态、共同犯罪形态、外国人犯罪和法人犯罪等问题在第 2 章中分别作出了相关的规定。值得注意的是，法国还颁布了《法国反对恐怖主义法》，并分别于 1994 年和 1996 年增加了有关打击"生态恐怖主义"和"恐怖主义组织"的条文。这些法律也都将恐怖主义，包括涉核恐怖行为规定为犯罪行为，并予以严厉打击。

俄罗斯联邦于 1996 年公布的《俄罗斯刑法典》第 205 条规定，恐怖主义犯罪是指实施爆炸、纵火或者其他具有造成他人伤亡、巨额财产损失危险或造成其他社会危害后果；危害公共安全，侵犯他人或影响政权机关通过决定以及为达此目的以实施上述行为相威胁的行为。俄罗斯联邦于 1998 年 7 月通过了《俄罗斯反对恐怖主义法》，对恐怖主义犯罪作出专门规定：恐怖主义行为是直接进行恐怖主义性质的犯罪，形式为爆炸、纵火，使用或威胁使用核爆炸物、放射性物质、化学、生物、炸药、毒药等物质；摧毁、破坏和劫持交通工具和其他目标；谋杀国家和社会活动家，民族、种族、宗教和其他团体代表，劫持人质；通过策划技术性的事故和灾难对不确定人群的生命、健康和财产构成潜在危害或现实危险，可见，俄罗斯联邦也将恐怖主义行为，包括涉核恐怖行为规定为犯罪，并给予严厉打击。[②]

《韩国原子能法》规定了破坏核反应堆，损害人类生活、身体、财产或干扰公共安全罪，不当方法使用放射性物质、核反应堆及相关设施、核燃料循环设施或辐射发生装置罪。对犯罪行为的处罚根据情节轻重处以罚金、有期徒刑，

---

① 彭峰：《我国原子能立法之思考》，《上海大学学报（社会科学版）》2011 年第 6 期。
② 张品泽：《恐怖主义行为及其规范》，《公民与法（法学）》2010 年第 12 期。

直至死刑。《韩国原子能法》规定双重处罚，任何人在从事核相关工作中有违法行为的，除了对违法者进行处罚，相关法人也将受到罚金处罚。

第三节　国际条约中规定的涉核犯罪

国际犯罪是对国际社会整体利益造成侵害的犯罪，其内容多为国际习惯法规则所确定，对于国际犯罪世界各国可以根据普遍原则行使管辖权。对于涉及核安保的违法行为，一些国际公约要求缔约国采取新的或扩大的刑事法律来处理。这些"刑事化"要求的目的是确保国家刑事法律与核法律之间的协同。有些国家是以刑法来处理国家管辖权下的所有刑事犯罪，而将诸如引渡等刑事程序事宜，列入刑事诉讼法中。也有一些国家将核安保有关犯罪列入综合性核法律中，国家法律和相关程序的协调一致有助于防止或解决诸如对指控罪犯的双重审理、处罚及引渡等问题。

一、国际核恐怖主义犯罪

恐怖主义犯罪已成为世界公害，所谓核恐怖主义是指以核材料为直接手段或以核设施为直接目标的恐怖主义。核恐怖主义犯罪是恐怖主义犯罪中危害最大、最难预防与制止的犯罪。防范核恐怖主义是近年来国际社会以及国内核安保管理需要面对的新的实务问题。

现代恐怖主义出现于20世纪60年代末，进入21世纪，恐怖主义又有了新的特点：第一，具有跨国性。在人员、物资和资讯越来越快速流动的全球化时代，恐怖主义犯罪活动正呈现更多的跨国特征。第二，恐怖主义有与核材料或核武器相结合的趋势。倘若恐怖主义与核打击相结合，所造成的危害绝非人们所能想象。相比核材料，放射性物质被用作恐怖行为更有可能。第三，反对恐怖主义的斗争日益激烈与复杂。第四，反对恐怖主义战争与维护国家主权的界限越来越难以区分。

世界各国正在开展预防与打击核恐怖主义犯罪的国际合作，对恐怖主义犯罪的惩治也已进入国际刑事司法领域。目前，核恐怖主义行为主要包括4类，即核材料恐怖主义行为、核设施恐怖主义行为、放射性物质恐怖主义行为和放射性装置恐怖主义行为。

联合国安理会通过的第1540号决议要求各成员国采取措施以防止非国家行为者获得核武器、生化武器及其运载工具。决议确定了"非国家行为者"的基本概念，重申了防止核武器、生化武器向"非国家行为者"扩散的必要性与迫切性，要求所有国家禁止向企图发展、获得、制造、拥有、运输、转让或使用核武器、生化武器及其运载工具的非国家行为者提供任何形式的支持，所有国家通过实施适当而有效的法律，以禁止任何非国家行为者制造、获得、拥有、发展、运输、转让或使用核武器、生化武器及其运载工具，尤其是为了实施恐怖主义、企图实施恐怖主义活动以及参与、资助恐怖主义活动之目的。[①] 所有国家实施国内控制的有效措施，并向安理会特设的委员会报告决议执行情况。关于防范核恐怖主义最重要的国际条约为《核材料实物保护公约》和《制止核恐怖主义行为国际公约》。

（一）《核材料实物保护公约》

《核材料实物保护公约》由国际原子能机构负责监督实施，主要是为了防止由非法取得与使用核材料所可能引起的危害，并防止、调查与惩罚核材料犯罪。该公约确立了防止、调查与惩罚核材料犯罪相关的措施，即确立了用于和平目的的核材料在国际核运输中的实物保护标准，规定了在国际核运输和国内使用、贮存和运输时关于核材料非法行为的措施。

《核材料实物保护公约》的主要内容包括：第一，对违反核材料国际运输规则的各种犯罪行为进行了界定。具体包括未经合法授权接收、拥有、使用、转让、调换、处理或散布核材料，并引起或可能引起任何人死亡或重伤或重大财产损害；偷窃或抢劫核材料；私挪或骗取核材料；威胁或使用武力或其他任何恐吓手段要求取得核材料；威胁使用核材料以引起任何人死亡或重伤或重大财产损害；威胁偷窃或抢劫核材料，以迫使自然人或法人、国际组织或者国家作出或禁止作出某种行为，等等。[②] 第二，规定了管辖与引渡的具体规则。第三，开展国际合作。公约要求缔约国在查找盗窃或走私核材料的迅速措施、减轻放射性后果或破坏的迅速措施、防止与制止前述行为的迅速措施等方面开展国际合作。

（二）《核材料和核设施实物保护公约》（《核材料实物保护公约》修正案）

为提高《核材料实物保护公约》的可执行性，国际原子能机构出版了《核材料实物保护的建议》，经过1975年、1977年、1989年和1993年对该文件的多次修订，顺应国际核能合作的新发展和面临的新问题，从重点关注核不扩散

---

① 高宁：《核恐怖主义的国际法应对》，《辽宁大学学报（哲学社会科学版）》，2007年第3期。
② 赵秉志、阴建峰：《论惩治恐怖活动犯罪的国际国内立法》，《法制与社会发展》2003年第6期。

领域的核材料贸易运输，发展到加强防范对核材料和核设施的防护等核安保领域，于 1998 年发布了《核材料和核设施的实物保护导则》，同时也促成了《核材料实物保护公约》的修订。2005 年 7 月 8 日，由国际原子能机构主持召开的《核材料实物保护公约》修订外交大会闭幕，与会的 89 个缔约国代表以磋商一致的方式通过了旨在进一步加强核设施与核材料实物保护的公约修订案并进行签署，通过了《核材料实物保护公约》修订案，即《核材料和核设施实物保护公约》。

公约的保护范围增加了核设施，其中核设施系指生产、加工、使用、处理、贮存或处置核材料的设施，包括相关建筑物和设备，这种设施若遭破坏或干扰可能导致显著量辐射或放射性物质的释放。其规定"蓄意破坏"的定义为任何针对核设施，以及使用、贮存或运输中的核材料所采取有预谋的破坏行为，以达到通过辐射照射或放射性物质释放直接或间接危及工作人员和公众健康与安全、破坏环境。

（三）《制止核恐怖主义行为国际公约》

《制止核恐怖主义行为国际公约》由联合国大会根据第 A/RES/59/290 号决议 5 于 2005 年 3 月 13 日通过，并于 2007 年 7 月 7 日生效，有 115 个国家签字，有 77 个国家批准。公约的主要目标在于防止与制止核恐怖主义犯罪行为。

《制止核恐怖主义行为国际公约》包括以下主要内容：第一，涵盖范围广泛的行为和潜在犯罪目标，包括核电厂和核反应堆，涵盖威胁并试图实施这些犯罪或作为共犯参与这些犯罪。第二，公约要求缔约国确立第 2 条规定的行为为其国内法上的犯罪行为，并根据适当刑罚予以惩罚。第三，公约要求缔约国确立对其领土内或在其登记的船舶或飞行器上发生的前述犯罪行使管辖权，或者确立对国民的前述犯罪的管辖权。第四，要求缔约国对前述犯罪者或起诉或引渡。第五，要求成员国之间开展国际合作，在防止恐怖主义行为方面共享信息，即交换侦查、制止与调查前述犯罪行为的准确与可靠的信息，在刑事调查与引渡程序方面相互协助。第六，要求成员国采取措施以保证其控制的放射性物质、放射性装置或核设施等项目无害，并保证其核材料处于国际原子能机构的监督之下，并向有关国家归还已缴获的核材料或装置。第七，在危机情势下，协助成员国解决这种情势，在危机后的情况下，执行国际原子能机构提供的核材料安保导则。

除此之外，根据《核材料和核设施实物保护公约》第 7 条第 1 款和《核材料实物保护公约》第 7 条第 2 款，缔约国应当将公约规定的针对核材料与核设施犯罪确定为其国内法上必须予以处罚的犯罪，并考虑其性质对这些犯罪以适当刑罚予以处罚。同样,《制止核恐怖主义行为国际公约》第 5 条规定,缔约国应当将公约规定的放射性物质犯罪与放射性装置犯罪确定为其国内法上的刑事犯罪,并考虑其性质对这些犯罪以适当刑罚予以处罚。可见,核恐怖主义犯罪仍属于国内犯罪或者条约规定的国内犯罪,这体现了国际社会对核恐怖主义犯罪的国际犯罪性质采取了非常谨慎和务实的态度。

二、其他涉核国际犯罪的类别

作为主要涉核国际犯罪的放射性物质和核材料犯罪是指任何人没有法律授权以任何方式使用或散布放射性物质、核材料或使用或制造装置或威胁实施,造成人员伤亡、财产损失、环境破坏,此类犯罪都应受到与罪行严重程度相称的惩罚。关于核设施有关的犯罪,是指任何人以释放或威胁释放放射性物质的方式使用或损害核设施,以妨碍其运行,或实施危及核设施的任何其他犯罪行为,意在造成或威胁造成死亡和人身严重伤害,或财产或环境重大损害的犯罪,具体如下。

(一) 涉及核材料的犯罪

《核材料实物保护公约》第 2 条第 1 款与第 2 款和《核材料和核设施实物保护公约》第 2 条之一规定了两类核材料犯罪:针对用于和平目的的在国际、国内使用、贮存与运输中的核材料的犯罪。

对于在国际核运输中用于和平目的的核材料,公约缔约国有义务根据国内法对国际核材料犯罪进行惩罚。根据《核材料和核设施实物保护公约》第 7 条第 1 款,这些国际核材料犯罪有:未经合法授权接收、拥有、使用、转让、调换、处理或散布核材料造成或可能造成人员死亡或重伤或者财产或环境严重损害的行为;盗窃或抢劫核材料;私挪或骗取核材料;未经合法授权将核材料运送、发送与转移到成员国国内或国外的行为;以威胁或使用武力或以其他任何胁迫形式要求获得核材料;威胁偷窃或抢劫核材料;相关预谋行为、共犯行为、组织或指挥者、资助行为。

对于在国内使用、贮存与运输中用于和平目的的核材料,公约要求缔约国根据国内法规定,确立对这些行为的管辖权,并对犯罪者或起诉或引渡。《核材料和核设施实物保护公约》第 2 条之一规定,缔约国应当确立、实施与维持可适用于其管辖下的核材料与核设施的适当实物保护制度,防止盗窃和其他非法获取在使用、贮存与运输中的核材料,保证实施找到与追回丢失或被盗核材料的迅速而全面的措施,防止核材料和核设施遭到破坏,减轻或减少破坏造成的放射后果。这里,"破坏"是指直接袭击核设施或在国内使用、贮存或运输中的核材料并以暴露放射性物质的放射性或释放的方式直接或间接地威胁到人类的健康与安全、公众或环境的任何故意行为。

（二）涉及核设施的犯罪

《核材料和核设施实物保护公约》规定，"核设施"是指生产、拥有、使用、处理、贮存或处置核材料的设施，包括关联的建筑物和设备，其遭到破坏可能导致放射性物质的大量释放。核设施犯罪包括直接威胁、预谋、组织、资助、强迫他人袭击核设施或者干预核设施运行，意图以放射性物质释放的方式故意造成人员伤亡、财产损害或环境破坏的行为。

（三）涉及放射性物质的犯罪

《制止核恐怖主义行为国际公约》第 2 条规定，下列行为属于放射性物质犯罪行为：任何人非法并故意拥有放射性物质，并企图造成人员死亡或重伤或者财产或环境严重损害；任何人非法并故意以任何方式使用放射性物质或者以放射性物质释放或释放危险的方式使用或损害核设施，并企图造成人员死亡或重伤或者财产或环境严重损害，或者企图强迫自然人或法人、国际组织或者国家作出或禁止某种行为；任何人非法并故意以任何方式威胁使用放射性物质或者以放射性物质释放或释放危险的方式威胁使用或损害核设施，并企图造成人员死亡或重伤或者财产或环境严重损害，或者企图强迫自然人或法人、国际组织或者国家作出或禁止某种行为；任何人以威胁或使用武力的方式非法并故意要求获得放射性物质或核设施；上述犯罪行为也适用于预谋者、同谋者、组织或指挥者和资助者。

（四）涉及放射性装置的犯罪

《制止核恐怖主义行为国际公约》第 2 条规定，下列企图造成人员死亡或身体严重伤害或者财产或环境严重损害或者企图强迫自然人或法人、国际组织或者国家作出或禁止某种行为属于放射性装置犯罪行为：非法并故意制造或拥有放射性装置；非法并故意以任何方式使用放射性装置；非法并故意以任何方式威胁使用放射性装置；任何人以威胁或使用武力的方式非法并故意要求获得放射性装置；以上定性也适用于预谋者、同谋者、组织或指挥者和资助者。

《核材料和核设施实物保护公约》《制止核恐怖主义行为国际公约》中将核材料犯罪、核设施犯罪、放射性物质、放射性装置犯罪的实施、威胁、预谋行为都规定为犯罪行为。将参与、组织、指挥、帮助行为规定为犯罪行为。自然人、法人都可以构成放射性装置犯罪。此外，放射性装置犯罪也都是故意犯罪，不是过失犯罪。目前核恐怖主义犯罪在国际刑事审判层面上还缺乏司法实践。

第四节 国际合作

一、防范与惩治涉核国际犯罪的国际协助与合作

国际合作是多边国际公约规定的一项基本原则，也是防止与惩治核恐怖主义犯罪的一项原则。《核材料实物保护公约》《核材料和核设施实物保护公约》和《制止核恐怖主义行为国际公约》都有有关国际合作的要求与规定。《核材料和核设施实物保护公约》序言第 2 自然段和第 13 自然段指出，所有缔约国需要促进和平利用核能方面的国际合作，需要在制定核材料与核设施实物保护的有效措施方面进行国际合作。第 5 条第 2 款规定，在盗窃、抢劫或其他任何非法取得核材料或威胁取得核材料的情况下，缔约国应当提供合作和协助，以追回并保护核材料。根据第 5 条第 3 款，在威胁破坏核材料或核设施或者破坏核材料或核设施的情况下，缔约国应当合作与磋商。第 5 条第 4 款和第 5 款还规定，缔约国应当在指导核材料国际运输实物保护系统的设计、维护与改进方面进行国际合作与协调，应当在指导国内使用、贮存与运输核材料和核设施实物保护国内体系的设计、维护与改进方面进行磋商与合作。《制止核恐怖主义行为国际公约》序言第 12 自然段指出，深信迫切需要在各国之间加强国际合作，制定和采取有效和切实的措施，以防止这种恐怖主义行为，并起诉和惩罚行为人。该公约第 18 条规定，缔约国应当在放射性物质、放射性装置或核设施的归还、贮存与处置等方面进行协助与合作。

总的来说，在防范与惩治国际涉核犯罪方面的国际协助与合作应遵循如下原则。

（一）缔约国首先采取适当措施原则

该原则要求缔约国采取适当国内措施，这是核恐怖主义犯罪相关国际条约中规定的一项重要内容。《核材料实物保护公约》第 3 条规定，每一缔约国应在其国内法范围内采取符合国际法的适当步骤，以便尽可能切实保证其国境内的核材料，或装载在往来该国从事运输活动并属其管辖的船舶或飞机上的核材料，在进行国际核运输时，均按照附件一所列级别予以保护。该公约第 6 条第 1 款规定，各缔约国应采取符合其国家法律的适当措施，以保护由于本公约的规定而从其他缔约国得到的或经由参与执行本公约的活动而得到的任何机密情报的机密性。该公约第 9 条规定，任何缔约国，如被控人在其领土内，当判明

情况有此需要时,应按照本国法律采取适当措施,包括拘留,以确保该人在进行起诉或引渡时随传随到。

《制止核恐怖主义行为国际公约》规定,缔约国应当采取所有可行措施,防止与反对准备在其领土内实施公约规定的犯罪,并为此进行合作。采取一切切实可行的措施,包括在必要时修订其国内法,防止和制止为在其境内或境外实施第2条所述犯罪进行准备,包括采取措施禁止鼓励、唆使、组织、故意资助或故意以技术协助或情报支助,或从事实施这些犯罪的个人、团体和组织在其境内进行非法活动。《制止核恐怖主义行为国际公约》第8条规定,为了防止本公约所述犯罪,缔约国应竭尽全力采取适当措施确保放射性物质受到保护。该公约第10条规定,在收到关于有人在某一缔约国境内实施了或正在实施第2条所述的一种犯罪,或者实施或被指控实施这种犯罪的、可能在其境内的情报后,有关缔约国即应根据其国内法酌情采取必要措施,调查情报所述事实。罪犯或被指控罪犯在其境内的缔约国,在确信情况有此需要时,应根据其国内法采取适当措施,确保该人在被起诉或引渡时在场。

(二) 通知原则

核恐怖主义犯罪合作要求缔约国之间相互事先通知。《核材料实物保护公约》第4条第5款规定,对于核材料的国际运输,应指明并预先通知核材料预期运经其陆地或内河航道或进入其机场或海港的各个国家。第14条第1款规定,缔约国应当将其执行本公约的法律与规章通知国际原子能机构,由其转交所有缔约国。

防控核恐怖主义犯罪合作还要求缔约国进行事后通知。根据《核材料和核设施实物保护公约》第5条第2款,对于偷窃、抢劫或其他非法获得核材料或者确实受到这些威胁的,缔约国应当尽快通知其认为有关的其他国家。《核材料实物保护公约》第9条规定,对于就犯罪者所采取的措施,缔约国应当毫不迟延地通知被请求国,在必要时,通知所有其他相关国。不过,第14条第3款规定,如果国内使用、贮存与运输核材料的犯罪且犯罪者在成员国领土内,或者核设施犯罪且犯罪者在成员国领土内,那么该成员国不必向其他成员国提供关于这些犯罪的刑事程序信息。《核材料实物保护公约》第14条还规定,对被控犯人提起公诉的缔约国,应尽可能首先将诉讼的最后结果通知直接有关的各国。《制止核恐怖主义行为国际公约》第10条第6款规定,缔约国应立即将羁押或逮捕犯罪者的事实和构成羁押理由的情况,通知有关缔约国,及其认为适宜的任何其他有关缔约国,进行调查的国家应迅速将调查结果通知有关缔约国,同时应表明是否有意行使管辖权。第19条规定,起诉被指控罪犯的缔约国应依照其国内法或可适用的程序，将诉讼程序的终局判决结果通知联合国秘书长，由其将此情况转达其他缔约国。

（三）交换信息原则

交换信息或共享信息是国际合作中的核心内容之一，是防范与制止核恐怖主义犯罪的重要行动。根据《核材料和核设施实物保护公约》第5条第2款，对于偷窃、抢劫或其他非法获得核材料或者确实受到这些威胁的，缔约国必要时应当与其他缔约国交换关于保护受威胁核材料、查明集装箱或者追回非法获取的核材料的信息。根据第5条第3款，如果缔约国知道了威胁破坏另一缔约国核材料或核设施的可靠信息，那么前者应当通知后者。

根据《制止核恐怖主义行为国际公约》第7条第1款b项，依照其国内法，以本条规定的方式及遵照本条规定的条件，交换准确和经核实的情报，并协调酌情采取的行政及其他措施，以便侦查、防止、制止和调查犯罪，以及对被控实施这些犯罪的人提起刑事诉讼。缔约国应采取适当措施，不加迟延地将有人实施犯罪的情况，以及该国所了解的有关实施这些犯罪的准备活动通知其他相关国家，并斟酌情况通知国际组织。

（四）提供帮助原则

主要是指物质上或技术上的帮助，或者提供通知、交换信息等之外的其他便利。《核材料和核设施实物保护公约》第5条第3款规定，在发生核材料或核设施非法行为或意外事件时，缔约国应当事缔约国的请求应当及时提供力所能及的帮助。根据《制止核恐怖主义行为国际公约》第7条第1款，缔约国应当协调所采取的适当行政与其他措施，以便侦查、防止、制止与调查犯罪，或者以便对实施犯罪的人提起刑事诉讼。

（五）刑事司法协助原则

《核材料实物保护公约》第13条第1款规定，缔约国应当对就公约规定的犯罪提起的刑事诉讼提供最大程度的相互协助，包括提供证据。鉴于政治犯不引渡的引渡原则，《核材料和核设施实物保护公约》第11条之一规定，为了相互法律协助之目的，公约规定的核材料或核设施犯罪不属于政治犯罪或与政治犯罪有关的犯罪或有政治动机的犯罪。

根据《制止核恐怖主义行为国际公约》第14条第1款，缔约国应当在对公约规定犯罪的调查或者刑事或引渡程序方面提供最大限度的协助，包括协助取得本国所掌握的诉讼或引渡程序所需证据。第14条第2款还规定，缔约国应当根据现存的相互法律协助条约或安排或者其国内法规定相互提供协助。第15条规定，为了引渡或相互司法协助，公约规定的放射性物质或放射性装置犯罪不得视为政治罪、同政治罪有关的犯罪或由政治动机引起的犯罪。因此，就此种犯罪提出的引渡或相互司法协助的请求，不可只以其涉及政治罪、同政治罪有关的犯罪或由政治动机引起的犯罪为由而加以拒绝。该公约第17条第1款规定，被某一缔约国羁押或在该国境内服刑的人，如果被要求到另一缔约国作证、进行辨认或提供协助以取得调查或起诉本公约规定的犯罪所需的证据，在满足以下条件的情况下可予移送：该人自由表示知情同意；两国主管当局均同意，但须符合两国认为适当的条件。

二、防范与惩治涉核国际犯罪国际合作的程序要求

（一）有关管辖权的规定

管辖权是国家的一项基本权利，源于作为国际法基本原则的主权平等原则，可以分为条约管辖权和国内法管辖权。

所谓条约管辖权是指国家根据条约规定所行使的管辖权。《核材料实物保护公约》第8条第1款和第4款规定，缔约国可以根据下列依据对核材料犯罪与核设施犯罪行使管辖权：犯罪行为发生于该国领土内或在该国登记的船舶或飞行器上；犯罪者是该国国民；国际核运输中的输出国或进口国。可见，对于核材料犯罪和核设施犯罪，缔约国的管辖依据为属地原则，即犯罪行为地国、船旗国和飞行器登记国、国际核材料运输的输出国和进口国，以及积极属人原则，即犯罪者的国籍国。

《制止核恐怖主义行为国际公约》第9条第1款、第2款与第4款规定，缔约国可以根据以下依据确立对放射性物质犯罪与放射性装置犯罪行使管辖权：犯罪行为发生于该国领土内；犯罪行为发生于在实施犯罪时悬挂该国国旗的船舶或在该国登记的飞行器上；犯罪由该国国民实施；对该国国民实施犯罪；对该国国家或政府国外设施实施犯罪；犯罪由在该国领土内有惯常居所的无国籍人实施；实施犯罪企图强迫该国作出或禁止作出某一行为；犯罪在该国政府营运的飞行器上实施；犯罪者在该国领土内出现，且该国没有将犯罪者引渡给有管辖权的国家。可见，与《核材料实物保护公约》相比，《制止核恐怖主义行为国际公约》规定了更多的管辖依据。

所谓国内法管辖权是指缔约国根据其国内法所行使的管辖权。根据《核材料实物保护公约》第8条第3款，缔约国不仅可以本条约的规定行使管辖权，也可以根据其国内法行使刑事管辖权。这与《核材料实物保护公约》及其修正案《核材料和核设施实物保护公约》要求缔约国将公约规定的犯罪确立为其国内法上的犯罪的义务相一致。根据《核材料和核设施实物保护公约》第7条，

缔约国应当将公约规定的核材料犯罪与核设施犯罪确定为其国内法上予以处罚的犯罪，并考虑其性质对这些犯罪以适当刑罚予以处罚。

根据《制止核恐怖主义行为国际公约》第9条第4款规定，本公约不排除缔约国行使根据其国内法确立的任何刑事管辖权。这与该公约要求缔约国将公约规定的犯罪确立为其国内法的犯罪的义务一致。公约第5条规定，缔约国应当将公约规定的放射性物质犯罪与放射性装置犯罪确定为其国内法上的刑事犯罪，并考虑其性质对这些犯罪以适当刑罚予以处罚。第6条还规定，每一缔约国应酌情采取必要措施，包括在适当时制定国内立法，以确保本公约范围内的犯罪行为，特别是故意或有意使公众、某一群体或特定个人产生恐怖感的犯罪行为，在任何情况下都不得以政治、思想、意识形态、种族、族裔、宗教或其他类似性质的考虑因素为之辩解，并受到与其严重性质相符的刑罚。

缔约国可以根据其国内法行使刑事管辖权，这是《核材料实物保护公约》和《制止核恐怖主义行为国际公约》所特有的内容，是国际法管辖权制度的一大发展，也体现了缔约国对惩处核恐怖主义犯罪的迫切心情和核恐怖主义犯罪的极端危害性。

（二）"或起诉或引渡"规则

或起诉或引渡既是国家行使管辖权的依据，也是国家间开展相互刑事司法协助的一种方法。或起诉或引渡是《核材料实物保护公约》和《制止核恐怖主义行为国际公约》所规定的重要内容。根据《核材料实物保护公约》第8条第2款、第10条和第11条的规定，对于核材料犯罪和核设施犯罪，公约要求缔约国或起诉或引渡的义务。对于国内的起诉，缔约国应当符合毫无例外、毫无不当迟延、公平待遇和国内正当程序等要求。对于引渡，缔约国应当保证《核材料实物保护公约》规定的核材料犯罪与核设施犯罪为可引渡的犯罪，缔约国可以根据引渡条约或《核材料实物保护公约》引渡犯罪者，但应当符合被请求国的法律。

根据《制止核恐怖主义行为国际公约》第9条第4款、第11条和第13条，对于放射性物质犯罪与放射性装置犯罪，公约也要求缔约国或起诉或引渡。对于国内的起诉，缔约国应当符合毫无例外、毫无不当迟延、公平待遇、正当国内程序等要求。对于引渡，缔约国也应当将公约规定的放射性物质犯罪和放射性装置犯罪视为可引渡的犯罪，缔约国也可以根据引渡条约或《制止核恐怖主义行为国际公约》引渡犯罪者，但应当符合被请求国的法律。《制止核恐怖主义行为国际公约》第16条规定，如果被请求的缔约国有实质理由认为，请求为公约所述犯罪进行引渡或请求就此种犯罪提供相互司法协助的目的，是为了基于某人的种族、宗教、国籍、族裔或政治观点而对该人进行起诉或惩罚，或认为接受这一请求将使该人的情况因任何上述理由受到损害，则本公约的任何条款均不应被解释为规定该国有引渡或提供相互司法协助的义务。《制止核恐怖主义行为国际公约》第 11 条第 2 款规定，如果缔约国国内法允许引渡或移交一名本国国民，但条件是须将该人遣回本国服刑，以执行要求引渡或移交该人的审判或诉讼程序所判处的刑罚，而且该国与要求引渡该人的国家均同意这个办法及双方认为适当的其他条件。

第五节　我国立法

一、《刑法》及其修正案规定下的涉核犯罪

《刑法》及其修正案中对涉核犯罪与其刑事责任的规定相对分散，但也充分体现了对涉核犯罪的重视。

（一）危害公共安全罪

危害公共安全罪是指故意或者过失地实施危及不特定多数人的生命、健康或者重大公私财产安全的行为，是社会危害性较大的一类犯罪。《刑法》分则第二章规定了危害公共安全，严重破坏社会治安秩序，危害和威胁着公民的生命、健康和财产安全的这一类犯罪。

1. 以危险方法危害公共安全罪

以危险方法危害公共安全罪是指使用与放火、决水、爆炸、投放危险物质等危险性相当的其他危险方法，危害公共安全的行为。客观表现为以其他危险方法危害公共安全的行为。《中华人民共和国刑法修正案（三）》已经删除了具体对象的规定。所谓"其他危险方法"是指使用与防火、决水、爆炸、投放危险物质的危险性相当的危险方法，包括投放放射性物质等危险方法危害公共安全的行为，只要足以危害公共安全的，即构成本罪。根据《中华人民共和国刑法修正案（三）》及《刑法》第 114 条、第 115 条的规定，犯本罪，尚未造成严重后果的，处 3 年以上 10 年以下有期徒刑。致人重伤、死亡或者使公司财产遭受重大损失的，处 10 年以上有期徒刑、无期徒刑或者死刑。过失以危险方法危害公共安全罪，是指行为人过失地以与防火、决水、爆炸、投放危险物质等危险性相当的其他危险方法，包括投放放射性物质，导致重伤、死亡或公司财产的重大损失，危害公共安全的行为。根据《刑法》第 115 条第 2 款的规定，

犯本罪的，处 3 年以上 7 年以下有期徒刑；情节较轻的，处 3 年以下有期徒刑或者拘役。

2. 非法制造、买卖、运输、贮存危险物质罪

非法制造、买卖、运输、贮存危险物质不仅违反毒害性、放射性、传染病病原体物质的管理规定，而且由于毒害性、放射性、传染病病原体物质的巨大破坏性和杀伤力，同时还侵犯了公共安全。因此，本罪侵犯的客体是公共安全和国家的毒害性、放射性、传染病病原体物质管理制度。由于放射性物质自身具有的危害人身健康的属性，因此国家历来对放射性物质的合理利用，包括生产、运输、储存都实行严格的管理制度，并且在有关的法律法规中对开采、生产、运输、储存、研制开发和合理利用的主体即单位和个人都进行了明确的规定，出于保护人民群众身体健康和公共安全的目的，任何单位和个人都不得擅自从事相关活动。

3. 非法买卖、运输核材料罪

《核材料管制条例》第 21 条规定对于不服从核材料管制、违反规章制度，因而发生重大事故，造成严重后果的，或者盗窃、抢劫、破坏本条例管制的核材料，构成犯罪的，由司法机关依法追究刑事责任。因此，非法买卖、运输核材料罪是指违反法律规定，未经国家有关部门批准，非法买卖、运输核材料的行为。其中，铀矿石及其初级产品，不属于条例管制范围。根据《核材料管制条例》，犯本罪的，处 3 年以上 10 年以下有期徒刑；情节严重的，处 10 年以上有期徒刑、无期徒刑或者死刑。情节严重是指非法买卖、运输核材料，数量较多的；多次非法买卖运输核材料，屡教不改的；既买卖又运输核材料的；非法买卖、运输的核材料被他人利用，严重危害社会治安的；出于实施其他犯罪的目的，非法买卖、运输核材料的，等等。单位犯罪的，对单位判处罚金，并对其直接负责的主管人员和其他直接责任人员，依照上述规定处罚。

4. 盗窃、抢夺放射性物质罪

盗窃放射性物质是以对放射性物质的占有为目标，采取秘密获取的方式，将放射性物质据为己有的行为。抢劫放射性物质是指用暴力、胁迫或其他方法强行夺取放射性物质的行为。根据《刑法》第 127 条，盗窃、抢夺枪支、弹药、爆炸物的，或者盗窃、抢夺毒害性、放射性、传染病病原体等物质，危害公共安全的，处 3 年以上 10 年以下有期徒刑；情节严重的，处 10 年以上有期徒刑、无期徒刑或者死刑。

(二) 污染环境罪

为了防治环境污染、保护和改善生活、生态环境，国家先后制定了《环境保

护法》《大气污染防治法》《水污染防治法》《海洋环境保护法》《固体废物污染环境防治法》等法律，以及《农药安全使用条例》等一系列法规规章。违反这些法律法规，就是侵犯国家对自然环境的保护和管理制度，可能会构成犯罪的行为。

污染环境罪是最高人民法院、最高人民检察院对《中华人民共和国刑法修正案（八）》罪名作出的补充规定，取消原"重大环境污染事故罪"，改为"污染环境罪"。污染环境罪是指违反防治环境污染的法律规定，造成环境污染，后果严重，依照法律应受到刑事处罚的行为。该罪具体的内容包括违反国家规定，排放、倾倒或者处置有放射性的废物、含传染病病原体的废物、有毒物质或者其他有害物质。

本罪侵犯的客体是国家防治环境污染的管理制度，对象为危险废物，所谓危险废物，是指列入国家危险废物名录或者根据国家规定的危险废物鉴别标准和鉴别方法认定的具有危险特性的废物，具体包括放射性废物、含传染病病原体的废物、有毒物质或者其他危险废物。其中放射性废物是指放射性核素超过国家规定限值的固体、液体和气体废弃物。本罪在客观方面表现为违反国家规定，向土地、水体、大气排放、倾倒或者处置有放射性的废物、含传染病病原体的废物、有毒物质或其他危险废物，造成环境污染，致使公私财产遭受重大损失或者人身伤亡的严重后果的行为。①《环境保护法》第43条也规定：违反本法规定，造成重大环境污染事故，导致公私财产重大损失或者人身伤亡的严重后果的，对直接责任人员依法追究刑事责任。《水污染防治法》和《大气污染防治法》都作了类似规定。

（三）走私核材料罪

根据《核出口管制条例》附件"核出口管制清单"，核材料系指源材料和特种易裂变材料。走私核材料罪是指违反海关法规，逃避海关监管，非法从事运输、携带、邮寄国家禁止、限制进出口的核材料，破坏国家对外贸易管理的行为。走私核材料罪侵犯的客体是对外贸易管制和核安保制度。国家禁止核材料自由流通，其性质不同于可合法流通的一般商品，因而，走私核材料侵犯的是特殊的对外贸易管制，即特殊货物、物品进出口禁止性制度，以及核安保制度。核材料走私是近些年来开始出现的一种新型走私行为，比之其他货物、物品的走私，性质更为严重。《刑法》第151条规定，走私武器、弹药、核材料或者伪造的货币的，处七年以上有期徒刑，并处罚金或者没收财产；情节特别严重的，处无期徒刑，并处没收财产；情节较轻的，处3年以上7年以下有期

---

① 薛培：《核泄漏、核污染、核扩散犯罪主观方面探微——以核安全生产事故犯罪为中心》，《西南民族大学学报（人文社会科学版）》2014年第1期。

徒刑,并处罚金。单位犯本条规定之罪的,对单位判处罚金,并对其直接负责的主管人员和其他直接责任人员,依照本条各款的规定处罚。

(四) 其他涉核犯罪

1. 重大责任事故罪

根据《刑法》第134条,重大责任事故罪的主体概括为工厂、矿场、林场、建筑企业或者其他企业、事业单位的职工。由于不服管理、违反规章制度,或者强令工作人员违章冒险作业,因而发生重大伤亡事故或者造成其他严重后果的,处3年以下有期徒刑或者拘役;情节特别恶劣的,处3年以上7年以下有期徒刑。重大责任事故罪的结果是发生重大伤亡事故或者造成其他严重后果。本条也适用于涉核重大责任事故。

2. 危险物品肇事罪

包括放射性物品在内的危险物品本身固有危险属性,如在生产、储存、运输、使用中稍有不当,便极容易发生重大事故,损害不特定多数人的生命、健康和重大公私财产的安全。因此,对于违反相关危险物品管理规定发生重大事故,造成严重后果的行为,应依法追究刑事责任。《刑法》第136条规定:违反爆炸性、易燃性、放射性、毒害性、腐蚀性物品的管理规定,在生产、储存、运输、使用中发生重大事故,造成严重后果的,处3年以下有期徒刑或者拘役;后果特别严重的,处3年以上7年以下有期徒刑。本罪的主体为一般主体,从司法实践情况看,主要是从事生产、贮存、运输、使用爆炸性、易燃性、放射性、毒害性、腐蚀性物品的职工,但不排除其他人犯本罪的可能。

3. 擅自开采特定矿种罪

放射性矿产资源属于国家矿产资源法规定的实行保护性开采的特定矿种,违反法律规定擅自开采放射性矿产资源的,经责令停止开采后拒不停止开采的,造成矿产资源破坏的,应承担刑事责任。《刑法》第343条规定:违反矿产资源法的规定,未取得采矿许可证擅自采矿,擅自进入国家规划矿区、对国民经济具有重要价值的矿区和他人矿区范围采矿,或者擅自开采国家规定实行保护性开采的特定矿种,情节严重的,处3年以下有期徒刑、拘役或者管制,并处或者单处罚金;情节特别严重的,处3年以上7年以下有期徒刑,并处罚金。违反矿产资源法的规定,采取破坏性的开采方法开采矿产资源,造成矿产资源严重破坏的,处5年以下有期徒刑或者拘役,并处罚金。

4. 环境监管失职罪

《刑法》第408条规定,负有环境保护监督管理职责的国家机关工作人员严重不负责任,导致发生重大环境污染事故,致使公私财产遭受重大损失或者造成人身伤亡的严重后果的,处 3 年以下有期徒刑或者拘役。本条也包括负有核设施或核材料监督管理职责的国家机关工作人员的渎职责任,如果此类国家机关工作人员因严重不负责任造成核污染事故发生,造成人员、财产和环境重大损失的,将被据此追究刑事责任。

根据最高人民检察院《关于人民检察院直接受理立案侦查案件立案标准的规定》(1999.9.9 高检发释字〔1999〕2 号),环境监管失职罪是指负有环境保护监督管理职责的国家机关工作人员严重不负责任,不履行或不认真履行环境保护监管职责导致发生重大环境污染事故,致使公私财产遭受重大损失或者造成人身伤亡的严重后果的行为。本罪侵犯的客体是国家环境保护机关的监督管理活动和国家对保护环境防治污染的管理制度,以及负有环境监管职责国家执法人员的勤政性和权力行为的正当性。

二、防止国际核恐怖主义犯罪

我国 1979 年颁布的《刑法》没有明确规定恐怖主义犯罪,但个别条款中蕴涵了有关恐怖主义的概念,而 1997 年修订的《刑法》则从多层次反映了我国防止恐怖主义犯罪的对策与决心。1997 年《刑法》第 120 条以专条规定了组织、领导、参加恐怖组织罪,但包括涉核恐怖活动在内的许多恐怖活动罪行条文尚不完备。美国 2011 年 "9·11" 事件发生三个月后,全国人大常委会于 2001 年 12 月 29 日通过了《中华人民共和国刑法修正案(三)》,集中对刑法中的恐怖活动犯罪进行修订补充:第一,增设新罪名。增设了资助恐怖活动罪、投放虚假危险物质罪、编造、故意传播虚假恐怖信息罪。第二,修改旧罪名。将投毒罪修改扩充为投放危险物质罪;取消非法买卖、运输核材料罪,代之以非法制造、买卖、运输、储存危险物质罪;将盗窃、抢夺枪支、弹药、爆炸物罪扩展为盗窃、抢夺枪支、弹药、爆炸物、危险物质罪;将恐怖活动犯罪补充为洗钱罪的上游犯罪。可见,我国刑法已将核材料犯罪和放射性物质犯罪包括在危险物质犯罪里面,但还没有明确规定核设施犯罪和放射性装置犯罪。

由于核恐怖主义犯罪也可能对我国国家安全构成威胁,我国积极参与制定并加入《核材料实物保护公约》及其修正案以及《制止核恐怖主义行为国际公约》,积极完善国内立法,并开展与其他国家或国际组织在防治核恐怖主义犯罪领域的合作,增加和明确核设施和核材料犯罪。

当然,核恐怖主义犯罪的具体范围和具体含义还需要国际社会和国际刑事法庭的进一步实践与明确,以便有效打击核恐怖主义犯罪,从而更好地维护国家主权和保障基本人权。我国对涉核恐怖主义犯罪的研究还需进一步深入,对涉核恐怖主义犯罪的立法与司法实践还需进一步完善与加强。

参考文献

一、著作、论文集

[1] 蔡先凤．核损害民事责任研究［M］．北京：中国原子能出版社，2005．

[2] 蔡先凤．核电安全的法律规制［M］．北京：北京大学出版社，2020．

[3] 陈春生．核能利用与法之规制［M］．台北：月旦出版社股份有限公司，1985．

[4] 陈刚．世界原子能法律解析与编译［M］．北京：法律出版社，2011．

[5] 陈刚．国际原子能法［M］．北京：中国原子能出版社，2012．

[6] 陈刚．国际原子能法汇编［M］．北京：中国原子能出版社，2012．

[7] 陈刚，赵威．核损害责任法律法规汇编［M］．北京：法律出版社，2018．

[8] 陈建．核损害赔偿责任制度研究［M］．北京：法律出版社，2019．

[9] 陈兴华．能源行业纠纷实务案例评析［M］．北京：方志出版社，2019．

[10] 陈兴华，张小平．核电安全发展和煤炭清洁化利用的法律保障［M］．上海：立信会计出版社，2020．

[11] 程国滢．法理学导论［M］．北京：北京大学出版社，2006．

[12] 程啸．侵权责任法教程［M］．4版．北京：中国人民大学出版社，2020．

[13] 傅济熙．核损害的民事责任与赔偿［M］．北京：中国原子能出版社，2003．

[14] 国家国防科技工业局系统工程二司．核安保相关法律法规汇编［M］．北京：法律出版社，2016．

[15] 胡帮达．核法中的安全原则研究［M］．北京：法律出版社，2019．

[16] 姜明安．行政法与行政诉讼法［M］．2版．北京：北京大学出版社，2005．

[17] 江平．民法学［M］．北京：中国政法大学出版社，2019．

［18］江平．民商法论要［M］．北京：中国政法大学出版社，2019.

［19］李静云．走向文明气候：后京都时代气象保护国际法律新秩序的构建［M］．北京：中国环境出版社，2010.

［20］陆浩，刘华，王毅韧，等．中华人民共和国核安全法解读［M］．北京：中国法制出版社，2018.

［21］盛红生，肖凤城，杨泽伟．21世纪前期武装冲突中的国际法问题研究［M］．北京：法律出版社，2014.

［22］盛红生．国际刑法热点问题研究［M］．北京：法律出版社，2017.

［23］谭建生，徐原，赵威．核电相关法律法规汇编［M］．北京：法律出版社，2009.

［24］王铁崖．国际法［M］．北京：法律出版社，1995.

［25］汪劲．环境法学［M］．北京：北京大学出版社，2018.

［26］汪劲．核法概论［M］．北京：北京大学出版社，2021.

［27］杨大助，傅秉一．核不扩散与国际保障核查［M］．北京：中国原子能出版社，2012.

［28］岳树梅．国际能源合作法律机制研究［M］．重庆：重庆出版社，2010.

［29］岳树梅．民用核能安全保障法律制度研究［M］．厦门：厦门大学出版社，2017.

［30］岳树梅，郭曙光．国际能源法律风险防控实务［M］．厦门：厦门大学出版社，2019.

［31］曾令良，周忠海．国际公法学［M］．北京：高等教育出版社，2016.

［32］中国法学会能源法研究会．能源企业法律实务：典型案例精析与法律风险防范［M］．北京：法律出版社，2021.

［33］中华人民共和国国务院新闻办公室．中国的核安全［M］．北京：人民出版社，2019.

［34］周忠海．国际法［M］．北京：中国政法大学出版社，2008.

［35］赵威，陈刚，王黎明，等．原子能法论文集［C］．北京：中国政法大学出版社，2017.

［36］刘久．核损害责任法律问题研究论文集［C］．北京：中国原子能出版社，2021.

［37］COOK H. The Law of Nuclear Law［M］．London：Sweet&Maxwell，2018.

［38］INTERNATIONAL ATOMIC ENERGY AGENCY. Nuclear Law—The

Global Debate [M]. Hague: ASSER Press, 2022.

[39] STOIBER C, BAER A, PELZER N, ET AL. Handbook on Nuclear Law [M]. Vienna: International Atomic Energy Agency, 2003.

[40] TROMANS QC S. Nuclear Law: The law applying to nuclear installations and radioactive substances in its historical context [M]. Oxford: Hart Publishing, 2010.

二、期刊论文

[1] 蔡先凤. 我国核损害赔偿立法的完善 [J]. 中国地质大学学报（社会科学版），2017（2）：28-37.

[2] 陈建. 我国核损害赔偿责任制度缺陷及立法建构 [J]. 大连理工大学学报（社会科学版），2019，40（3）：62-68.

[3] 陈臻，周章贵. 如何化解环境能源项目邻避危机？[J]. 能源，2014（6）：92-93.

[4] 陈志刚，仲崇军，吕华权，等. 核电集团公司核应急支援能力建设探索 [J]. 中国应急管理科学，2020（11）：4-9.

[5] 初依依，汪劲. 论核法中政府的监管权 [J]. 中国政法大学学报，2022，（1）：107-117.

[6] 丁敏."环境违法成本低"问题之应对：从当前环境法律责任立法缺失谈起 [J]. 法学评论，2009，27（4）：90-95.

[7] 丁云峰，辛文. 我国核电厂操纵人员考核标准通过专家审查 [J]. 国防科技工业，2003（1）：36.

[8] 丁云峰，邵向业. 我国核电安全是有保障的 [J]. 中国军转民，2006（5）：18-21.

[9] 高宁. 国际核安全合作法律机制研究 [J]. 河北法学，2009，27（1）：28-35.

[10] 何斯琪，仇春华，柏志军，等. 核电"走出去"市场分析与对策研究 [J]. 产业与科技论坛，2022，21（7）：73-74.

[11] 胡帮达，汪劲，吴岳雷. 中国核安全法律制度的构建与完善：初步分析 [J]. 中国科学：技术科学，2014，44（3）：323-330.

[12] 胡帮达. 中国核安全法制度构建的定位 [J]. 重庆大学学报（社会科学版），2014，20（4）：129-134.

[13] 胡帮达. 中国核安全立法的进展、问题和对策 [J]. 科技导报，2017，35（13）：57-60.

［14］胡帮达．我国核安全法规体系的问题及其完善［J］．世界环境，2017（2）：16-17．

［15］胡帮达．论核安全法的基本原则［J］．中国地质大学学报（社会科学版），2017，17（2）：11-20．

［16］胡帮达．美国核安全规制模式的转变及启示［J］．南京工业大学学报（社会科学版），2017，16（1）：14-21．

［17］胡帮达．中国核安全法制度构建的定位［J］．南京工业大学学报（社会科学版），2017，16（1）：14-21．

［18］胡帮达．《原子能法》立法的功能定位和制度构建：兼评《原子能法（征求意见稿）》［J］．东南大学学报（哲学社会科学版），2018，20（6）：97-107．

［19］胡帮达．安全和发展之间：核能法律规制的美国经验及其启示［J］．中外法学，2018，30（1）：208-230．

［20］龙茂雄，赵成昆，罗兰英．法国内陆核电选址经验与启示［J］．中国核工业，2011（1）：40-42．

［21］李静云．确保核安全万无一失［J］．环境，2019（4）：54-56．

［22］李朝晖．中国核损害责任制度现状［J］．中国核工业，2003（1）：30-31．

［23］梁晨晨，李溪韵．浅论核损害赔偿责任制度在涉外合同中的适用［J］．中国核电，2018，11（4）：560-565．

［24］梁晨晨．核损害赔偿责任公约法律体系下运营者场内财产的除外责任初探［J］．核科学与工程，2021，41（6）1324-1331．

［25］刘冰玉．规制塑料废物跨境转移的里程碑：《巴塞尔公约》修正案的影响［J］．经贸法律评论，2020（2）：47-59．

［26］刘久．由涉核项目引发的邻避现象的法律研究［J］．法学杂志，2017，38（6）：75-83．

［27］刘久．《核安全法》背景下我国核损害赔偿制度立法研究［J］．法学杂志，2018，39（4）：122-131．

［28］刘久．核损害责任国际公约演进与中国选择［J］．学术交流，2019（1）：77-85．

［29］刘久．论《核安全法》背景下我国公众核安全权利的实现［J］．苏州大学学报（哲学社会科学版），2020，41（3）：66-76．

［30］刘久．我国核损害赔偿纠纷的可仲裁性研究［J］．法学杂志，2020，41（6）：69-79．

[31] 刘久. 法学学科视角下核法律方向的构建研究 [J]. 法学教育研究, 2021, 33 (2): 204-224.

[32] 龙茂雄, 杨越. 加深感情 促进交流 深化合作 加快发展——"国际原子能机构与中国研讨会"专题报告摘登 [J]. 国防科技工业, 2010 (9): 12-17.

[33] 彭海成. 核设施安全监管分类阈值修订研究 [J]. 辐射防护, 2022, 42 (4): 368-373.

[34] 仇春华, 朱峰, 柏志军, 等. 公共安全行业标准 GA 1800.6-2021《电力系统治安反恐防范要求第6部分: 核能发电企业》[J]. 中国核电, 2022, 15 (1): 128-131.

[35] 仇春华, 何斯琪, 柏志军, 等. 核安保管理体系完善与能力建设 [J]. 产业与科技论坛, 2022, 21 (8): 216-218.

[36] 冉丹, 郭红欣, 李无梦. 国家核损害补偿责任浅议 [J]. 中国能源, 2020 (5): 31-35.

[37] 孙业丛, 李静云, 梁雪元, 等. 关于在核安全标准化领域落实《国家标准化发展纲要》的建议 [J]. 中国标准化, 2022 (4): 22-25.

[38] 王中政, 赵爽. 我国核能风险规制的现实困境及完善路径 [J]. 江西理工大学学报, 2019, 40 (6): 37-43.

[39] 汪劲, 耿保江. 核能快速发展背景下加速《核安全法》制定的思考与建议 [J]. 环境保护, 2015, 43 (7): 25-29.

[40] 汪劲. 谱写依法治核新篇章 [J]. 中国人大, 2016, (21): 35-36.

[41] 汪劲, 耿保江. 论核法上安全与发展价值的衡平路径: 以核管理机构的衡平责任为视角 [J]. 法律科学 (西北政法大学学报), 2017, 35 (4): 38-46.

[42] 汪劲, 张钰羚. 论我国《核安全法》的调整范围 [J]. 中国地质大学学报 (社会科学版), 2017, 17 (2): 2-10.

[43] 汪劲, 张钰羚. 我国核电厂选址中的利益衡平机制研究 [J]. 东南大学学报 (哲学社会科学版), 2018, 20 (6): 90-96.

[44] 吴宜灿, 李静云, 李研, 等. 中国核安全监管体制现状与发展建议 [J]. 中国科学: 技术科学, 2020, 50 (8): 1009-1018.

[45] 翟勇. 中国的环境法治建设 [J]. 人民法治, 2015 (5): 51-53.

[46] 翟勇. 我国生态环境法治能力建设进程 [J]. 环境与可持续发展, 2020, 45 (1): 80-87.

[47] 赵爽, 王晓丹. 我国核应急信息公开法律制度研究 [J]. 华北电力

大学学报（社会科学版），2018（2）：8-16.

［48］赵爽，王中政．核损害中的国家补偿责任研究［J］．华北电力大学学报（社会科学版），2018（5）：11-20.

［49］赵爽，王中政．我国核损害民事赔偿责任制度研究：从《核安全法》第九十条切入［J］．河南财经政法大学学报，2018（6）：45-53.

［50］赵威．原子能立法研究［J］．法学杂志，2011（10）：14-19.

［51］赵威．核损害民事责任制度研究［J］．法学杂志，2017，（11）：76-82.

［52］郑玉辉．《原子能法》，应顺势而生［J］．中国核工业，2011，（10）：30-31.

［53］郑玉辉．《原子能法》立法30年［J］．中国核工业，2015，（5）：36-39.

三、核法律常用网站

［1］国家原子能机构：http：//www.caea.gov.cn/

［2］国家核安全局：https：//nnsa.mee.gov.cn/

［3］国家能源局：http：//www.nea.gov.cn/

［4］国家卫生健康委员会：http：//www.nhc.gov.cn/

［5］中国核能行业协会：https：//www.china-nea.cn/

［6］中国核学会：http：//www.ns.org.cn/

［7］中国能源研究会核能专业委员会：http：//www.cers-nepc.org.cn/

［8］中国核工业集团有限公司：https：//www.cnnc.com.cn/

［9］中国广核集团：http：//www.cgnpc.com.cn/

［10］国家电力投资集团有限公司：http：//www.spic.com.cn/

［11］中国华能集团有限公司：https：//www.chng.com.cn/

［12］中国核电网：https：//www.cnnpn.cn/

［13］北极星电力网：https：//www.bjx.com.cn/

［14］联合国：https：//www.un.org/

［15］国际原子能机构：https：//www.iaea.org/

［16］经济合作与发展组织核能机构：https：//www.oecd-nea.org/

［17］世界核能协会：https：//www.world-nuclear.org/

［18］国际核能法律协会：https：//aidn-inla.be/